갈라디아서
강 해

그리스도인의 자유

갈라디아서 강해집

그리스도인의 자유

2013년 6월 10일 초판 1쇄 발행
2016년 9월 25일 초판 2쇄 발행

지은이 | 김서택
펴낸이 | 박영호
펴낸곳 | 도서출판 솔로몬

주소 | 서울시 동작구 사당 3동 207-3 신주빌딩 1층
전화 | 599-1482
팩스 | 592-2104
직영서점 | 596-5225

등록일 | 1990년 7월 31일
등록번호 | 제 16-24호

ISBN 978-89-8255-506-0 03230

갈라디아서 강해집

그리스도인의 자유

김서택

솔로몬

차 / 례 /

New Testament
GALATIANS

머리말

예수님은 제자들에게 "너희가 진리를 알지니 진리가 너희를 자유케 하리라"(요 8:32)고 말씀하셨습니다. 예수님의 진리는 억눌린 자들을 자유케 하는 능력이 있습니다.

우리가 복음을 듣기 전에는 미신이나 악습이나 엉터리 같은 권위에 종노릇할 수밖에 없습니다.

그러나 하나님의 진리는 모든 것을 환하게 비추어 주기 때문에 더 이상 거짓이 우리를 속일 수 없습니다.

그러나 교회의 역사를 보면 "오직 믿음으로 의롭다" 하는 진리(롬 1:17)가 감추어졌을 때, 무려 천 년 동안이나 교회는 미신과 잘못된 권위에 종노릇한 적이 있습니다.

지금도 많은 교인들은 가장 행복해야 할 교회생활에서 억압을 받거나 상처입고 떠나는 일이 많습니다.

갈라디아서는 자신이 목숨을 걸고 복음을 전했던 갈라디아지역에 유대교를 믿는 자들이 와서 예수를 믿기만 해서는 안 되고 할례를 받아야 한다고 주장해서 교인들을 다시 율법의 종으로 만들려고 할 때 사도 바울이 쓴 "대자유 헌장"입니다.

갈라디아서는 바울의 초창기 서신중 하나이며 자신이 어떻게 복음을 알게 되었고 복음이 율법과 다른 점을 생생하게 증거하고 있습니다.

갈라디아서 강해는 예전에 '다시는 종의 멍에를 메지 말라' 는 책으로 출판된 적이 있었습니다.

이제 시간이 많이 흘러서 솔로몬 출판사의 배려로 다시 출판하게 되었습니다.

전 책에서 적절하지 못한 표현이나 예화는 많이 수정했지만 옛날의 열정은 그대로 남아있을 것입니다.

솔로몬 출판사에 감사드리며 성경을 사랑하시는 모든 독자들에게도 감사드립니다.

대구 수성교 옆에서

김 서택 목사

갈라디아서 강해 1

갈라디아 지역의 교회

갈 1:1-5

우리가 일본을 여행하면서 처음 느끼는 점은 자동차 운행 방향이 우리와 다르다는 것입니다. 그래서 사람들이 자칫 잘못해서 길을 건널 때 열심히 다른 방향을 보는데 뒤쪽에서 차가 올 때가 있습니다. 그리고 일본에서 산을 보면 우리와 달리 무덤이 없는 것을 보게 됩니다. 일본 사람들은 산에 무덤을 만들지 않고 동네 옆에 비석을 세워놓은 무덤을 만듭니다.

그리고 또 놀라운 것이 일본 시내에는 우리나라처럼 교회가 눈에 띄지 않는다는 점일 것입니다. 이것은 일본만이 아니라 동남아시아를 가더라도 마찬가지일 것입니다. 우리나라는 도시마다 그리고 동네마다 교회가 없는 곳이 없을 정도로 많은데 외국에 가보면 교회는 찾아보기 어렵고 오히려 사원이 많은 것을 보게 될 것입니다.

우리나라 도시에서 밤에 건물 위를 바라보면 너무나도 많은 십자가 네온 등이 빛나는 것을 볼 수 있습니다. 교회가 많다는 것은 대단히 좋은 일일 것입니다. 교회가 많으면 그만큼 많은 사람들이 예수를 믿을 수 있고, 또 그만큼 천국백성이 많아질 수 있을 것입니다.

그러나 문제는 단순히 교회가 많다는 것이 아닙니다. 사람들이 너무나도 다양한, 자기 나름대로의 기준을 가지고 신앙생활을 하고 있다는 점입니다. 이보다 더 교회를 위기에 빠트리는 것이 없습니다. 물론 우리는 남이야 어떻게 믿든지 나 한 사람만 바로 믿으면 된다는 식으로 생각할 수도 있습니다. 그러나 믿는 기준의 다양성은 오늘 교회의 진정한 위기가 아닐 수 없습니다. 교회가 존재하는 것은 주님과 그의 나라를 증거하기 위한 것인데 이렇게 많은 주님과 이렇게 다양한 하나님의 나라가 있다면 결국 어느 것이 참된 주님이며 어느 나라가 참된 그리스도의 나라냐 하는 것이 문제가 되지 않을 수 없습니다. 결국 이것은 교회와 교회끼리의 싸움이 될 것이며 하나님의 나라가 스스로 분쟁하는 나라가 되고 말 것입니다. 사실 오늘 다른 교회 성도와의 교제를 거의 볼 수 없게 되고 있습니다. 다른 교회는 물론이고 한 교회 안에서도 거의 서로가 교제할 수 없는 모습으로 나타나고 있습니다. 이것은 각자가 자기 스타일로 자기가 원하는 방식대로 믿는 것이며 결국 이것은 그리스도의 몸이 조각나고 있는 것을 의미합니다.

우리는 신앙 생활하면서 많은 개인들의 타락을 봅니다. 신앙 생활을 잘 하고 있다가 여러 가지 유혹을 받아서 신앙을 저버리고 세상으로 가는 것입니다. 그러나 더 문제 되는 것은 교회가 과연 타락할 수 있느냐 하는 것입니다. 교회가 집단적으로 자신들이 믿는 진리를 버리고 다 함께 엉뚱한 길로 들어 갈 수 있느냐 하는 것입니다. 그것이 얼마든지 가능하다는 것을 증거하고 있는 것이 바로 이 갈라디아서입니다. 아무리 교회라 하더라도 교회가 세워져 있는 그 기초를 붙들지 않으면 개인이 신앙에서 떨어져나가 타락하는 것처럼 교회도 얼마든지 참된 신앙에서 떨어져나가 타락할 수 있다는 것을 갈라디아서는 보여주고 있습니다.

이것은 개인이 진리에서 떨어져 나가는 것보다 훨씬 더 위험합니다.

왜냐하면 개인이 타락할 때에는 자기가 진리를 떠나고 있다는 것을 압니다. 그러나 교회가 집단적으로 진리를 떠날 때에는 개인은 그 사실을 느끼지 못합니다. 마치 한 사람이 물에 빠지면 자기가 물에 빠졌다는 사실을 알지만, 육지에 매여져 있던 밧줄이 풀어져 배가 떠내려 갈 때에는 그 안에 탄 사람은 느끼지 못하는 것과 같습니다. 사실 바울이 보고 있는 것은 교회 전체가 참된 신앙에서 떨어져 나와 멸망을 향하여 가고 있는 모습이었습니다. 이 갈라디아서는 그들이 참된 신앙에서 떠내려가고 있다는 사실을 알리는 경종이었을 뿐 아니라 다시 그 배를 바른 위치에 잡아매는 밧줄의 역할을 하고 있습니다.

여러 이방 지역에 복음을 전하는 중심이 된 교회는 안디옥 교회였습니다. 안디옥 교회는 성령의 인도하심을 따라 그 교회의 말씀을 사역자 중 바울과 바나바를 택하여 복음을 전하도록 파송을 했습니다. 바울은 그들의 파송을 받아서 갈라디아 여러 지방을 다니면서 복음을 전하고 교회를 세웠습니다. 복음은 능력 있게 이 여러 이방인들 가운데 전파되게 되었고 바울과 바나바는 기쁨으로 그 사실을 안디옥 교회에 보고 하였습니다. 그러나 이런 일이 있고 얼마 되지 않아서 바울은 대단히 가슴 아픈 소식을 갈라디아 지방 사람들로 부터 듣게 되었습니다. 그것은 그들이 바울이 전한 그 복음을 저버리고 유대교로 돌아서게 되었다는 소식이었습니다.

바울이 최초로 복음을 전한 이 갈라디아 지방의 교회들이 바울의 복음을 버리고 유대교로 돌아섰다고 하는 것은 과연 예수 그리스도의 기독교가 존재할 수 있느냐 없느냐하는 아주 중요한 위기였습니다. 물론 최초의 많은 기독교인들은 유대인들이었습니다. 그래서 그들은 유대교와 그리스도의 복음을 잘 구별하지 못했습니다. 그들은 복음을 유대교의 연장 정도로 생각했습니다. 또 어떤 부분에는 그런 점도 없지 않았습니다.

그러나 갈라디아 교인들의 사정은 달랐습니다. 그들은 유대인들이 아니었습니다. 그래서 어떤 의미에서 그들은 유대교와 그리스도의 복음을 가장 분명하게 구별하고 믿어야 할 처지에 있습니다.

유대교와 기독교의 차이는 바로 이 점에 있었습니다. 유대교는 하나님의 백성이 된다고 하는 것이 할례를 받는 것이고 하나님의 백성으로 살아간다는 것은 율법을 지키는 것이었습니다. 그런데 최초의 기독교인들은 원래 유대교 안에 있었고 그들은 이미 유대교인으로서 죄를 고백하고 세례를 받고 또 성령의 부으심을 받았습니다. 그래서 그들은 이 전에 있던 유대교와 지금 있는 기독교 사이의 차이를 잘 모르고 있었습니다. 그러나 사람들은 유대교나 기독교나 모두 다 같은 하나님을 믿으니까 그 차이를 잘 알지 못했습니다.

그러나 유대교와 기독교의 차이는 산 사람과 죽은 사람의 관계처럼 본질적인 것이었습니다. 하나는 할례를 받고 율법을 지키는 것이고, 다른 하나는 중심으로 회개하고 성령의 인도하심을 따라서 사는 것입니다. 그러니까 유대교라고 하는 것은 복음이 오기 전까지 임시적으로 주어진 것이고 그것은 예수 그리스도가 오시기까지 약속 어음과 같은 성격을 가진 것이었습니다. 그러나 사람들은 이 차이를 잘 알지 못했습니다.

수백 년 믿어 온 것과 이제 전파된 지 얼마 되지 않는 것 중에서 어느 것을 더 신뢰하겠습니까? 그 뿐만 아니라 복음을 믿으면 알겠지만 이것은 눈에 보이는 것이 아닙니다. 중심으로 회개한다는 것은 어떤 것입니까? 얼마나 울면 더 많이 회개한 것입니까? 그리고 어떻게 하는 것이 성령의 인도하심을 따라서 사는 것입니까? 율법적으로 사는 것은 눈에 보이는 행위가 있습니다. 다시 말해서 기도는 어느 정도 하며 금식은 어느 정도 하라는 등의 기준이 있습니다. 그러나 어떻게 하는 것이 성령의 인도하심을 따르는 것입니까? 이것은 아무리 기도해도 끝이 없고 아무리 수고해도 충분치 않습니다.

다시 말해서 성령의 인도하심을 따르는 삶에는 자기만족이라는 것이 없습니다. 이 정도면 됐다는 것이 없습니다. 성령의 인도하심을 따르는 삶은 끝없이 하나님 앞에서 가난하고 하나님을 갈망하는 삶입니다. 그래서 사람들은 어떻게 합니까? 성령의 인도함을 받는 삶을 버리고 눈에 보이는 것이 있는 율법적인 삶으로 다시 돌아가는 것입니다.

바울의 사도의 직분

사도 바울은 이 편지를 쓰면서 먼저 자기 자신에 대하여 이렇게 소개하고 있습니다.

1절 사람들에게서 난 것도 아니요 사람으로 말미암은 것도 아니요 오직 예수 그리스도와 및 죽은 자 가운데서 그리스도를 살리신 하나님 아버지로 말미암아 사도된 바울은

오늘 우리 시대의 교회에는 '사도'라는 직분이 없습니다. 목사나 장로 또는 집사라는 직분은 자주 접하기 때문에 귀에 익숙한데 '사도'라는 직분은 우리의 귀에 생소합니다. 그래서 우리는 사도라는 직분이 어떤 것이며 교회에서 얼마나 중요한 위치를 차지하는지 모르고 있습니다.

사도는 자신이 이 서신을 보내는 것이 어떤 개인의 자격으로 쓰는 것이 아니라 바로 이 사도라고 하는 특별한 직분으로 이 일을 감당하고 있다는 것을 분명히 하고 있습니다. 이 점에 있어서 사도는 자기 자신을 다른 여러 형제들과 분명히 구분하고 있습니다. 2절에 '함께 있는 모든 형제로 더불어'라고 말씀하고 있습니다. 이 편지를 쓰는데 있어서 사도 바울 외에 다른 형제들도 함께 하고 있습니다. 그러나 직분의 중요성에 있어서 바울은 자신과 다른 여러 형제들을 분명히 구별하고 있습니다.

사도는 어떤 직분이며 교회에서 어떤 위치를 차지하고 있습니다.

바울은 편지의 서두에서 이것을 밝히고 있습니다.

'사람에게서 난 것도 아니요 사람으로 말미암은 것도 아니요'

여기서 '사람'이라고 하는 것은 교회를 의미합니다. 사도는 교회가 임명한 직분이 아닙니다. 사도가 가지고 있는 메시지는 교회가 위임한 메시지가 아닙니다. 그리고 교회가 인정해 주었기 때문에 가치를 가지는 직분도 아닙니다. 사도는 오직 예수 그리스도와 죽은 자 가운데서 그리스도를 살리신 하나님으로 부터 직접 임명된 직분입니다.

어떤 사람이 사도인가 하면 부활하신 주님을 직접 목격한 사람 중에서 주님으로부터 직접적으로 보냄을 받은 자입니다. 그리고 그에게는 능력과 기적을 행할 수 있는 능력이 있었습니다. 그리고 그는 교회를 세우고 교회를 바로 잡을 수 있는 능력이 있었습니다. 주님은 교회를 바로 이 사도들의 터 위에 세우셨습니다. 다시 말해서 교회는 하나님을 섬기기 위하여 모이기만 하면 되는 것이 아니라 반드시 이 사도들의 가르침 위에 세워져야 하며 교회가 잘못되었을 때 사도들은 얼마든지 그 잘못된 부분을 책망하고 바로 잡을 수 있는 권한이 있었던 것입니다. 그러나 이 사도라는 직분은 직접 눈으로 부활하신 주님을 보아야 하기 때문에 사도의 직분은 오래 갈 수가 없었습니다.

사도들이 순교를 당하거나 혹은 나이가 들어서 죽음으로 사도라는 직분은 없어지게 되었습니다. 그러나 사도들은 그냥 죽은 것이 아닙니다. 그들은 교회의 기초가 될 만한 모든 내용을 책에 적어서 남겨 놓았습니다. 그것이 바로 우리가 가지고 있는 신약 성경입니다. 사도들의 모든 권위는 바로 이 신약 성경 안에 그대로 고스란히 남아 있습니다. 그래서 교회가 바른 교회가 되기 위하여 반드시 해야 할 일은 자신들의 위치를 신약 성경의 가르침과 부단히 비교하여 틀린 부분을 바로 잡는 것입니다. 만일 교회라고 하면서 이 부분을 등한히 한다면 그 교회 전체가 얼마든지 집단적으로 참된 신앙에서 떨어져 나와 표류할 수 있는 것입니다.

오늘 교회가 믿음에 있어서 이토록 다양한 기준을 가지고 믿고 있는 이유가 무엇입니까? 그것은 신약 성경의 가르침과 자신들의 현 위치를 비교해서 바로잡으려고 노력을 하지 않았기 때문입니다. 교회가 해야 할 가장 중요한 것은 많은 사람들을 구원하는 것이 아닙니다. 교회가 해야 할 일은 자신들의 위치가 지금 어디에 있는지 신약 성경의 가르침과 늘 비교해서 모두 다 함께 성경 진리에서 떨어지는 일이 없도록 하는 것입니다. 아무리 많은 사람들을 건져 내었다 하더라도 그 배 자체가 표류하게 되면 오히려 그 많은 사람들을 더 위태롭게 하는 것이 되고 맙니다. 왜냐하면 그들은 자기가 탄 배가 안전할 것이라고 믿고 있기 때문입니다. 모두 다 함께 절벽으로 떨어질 때까지 자기들이 탄 배가 안전한 줄 알고 아무 조치를 하지 않게 되는 것입니다.

교회는 사도들이 하는 말을 반드시 들어야 합니다. 왜냐하면 그것은 바로 우리 주님의 말씀이기 때문입니다. 주님은 자신이 직접 하실 말씀들을 사도들을 대신 보내셔서 말씀하셨습니다.

지금 갈라디아 지방에 있는 여러 교회들의 형편은 어떻습니까? 그들은 맨 처음 바울의 가르침을 받고 눈물을 흘리면서 기쁨으로 받아들였습니다. 물론 이 사람들 중에는 하나님을 전혀 모르다가 바울의 전도를 받고 새로 하나님을 믿는 사람들도 있었습니다. 그러나 대부분은 하나님에 대한 관심을 가지고 유대교를 찾아 왔던 사람들입니다.

그들은 유대교로 부터 죄인으로 정죄함을 당했고 늘 무거운 율법의 짐을 지면서도 진정한 자유함을 누리지 못한 자들이었습니다. 늘 그들의 마음속에는 정죄 의식이 있었습니다. 그러나 바울이 전한 것이 무엇입니까? 율법의 짐을 지지 않아도 오직 예수 그리스도를 믿기만 하면 구원을 받을 수 있다는 것입니다. 심지어는 할례를 받음으로 유대교 교인이 되지 않아도 진정으로 마음으로 회개하고 예수를 믿기만 하면 누구든지 구원을 얻을 수 있다는 것입니다. 이것은 복음 중의 복음이었습니다.

오늘 우리들의 형편과는 상당히 다르다고 보아야 합니다. 오늘 우리들은 죄가 무엇인지도 모르는 상태에서 복음을 듣습니다. 율법의 짐이 얼마나 무겁고 죄의식이 얼마나 고통스러운지 모르고 복음을 들으니까 복음이 죄에서 자유가 아니라 물질적으로 복 받는 기복의 복음으로 빠지는 것입니다. 그러나 갈라디아 교인들 중에는 상당수가 율법의 정죄 밑에서 신음을 하던 사람들이었습니다. 그러다가 바울의 복음을 들었을 때 진정한 해방이 무엇인지 알게 되었습니다. 그리고 그들에게 참으로 하나님의 성령이 부어지는 체험이 있었습니다. 그런데 그들은 그 후에 변했습니다. 왜냐하면 복음에는 자기 자랑이라는 것이 없었기 때문입니다. 모든 것이 그리스도의 공로였습니다. 끝까지 그리스도를 의지하고, 이제는 그만 믿어도 된다는 선이 없었습니다. 그러니까 그들은 다시 자기만족을 위하여 이 십자가의 도를 버리고 율법을 지키는 유대교로 돌아가고 있었습니다. 옛날 그 율법의 노예 상태로 다시 돌아가고 있었습니다.

교인들의 믿음을 가만히 보면 아주 전통적인 교회에서 율법적인 신앙을 많이 강요당한 자들이 복음을 들었을 때 더 뜨겁게 반응하고 더 기쁨으로 받아들이는 것을 많이 볼 수 있습니다. 저는 율법적인 신앙이 옳다는 것이 아닙니다. 그것을 한번 경험해봐야 사람의 지배를 받는 것이 얼마나 고통스러우면서도 열매가 없는 것인지 압니다.

그러나 전혀 율법이 무엇인지 죄가 무엇인지 모르고 바로 복음을 들은 사람들은 주님이 주신 이 자유가 얼마나 소중한 것인지 모르고 더 방종하는 자세로 나아가는 것을 많이 볼 수 있습니다. 참된 복음을 듣고 성령의 폭발적인 역사가 나타나는 경우도 이런 방종하는 사람들에게서가 아닙니다. 죄의식으로 고통스러워하고 억눌린 자들 가운데 이런 폭발적인 반응이 많이 나타나는 것입니다.

오늘 우리나라의 많은 교인들 같은 경우에는 진정으로 율법에 찔려 본

적도 없이 자유를 허락 받은 자들과 같습니다. 죄가 무엇인지도 모르고 자기가 하나님 앞에서 얼마나 저주받은 자인지도 모릅니다. 그래서 조금만 죄를 정죄하는 설교를 하면 율법적이고 죄를 너무 많이 강조한다고 불평을 하는 것을 볼 수 있습니다. 그런 자들은 진정으로 죄에서 해방된 자들이 아닙니다.

진정한 자유를 얻으려면 무엇보다 먼저 율법의 정죄를 받아야 합니다. 죄가 어떤 것이며 내가 하나님 앞에서 얼마나 무서운 죄인인지 반드시 먼저 알아야 합니다. 그렇지 않은 해방의 선언은 참된 해방이 될 수 없습니다. 사로잡히지도 않았는데 무슨 해방이 필요합니까? 그러니까 교회에 다니는 목적이 사람을 만나서 교제하고 이 세상에서 받은 스트레스는 푸는데 있는 것입니다. 하나님을 참으로 경배해야 할 자로서 예수 그리스도의 이름이 얼마나 존귀한지 모릅니다.

5절의 말씀을 보십시오.

영광이 저에게 세세토록 있을지어다

바로 이것입니다. 교회는 사람들이 만나서 좋은 설교로 위로받고 좋은 사람들 사귀는데 있지 않습니다. 교회는 다른 말로 표현하면 그리스도의 영광입니다. 그의 피가 얼마나 존귀한지, 그 피만 생각하면 눈에서 눈물이 그칠 새 없이 흐르고 다 함께 모여서 이 놀라운 구원을 허락하신 하나님을 높여 드리는 것입니다.

오늘 떠내려가는 교회의 특징이 그 안에 그리스도의 영광이 없다는 것입니다. 그 대신 인간들의 자랑과 교만이 가득할 뿐입니다. 교회 안에는 그리스도에 대한 칭찬으로 충만해야 합니다. 교회가 크든지 작든지 그리스도에 대한 감사와 그리스도에 대한 축복과 그리스도의 영광으로 가득할 때 그 교회는 사도들의 바른 가르침 위에 서 있는 교회입니다. 그러나 인간들의 자랑이 가득하고 인간들에 대한 칭찬으로 가득할 때 그 교회는 아무리 크고 화려하다 하여도 떠내려가고 있는 배와 같습니다. 언젠가는 모두 함께 절벽에 떨어지고 말 것입니다.

바울의 인사

사도 바울은 지금 바른 가르침에서 떠나고 있는 이 갈라디아 여러 교회들을 향하여 이렇게 인사하고 있습니다.

3절 우리 하나님 아버지와 주 예수 그리스도로 좇아 은혜와 평강이 있기를 원하노라

여기서 은혜와 평강이라고 하는 것은 다른 편지에서도 바울이 전형적으로 쓰고 있는 인사 표현입니다. 우리는 다른 사람에게 편지를 쓸 때에 여러 가지 방식으로 인사를 합니다. 그러나 사도 바울은 교회에 편지를 보낼 때 꼭 이런 식으로 인사를 하고 있는 것을 볼 수 있습니다. '은혜와 평강이 너희에게 있을지어다' 바울이 이런 식으로 인사하는 이유는 바로 이런 인사야 말로 교회에 가장 필요한 것이며 교회에 이런 상태가 가장 중요하다고 생각했기 때문입니다.

'은혜'는 아무런 받을 자격이 없는 자에게 하나님께서 아무런 대가 없이 용서를 베풀어 주시는 것입니다. 교회에 있어서 가장 중요한 것은 거기에 있는 사람들이 늘 하나님의 용서를 체험하며 자신의 죄와 허물이 씻어지는 체험가운데 있는 것입니다. 그리고 '평강'이 무엇입니까? 모든 갈등과 분쟁이 없어져서 참된 안식과 평화를 누리는 것입니다. 유대인들이 샬롬shalom이라고 인사하는 것이 그런 의미입니다. '당신과 나 사이에는 아무런 분쟁이 없습니다'라는 뜻입니다.

지금 갈라디아 교회는 어떤 상태에 있습니까? 은혜가 없습니다. 왜냐하면 그들이 그리스도의 십자가를 버리고 그 자리에 인간의 공로를 대신 집어넣었기 때문입니다.

하나님의 은혜대신 인간의 자랑과 자기만족이 들어 있습니다.

그들이 참된 하나님의 은혜를 회복하려면 어떻게 해야 합니까? 하나님의 은혜를 막는 모든 쓰레기들을 치워야 합니다. 그렇지 않으면 성령의 역사가 회복되지 않습니다. 교회 안에서 하나님의 성령의 역사는 늘 흘러넘치게 되어 있습니다. 성령의 역사가 넘칠 때 나타나는 것이 사람들이 설교 말씀을 들으면서 자신의 죄를 깊이 깨닫는 것입니다. 그리고 그리스도의 십자가 보혈이 나의 이 모든 죄를 다 씻어주셨구나 하는 것을 깨닫고 깊은 감사와 영광을 하나님께 돌려드리는 일이 일어납니다. 그러나 이런 일이 일어나지 않을 때에는 무엇인가 다른 것들이 하나님의 은혜를 막고 있는 것입니다.

그 중에 대표적인 것이 의식적이고 습관적인 신앙 자세입니다. 지금까지 교회를 다녔고 또 지금은 예배 시간이니까 교회에 간다는 식으로 예배에 참여하는 것입니다. 이런 습관적인 자세보다 더 하나님의 은혜를 막는 것이 없습니다. 우리는 교회에 올 때 기대에 차서 나와야 합니다. 나의 모든 허물과 죄가 이 예배를 통하여 다 해결되며 내가 머리부터 발끝까지 상해 있지만 참으로 온전하게 치료받을 수 있다는 소망을 가지고 나와야 합니다.

또 다른 하나는 교리의 불명확성입니다. 사도 바울도 말씀하기를 나팔이 분명한 소리를 내지 않으면 누가 전쟁을 준비하겠느냐고 했는데 하나님의 말씀이 분명치 않으면 사람들은 자기들에게 어떤 문제가 있는지, 자신들이 하나님 앞에 나아와서 해결 받아야 할 것이 무엇인지 전혀 깨닫지 못합니다. 오늘 교회에서 참으로 하나님의 은혜를 막고 있는 것은 말씀이 불분명한 것이 가장 큰 이유입니다. 목회자는 말씀이 가장 철저하게 준비되어 있어야 하는데 가장 준비가 되어 있지 않은 부분이 바로 이 부분입니다. 그래서 교인들은 울면서 통곡해야 할 시간에 웃고 즐기니까 하나님의 은혜가 나타날 수 없습니다.

다른 하나는 숨어 있는 죄입니다. 하나님께서는 회중 가운데 죄가 숨어 있을 때 그것이 드러나서 해결되어질 때까지 은혜를 주시지 않습니다. 그래서 우리는 서로 자신의 잘못이나 죄를 먼저 고백하면서 교회 안에 하나님의 은혜가 온전하게 회복될 수 있게 해야 합니다. 혼자 죄를 감추고 가만히 있으면 결국 다른 사람들을 괴롭히는 것밖에 되지 않습니다. 교인들은 서로에 대하여 책임이 있습니다. 죄를 들추어내고 처리해야 하나님의 은혜가 다시 회복됩니다.

여호수아의 군대가 아이성에서 참패한 것을 생각해 보십시오. 단 한 사람의 죄 때문이었습니다. 하나님께서 여리고성의 모든 물건은 손을 대어서는 안 된다고 했는데 아간이라는 사람이 손을 대었고 식구들은 그 사실을 알면서도 아무 소리도 하지 않았습니다. 결국 어떻게 되었습니까? 이스라엘 백성들은 아이 성에서 대참패를 했습니다.

왜냐하면 하나님께서 그들에게 은혜를 거두어 가셨기 때문입니다.

우리에게 가장 귀한 것이 무엇입니까? 하나님의 용서입니다. 이것이 회복되면 다른 모든 것이 다 회복됩니다. 마치 제비 한 마리가 돌아왔을 때 봄이 오고 꽃이 피고 열매를 맺는 것과 같습니다. 그래서 우리는 모일 때 마다 자신의 죄를 들추어내어 고백을 해야 합니다. 죄를 숨기고 감추는 것은 교회를 더 고통스럽게 할 뿐입니다.

하나님의 은혜는 너무나도 예민합니다. 우리가 그 가치를 조금이라도 무시하고 자기 교만에 빠진다면 하나님의 은혜는 금방 메말라 버리고 맙니다. 그래서 늘 어린아이처럼 하나님의 은혜를 간구해야 합니다.

평강이라고 하는 것은 바로 이러한 진리를 진심으로 순복하고 받아들임으로 모든 갈등과 다툼이 해결된 것을 의미합니다. 지금 바울과 갈라디아 교회 사이는 어떻습니까? 갈등의 관계에 있습니다. 일촉즉발의 위기 가운데 있습니다. 그 이유는 갈라디아 교회가 진리를 거스르고 있기 때문입니다. 부부사이에 갈등이 있으면 어떻게 합니까? 만사를 제쳐 놓고 서로가 대화를 합니다. 그래서 모든 것이 다 해명이 되고 나면 어떻습니까? 마음에 기쁨이 회복되고 이전 보다 더 사랑하게 됩니다. 서로 속에 있는 것들이 다 풀어지고 나면 세상에 그보다 더 홀가분하고 행복한 날은 없을 것입니다. 그러나 문제와 갈등이 있음에도 불구하고 그것을 표현하지 못하고 속으로만 고민하고 있으면 얼마나 답답하겠습니까? 이제 우리는 바울이 인사하는 의미를 알 수 있을 것입니다.

그리스도의 교회는 하나님과의 관계나 사람과의 관계에 있어서 모든 것이 깨끗하고 투명해서 하나님의 은혜가 쏟아지면 사람사이에도 기쁨과 신뢰가 넘치는 그런 상태에 있어야 한다는 것을 인사를 통하여 표현하고 있습니다. 바울은 자신의 편지가 갈라디아 여러 교회에서 하나님의 은혜를 회복시킬 줄 믿고 있습니다. 그리고 바울은 이 편지가 바울과 갈라디아 교인 사이에 다시 기쁨과 신뢰를 회복시켜 줄 것으로 믿고 있습니다. 또 그렇게 했습니다. 바라건대 이 편지가 우리 안에서 하나님의 은혜를 가로막고 있는 모든 쓰레기들을 말끔히 치워서 하나님의 은혜가 우리 가운데서 온전히 쏟아지는 기회가 되기를 바랍니다. 그리고 우리 안에 진리에 복종하지 않음으로 인하여 서로 고통과 갈등이 있다면 진리 안에서 하나 되어 기쁨과 신뢰가 회복되는 기회가 되기를 바랍니다.

그리스도께서 하신 일

바울은 이 편지의 인사 부분에서 그리스도께서 우리들을 위하여 하신 일이 무엇인지 분명히 밝히고 있습니다.

4절 그리스도께서 하나님 곧 우리 아버지의 뜻을 따라 이 악한 세대에서 우리를 건지시려고 우리 죄를 위하여 자기 몸을 드리셨으니

사도 바울은 여기서 그리스도께서 하신 일을 다시 강조하고 있습니다. 그 이유는 갈라디아 교인들이 인간들이 하는 것에 마음이 너무 많이 빼앗겨 있기 때문입니다. 그들이 관심을 가지고 있는 것은 어떤, 어떤 사람들이 할례를 받았으며 또 누가 어떤 율법의 조항을 열심히 지켰느냐 하는 것이었습니다.

사람들은 너무나도 쉽게 그리스도께서 하신 일을 잊어버리고 그 자리에 인간의 공로를 집어넣고 있습니다.

바울이 규정하고 있는 것은 이 세상의 정체입니다. 이 세상은 한마디로 말해서 악한 세대입니다. 직역을 하면 '현재의 이 악한 시대'가 될 것입니다. 예수께서 십자가에 못 박히신 것은 다른 시대의 사람들을 위해서가 아닙니다. 바로 오늘 이 시대를 살고 있는 우리들입니다. 지금 우리의 시대는 어떻습니까? '이 악한 시대'입니다.

사람들 사이의 무서운 분노를 보십시오. 얼마나 사람들이 진실을 싫어합니까? 사람들은 진실한 분위기를 견디지 못합니다. 그리고 얼마나 음란합니까? 우리는 이런 무서운 악에 빠져서 태어났고 이런 악 가운데서 자라왔습니다. 그래서 어떤 때에는 악이 악으로 생각되지 않습니다. 너무나도 자연스럽게 되어 버렸기 때문입니다. 그러나 하나님은 우리의 모든 것을 견디지 못하십니다. 그리스도는 우리가 얼마나 무서운 죄에 빠져 있는지 알고 계십니다. 우리는 뇌 자체가 썩어 있는 자들입니다. 우리는 이런 악에서 구출되는 것을 원치도 않았습니다. 오히려 여기에 더 머물러 있으려고 했습니다. 사실 얼마나 많은 사람들이 죄에 미련이 남아서 떠나지 못합니까? 잘못된 사귐인 줄 알면서도 떠나지 못하고 미련을 부리는 경우가 얼마나 많습니까?

그리스도가 오신 목적이 무엇입니까? 바로 우리가 이런 악에서 구출되어 하나님을 바로 섬기는 생활을 하게 하기 위해서입니다. 그러기 위해서 필요한 것이 무엇입니까? 그리스도의 제사입니다. 그리스도께서 자기 몸으로 하나님께 받으실만한 제사를 드림으로 인간에 대한 하나님의 진노를 돌이키시고 성령을 우리에게 붓게 하신 것입니다.

우리에게 성령을 붓게 하신 것은 인간의 선행이나 종교적인 노력이 아닙니다. 오직 그리스도의 십자가 공로밖에 없습니다. 우리의 신앙생활은 시작도 성령이요, 중간도 성령이요, 끝도 성령의 능력입니다. 성령의 능력 없이는 우리의 신앙은 죽은 송장에 불과합니다. 그런데 이 놀라운 성령을 우리에게 임하게 하신 제사가 무엇입니까? 그것은 오직 그리스도의 십자가 제사입니다.

갈라디아 교인들은 십자가의 의미를 잘 모르니까 너무나도 쉽게 옛날 유대인들의 노예의 종교로 다시 돌아가고 있습니다. 오늘 우리들도 십자가의 의미를 잘 모르기 때문에 불신앙의 상태에서 기독교적인 종교만 하나 뒤집어쓰고 그것을 참된 신앙으로 생각하고 있습니다. 신앙은 성령의 능력으로 내가 거듭나서 새사람이 되는 것이고 끊임없이 성령의 능력으로 사는 것입니다. 그리스도인들에게서 성령의 은혜가 중단되면 그는 죽는 것입니다.

마치 사울에게서 성령의 역사가 떠났을 때 그가 거의 정신분열증 환자처럼 되어서 각종 정신적인 질환에 시달렸던 것처럼 우리에게 성령의 은혜가 중단되면 우리는 그 예민함과 불안을 견디지 못하게 될 것입니다. 결국 신약 성경의 신앙의 바른 기초로 되돌아오는 것만이 우리를 참으로 풍성하고 건강한 영적 상태에 있게 할 것입니다.

갈라디아서 강해 2

다른 복음은 없다

갈 1:6-10

가끔 신문을 보면 이상한 기독교 이론을 잔뜩 실은 전면 광고가 유력한 일간지에 실릴 때가 있습니다. 그런데 기독교를 잘 모르는 사람들은 그 신문 기사를 보고 이것이 어떻게 된 내용인지 설명해 달라고 가져오는데 그 내용을 보면 전혀 우리가 믿는 신앙과는 다른 이단의 주장인 것을 알 수 있습니다. 사실 신문사에서도 이단이 주장하는 이론을 광고비를 준다고 해서 신문에 실어서는 안 되는데 그런 분별력이 없기 때문에 실은 것을 보게 됩니다.

그리고 예수를 믿지 않는 사람들 중에서는 통일교라든지 혹은 안식교나 여호와의 증인 같은 단체도 똑같은 기독교 단체로 생각하는 사람들이 많이 있습니다. 심지어는 많은 사람들이 천주교와 개신교의 차이를 알지 못할 뿐 아니라 때로는 목사님들이나 교인들도 천주교를 흉내 내거나 따라가려고 하는 것을 볼 때가 있습니다.

옛날 중세 때 교회가 약 천 년 동안 외모는 갖추고 있었지만 실제로는 전혀 생명이 없는 때가 있습니다. 우리는 그때를 중세 암흑기라고 부르고 있습니다. 무려 천 년 동안이나 교회가 죽어 있었고 사람들이 어두움 속을 헤맬 수밖에 없었던 것은 단 하나의 진리가 감추어졌기 때문입니다. 하나의 진리가 감추어졌을 때 수많은 사람들이 그렇게도 오랫동안 미신과 두려움 안에도 종노릇하게 되었습니다. 그것이 무엇입니까? 그것은 사람이 구원을 받는 것은 종교적인 행위로 구원을 얻는 것이 아니라 하나님의 은혜를 믿음으로 구원을 얻는다는 사실입니다. 이것을 사도 바울은 특히 '나의 복음'이라고 부르고 있습니다. 주님께서 사도 바울에게 특별히 계시해 주신 진리는 다른 것이 아니라 이 구원에 대한 진리입니다. 다른 어떤 사도들에게 보다 주님은 바울에게 이 구원의 진리를 더 명확하게 밝혀 주셨습니다.

특히 그리스적인 사고방식을 가진 이방인들이 가장 잘 이해할 수 있도록 알려 주셨습니다.

구약 이스라엘 백성들이 하나님의 은혜에서 끊어져 멸망할 수밖에 없었던 것도 바로 이 구원론이 잘못되었기 때문입니다. 또 바울은 자기가 복음을 전한 갈라디아 지역에서 가장 크게 흔들리고 있는 진리가 다른 것이 아니라 바로 이 구원론이라는 것을 알게 되었습니다. 그래서 무엇이라고 소리를 치고 있습니까? '다른 복음은 없다'는 것입니다. 그는 '우리나 혹 하늘로부터 온 천사라도 우리가 너희에게 전한 복음 외에 다른 복음을 전하면 저주를 받을 것'이라고 선언을 하고 있습니다. 구원의 진리가 잘못되면 마치 계란의 무정란과 같습니다. 아무리 믿어도 그 안에는 생명이 없습니다. 계란의 노른자위와 같고 특히 거기에 있는 생명의 씨에 해당되는 부분이 구원론입니다.

오늘 우리들이 경험하고 있는 현상이 바로 교회의 죽음입니다. 외형적으로는 분명히 교회가 있는데 마치 그 안에 전혀 생명이 없는 것처럼 느껴지고 있는 이유가 무엇인가 하는 것입니다.

우리는 그 원인을 바로 이 생명의 씨에 해당되는 구원론에서 부터 찾아야 할 것입니다.

바울의 책망

사도가 항상 교회에 편지를 보낼 때에는 먼저 문안을 하고 그 다음에 그들을 위하여 자신이 기도하고 있는 내용을 기록하고 있는 것이 상례입니다. 왜냐하면 사도 바울은 자기가 어떤 사람을 위하여 해 줄 수 있는 가장 소중한 것이 바로 그들을 기억하면서 기도하는 것이라고 생각했기 때문입니다. 우리는 어떤 사람을 위하여 해 줄 수 있는 것이 어떤 직접적인 사랑의 표현이라고 생각할 것입니다. 물론 우리는 신앙의 친구들에게 구체적인 사랑의 표현을 하는 것이 중요합니다. 그러나 좀 더 깊이 들어가 보면 단순한 그런 사랑의 표현이나 격려보다 훨씬 더 중요한 것들이 많다는 것을 알게 됩니다. 왜냐하면 우리 믿는 사람 한 사람 한 사람은 결국 이 세상에서 싸워야 할 영적인 전투가 있습니다. 늘 그를 노리고 있는 사탄의 불화살이 있습니다. 그런데 가장 문제가 되는 것은 우리 모두가 영적으로 성숙하지 못해서 그런 사탄의 공격을 잘 알지 못하고 있는 것입니다.

예를 들어, 우리가 전쟁 중에 있다고 합시다. 군인들에게 가장 중요한 것은 하루하루 그의 목을 노리고 있는 저격병으로 부터 자기 생명을 지키는 것입니다. 군인들이 눈에 보이지 않는 곳에서 적의 총구가 그를 항상 노리고 있다는 것을 안다고 합시다. 그러면 그들은 항상 긴장을 해서 행동을 할 것입니다. 마찬가지로 우리 예수 믿는 자들도 사탄의 존재를 알게 되면 항상 자신을 지켜서 사탄의 그런 공격을 피하고 능히 이기려고 할 것입니다. 그래서 바울은 교회나 성도들에게 편지를 보낼 때 인사를 하고 나서는 항상 그들을 위하여 기도하는 내용을 적어서 보냅니다. 바울의 이 기도야 말로 우리의 신앙생활에서 가장 필수적인 내용들인 경우가 많습니다.

그러나 사도 바울은 놀랍게도 이 갈라디아서에서는 그들을 위한 기도

대신에 그들을 책망하는 내용을 기록하고 있습니다.

6절 그리스도의 은혜로 너희를 부르신 이를 이같이 속히 떠나 다른 복음 좇는 것을 내가 이상히 여기노라

이 말씀은 아주 심한 책망의 말씀입니다. 도대체 너희가 어떻게 해서 은혜로 너희를 부르시고 구원하신 하나님을 버리고 이상한 다른 복음을 따라갈 수 있느냐 하는 것입니다. 사도 바울은 갈라디아 교회를 대하면서 그들을 위한 부드러운 기도의 내용을 실을 수가 없었습니다. 왜냐하면 지금 이들이 빠져 있는 문제는 사소한 문제가 아니라 구원의 본질적인 문제이며 바로 여기서 이들과 대결하지 않는다면 그들은 모두 참 신앙을 잃고 멸망에 이르게 될 것이 너무나도 분명했기 때문입니다. 지금 바울이 하려고 하고 있는 것은 바로 대결입니다.

만일 여러분의 가장 사랑하는 동생이나 누이가 아주 나쁜 사람들을 사귀어서 멸망의 죄로 가고 있다면 어떻게 하겠습니까? 절대로 좋은 말로 위로하지 않을 것입니다. 대결을 해서 끝장을 보려고 할 것입니다. 만일 그렇게 하지 않고 단순히 '너가 잘되기 위하여 기도하고 있단다.'라고 말을 한다면 그는 지금 거짓말을 하고 있는 것입니다. 지금은 그를 위하여 기도할 때가 아닙니다. 물론 기도도 해야 되겠지요. 그러나 더 중요한 것은 그와 대결해서 그를 그 잘못된 자리에서 빼어내는 것입니다.

예를 들어, 어떤 아이들이 아주 높은 벼랑 끝에서 놀고 있다고 합시다. 그때 엄마가 할 수 있는 것은 그들이 모두 무사히 집으로 돌아올 수 있도록 기도하는 것이 아닙니다. 아마 진짜 엄마라면 아이를 향하여 소리를 치면서 그들을 향하여 달려갈 것입니다.

사도 바울이 보기에 지금 갈라디아 교인들의 형편은 바로 이와 같았습니다. 만약 그들이 한 발짝이라도 발을 잘못 딛는다면 다시 돌아올 수 없

는 멸망에 빠지고 마는 것입니다. 물론 너무 심하게 이야기를 하면 아예 바울의 말을 들으려고 하지 않을 것입니다. 그래서 바울은 이들이 알아들을 수 있게 설명하면서 당장 자신들이 처해 있는 위치를 깨닫게 하는 것이 필요했습니다. 아주 중요한 한 마디가 필요했습니다. 만일 그들이 이 첫마디를 놓쳐버린다면 그들은 아예 뒷말은 들으려고도 하지 않을 것입니다. 그래서 바울이 한 첫마디는 '그리스도의 은혜로 너희를 부르신 이'였습니다. 사도 바울은 하나님을 말하면서 '은혜로 너희를 부르신 이를 이같이 속히 떠나'라고 표현하고 있습니다.

복음을 한마디로 표현하면 무엇입니까? 그것은 하나님께서 '우리를 은혜로 부르신 것'입니다. '은혜'가 무엇입니까? 은혜는 한마디로 말해서 아무 대가없이 우리를 구원하셨다는 뜻입니다. 돈을 주고 물건을 사는 것은 은혜가 아닙니다. 그것은 당연히 내가 가져야 할 권리입니다. 그러나 도저히 어떤 물건을 가질 자격이 없는 사람에게 전혀 대가없이 그 물건을 가지게 한다면 그것은 은혜입니다.

구원은 하나님의 은혜의 선물입니다. 만약 이것이 희미해지거나, 변질된다면 그것은 단순히 깨닫지 못하는 것이 아니라 구원의 본질적인 부분이 죽고 있는 것이며 그 결과는 무서운 파멸입니다. 우리는 이 부분에 대하여 생각해 볼 필요가 있습니다.

그러면 '우리를 은혜로 부르셨다'는 것은 조금 더 설명하면 어떤 내용이 될까요?

첫째로 하나님께서 우리들의 구원을 통하여 나타내시려고 하는 것은 우리들의 복된 상태에 앞서 이렇게 하신 하나님 자신이 찬송을 받으시고 높임을 받으시는 것이 목적입니다. 원래 하나님은 모든 피조물의 찬양을 받으시기에 합당하신 분이십니다.

우리가 하나님을 몰라서 그렇지 만일 하나님을 한번이라도 만나게 된다면 하루 종일 하나님을 노래하지 않고서는 견디지 못할 것입니다. 하나님은 그만큼 아름다우신 분이십니다. 하나님을 한번이라도 만난다면 우리는 다른 어떤 것도 눈에 들어오지 않을 것입니다. 그만큼 하나님은 눈부시게 아름다우신 분이십니다. 그것만이 아니라 하나님께서 만드신 창조 세계가 너무나도 아름답습니다. 이 세상 어느 부분도 하나님의 지혜와 신성이 번쩍이지 않는 부분이 없습니다. 아주 작은 미물들의 세계에 이르기까지 하나님의 솜씨는 유감없이 표현되고 있습니다. 그러나 가장 크게 찬양받으실 부분은 바로 하나님을 반역한 우리 인간들을 사랑하신 하나님의 엄청난 사랑입니다. 이 사랑을 생각할 때 하나님을 찬양하지 않을 자가 없습니다.

하나님께서 우리를 은혜로 구원하신 것은 우리의 놀라운 구원을 통하여 하나님의 이름이 세세무궁토록 찬양받으시기 위해서입니다. 만약 우리의 구원이 은혜가 아니라 우리가 당연히 받는 것이라면 우리는 하나님을 찬양할 필요가 없을 것입니다. 그러나 하나님은 아무런 대가없이 이 악한 자들을 이토록 사랑하셨습니다. 그래서 만약 구원에 우리의 공로나 자랑이 조금이라도 들어간다면 그것은 하나님의 구원을 완전히 망쳐 놓는 악한 짓이 틀림없습니다.

두 번째로 은혜로 구원을 받았다고 하는 것은 우리 모든 인간들이 똑같다는 것을 전제로 하는 것입니다. 만약 사람들 사이에 본질적인 차이가 있어서 어떤 사람은 은혜로 구원을 받고, 어떤 사람은 당연히 구원을 받는다면 그것은 온전한 은혜가 아닌 것입니다.

성경이 우리에게 말씀하고 있는 것이 무엇입니까? 사람은 본질적으로 아무런 차이가 없다는 것입니다. 약간 더 의로운 자도 있고 약간 더 악한 자도 있지만, 하나님 앞에서 볼 때에 모든 인간들은 다 똑같은 죄인이요, 하나님의 은혜에 합당치 못한 자라는 사실입니다.

세 번째로 은혜로 구원을 받았다고 하는 것은 구원을 받고 난 후에는 이제 내 마음대로 살 수 없고 나에게 은혜를 베푸신 분의 뜻대로 살아야 할 것을 강하게 요청하고 있습니다. 만약 나에게 큰 은혜를 베푸신 분이 있는데 그분이 가장 싫어하시는 일을 내가 하고 있다면 그것은 그 은혜를 욕되게 하는 것입니다.

만약 믿노라고 하면서 은혜가 가지는 이 세 가지 요소가 흐리게 된다면 어떻게 될까요? 거기에는 구원이 없습니다. 만약 구원을 받았다고 하면서 그 안에 하나님의 이름을 높이는 요소가 전혀 없이 자기의 공로를 자랑하고 있다면 거기에는 구원이 없습니다. 그뿐만 아니라 구원을 받았다고 하면서도 신자를 차별해서 그 안에 더 종교적인 사람이 있는가 하면 덜 종교적인 사람이 있고, 더 거룩한 사람이 있고 덜 거룩한 자가 있다면 그것은 거짓 구원입니다. 뿐만 아니라 구원을 받았다고 하면서 아직 하나님을 기쁘시게 하는 삶을 살지 않고 자기 마음대로 음란하고 더러운 생활을 하고 있다면 그 안에는 구원이 없습니다. 여전히 멸망 가운데 있습니다. 이것이 멸망보다 더 무서운 이유가 자기는 구원을 받았다고 믿고 있기 때문입니다.

갈라디아 교회에 찾아 온 것은 바로 하나님의 구원이 은혜가 되지 않고 인간의 자랑이요 공로가 되게 하는 거짓 복음이었습니다.

율법과 유대교의 차이

갈라디아 여러 지방에 찾아 온 '다른 복음'이라고 하는 것은 유대교였습니다.

우리는 구약의 율법과 유대교를 구별할 수 있어야 합니다. 율법과 유대교는 같은 것이 아닙니다. 이 당시 많은 사람들이 이 둘을 구별할 줄 몰랐기 때문에 마치 복음이 비성경적인 것처럼 생각을 했습니다.

율법이라고 하는 것이 무엇입니까? 율법은 하나님께서 이스라엘 백성들에게 하나님의 백성된 도리로 지켜야 할 법을 선포하신 것입니다. 이것은 하나님께서 그의 백성들에게 요구하시는 기준입니다. 그러나 하나님께서 이 율법을 주실 때 이스라엘 백성들이 이 율법을 모두 완전히 지킬 수 있을 것이라고 생각하셔서 율법을 주신 것은 아닙니다. 이스라엘 백성들은 완전한 율법의 말씀을 다 지킬 수 없습니다. 그래서 그들은 늘 실수하고 하나님의 뜻을 거역했습니다. 그래서 어떻게 합니까? 그들은 율법 때문에 자기를 믿지 않았습니다. 그들은 자기 자신들이 하나님의 법 앞에서 얼마나 연약하고 죄악된 자들인가 하는 것을 깨닫고 항상 하나님의 은혜를 간구했습니다.

다시 말해서 율법은 그들에게 하나님께 대한 믿음을 불러일으키는 역할을 했습니다. 구약의 성도들은 율법을 지킴으로 구원을 얻은 것이 아니라 율법을 통하여 자신들의 죄악성을 깨닫고 더욱 더 하나님을 의지하고 믿는 믿음으로 구원을 얻은 것입니다. 그래서 구약의 성도들도 구원을 받은 것은 믿음이요 하나님의 은혜였습니다. 그들이 율법을 보다 잘 지킬 수 있을 때에는 자기를 의지할 때가 아니라 하나님을 매 순간 의지하고 자기들을 죽일 때였습니다. 그래서 구약의 율법은 껍질만 계율의 형태를 띠고 있지 한 껍질만 벗기만 그 안에 복음이 들어 있습니다.

그러나 유대교는 무엇입니까? 율법의 문자적인 조항 그 자체를 절대시하는 것입니다. 율법이 믿음을 불러일으키는 간접적인 역할을 하는 것이 아니라, 율법의 조항을 문자적으로 많이 지키면 그만큼 더 구원에 가깝다는 것입니다. 그러니까 율법 자체가 절대시 되고 그 안에 들어 있는 정신이나 의도 같은 것은 전혀 의미를 인정치 않았습니다. 이 유대교가 대두된 것은 바벨론 포로 후 부터였습니다. 유대인들은 자기들이 바벨론에 망한 이유는 율법의 말씀을 무시했기 때문이라는 것을 알았습니다. 그래서 다시 멸망당하지 않으려면 무조건 율법의 말씀을 지켜야 한다고 해서 율법의 참된 의도는 저버리고 자기들 마음대로 율법적인 조항을 많이 만들어내어 이것이 율법이라고 하면서 지킬 것을 강요했습니다.

대표적인 것 중의 하나가 안식일이었습니다. 안식일은 하나님의 창조를 선포하여 하나님의 주권을 높이는 날입니다. 또한 그리스도를 통하여 죄와 사탄의 세력이 정복되고 참된 안식과 평화가 올 것을 예표豫表하는 날이기도 합니다. 그러나 유대교는 무조건 그 날에 아무것도 하지 않는 것이 안식일을 지키는 것이었습니다. 그래서 안식일에 해서는 안 되는 것 수백 가지를 만들어서 지킬 것을 강요했습니다. 그래서 유대교는 하나의 새로운 이단이었습니다.

바울의 복음이 전파된 후 이 갈라디아 지역에 유대교가 다시 들어오게 된 이유는 유대인들의 질투심 때문이었습니다. 유대인들은 이방인들 중에서 율법을 배우는 자들을 자기들의 종으로 생각했습니다. 그런데 바울은 이들을 모두 해방시켜 버렸습니다. 그들이 바울을 그토록 미워했던 이유는 이방인들도 유대인들과 마찬가지로 똑같이 구원받을 수 있다고 가르쳤기 때문입니다. 그들은 자기들이 이방인과 같은 대우를 받는 것에 대하여 견딜 수 없는 분노와 치욕을 느꼈습니다. 그 결과는 다시 이들을 노예로 사로잡는 것이었습니다. 그들은 많은 유대교 선교사들을 바울이 복음을 전한 지역에 다시 보내어서 그들을 사냥하기 시작했습니다. 새로운 종교적인 노예사냥이 시작이 된 것입니다.

그런데 왜 여기 있는 기독교인들은 복음으로 만족하지 못하고 또 다시 유대교의 율법의 멍에를 메기로 했을까요? 바로 복음이 가지는 눈에 보이지 않는 특성 때문이었습니다. 이들이 처음에 복음을 믿을 때는 좋았습니다. 왜냐하면 유대교의 무거운 짐을 지지 않고서도 구원을 받을 수 있다고 들었기 때문입니다. 그러나 막상 믿고 나니까 어떻습니까? 눈에 보이는 것이 없습니다. 무엇인가 구체적으로 자랑할 수 있는 것이 아무것도 없습니다. 눈에 보이게 어떤 것을 성취해서 남에게 인정받는 것이 없습니다.

복음 안에는 남의 눈에 보이게 자랑할 수 있는 증거가 없습니다. 유일한 증거라면 내가 인격적으로 변화된 것입니다. 그러나 그것만으로는 만족이 되지 않고 사람들은 좀 더 확실한 구원을 잡고 싶었습니다. 그것이 무엇입니까? 예수도 믿지만 할례도 받고, 복음도 믿지만 유대교도 지키는 것입니다. 왜냐하면 하나라도 더 붙들면 어디를 통해서도 한쪽은 맞을 것 아닙니까? 그리스도의 십자가가 아니면 유대교의 행위를 통해서라도 구원을 얻을 것이니까 구원이 든든해지는 것입니다.

그러나 이것은 그리스도의 십자가를 버리는 일이요, 우리를 은혜로 부르신 하나님을 저버리는 배신이었습니다. 구원의 목적은 우리가 복된 상태에서 잘 지내는 것이 목적이 아닙니다. 하나님의 이름이 찬송을 받으며 하나님이 행하신 것이 나타나는 것입니다.

이것은 지금 당장 우리들의 삶 가운데서도 많은 갈등을 일으키는 부분이기도 합니다.

우리는 우리에게 닥친 어려움이 당장 없어지고 편안하고 복된 상태에 있기를 원합니다. 그래서 빨리 어려움이 없어지고 하루 빨리 편안해지기를 바랍니다. 그러나 하나님께서 원하시는 것은 그것이 아니라, 지금도 하나님이 살아계시며 내가 당한 어려움보다 하나님은 더욱 크시다는 것을 나타내고 싶어 하십니다. 그래서 어떤 때에는 우리는 어려움이 빨리 없어지기를 바라는데 하나님은 그 어려움을 더 키우기도 하시고 한걸음 더 나아가서 우리를 극단적인 위험에 처하게 하기도 하십니다. 그 이유는 하나님은 지금도 살아계시며 그런 어려움 가운데서도 우리를 능히 구원하실 수 있다는 것을 보여 주시기를 원하시기 때문입니다. 그래서 참된 신앙 안에는 오직 이 한 가지만 들어 있습니다. 그것은 '오직 하나님께 영광!' Soli Deo Gloria입니다. 우리에게 돌아올 영광은 없습니다.

사도 바울은 갈라디아 교인들을 이렇게 책망하고 있습니다.

6절 그리스도의 은혜로 너희를 부르신 이를 이같이 속히 떠나 다른 복음 좇는 것을 내가 이상히 여기노라

이 말은 다르게 표현하면 조금만 신중하게 생각을 했더라면 이런 말도 되지 않는 교훈을 받아들일 수 없는데 도대체 너희들은 어떻게 되었기에 이렇게 생각도 없이 이런 다른 복음을 그렇게 쉽게 받아들이느냐 하는 것입니다. 다른 복음을 이토록 쉽게 받아들인 이유가 무엇입니까? 복음이 공짜이기 때문입니다. 만약 이들이 복음을 위하여 피라도 한 방울 흘리고 돈이라도 좀 손해를 봤더라면 이토록 쉽게 버리지 않을 것입니다. 사람은 아무리 소중한 것이라도 거저 주면 그 가치를 잘 깨닫지 못합니다. 다이아몬드라고 해도 거저 주면 다른 구슬과 함께 구석에 쳐 박아 놓을 사람들입니다.

오늘 사람들이 복음을 진정으로 가볍게 생각하는 이유가 무엇입니까? 거저 주신 것이기 때문입니다. 하나님께서 우리에게 구원을 거저 주신 것은 이것이 너무나도 엄청난 가치를 가지고 있기 때문에 다른 것으로 환산할 수가 없기 때문입니다. 그러나 사람들은 그렇게 생각하지 않습니다. 자기가 조금이라도 기여하고 희생을 한 것이 있으면 아주 귀하게 생각하고, 거저 주어진 것은 아무리 귀한 것이라고 하더라도 덜 중요하게 생각합니다. 그래서 복음에 관한 일이 삶의 우선순위에서 맨 꼴찌에 처지는 것을 볼 수 있습니다. 자기 할 일을 다 하고 난 후 마지못해서 복음에 시간을 들이려고 합니다. 그러나 거짓 교훈은 그렇지 않습니다. 가장 값 비싼 대가를 요구하면서 사람들의 마음을 빼앗아 들어가기 시작합니다.

예를 들어, 부모님은 우리들에게 가장 귀한 분이십니다. 그러나 부모님이 자식들에게 베풀기만 하고 요구를 하지 않으니까 자식들에게 아예 부모는 우선순위에서 최하위에 가 있는 경우가 많습니다. 그래서 부모는 어렸을 때부터 자식에게 요구할 때는 하고 또 부모가 아플 수도 있다는

것을 가르쳐 주는 것이 좋습니다. 그것은 부모의 사랑을 갚으라는 이야기가 아닙니다. 그렇게 하지 않으면 부모의 사랑의 중요성을 잊어버리기 때문입니다.

그래서 저는 절대로 복음을 값싸게 팔지 않습니다. 말씀에 배불러 하는 자에게 절대로 성경을 가르치지 않습니다. 그런 사람은 실컷 굶어야 합니다. 그런 사람에게까지 갈 복음은 없기 때문입니다. 주님도 '거룩한 것을 개에게 주지 말며 진주를 돼지 앞에 던지지 말라'(마 7:6)고 하셨습니다. 복음을 소중하게 받들지 않는 자에게 복음의 문은 금방 닫히고 맙니다. 왜냐하면 그런 자들은 말씀을 듣고서는 순종하기 보다는, 술집에서 들은 말씀을 가지고 지껄이면서 말씀을 마구 짓밟기 때문입니다.

혼란의 원인

이미 복음을 들은 이방인 신자들이 유대교로 들어가려고 한데는 어떤 혼동이 있었기 때문입니다. 그것이 무엇입니까? 유대인 신자들이 가지는 성숙한 모습이었습니다. 그리고 그들의 훈련된 종교성입니다.

오늘 본문을 보십시오.

7절 다른 복음은 없나니 다만 어떤 사람들이 너희를 요란케 하여 그리스도의 복음을 변하려 함이라

무슨 말입니까? 복음은 오직 하나입니다. 유대인들을 위한 복음이 따로 있고, 이방인들을 위한 복음이 따로 있으며, 다른 사도들의 복음이 따로 있고, 바울의 복음이 따로 있는 것이 아닙니다. 복음은 오직 하나 뿐입니다. 그런데 이 갈라디아 교인들이 혼동을 겪은 부분이 있었습니다. 그것은 자기들은 아무리 성령의 세례를 받고 그리스도인이 되었어도 유

대인들의 경건은 따라 갈 수 없었던 것입니다.

예를 들어, 어떤 새로 믿은 형제가 복음을 듣고 또 큰 은혜를 받았다 하더라도 오래 신앙생활을 해 온 형제의 훈련된 모습을 따라 갈 수 없는 것과 같습니다. 개척 교회를 해 보면 오랜 신앙생활을 한 사람들이 얼마나 그리운지 모릅니다. 왜냐하면 새로 믿는 사람들은 아무것도 되어 있는 것이 없습니다. 다시 말해서 기본이 되어 있지 않습니다. 그래서 아무리 성숙했다고 해도 기존 교회에서 여러 가지를 보면서 경건의 훈련이 되어 있는 사람과는 비교가 되지 않습니다. 그러나 새로 믿은 형제들은 뜨거운 열정은 있습니다. 그리고 얼마나 순수한지 모릅니다. 그러나 남을 위하여 아무것도 할 줄을 모릅니다. 신앙 생활을 오래 한 사람들이 이런 사람들을 보면 우습게 보입니다. 왜냐하면 세련미라고는 전혀 없고 아무것도 할 줄 아는 것이 없기 때문입니다. 그러나 이미 신앙 훈련이 되어 있는 사람은 누가 무엇을 시키지 않아도 모든 것을 척척 알아서 합니다. 그러나 새로 믿어서 신앙생활을 하는 사람은 몇 년을 믿어도 시키지 않으면 하지 않습니다. 훈련이 되어 있지 않기 때문입니다. 바로 이 차이입니다.

다른 말로 표현하면 사람이냐 훈련이냐 하는 것입니다. 사람이 변해야 합니다. 그러나 사람은 훈련으로 변하지 않습니다. 어쩌면 훈련으로 신자가 아닌 사람이 신자가 될 수 없습니다. 그러나 나타나는 것은 훈련된 모습입니다. 어떤 일을 하는 것도 훈련된 사람이 일을 합니다. 제자훈련의 문제가 바로 여기에 있습니다. 교회에서 남을 섬기고 어떤 일을 성실하게 하려면 훈련되어야 합니다. 그러나 어떤 사람이 훈련되었다고 해서 그 사람이 전적으로 새로운 사람이 되었느냐고 하면 결코 그렇지 않습니다. 그 사람은 훈련되었을 뿐이지 속사람은 그대로일 수 있습니다. 어떤 체제를 유지하기 위해서는 훈련된 사람이 필요합니다. 그러나 주님이 원하는 것은 새사람입니다. 여기에 혼선이 있습니다.

이방인 신자들의 입장에서 봅시다. 그들은 바울의 복음을 들었습니다. 바울의 복음은 그들에게는 영혼의 충격이었습니다. 그리고 그들은 변하여 새사람이 되었습니다. 성령의 강한 역사를 체험했습니다. 그러나 무엇이 문제입니까? 그들이 유대인들과 비교했을 때 전혀 아무것도 아닌 것을 느낀 것입니다. 유대인들은 어떤 사람들입니까? 수백 년 율법으로 훈련을 받은 자들입니다. 그들은 모든 부분에 있어서 철저하게 훈련이 된 자들이었습니다. 이방인 신자들의 눈으로 보기에는 도저히 흉내낼 수 없을 정도로 훈련된 자들이었습니다. 그들의 머릿속에 들어 온 생각이 무엇입니까?

"도대체 바울의 복음이 무엇이람? 우리는 이 놀라운 복음을 듣고 성령의 체험을 받은 후 모든 것이 다 된 것으로 생각했어. 그러나 이 유대인 형제들의 훈련된 모습을 좀 봐. 그들에 비하면 우리들은 전혀 아무것도 아니냐? 우리의 믿음은 정말 헛된 것이야" 이런 혼동이 들어왔던 것입니다.

유대인의 경건은 어디에서 왔습니까? 이것은 철저히 반복된 습관에서 온 것입니다.

무슨 의미를 알아서 그렇게 하는 것이 아닙니다. 단지 다르게 사는 것보다 그런 방식이 더 익숙할 뿐입니다. 복음은 무엇입니까? 사람의 영혼을 휘어 잡는 능력입니다. 이 능력은 오랜 습관적인 훈련에 있지 않습니다. 오직 주 예수 그리스도의 이름에 있습니다. 주님이 말씀하신 것이 무엇입니까? 나무를 보고 그 열매를 안다는 것입니다. 사람 자체가 변하면 열매는 맺히게 되어 있습니다. 이것은 당연한 것입니다.

열매를 맺을 것 같은 것과 실제로 열매를 맺는 것과는 다릅니다. 믿는 사람들에게는 훈련이 필요할 때가 많습니다. 그러나 훈련이 그 사람을 바꾸는 것은 아닙니다. 그 사람이 변하기 위해서는 훈련 이전에 영혼을 휘어잡는 말씀에 부딪쳐야 합니다.

다른 복음은 없습니다. 복음은 유대인들에게도 세례를 주었습니다. 이것은 그들도 죄인이요 하나님 나라 밖에 있었는데 이제 받아들인다는 뜻입니다. 그러나 그들은 이미 오래 전부터 종교적인 훈련을 받아 왔기 때문에 경건의 훈련이 더 잘되어 있을 뿐입니다. 그러나 남을 사랑하고 자기 자신을 희생하는 부분에 있어서는 이방인들보다 훨씬 못할 수도 있습니다. 저는 오랜 신앙의 훈련이 되어 있는 자들이 남을 이해하는데 있어서 훨씬 부족한 것을 느낄 때가 많습니다. 그들은 아마 신앙이 약한 자들과 있을 때 불편을 느낄 것입니다. 그들의 약한 부분들을 감싸 주고 이해하는데 어려움이 있을 것입니다.

복음은 오직 하나님의 것

사도 바울은 다른 복음을 전하는 자들에 대한 강한 저주의 선포를 하고 있습니다.

8, 9절 그러나 우리나 혹 하늘로부터 온 천사라도 우리가 너희에게 전한 복음 외에 다른 복음을 전하면 저주를 받을지어다. 우리가 전에 말하였거니와 내가 지금 다시 말하노니 만일 누구든지 너희의 받은 것 외에 다른 복음을 전하면 저주를 받을지어다

여기서 '저주'라고 하는 것은 아주 강한 표현입니다. 다시 말해서 바울이 그들에게 전하여 준 것만이 주님이 그들에게 주신 것이기 때문에 만일 거기에 다른 내용이 들어가면 그것은 바로 저주를 받을 일이라고 말씀하고 있습니다. 그 이유가 무엇입니까? 그것은 복음은 전적으로 하나님의 뜻에서 나온 것이며 이것은 사람이 개입할 여지가 전혀 없는 절대적인 것이기 때문입니다.

여기서 '저주'라고 하는 것은 영원히 하나님의 것으로 지정된 것을 건드리는 것을 말합니다. 하나님의 소유로 지정된 것은 어떤 일이 있어도 누구든지 건드려서는 안 됩니다. 마치 국가의 중요 시설에 있어서 출입금지 구역과 같습니다.

제가 어렸을 때 군 부대 옆에는 이런 표지가 붙어 있었습니다. '접근금지, 접근하면 발포함!' 바로 이것이 여기서 말하는 저주와 같은 것입니다. 아주 중요한 국가의 시설이 있기 때문에 어느 누구의 접근이나 출입을 허용하지 않으며 만일 그 주의사항을 무시하고 접근하면 부득이하게 발포할 수밖에 없다는 것이 여기서 말하는 저주에 해당하는 것입니다. 옛날 성전에는 이방인들이 더 이상 들어갈 수 없는 경계선이 있었습니다. 그 입구에 '더 이상 이방인은 출입할 수 없음'이라는 푯말이 있었습니다. 만일 출입을 하면 그는 죽임을 당할 것입니다.

여기서 '저주'를 받는 다는 것은 단순한 욕이 아닙니다. 바울이 여기서 말하는 구원에 대한 하나님의 은혜는 가장 본질적인 부분이기 때문에 이 부분에 있어서는 어느 누구의 접근이나 출입을 금하며 만일 이것을 무시하고 이 내용을 함부로 바꾸려고 하는 자가 있다면 그는 멸망을 당할 수밖에 없다는 것입니다.

우리 신앙에 융통성이 허용되는 부분이 없는 것은 아닙니다. 바울은 고기를 먹는 문제나 날을 지키는 문제를 '저주' 받는 일이라고 하지 않았습니다. 그런 부분은 각자의 양심에 따라 슬기롭게 행동하면 되는 것입니다. 그러나 구원론에 있어서 하나님의 은혜는 하나님께서 절대로 인간에게 양보할 수 없는 본질적인 부분이기 때문에 하나님의 자신의 영광으로 이 교리를 지키신다는 뜻입니다. 그래서 구원이 하나님의 은혜로 얻는다는 것을 건드린 사람 중에서 살아남은 자가 아무도 없습니다. 다시 말해서 절대로 구원을 얻지 못한다는 뜻입니다. 예수 그리스도의 십자가를 인정치 않고 믿는 자 중에서 하나님의 구원을 받을 수 있는 자가 없습니다.

바울은 이제 갈라디아 형제들에게 질문을 합니다.

10절 이제 내가 사람들에게 좋게 하랴 하나님께 좋게 하랴 사람들에게 기쁨을 구하랴 내가 지금까지 사람의 기쁨을 구하는 것이었더면 그리스도의 종이 아니니라

'사람을 좋게 한다'는 것은 사람의 마음을 흡족하게 하고 그들을 만족시킨다는 뜻입니다. 사람들은 원하는 것이 있습니다. 그것은 자기의 존재가 인정되고 자기 안에 있는 작은 가능성이 격려되는 것입니다. 복음은 단순한 그런 위로가 아닙니다. 복음은 하나님의 영광을 찬양하는 것입니다. 복음은 하나님의 거룩한 이름을 높여드리는 것입니다. 사람들은 모두 다 똑같습니다. 성경이 무엇이라고 증거하고 있습니까? 칭찬은 오직 하나님께로부터 입니다. 우리를 참으로 칭찬하실 수 있는 자격을 가지신 분은 하나님뿐이십니다. 인정은 하나님께서 해 주시는 것입니다. 가장 타락한 종교인이 사람의 만족을 주기 위하여 존재하는 자입니다. 그는 가장 먼저 멸망을 당할 거짓 종입니다. 그리스도의 종은 백성들이 하나님의 뜻을 거역할 때 그들과 대결하는 것입니다. 그래서 그들로 하여금 바른 자리로 돌아오게 하는 것이 그리스도를 기쁘게 하는 것입니다.

우리는 때때로 은혜라고 하는 것이 얼마나 두렵고 조심스러운 것인지 알지 못할 때가 많습니다. 사람들은 누군가가 무엇을 요구하지 않으면 전혀 그 중요성을 깨닫지 못할 때가 많습니다. 이것이 바로 우리들의 미련함입니다. 복음은 거저니까 마치 싸구려 내의 정도로도 생각하지 않는 것입니다. 결국 중요한 것은 종교적인 외모가 아니라 사람의 중심입니다. 사람의 중심이 변하지 않는 종교 훈련은 위선자들을 만들어 낼 뿐입니다. 사람의 중심이 변한 후에 신앙 훈련은 한 평생에 걸쳐서 교회 안에서 스스로 하는 것입니다.

갈라디아서 강해 3

바울 복음의 기원

갈 1:11-17

요즘 사람들은 서로 만났을 때 주로 최근 텔레비전에서 본 드라마의 웃기는 내용이라든지 아니면 자신의 건강이나 새로 구입한 자동차에 대한 이야기 등 아주 가벼운 이야기들을 많이 합니다. 사람들은 언제부터인가 모여서 심각한 주제를 가지고 이야기하는 것을 기피하기 시작했습니다. 이런 현상을 사람들은 세속화라고 부릅니다. 예전에는 사람들이 모이면 믿든지 믿지 않든지 대화의 주요 내용은 종교였습니다. 왜냐하면 이것보다 더 중요한 주제가 없기 때문입니다. 신이라고 하는 분이 존재하지 않으면 모르지만 만일 정말 신이 존재한다면 어느 신이 참신이며 어떻게 하면 그 앞에 바로 설 수 있는지 하는 것이 가장 중요한 문제가 되지 않을 수 없기 때문입니다.

그런 의미에서 오늘 우리들에게는 갈라디아서 같은 성경이 가장 재미가 적은 책일 것입니다. 왜냐하면 오늘날 사람들이 관심을 가지는 것은 더 이상 본질이 아니기 때문입니다. 오늘 우리 시대 사람들이 관심을 갖는 것은 어떻게 하면 이 복잡한 세상을 무리 없이 살아가느냐 하는 것이지, 또 다시 본질의 문제를 꺼내어 머리를 복잡하게 하는 것을 원치 않습니다. 그러나 기초가 분명치 않으면 그 위에 세워진 그 모든 건물이 다 무너지게 되어 있습니다. 본질에 관한 질문들은 우리가 관심을 갖고 있기 때문에 연구해야 하거나 관심이 없으면 그만 두어도 되는 그런 문제가 아닙니다. 이것은 언제 어디서나 반드시 확인되어져야 할 것들이며 만일 이 부분이 분명치 않으면 우리의 삶 전체가 흔들릴 수 있습니다.

여러분들은 자신의 건강 문제 때문에 사기당하고 싶지 않을 것입니다. 아프지 않는데 어떤 돌팔이 의사가 아프다고 하면서 수술을 받게 하거나 비싼 약을 사게 한다면 얼마나 억울하겠습니까? 만일 우리가 이 본질적인 문제에 대하여 분명하지 않으면 영혼을 사기 당하게 되어 있습니다. 실컷 종교 생활을 하고 열심을 내었는데 그것이 결국 엉뚱한 사람의 배를 채워주는 것이었고, 자기 영혼은 더욱 더 심한 파멸에 빠지게 된다면 이는 본질에 대하여 분명하지 않은데서 생기는 문제입니다.

우리는 자주 우리가 믿고 있는 진리가 왜 옳은지 질문을 받을 때가 있습니다.

우리는 이런 질문을 받을 때 그것이 믿는 자에게서 나온 질문인지, 믿지 않는 자에게서 나온 질문인지 구별할 수 있어야 합니다.

하나님을 전혀 모르는 자가 우리에게 이런 질문을 하는 것은 하나님은 과연 존재하시는지 그리고 예수는 과연 누구인지에 대한 질문입니다. 우리는 이런 것들에 대하여 성경이 무엇이라고 말하고 있는지 증거할 수 있을 것입니다. 그러나 믿는 자들이 이런 질문을 할 때 그것은 구원의 방법에 대한 질문인 경우가 많습니다. 그때 문제되는 것이 바로 바울의 복음에 귀착됩니다. 즉 믿음으로 구원을 얻느냐 아니면 자기의 종교적인 행위로 구원을 얻느냐 하는 것입니다. 요즘 많은 사람들이 모든 교회는 다 똑같고 아무 교회에서나 열심으로 믿기만 하면 된다고 이야기합니다. 그러나 그 속 깊은 곳에서는 사람들을 무지하게 만들어서 이 바울의 복음을 알지 못하게 만들려고 하는 것입니다.

바울의 복음은 구원이 우리의 공로에 있지 않고 오직 예수 그리스도의 십자가를 믿는데 있다는 것입니다. 이것이 모든 종교적인 속박에서 사람들을 해방시킨 복음이었습니다. 여러분, 종교가 사람을 얼마나 속박할 수 있는지 아십니까? 어쩌면 이런 종교적인 속박이야 말로 다른 어떤 속박보다 무서운 것입니다. 그러나 바울의 복음은 우리를 하나님 앞에서 기쁜 존재로 만들었습니다. 두려워서 종교생활을 하는 것이 아니라 기뻐서 신앙생활을 하게 합니다.

지금 사탄이 공격하고 있는 것이 무엇입니까? 그것은 도대체 이 바울의 복음이 어디서 왔느냐 하는 것입니다. 바울이라는 사람은 어디서 왔으며 그의 가르침은 어디서 나왔느냐 하는 것입니다. 그래서 복음을 듣고 진정으로 해방된 자들을 다시 속박하려고 하고 있습니다.

갈라디아 교인들은 처음에는 바울의 복음을 열렬히 받아들였습니다. 그러나 얼마 지나지 않아 금방 의심에 빠지고 말았습니다. 그 이유가 무엇입니까?

바울의 복음은 너무나도 쉬웠기 때문입니다. 너무 간단한 것 같지 않습니까? 나도 무엇인가 한 것이 있어야 종교적인 만족이 있을 수 있는데 오직 믿기만 한다? 이것은 너무 시시하지 않습니까? 그래서 그들은 지금까지 누리고 있던 종교적인 자유를 포기하고 자기 노예가 되려고 하고 있습니다. 이제 바울은 무엇인가를 밝히지 않으면 안 됩니다. 그렇게 하지 않으면 모든 기독교인들이 다시 다 종교의 노예가 되고 말 것이기 때문입니다.

우리는 때때로 내가 믿는 진리가 옳은 이유를 질문 받을 때가 있습니다. 그때 우리는 어떻게 해야 합니까? 우리의 신앙은 수학 공식이 아니기 때문에 증명을 할 수가 없습니다. 물건이 아니기 때문에 꺼내어서 보일 수가 없습니다. 그러나 우리는 두려워 할 필요가 없습니다. 구원에 대한 질문은 우리 안에 계신 성령께서 답변을 하십니다. 우리는 우리에게 일어난 것을 거짓 없이 그대로 말하기만 하면 됩니다. 나에게 일어난 일들을 거짓 없이 그대로 증거하기만 하면 성령께서 사람을 움직이십니다. 우리가 반드시 그 사람을 믿게 하려고 하면 어려울 때가 많습니다. 그것은 내가 할 일이 아닙니다.

나는 내가 믿는 바를 그대로 그리고 나에게 일어난 일을 그대로 증거하기만 하면 됩니다. 믿거나 믿지 않는 것은 내가 책임질 일이 아닙니다.

바울 복음의 기원

우리는 우리의 신앙의 기초를 어디에 두고 있습니까? 바로 사도의 가르침 위에 두고 있습니다. 그런데 지금 공격당하고 있는 것은 바로 이 사도의 가르침 자체였습니다.

사탄은 아예 사도 바울이라는 사람 자체를 인정하지 않고 있습니다. 도대체 이 사람은 어디서 왔으며 그의 가르침은 어디서 나왔느냐 하는 것입니다.

특히 이 당시에는 모든 가르침은 어떤 스승으로 부터 사사한 것으로 되어 있었습니다. 그들은 도대체 바울이라는 사람은 그의 진리를 누구에게 배웠느냐 하는 것입니다.

바울에게 있어서 분명한 것은 그가 유대교의 가르침을 받은 것입니다. 그 외에는 어느 누구의 가르침을 받은 적도 없습니다. 그렇다면 그의 가르침이라고 하는 것은 유대교에서 배운 것을 자기 마음대로 요리해서 가르치는 근거 없는 것이라는 말입니다.

이런 비난에 대하여 사도 바울은 무엇이라고 대답하고 있습니까?

11, 12절 형제들아 내가 너희에게 알게 하노니 내가 전한 복음이 사람의 뜻을 따라 된 것이 아니라. 이는 내가 사람에게서 받은 것도 아니요 배운 것도 아니요 오직 예수 그리스도의 계시로 말미암은 것이라

바울은 먼저 자기를 공격하고 불신하는 자들에 대하여 '형제들'이라고 부르고 있습니다. 그 이유는 그들이 진정으로 다른 의도가 있어서 이런 문제에 빠진 것이 아니라 진리를 알고자 하는 열심 때문에 이런 문제를 제기했다는 것을 믿는다는 뜻입니다. 약간의 오해가 있기는 하지만, 그리고 그 오해가 대단히 심각한 것이기는 하지만, 그럼에도 불구하고 감정적으로는 그들에 대하여 전혀 섭섭하거나 좋지 않은 것이 없다는 뜻입니다. 바울은 자신의 복음이 사람으로부터 배운 것이 아니며 특히 어떤 의도를 가지고 사람의 생각으로 만들어낸 것이 아니라 오직 그리스도의 계시로 알게 된 것이라는 것을 밝히고 있습니다.

바울에게 있어서 특별한 점이 바로 이 부분입니다. 아직 이때는 대부분의 복음서들이 기록되기 전이었습니다. 이때는 복음이 기록되기 보다는 이야기의 형태로 말로서 전달되고 있을 때였습니다. 사도들이 증거한 것이 무엇입니까? 예수는 하나님의 아들이며, 예수를 믿으면 모든 죄 용서를 받으며 구원을 받는다는 것입니다. 여기서 주님은 이방인들을 위하여 바울에게 좀 더 구체적으로 진리를 가르쳐 주셨습니다. 그것이 바로 바울의 구원론입니다. 예수를 믿으면 구원을 얻는다는 것이 무엇입니까? 이것은 종교적인 행위가 아니라 오직 중심으로 그리스도의 대속의 죽음을 믿으며 이제는 그의 뜻에 순종하여 사는 것이 믿음이라는 것입니다.

지금까지의 종교는 어떠했습니까? 오직 행위였습니다. 얼마나 많이 종교적인 일을 하느냐 하는 것이 믿음이라고 생각했습니다. 그러나 바울의 복음은 그런 것으로 하나님을 기쁘시게 하지 못하며 하나님께서 그리스도를 통하여 하신 일을 믿고 이제 부터는 하나님의 뜻대로 사는 생활 그 자체가 믿음이라는 것입니다. 이것은 지금까지 수많은 사람들이 쌓아 올린 종교적인 탑들을 모두 무너뜨리는 것이었습니다.

지금까지 사람들이 붙들고 온 것은 종교적인 업적들이었습니다. 내가 하나님을 위하여 무엇을 얼마나 했는가 하는 것입니다. 바울은 그런 것은 아무 의미가 없고, 필요한 것은 하나님께서 예수 그리스도를 통하여 하신 것을 진심으로 믿고 그 다음부터는 새로운 삶을 사는 것이라는 것입니다. 다시 말해서 종교적인 것을 윤리적이며 생활적인 것으로 물꼬를 바꾸어 놓은 것이 바울의 복음입니다.

우리나라의 현실을 보면 이해하기가 쉬울 것 같습니다. 오늘날 신앙생활을 하는 사람들에게서 나타나는 대체적인 현상이 무엇입니까? 그것은 종교와 생활을 분리시키는 것입니다. 종교는 교회나 기도원에서 하는 것이고, 생활은 또 그것과 전혀 별개의 한 영역이 되어 있는 것입니다. 그래서 그런 사람들에게 신앙심이 좋다고 하는 것은 사는 방식을 바꾸는 것이 아니라 종교적인 측면에 더 열심을 기울이는 것입니다.

그래서 우리나라에 수많은 이단들이 생기는 것입니다. 이단들의 특징은 바로 이것입니다. 종교와 생활을 분리시키는 것입니다. 종교는 종교이고 생활은 생활입니다.

그러나 바울의 복음은 내 중심으로 사는 방식과 생각을 근본적으로 바꾸어서 말씀대로 사는 것이 하나님 앞에서 의롭다 인정받는 길이라는 것입니다. 하나님께서 우리에게 원하시는 것은 일시적인 종교 행위가 아니라 변화된 삶입니다. 사람들은 이 놀라운 가르침이 어디서 나왔느냐 공격했을 때 바울은 사람이 가르쳐 준 것이 아니라 주님이 계시로 알게 하셨다 라고 증거하고 있습니다.

여기서 '계시'라고 하는 것은 지금까지 감춰었던 것을 펼쳐 보인다는 뜻을 가지고 있습니다. 동상 개막식을 할 때 그 동상을 덮고 있던 천을 벗겨서 그 실체를 보게 하는 것과 같습니다. 원래 하나님께서 사람들에게 원하신 것은 종교라는 특별한 행위가 아니었습니다. 삶 전체였습니다. 그러나 죄가 종교와 생활을 별개의 것으로 분리시켰습니다. 특히 이것은 유대교가 더 심했습니다. 그러나 주님은 이것이 하나가 되게 하셨습니다. 진정으로 예수를 믿는 사람은 자신의 삶을 바꿉니다. 그리고 생각이 새롭습니다. 이런 변화된 생각과 삶이 하나님 앞에서 의로 받아들여지는 것입니다.

하나님이 원래 원하신 것이 바로 이것이었습니다. 오래 전부터 계획하신 하나님의 뜻은 바로 우리가 어떤 종교생활로 만족하는 것이 아니라 하나님께 대한 우리의 생각이 근본적으로 변하는 것이며 우리의 삶이 변하는 것입니다. 이것이 복음의 능력입니다.

더 이상 두려움의 대상으로서의 하나님이 아닙니다. 하나님을 사랑합니다. 하나님에 대하여 '사랑해요! 하나님!'이라는 고백이 나옵니다. 사람도 더 이상 증오나 경쟁의 대상으로서의 사람이 아닙니다. 사랑할 이웃으로서의 사람들입니다. 이것이 복음입니다. 내가 아직도 하나님께 대한 두려움이 있다면 복음을 다시 한 번 확인해 보아야 합니다. 내가 아직 이웃들을 경쟁이나 투쟁의 대상으로 생각하고 있다면 복음을 다시 한 번 확인해 보아야 합니다.

그리스도의 나타나심

바울은 당당하게 자신의 복음은 사람에게 배운 것이 아니고 그리스도께서 직접 계시로 자기에게 알려주신 것이라고 증거했습니다. 그렇다면 이제 그것을 좀 더 구체적으로 밝혀야 할 것입니다. 언제 어디서 어떻게 계시를 받았으며 결코 사람에게 배운 것이 아니라면 그것도 또한 밝혀야 할 것입니다.

바울 복음의 핵심은 세 가지로 말할 수 있습니다. 하나는 예수가 누구냐 하는 것입니다. 두 번째는 그의 죽으심이 가지는 의미가 무엇이냐 하는 것입니다. 세 번째는 어떻게 우리가 그의 구원을 얻을 수 있느냐 하는 것입니다.

여기에서 가장 중요한 것은 예수가 과연 누구인가 하는 것입니다.

바울은 이미 개종하기 전에 이미 예수에 대하여 들었습니다. 그러나 그가 예수에 대하여 들었을 때 느낀 것은 엄청난 분노였습니다. 왜냐하면 사람들은 십자가에 달려 죽은 자를 믿는다고 고백했기 때문입니다. 율법에 의하면 나무에 달려 죽은 자는 저주를 받은 자입니다. 도대체 어떻게 저주 받아 죽은 자가 우리를 구원할 수 있습니까?

그래서 바울은 기독교인들을 엄청나게 박해를 했습니다.

13절 내가 이전에 유대교에 있을 때에 행한 일을 너희가 들었거니와 하나님의 교회를 심히 핍박하여 잔해하고

바울이 기독교를 이토록 심하게 박해한 이유가 무엇일까요? 그의 유대교적인 열심이었습니다. 그는 하나님에 대한 열심이 있었습니다. 열심이 없었더라면 누가 무엇을 믿던 상관할 바가 없습니다. 그러나 하나님을 향한 그의 열심은 잘못 믿는다고 생각한 자들을 볼 때 분노가 치밀어 올랐습니다. 그는 이들을 박해하면서 하나님이 얼마나 자기를 기뻐하실까 하는 생각으로 만족을 했던 것입니다.

그러나 다메섹으로 가다가 본 것이 무엇입니까? 자기가 그토록 열심히 하나님을 기쁘시게 한다고 생각한 이 행위들이 하나님을 핍박하고 있었다는 사실입니다. 죽었다고 생각한 예수는 하나님의 영광으로 자기 앞에 나타났고 자기는 전혀 하나님 앞에 인정받을 수 없는 의를 가지고 있었습니다. 하나님의 영광을 가진 분의 원수로 나타나게 되었습니다.

바울이 예수를 하나님의 아들로 안 것은 바로 이 급작스러운 나타나심에 의해서였습니다. 왜냐하면 바울의 유대교적인 미신이 너무나도 심했기 때문에 이런 갑작스런 나타나심이 아니었더라면 도저히 성경만으로는 예수를 알 수 없을 정도로 그의 마음은 굳어져 있었습니다. 바울이 예수가 하나님의 아들인 것을 안 것은 논리적인 추론을 통해서가 아니었습

니다. 그는 그의 영광을 바로 보았고 지금까지 자기가 추구했던 것은 하나님의 영광이 아니라 거짓된 자기 자랑이었다는 것을 알게 되었습니다.

지금 바울은 반대하는 자들이 주장하고 있는 것이 무엇입니까? 바울은 지금까지 유대교의 가르침을 받았고 유대교를 믿었으면서 이방인들에게 가르칠 때에는 인기를 끌기 위해서 유대교를 변질시켜서 가르친다는 것입니다. 그러나 바울이 강하게 주장하는 것이 무엇입니까? 그 유대교로 내가 확인할 수 있었던 것은 내가 철저하게 무지했고 철저하게 하나님께 불순종하는 자였다는 것입니다. 그는 자신의 종교적인 열심으로 그리스도의 영광 앞에 설 수 없었습니다. 그는 철저하게 그리스도의 원수였습니다.

오늘 우리들에게 중요한 질문은 바로 이것입니다. 나름대로 열심도 있고 자기 논리도 있는데 그것으로 과연 그리스도 앞에 설 수 있느냐 하는 것입니다. 모세가 하나님과 만나서 대화를 했듯이 그런 식으로 당당하게 설 수 있느냐 하는 것입니다.

우리의 믿음에서 가장 중요한 것은 예수가 누구냐 하는 것입니다. 예수가 하나님의 아들이심을 부정하는 모든 가르침은 마귀의 가르침입니다. 왜냐하면 영광의 주가 아니면 우리의 죄를 대신해서 책임질 수 없기 때문입니다. 인간은 자기의 죄도 책임지지 못합니다. 오직 그리스도가 하나님이시기 때문에 그의 죽음이 우리의 죄를 대신할 수 있고 능히 우리를 구원하실 수 있는 것입니다. 베드로 사도는 거룩한 산에서 하나님이 하시는 음성을 들었다고 증거하고 있습니다. 지극히 큰 영광중에서 소리가 나기를 '이는 내 사랑하는 아들이요 내 기뻐하는 자'라고 하셨다는 것입니다. 그리고 더 분명한 것은 구약 성경의 증거라고 했습니다.

예수가 누군지 모르는 자는 하나님 앞에 설 수 없습니다. 예수가 하나님의 아들이시기 때문에 그의 죽음이 그토록 능력이 있는 것입니다. 우리의 모든 죄를 다 씻고도 남음이 있습니다. 우리에게 필요한 것이 무엇입니까? 오직 이 사실을 믿는 것입니다.

그리고 나서는 의심 없이 하나님이 기뻐하시는 삶을 향하여 나의 삶을 돌이키는 것입니다. 사탄이나 이 세상의 사람들을 두려워하지 않고 오직 하나님이 기뻐하시는 순종하는 삶을 향하여 가는 것입니다.

만일 어떤 창녀가 복음을 들었다고 해 봅시다. 그의 몸은 팔려 있습니다. 매일 매일 죄를 짓고 있는 생활을 하고 있습니다. 도저히 빠져 나갈 길이 없습니다. 그런데 어느 날 어느 전도자가 하는 말이 예수가 나의 죄를 대신하여 죽었다는 것입니다. 그가 할 일이 무엇입니까? 그 사실을 믿고 그 죄에서 빠져 나오는 것입니다. 모르지요. 한두 번 잡혀서 죽도록 두들겨 맞을지도 모릅니다. 그러나 그는 거기서 결국 나오게 됩니다. 자기가 거기서 나오기를 원하기만 한다면 나올 수 있습니다. 그리고 거기서 나와야합니다. 그 자리에 가만히 있는 것은 복음이 아닙니다. 사람들에게 자기가 사로잡혀 있으며 거기서 나올 수 있게 해 달라고 소리를 질러야 합니다. 그러면 거기서 나와서 전혀 새로운 삶을 살게 됩니다.

복음은 바로 이 자유입니다. 지금까지 나를 얽어매고 있던 모든 죄스러운 인습과 사회적인 가치관의 멍에를 끊고 하나님이 기뻐하시는 삶을 향하여 걸어가는 것입니다. 예수 믿는다고 하면서 죄짓는 자리에 그대로 가만히 있는 것은 참으로 믿는 것이 아닙니다. 나를 잡아매는 것이 무엇입니까? 그 모든 것을 끊고 하나님을 기쁘게 하는 삶으로 나아가는 것입니다. 도저히 끊을 수 없을 것 같은 죄의 습관이 있습니까? 예수님께 부르짖으십시오. 이 습관 때문에 하나님께 나아갈 수 없다고 말입니다. 도저히 그것이 끊어질 것 같지가 않습니다. 그러나 끊어집니다.

다른 것으로는 이런 변화가 오지 않습니다. 바울이 얼마나 열심히 종교 생활을 했습니까? 그러나 그는 이런 변화를 체험하지 못했습니다.

14절 내가 내 동족 중 여러 연갑자보다 유대교를 지나치게 믿어 내 조상의 유전에 대하여 더욱 열심이 있었으나

사도 바울은 같은 동년배는 고사하고 자신의 연갑자보다 더 열심히 유대교를 믿었습니다. 그러나 그의 신앙 안에는 분노 밖에 없었습니다. 그를 변화시킨 것은 하나님이 나를 이토록 사랑하셔서 그 독생자를 주셨다는 믿음이었습니다. 예수의 죽음이 나를 향한 하나님의 극진한 사랑이라는 것을 알았을 때 단순히 위로만 얻은 것이 아니라 하나님을 향하여 나아갈 수 있는 힘을 얻게 되었습니다. 종교적인 열심은 사실 하나님을 향하여 나아가는 것이 아닙니다. 이것은 다른 사람을 판단하는 것입니다.

십자가의 사랑을 믿고 그 자리에 가만히 있는 것은 믿음이 아닙니다. 하나님의 사랑을 의심하는 것입니다. 십자가의 사랑을 믿는 자는 하나님께로 나아가야 합니다. 우리는 자기를 잡아끄는 모든 거추장스러운 것들을 다 떨쳐버리고 하나님을 향하여 달려가야 합니다. 이렇게 할 때 하나님은 나를 받아 주십니다.

사도 바울은 자기가 유대교 안에서는 전혀 하나님을 만나지 못했다고 고백하고 있습니다. 오히려 그가 한 것이라고는 하나님을 대적한 것 밖에 없었습니다. 그를 하나님 앞에서 담대하게 한 것은 예수 그리스도가 하나님의 아들이시며 그의 죽으심으로 내 모든 죄가 용서되었다는 믿음이었습니다. 그리고 그는 그 자리에 가만히 있지 않았습니다. 그는 자기가 가진 모든 생각을 다 버리고 하나님을 기쁘시게 하는 삶을 향하여 달려 나갔습니다.

하나님의 택하심과 부르심

바울은 자기에게 일어난 이 모든 일들이 우연이 아니라 하나님의 오랜

계획이었다는 것을 깨닫고 이것을 담대하게 증거하고 있습니다.

15절 그러나 내 어머니의 태로부터 나를 택정하시고 은혜로 나를 부르신 이가

바울은 자기가 이렇게 그리스도인이 된 것이 하나님의 선택과 부르심으로 되었다고 말하고 있습니다. 여기서 택정하시고 부르셨다고 하는 것은 사도가 되도록 택하셨다는 뜻으로 생각할 수도 있지만 더 중요한 것은 하나님의 백성으로 택하시고 부르신 것으로 보아야 합니다.

물론 바울이 처음부터 이 사실을 안 것은 아닙니다. 그는 하나님의 택하심과 부르심을 몰랐습니다. 그러나 믿고 난 후에 보니 그에게 있어서 이 믿음이라고 하는 것은 피할 수 없는 하나님의 뜻이라는 것을 알게 되었습니다. 그의 구원에 대한 하나님의 뜻은 어머니의 태에 있을 때부터였습니다. 아니 그것보다 훨씬 더 오래 전의 일이었다는 것을 알게 되었습니다. 하나님은 그 영원하신 지혜 가운데 바울이 구원받을 것을 작정해 놓으셨습니다. 그는 그 작정 가운데서 하나님을 배반하고 하나님을 오래 거역했습니다. 그러나 하나님께서 강하게 그를 부르실 때 그는 거역할 수가 없었습니다.

구원받는 것은 내가 단순히 예수 믿기로 결정을 했기 때문이 아닙니다. 많은 갈라디아 교인들은 믿음을 너무 쉽게 생각했습니다. 내가 믿기로 결정하다니 이것은 너무나도 쉬운 일이 아닌가? 이에 대하여 바울은 결코 그렇지 않다고 말하고 있습니다. 우리가 복음을 듣게 되는 것은 우연한 일이 아니라 하나님께서 나를 작정하셨기 때문이며 특히 내가 예수를 믿게 되는 것은 하나님께서 나를 거역할 수 없게 부르셨기 때문이라고 말씀하고 있습니다. 하나님께서 부르시지 않았는데 믿을 수 있는 사람은 아무도 없습니다.

복음을 전하다 보면 참으로 이상한 일을 많이 보게 됩니다. 어떤 사람

은 아무리 설명을 해도 받아들이지 않는 사람이 있는가 하면, 어떤 사람은 마치 스펀지가 빨아들이듯이 복음을 받아들이는 자가 있습니다. 도저히 예수를 믿을 스타일이 아닐 것 같은데 마치 교회가 자기 집인 것처럼 좋아합니다. 그러나 어떤 사람은 아무리 억지로 끌어 놓아도 틈만 나면 도망을 칩니다. 교회 사람들은 좋은데 가르침은 도저히 이해가 되지 않고 재미가 없다고 말을 합니다. 사실 믿음은 하나님이 주신 선물입니다. 하나님께서 강권적으로 설득하지 않으시면 믿음을 가질 사람이 아무도 없습니다.

우리도 바울처럼 자신의 변화에 대하여 분명히 말할 수 있어야 합니다. 그리스도를 모를 때의 자신과 그리스도 안에서의 자신의 모습을 분명히 구별할 수 있어야 합니다.

그러나 사도 바울에게는 특별한 또 다른 부르심이 있었습니다. 그것은 이방인의 사도로 복음의 구원을 온 세상에 밝히기 위한 부르심이었습니다.

16절 그 아들을 이방에 전하기 위하여 그를 내 속에 나타내시기를 기뻐하실 때에 내가 곧 혈육과 의논하지 아니하고

하나님께서는 바울을 특별히 부르셨습니다. 이것은 그의 개종과 거의 동시에 일어난 것이기도 했습니다. 하나님께서 바울을 부르신 것은 이방인에게 복음을 전하기 위해서였습니다. 그는 이런 표현을 쓰고 있습니다. '그를 내 속에 나타내시기를 기뻐하실 때에' 하나님께서는 그리스도를 바울에게 나타내시기를 기뻐하셨습니다.

먼저 주님은 바울에게 부활하신 모습으로 나타나셨습니다. 바울이 다메섹으로 가다가 본 것은 그리스도의 환상이 아니었습니다. 그는 부활하신 주님을 직접 보았고 그분의 음성을 직접 들었습니다. 이것은 그의 특별한 사명과 관계가 있습니다. 우리는 바울과 같은 체험을 할 수 없습니

다. 그 이유는 사도의 직분은 오직 그에게만 한정되기 때문입니다. 나에게는 주님이 부활하신 모습으로 나타나시지 않으셨다고 해서 나를 사랑하시지 않는 것이 아닙니다. 주님은 바울에게 나타나심으로 바울을 이방인의 사도로 임명을 하셨습니다. 이것이 바울의 사도직 임명이며 여기에서 부터 바울의 복음이 시작됩니다.

주님은 다메섹에서 바울에게 나타나셨을 때 그에 대한 하나님의 모든 구원 계획을 다 말씀하셨다고 생각되지는 않습니다. 그러나 바로 그 순간에 그의 구원론의 가장 중요한 것은 분명히 새겨지게 되었습니다. 예수는 하나님의 아들이시며 그의 죽음은 우리 죄를 대신하는 죽음이며 그를 믿고 새로운 삶을 사는 것이 복음이라는 것입니다. 그리스도의 나타나심 자체가 한 순간에 바울의 복음의 기초를 형성했습니다.

그러나 이것이 좀 더 세부적인 교리의 형태를 띠기까지는 순간순간 주님이 바울에게 나타나셔서 그를 가르쳐 주셨습니다. 바울은 주님이 자기에게 어떤 사실을 마치 옆에서 불러 주시는 것처럼 알려 주시는 것을 느낄 때가 있었습니다. 자기가 묵상해서 생각해내는 것과 자기의 묵상이 아니라 마치 옆에서 누가 어떤 내용을 불러주는 것처럼 생각나는 것은 다릅니다. 사도에게는 바로 그러한 체험이 있었습니다. 이것은 분명히 나의 머리에서 나온 것이 아니고 주님이 내 안에서 이런 내용을 불러 주고 계신다는 느낌입니다. 바울의 복음은 바로 이렇게 해서 그가 주님으로 부터 받은 것이었습니다. 그는 예루살렘의 사도들에게서도 배운 것이 없었습니다.

16절 후반-17절 내가 곧 혈육과 의논하지 아니하고, 또 나보다 먼저 사도된 자들을 만나려고 예루살렘으로 가지 아니하고 오직 아라비아로 갔다가 다시 다메섹으로 돌아갔노라 여기서 '혈육'이라고 하는 것은 친척이나 식구를 말하는 것이 아니라 '사람'을 의미합니다. 그는 사도되는 것에 대하여 어떤 사람과도 의논을 한 적이 없었습니다.

바울은 예루살렘으로 가서 먼저 사도된 자들에게 이런 내용을 배우지 않았습니다. 사울은 오직 아라비아로 갔습니다. 바울이 아라비아에서는 다른 사도들을 만날 기회는 더욱 없었습니다. 그가 아라비아에서 무엇을 했느냐 하는 것에 대하여는 여러 의견이 있습니다. 그가 아라비아 한 부분인 나바티아 국에서 이방인들에게 복음을 전했을 것이라는 설과 그가 조용한 곳에서 묵상하면서 하나님의 진리를 정리할 시간을 가졌을 것이라는 설이 있습니다. 그러나 바울은 굳이 자기가 아라비아에서 무엇을 했는지 밝히지 않고 있는 것을 보면 그다지 중요하지 않은 것 같습니다. 그러나 바울의 복음은 묵상에서 나온 것이 아닙니다. 바울은 자기가 이 두 가지 사명을 위하여 부름을 받았다는 것을 처음부터 분명히 했습니다.

하나는 이방인 전도요 다른 하나는 구원론을 밝히는 것이었습니다. 바울은 어떤 일이 있어도 이 두 가지 사명은 어느 누구에게도 양보하지 않았습니다. 주님이 자기에게 직접 주신 명령으로 알고 끝까지 붙들었습니다. 오늘날 사탄은 여전히 복음의 본질을 흐리게 하고 있습니다. 단순한 교회 생활이 복음인 것처럼 믿게 하면서 여전히 자신의 욕심과 사회적인 사슬에 매여 있게 합니다.

그리스도의 죽음은 나를 향한 하나님의 사랑입니다. 그리고 그 사랑을 믿으면 하나님의 능력이 나에게 힘을 주어서 새로운 삶을 살게 하십니다. 복음은 하나님이 기뻐하시는 삶을 향하여 달려 나가는 것입니다. 복음을 듣는 것은 큰 해방의 선언입니다. 이것은 그냥 아무나 듣는 것이 아닙니다. 단순한 종교 생활로는 이런 기쁨과 자유를 얻을 수 없습니다.

갈라디아서
강해 4

바울의 인생

갈 1:13-24

사람들이 직장에 지원을 하려고 하면 자기가 어떤 사람인지 먼저 소개하기 위해 이력서라든지 혹은 자기 소개서 같은 것을 작성해서 제출을 해야 합니다. 옛날에는 신입사원을 뽑을 때 주로 공식적인 이력서를 중심으로 뽑았는데 요즘은 자기 소개서나 개인적인 면접들을 중요하게 여기는 것을 볼 수 있습니다. 우리는 때때로 자신의 과거 삶을 다른 사람들 앞에서 말해야 할 때가 있습니다. 그때 우리에게는 두 가지 입장이 있습니다. 하나는 공식적인 진술의 형식을 띠는 것이고 다른 하나는 사적인 이야기의 형태를 띠는 것입니다.

사도 바울은 때때로 자신의 과거를 말한 적이 있습니다. 한번은 빌립보 교인들에게 자신의 과거를 이야기한 적이 있습니다. 그것을 보면 바울이 과거 유대교에 있을 때에 얼마나 자존심이 강했고 자기 자랑이 많았던지 알 수 있습니다. 그러나 그때 자신의 과거를 이야기하는 목적은 이 정도로 인간적인 자랑은 의미가 없다는 것을 보여 주기 위한 것이었습니다. 그것은 사적인 설명의 성격을 가진 것이었습니다.

그러나 오늘 본문에 나타나는 바울 자신의 과거에 대한 설명은 공적인 진술입니다. 물론 이 진술이 세상 법정에서 하는 증거는 아니지만 세상 법정보다 더 중요한 하나님의 법정에서 자신의 과거를 진술하는 성격을 띠고 있습니다.

요즘 법정에서 자신의 과거를 설명해야 하는 여러 피고인들의 입장을 한번 생각해 봅시다. 그들이 자신의 과거에 대하여 설명해야 하는 이유는 무엇입니까? 과거에 어떤 일들이 정말 있었는지, 그리고 그런 일은 누구의 책임 하에 이루어졌는지, 그리고 그렇게 한 동기가 무엇인지를 밝히려고 하는 것입니다. 그래서 검사나 변호인이 모두 역사를 밝히는 법정이라고 말하고 있습니다.

지금 바울이 자신의 과거에 대하여 자진 출두해서 설명하고 있는 것은 과거에 어떤 일이 있었는지, 그리고 그가 어떻게 해서 이런 복음을 전하고 다녔는지 그것을 역사적으로 밝히려고 하는 것입니다.

그것은 다음 몇 가지로 요약해 볼 수 있습니다.

첫째로 이 바울이라는 사람이 어떻게 해서 유대교를 신봉하다가 이런 복음 전도자로 변하게 되었는지, 두 번째로 그의 증거는 예수님을 따르던 제자들과 좀 성격이 다른 것 같은데 과연 예수님의 원래 제자들과는 어떤 관계가 있었는지, 그리고 세 번째는 과연 바울을 예수의 사도이며 그의 증거를 참으로 그리스도의 진실한 대언자로서의 말씀으로 인정할 수 있는지, 이것을 밝히는 법정이 되는 것입니다.

이 문제가 어려운 것은 이것이 기독교 세계 안에서 제기된 문제라는 점입니다.

물론 바울에 대한 이런 의심을 야기시킨 것은 사탄입니다. 여러분, 그리스도인들이라고 해서 모두 천사라고 생각해서는 안 됩니다. 한번 의심하기 시작하면 별의 별 것들이 다 의심이 되기 시작합니다. 특히 복음은 사람을 통하여 전달되기 때문에 복음을 전하는 사람의 인격에 대한 의심은 복음 전체에 대한 의심으로 나타나게 됩니다.

하나님의 은혜

바울은 무엇보다도 자기가 사도가 된 것이 자기에게 그런 지적인 능력이 있어서 된 것이 아니라 전적으로 하나님의 은혜요 선물이란 사실을 밝히고 있습니다.

15절 그러나 내 어머니의 태로부터 나를 택정하시고 은혜로 나를 부르신 이가

'은혜로 나를 불렀다'라고 하는 것은 아무 자격이 없는 자를 하나님께서 그냥 부르셨다는 뜻입니다.

바울은 자기가 하나님의 백성이 된 것이나 거기서 한 걸음 더 나아가 사도로 부르심을 받은 것이 전혀 무슨 자격이 있어서 되어진 것이 아니라는 것을 밝히고 있습니다.

사람들은 바울의 가르침을 들을 때 그의 비상한 지적인 능력에 놀라지 않을 수가 없었습니다. 바울의 진술의 특징이 무엇입니까? 완전하고 분명한 것입니다. 그의 진술에는 불분명한 부분이 없었습니다. 다른 선생들의 가르침은 대부분 말장난이었습니다. 이렇게 들으면 이럴 수도 있고 저렇게 들으면 저럴 수도 있는 것이었습니다. 그러나 사도 바울의 진술에는 그런 부분이 전혀 없었습니다. 모든 것이 너무 분명했습니다. 그리고 그것은 모두 사실이었습니다.

바울의 설명의 특징이 무엇입니까? 철저한 것입니다. 그는 무엇을 하나 진술하더라도 철저하게 설명을 해 나가고 있습니다. 이것은 그 당시의 지적인 분위기와는 너무나도 다른 것이었습니다. 그 당시에는 철저한 진술이라는 것은 인기가 없었습니다. 무엇인가 새롭고 관심을 끌만한 것들을 하나씩 터트리는 것이 인기가 있었기 때문입니다. 그러나 바울의 설명은 완벽했고 철저했습니다. 사람들은 그것이 바울의 지적인 능력에

서 나온 것이라고 생각했습니다.

그러나 바울은 이런 지식들이 전혀 자기에게서 나온 것이 아니라고 설명하고 있습니다. 바울은 자기 자신을 어떤 자로 소개하고 있습니까?

13절 내가 이전에 유대교에 있을 때에 행한 일을 너희가 들었거니와 하나님의 교회를 심히 핍박하여 잔해하고

사람들은 바울이 이토록 철저하게 어떤 진리를 진술할 수 있는 것은 그의 학적인 훈련이 뛰어났기 때문이라고 말을 했습니다. 지금도 많은 사람들이 그런 생각을 가지고 있습니다. 즉 바울이 이렇게 복음을 위하여 훌륭하게 쓰임 받은 것은 우선 그가 뛰어난 지적인 능력이 있었기 때문이라고 생각합니다. 그러나 바울이 말하는 것이 무엇입니까? 자기가 이전에 받았던 지적인 훈련과 지금 이렇게 복음을 전하는 것 사이에는 아무 관계가 없다는 것입니다. 이것이 바로 바울 자신의 증거입니다. 바울 그가 가말리엘의 문하에서 고도의 율법 훈련을 받은 것으로 할 수 있었던 것은 하나님의 교회를 핍박하고 잔해하는 것이었다고 말하고 있습니다. 적어도 지금의 바울과 지적인 훈련을 받은 바울과는 아무 상관이 없습니다. 전혀 별개의 사람입니다. 단지 가말리엘 밑에서 율법을 배운 유익이라면 그만큼 율법은 소용이 없다는 깨달음이었습니다.

오늘날 우리들은 왜 이 사도 바울 같은 진술을 하지 않는지 모르겠습니다.

"지금 내가 주님 앞에서 이렇게 사용되고 있는 것은 이전에 내가 어느 대학을 나왔다거나 어떤 인간적인 자질이 있었다는 것과는 아무 상관이 없습니다. 이 모든 것은 주님이 주신 선물입니다. 이전에 그 잘난 내가 한 것이라고는 하나님을 대적하고 참으로 제대로 믿으려고 하는 자들에게 고통을 준 것 밖에 없습니다."

왜 이런 이야기들을 하지 않는 것입니까? 우리는 사실 주님이 주신 것을 자기가 원래부터 가지고 있던 자질과 섞어 놓음으로 하나님의 은혜를 은혜 되지 못하게 할 때가 너무나도 많습니다. 마치 자기 안에는 원래부터 그런 특별한 재능이 있는 것처럼 해서 다른 사람들로 하여금 주님을 바라보지 못하게 하고 사람을 바라보게 할 때가 많습니다.

바울이 원래부터 가지고 있던 자질은 어떤 것이었습니까? 미련하고 깨닫지 못하며 헛된 열심으로 제사장의 앞잡이가 되어서 쓸데없는 짓이나 하는 것이었습니다.

디모데전서 1:13절에는 '내가 전에는 훼방자요 핍박자요 포행자이었으나'라고 말씀하고 있습니다. 이것은 일부러 겸손하려고 하는 말이 아닙니다. 이것은 사실이었습니다.

이것은 우리 모두에게 사실입니다. 우리 모두는 원래부터 무슨 특별한 자질이 있어서 주님 앞에 사용되는 것이 아닙니다. 누군가가 특별하게 사용된다면 그 이유는 단 하나 밖에 없습니다. 그것은 주님이 그렇게 하기로 결정하셨기 때문입니다.

저도 이런 저런 세상 교육을 받은 적이 있습니다. 때로는 그것이 자랑이 될 때도 있고 부끄러움이 될 때도 있습니다만 적어도 분명한 것은 지금 복음을 전하는 것과 그런 세상 교육과는 아무 관계가 없다는 사실입니다. 세상 교육이 저에게 준 도움이 있다면 참으로 내가 하나님 앞에서나 사람들 앞에서 교만한 자이며 자기 자랑하기를 좋아하는구나 하는 것을 더 깨닫게 하는 것뿐이었습니다. 얼마나 많이 교만했는지 모릅니다. 얼마나 많은 사람들을 업신여겼는지 모릅니다.

물론 지금도 학벌이 필요할 때가 있습니다. 세상 사람들이 워낙 목사들을 이상한 사람으로 보기 때문에 '나는 그런 이상한 목사는 아니요'라는 의미로 옛날의 그 케케묵은 학벌을 내어놓을 때가 있습니다. 그러나 정말 그 공부가 하나님의 말씀을 단 한 단어라도 깨닫는데 도움이 된 것은 없습니다.

저의 이력은 직업 없이 지내던 그때로 돌아가야 할 것입니다. 그때 저는 낮아지는 것이 무엇인지 배웠습니다. 그리고 몇몇 형제들에게 설교하면서 성경에 눈 뜨기 시작했습니다. 참으로 그리스도를 만나기 전 나는 하나님을 대적하던 자였습니다. 지금 생각하면 하나님께서 진노의 심판을 내리지 않은 것이 얼마나 다행스러운가 싶을 정도로 하나님 앞에 교만하였습니다. 이 악한 자를 하나님은 사랑하셨고 그 무서운 죄들을 용서하셨을 뿐 아니라 하나님의 말씀을 대언하는 입으로 삼으셨습니다. 원래 대변인은 가장 믿는 사람을 시키는 법입니다. 그러나 주님은 가장 미운 원수를 사랑하셔서 당신의 입으로 삼으셨습니다. 저는 제가 은혜 받는 것을 보고 정말 이 세상에는 은혜를 받지 못할 사람이 없다는 것을 확신합니다. 그리고 제가 주님 앞에서 사용되는 것을 보면서 참으로 누구든지 주님이 기뻐하시기만 하면 존귀하게 사용되지 못할 자가 없다는 것을 분명히 증거할 수 있습니다.

그렇게 되지 않는다면 이유는 하나 밖에 없습니다. 진정으로 믿지 않기 때문입니다. 그리고 게으르기 때문입니다.

제가 분명히 말씀 드릴 수 있는 것은 세상에서 가지고 있던 자질이나 그 어떤 요소들이 하나님 앞에서 사용되는데 아무 상관이 없다는 것입니다. 그 잘난 자질들은 전부 하나님을 거스르는 요인들뿐이었습니다. 오직 놀랍게 사용되는 것은 하나님이 주신 선물들입니다. 하나님의 은혜입니다.

사람들로 부터 받은 것

바울은 솔직히 자기 자신이 사람들로 부터 받은 것이 거의 없다는 것을 밝히고 있습니다.

16, 17절 그 아들을 이방에 전하기 위하여 그를 내 속에 나타내시기를 기뻐하실 때에 내가 곧 혈육과 의논하지 아니하고. 또 나보다 먼저 사도 된 자들을 만나려고 예루살렘으로 가지 아니하고 오직 아라비아로 갔다가 다시 다메섹으로 돌아갔노라

바울은 주님을 만난 후 다른 사도로 부터 특별히 배운 바가 없다고 말하고 있습니다. 우리는 이 말을 들을 때 마치 바울은 모든 것을 다 알고 깨달았기 때문에 다른 사도들의 가르침을 받을 필요가 없는 것처럼 들을 가능성이 있습니다. 바울이 말하고자 하는 것은 그것이 아닙니다. 바울이 교만해서 다른 사도들로 부터 배울 바가 없다는 것이 아니라, 그는 사실 그들로 부터 배울 기회가 없었습니다. 특히 주님에 대한 여러 가지 이야기들을 듣고 싶어도 이상하게 들을 수 있는 길이 열리지 않았습니다. 바울은 지금 그 사실을 이야기하고 있을 뿐입니다. 그는 예루살렘에 있는 지도자들로 부터 무엇인가를 배울 기회가 열리지 않았습니다. 그 이유는 자기 자신도 알 수가 없었습니다. 바울은 지금 그 이야기를 하고 있는 것입니다.

바울에게 이런 예루살렘에 있는 사도들과의 교류의 길이 열리지 않았던 이유가 무엇입니까? 그것은 단 하나의 설명 밖에 없습니다. 주님이 그것을 기뻐하시지 않으셨기 때문입니다. 주님이 만일 이것이 필요하다고 생각하셨으면 그렇게 하셨을 것입니다. 그러나 주님은 바울에 대하여 다른 생각을 갖고 계셨습니다. 그것은 그를 별도로 사용하는 것이었습니다. 주님은 바울이 예루살렘의 제자들로 부터 무엇인가를 배우는 것을 원하지 않으셨습니다.

그를 일으켜 바로 이방의 빛으로 보내셨습니다.

그래서 그는 아라비아로 가게 되었고 또 다메섹으로 돌아오게 되었습니다. 이때가 그가 바구니 안에 숨어서 도망을 친 때인지 모르겠습니다.

사도행전에 의하면 바울은 회심하자 마자 바로 다메섹에서 복음 전했고 그 결과 유대인들이 그를 죽이려고 문을 지켰기 때문에 바구니로 성에서 달아 내렸다고 말하고 있습니다. 사울이 예루살렘에 갔지만 제자들이 그를 두려워해서 만나려고 하지 않았다고 말씀하고 있습니다.

결국 그는 예루살렘에 있는 예수님의 제자들로 부터 복음에 대하여 배울 수 있는 기회가 주어지지 않았습니다. 그 이유가 무엇일까요?

그 설명은 이것으로 가능합니다. 즉 예루살렘의 제자들은 지나치게 유대적이었다는 것입니다. 이것은 베드로가 이방인인 고넬료에게 복음을 전하는데 세 번씩이나 하늘에서 부정한 음식을 보자기에 싸서 내려 보내어도 베드로가 먹지 않으려고 하는 것을 보고 알 수 있습니다. 그들이 가지고 있던 유대적인 의식이 너무나도 강해서 도저히 이방인 선교에는 맞지가 않았습니다. 베드로가 나쁜 사람이 아닙니다. 예루살렘에 있는 제자들 중에서 나쁜 사람이 누가 있습니까? 그러나 그들에게 있어서 이 유대적인 전통이라고 하는 것은 뼈에 사무쳐 있어서 도저히 인위적인 힘으로는 바꿀 수가 없었습니다. 오골계를 생각하면 됩니다. 그들은 뼈까지 유대인이었습니다. 도저히 이방인들의 풍습과 사고방식을 수용할 수가 없었습니다.

주님께서는 서로 다른 용도를 갖고 계셨습니다. 주님은 억지로 사용하시지 않습니다. 모든 사람들을 다 그릇대로 쓰시는 것입니다. 예루살렘의 사도들은 구약 이스라엘의 전통을 이어받은 열두 기둥으로 사용되었습니다. 구약 시대에 누구든지 하나님의 백성이 되려면 열두 지파 안에 포함이 되어야 했습니다. 이제 신약 시대에는 이스라엘의 약속이 열두 사도로 대표되는 신약 교회에 그대로 전승되었습니다. 구약 이스라엘에 대한 모든 약속을 신약 교회에서 찾아야 합니다. 그래서 우리는 구약의 예언서들을 열심히 읽어야 합니다. 왜나하면 구약 성경에 나타나는 이스라엘에 대한 모든 약속이 우리에게 하시는 말씀이기 때문입니다.

그러나 이 열두 사도는 교회의 기초는 되었지만 이방인들에게 효과적으로 복음을 전하는 일에는 적합치가 않았습니다. 그래서 주님은 바울이라는 별도의 인물을 준비하셨습니다. 왜 주님이 바울을 세우셨습니까? 예루살렘의 제자들의 약한 부분을 채우기 위해서입니다. 이것은 시기하거나 질투할 문제가 아닙니다. 오히려 감사해야 할 일입니다.

주님은 우리를 억지로 사용하시지 않습니다. 그리고 필요하다면 길을 열어 주시기도 하시고 불필요한 것은 아무리 원해도 허락하시지 않습니다.

만일 바울이 예루살렘의 제자들에게 진리를 배웠더라면 그는 예루살렘 교회의 충실한 문지기는 될 수 있었을 것입니다. 그러나 예루살렘 제자들을 배반하지 않고서는 이방인의 사도가 될 수 없었을 것입니다. 그래서 처음부터 주님은 그들과의 접촉을 차단 시키셨습니다. 이것이 그가 예루살렘의 제자들과 잘 만날 수 없었던 이유입니다.

우리는 주님이 우리의 삶의 구체적인 부분에 간섭하고 계신다는 것을 잘 인정하려고 하지 않습니다. 설마 주님이 이런 부분까지 신경을 쓰시겠느냐 하는 식으로 생각을 할 때가 많습니다. 그러나 '설마'가 아닙니다. 주님은 실제로 우리의 삶의 아주 구체적인 부분까지 간섭하십니다. 어떤 사람은 아무리 만나려고 해도 만나지지가 않습니다.

어떤 때에는 어느 곳으로 가려고 하는데 길이 열리지 않습니다. 그럴 때 우리는 우리가 모르는 가운데 주님의 뜻이 있다는 것을 인정해야 합니다.

사실 이럴 때 우리는 주님이 참으로 답답하다고 생각합니다.

"주님, 이럴 때에는 그냥 말씀만 한마디 하시면 다 알아 들을 텐데 왜 말씀을 하시지 않으시는 것입니까?"라고 항의를 할 때가 있습니다.

"바울아, 나는 너를 이방인의 사도로 택했다. 그러니까 굳이 예루살렘의 사도들과 교제하거나 배울 필요가 없다"라고 말씀하셨더라면 어떻게 되었겠습니까? 아마도 바울은 기고만장해서 그들을 아예 인정하려고 하지도 않았을 것입니다. 그러나 바울이 아무리 그들과 만나려고 해도 길이 열리지 않았습니다. 그래서 할 수 없이 독자적인 길을 걷지 않을 수 없었습니다. 나중에 알고 보니까 주님의 뜻이 너무나도 깊고 오묘한데 있었다는 것을 알고 다시 한 번 주님께 감사와 찬양을 드리게 됩니다.

우리는 모든 것을 다 알고 걸어갈 수가 없습니다. 거의 대부분은 모르는 가운데 걸어갑니다. 그러나 한참 지나보면 나에 대한 주님의 뜻이 너무나도 깊고 오묘했다는 것을 알게 될 것입니다. 길이 열리지 않는데 미련하게 끝까지 붙들지 마십시오. 아무리 좋아 보여도 우리는 그 속 깊은 부분을 알지 못합니다. 주님은 내가 감당할 수 없거나 필요치 않는 것은 아무리 원해도 주시지 않습니다. 만약 주님이 주신다면 그것은 정말 큰 일입니다.

확인된 사실

그 후에도 바울에게는 다른 사도들과의 교제가 이루어지지 않았습니다.

18-20절 그 후 삼 년 만에 내가 게바를 심방하려고 예루살렘에 올라가서 저와 함께 십오 일을 유할쌔. 주의 형제 야고보 외에 다른 사도들을 보지 못하였노라. 보라 내가 너희에게 쓰는 것은 하나님 앞에서 거짓말이 아니로라

바울이 예루살렘의 사도들과 만나지 않았다고 말하니까 사람들은 벌써 의심의 눈초리를 보내고 있습니다. 즉 그가 그 후에 예루살렘을 방문한 적이 있다는 것을 안다는 뜻입니다. 아마 이때의 방문에 대하여 많은 말이 돌았던 것 같습니다.

"바울은 예루살렘의 제자들을 만났으며 그가 만나지 않았다고 하는 것은 거짓말이다. 그는 그때 무엇인가 이들에게서 배운 것이 있을 것이며 그가 예루살렘 사도들과 비슷하게 가르치는 내용은 그때 배운 것이다"라는 등등의 의심이었습니다.

사람들은 바울이 가르치는 것이 예루살렘의 사도들과 다른 것에 대하여 의문을 표했습니다. '이것은 도대체 어디서 나왔느냐? 분명히 가말리엘에게서 배운 것이 틀림없다'는 식입니다. 그리고 예루살렘 제자들과 비슷한 내용이 있으면 '이것은 그들에게서 들은 것이다. 그렇지 않으면 이렇게까지 똑같을 수가 없다'면서 바울이 계시로 받은 것은 거짓이라는 식으로 비난을 한 것입니다.

사탄이 공격할 때에는 꼭 이런 식으로 오도 가도 못하게 공격을 합니다. 이런 식으로 나가면 사랑이 없다고 하고, 저런 식으로 나가면 성경적이지 않다고 비난합니다. 결국 어느 쪽으로 가든지 올무에 걸리게 되어 있는 것입니다.

사도 바울이 걸려 있는 문제는 한편으로는 예루살렘 사도들과 다른 점이었고 다른 한편으로는 그들과 같은 부분이었습니다. 바울이 열심히 증거하고 있는 것이 무엇입니까?

같은 부분이나 다른 부분 모두 그리스도로 부터 계시로 알게 되었다는 것입니다. 이것이 바로 그들의 공격에 대한 바울의 답이었습니다. 그래서 그가 가말리엘에게서 배운 지식으로 얼마나 교회를 잔인하게 박해했으며 또 다른 한편으로 그는 예루살렘 사도들을 만날 기회가 없었다는 것을 솔직하게 밝히고 있습니다.

이 모든 것을 증거한 후에 무엇이라고 맹세를 하고 있습니까?

20절 보라 내가 너희에게 쓰는 것은 하나님 앞에서 거짓말이 아니로라 이것이 그의 진술의 결론입니다.

우리가 교회 안에서 가장 조심해야 할 것이 무엇인가 하면, 막연한 추측을 사실인 것처럼 이야기하는 것입니다. 그러면 한 사람을 죽이게 됩니다. 반드시 본인에게 확인해야 할 때는 확인을 하고, 본인에게 소명할 수 있는 기회를 주어야 합니다. 그렇지 않고 한 두 사람의 추측을 가지고 기정사실화할 때, 사탄은 너무나도 쉽게 교회를 파괴시킬 수 있게 되며 가장 아까운 종을 희생시키게 됩니다. 그래서 분명한 사실이 아니면 절대로 단정 짓지 말아야 하며, 분명한 사실도 용서할 수 있으면 용서해 주어야 합니다.

이제 바울이 분명히 증거할 수 있는 것이 무엇입니까? 그를 통하여 나타난 사실들입니다.

21-24절 그 후에 내가 수리아와 길리기아 지방에 이르렀으나. 유대에 그리스도 안에 있는 교회들이 나를 얼굴로 알지 못하고. 다만 우리를 핍박하던 자가 전에 잔해하던 그 믿음을 지금 전한다 함을 듣고. 나로 말미암아 영광을 하나님께 돌리니라

바울이 어디에 있었습니까? 그는 유대에 있지 않았습니다. 수리아와 길리기아 지방으로 돌아갔습니다. 거기는 지도를 보면 알겠지만 유다보다 많이 윗 쪽으로 떨어져 있는 것입니다. 그런데 거기서 그가 복음을 전하는 것을 유다에 있는 교회가 다 듣고 있었습니다. 서로 얼굴은 몰랐습니다. 왜냐하면 볼 기회가 없었기 때문입니다. 그러나 교회는 이미 바울이라는 사람의 이름과 그가 행하는 것을 듣고 있었습니다.

우리가 가는 길은 좁은 길이기 때문에 얼마 가지 않으면 다 만나게 되어 있습니다. 만일 아무리 가도 만나지 못한다면 그 사람은 딴 길로 간 것입니다. 결국 다 만나게 되어 있습니다. 멀리 가봐야 얼마 있지 않으면

다시 만나게 되어 있습니다. 그러므로 다른 사람에게 잘 보이려고 할 필요가 없습니다. 인정받기 위하여 애를 쓸 필요가 없습니다. 주님이 하신 말씀이 무엇입니까? 산위에 있는 동네가 감춰지지 못한다는 것입니다. 주님은 또한 등을 켜는 것은 등경 위에 두기 위해서이지 어떤 통 아래 두기 위해서가 아니라고 말씀하셨습니다.

내가 주님의 뜻대로 살면 반드시 그 아름다운 삶은 드러나게 되어 있습니다.

죄도 마찬가지입니다. 아무리 숨기려고 해도 숨길 수가 없습니다. 하나님이 알고 계시고 내가 알고 있는데 어떻게 그 죄를 감출 수가 있습니까? 모두 다 드러나게 되어 있습니다. 사람들이 알아주지 않는다고 게으름을 피운다면 그는 정말 꺼진 등불과 같은 자입니다. 거짓된 동기로 어떤 일을 한다면 오래 가지 않아서 그 속에 있는 것이 드러날 것입니다. 그러나 정말 주님을 사랑하는 마음으로 어떤 일을 할 때 얼굴은 몰라도 모든 사람들에게 다 알려지게 되어 있습니다.

요즘은 매스컴의 시대입니다. 그래서 사람들은 매스컴을 통해서 알려지려고 합니다.

결국 그리스도인의 모든 삶은 드러나게 되어 있고 다른 믿음의 형제들에 의하여 평가되게 되어 있습니다. 그 평가는 거의 정확합니다. 여러분, 여론이라고 하는 것이 얼마나 정확하고 무서운지 아십니까? 한번 그 가치가 부정되면 다시는 재기할 수 없습니다. 보이지 않는 많은 믿음의 형제들의 눈이 얼마나 무서운지 모릅니다. 자기 혼자 아무리 똑똑한 것처럼 설쳐도 많은 사람을 동시에 속이는 것은 불가능합니다. 결국 그는 믿을 수 없는 사람으로 판정 나서 비참하게 버림받게 될 것입니다.

결국 진실한 방법밖에 없습니다. 얼마나 많은 사람들이 잠깐 사람들의 입에 오르내리다가 사라져 갔습니까? 저 하늘의 별처럼 영원히 빛나는 사람들은 끝까지 주님께 정직하고 충성했던 자들입니다. 믿음의 많은 형제들이 바울에 대하여 들은 그것이 바로 바울 그 사람이었습니다.

수많은 믿음의 형제 자매들이 지금도 성적표를 가지고 내가 믿을 수 있는 사람인지, 아니면 입만 가지고 나불대는 사람인지 점수를 매기고 있습니다. 우리가 이 세상을 마쳤을 때 그 성적표도 함께 주님 앞으로 보내질 것입니다. 눈에 보이지 않는 수많은 믿음의 형제 자매들의 믿음을 속이면 안 됩니다. 항상 진실하십시오. 그리고 끝까지 충성하십시오. 보이지 않는 곳에서 최선을 다하십시오. 그것이 영원히 칭찬받는 길입니다.

갈라디아서
강해 5

자유의 길

갈 2:1-5

알렉스 할리가 쓴 《뿌리》라는 소설은 미국의 흑인들이 어떻게 아프리카 초원에서 미국으로 붙들려 와서 노예가 되었는지를 생생하게 추적해서 보여주는 소설입니다. 이제 미국이나 세계 어디에도 노예는 없습니다. 그러나 오늘날에도 여전히 많은 사람들이 자유를 빼앗긴 채 살아왔고 일부는 지금도 지속이 되고 있는 곳도 있습니다. 그것은 자기 잘못으로 죄를 지어서 감옥에 있는 죄수를 의미하지 않습니다. 혹은 빚을 갚지 못하거나 전쟁의 포로가 되어서 노예가 된 자들을 의미하지도 않습니다. 놀라운 것은 어떤 하나의 이념이 수많은 사람들의 자유를 빼앗고 그들을 노예 상태에 있게 했다는 사실입니다. 그것은 바로 공산주의입니다.

우리는 그 동안 자유의 세계를 향하여 목숨을 걸고 이 장벽을 넘어 탈출을 시도한 많은 사람들의 이야기를 들어 왔습니다. 그 중에서 가장 감동적인 일이 독일의 베를린 장벽이 무너진 일일 것입니다. 그 동안 그렇게 철통같이 지키던 베를린 장벽이 한두 사람이 동독을 탈출하더니 어느새 대규모 탈출로 이어지다가 어느 순간에 그 무서운 장벽은 무너지고 말았습니다.

우리는 하나의 사상이 그토록 많은 사람에게서 자유를 빼앗고 그들을 거의 노예 상태에 있게 했다는 사실에 놀라지 않을 수 없습니다. 그리고 또 하나는 많은 사람들이 이러한 탈출에 실패하여 다시 노예 상태로 끌려들어 갔다는 사실입니다. 탈출해서 아주 안전한 곳으로 피하면 괜찮지만 그렇지 못하고 어중간한 상태에 있으면 반드시 다시 잡혀 들어가게 되어 있습니다.

북한에서 중국으로 탈출한 사람들의 문제가 그렇습니다. 그들은 거기서 다시 체포되어 북한으로 끌려갈 수 있습니다. 만약 다시 끌려간다면 어떤 일이 기다리고 있습니까? 더 무서운 보복과 탄압이 기다리고 있을 것입니다. 갈라디아서는 자유의 대헌장입니다. 이것은 감옥으로 부터의 해방이 아니고 어떤 이념으로 부터의 해방도 아닙니다. 잘못된 종교로부터의 해방이었습니다. 그러나 이 해방이 있기까지 얼마나 많은 사람들이 고통을 받았으며 얼마나 많은 사람들이 희생을 당했는지 모릅니다. 모든 것이 다 때가 있듯이 정말 때가 되었으니까 이 무서운 율법의 종교에서 해방될 수 있었지 때가 되지 않았더라면 진정한 해방은 불가능했을 것입니다. 사람이 잘못된 것을 믿는다는 것이 얼마나 무서운 일인지 모릅니다. 한번 잘못된 것을 믿으면 거기서 해방되는데 엄청난 희생과 용기가 필요합니다. 그리고 잘못하면 다시 끌려가서 더 무서운 노예 생활을 할 수 있습니다.

우리는 유대교가 얼마나 무서운 종교인지 모릅니다. 물론 그 당시 전 세계를 유대교가 지배하는 것이 아니었기 때문에 모든 사람들이 다 유대교의 지배를 받는 것은 아니었습니다. 그러나 일단 유대교와 접촉한 자들에게 있어서 유대교는 절대적인 위력을 발휘했습니다. 유대교는 생활 전부를 지배했고 유대교의 계율을 어기는 자에게는 아주 가혹한 정죄와 처벌이 뒤따랐습니다. 일단 한번 걸려들기만 하면 유대교는 그 교인을 완전히 노예로 만들었습니다. 하나님에 대하여 관심이 있는 자는 모두 유대교의 노예가 되어야만 했습니다. 그런데 어떤 일이 일어났습니까? 바울이라는 자가 나타나서 유대교의 노예가 되지 않고서도 참 하나님을 섬기며 하나님의 백성이 되는 길이 있다고 가르쳤습니다. 그것은 자기의 죄를 예수 이름 앞에 회개하고 예수님의 이름으로 세례를 받는 것입니다. 이것은 대 노예 해방의 선언이었습니다. 바울의 이 설교는 엄청난 파문을 불러일으켰습니다. 적어도 유대교 안에서는 엄청난 충격이었습니다.

유대교의 노예가 되었던 자들 중에서 엄청나게 많은 자들이 사슬을 풀고 자유를 행하여 달음질치기 시작했습니다. 그들은 하나님이 사랑이시란 것을 알게 되었습니다. 그리고 성령이 주시는 말할 수 없는 기쁨을 체험했습니다. 그런데 이제 어떤 상황이 벌어지고 있습니까? 다시 유대교 쪽에서 대반격이 시작되었습니다. 그것은 도망친 자들을 다시 다 잡아 가두는 것입니다. 그들은 도망친 자들을 다시 잡아들이기 전에 해야 할 가장 중요한 일이 있다는 것을 알았습니다. 그것인 무엇입니까? 바울을 제거하는 것이었습니다. 사탄은 두 가지 방향에서 바울을 제거하려고 했습니다. 하나는 유대교의 열심 있는 자들을 이용해서 직접 바울을 죽이는 것입니다. 그래서 바울을 죽이기 전에는 아무것도 먹지도 않고 마시지도 않겠다고 서약을 한 자들이 많이 있었습니다.

그리고 다른 하나는 기독교 안에서 바울을 축출하는 것입니다. 그가 사도권이 없으며 예수의 참된 제자가 아니라고 하여 그를 기독교 세계 안에서 불신을 당하게 하는 것입니다. 사도 바울은 자기가 유대인들에게 맞아 죽는 것보다 기독교 세계 안에서 불신 당하는 것이 훨씬 더 위험한 일로 보았습니다. 바울이 지금 직면하고 있는 문제가 무엇입니까? 그것은 바울 한 사람의 문제가 아니었습니다. 지금 눈에 보이지 않는 어떤 세력이 원하는 것은 바울을 제거하고 그 다음에 도망친 모든 자들을 다시 다 사로잡아서 유대교의 노예를 만드는 것입니다. 바울은 살아야 합니다. 그것도 그냥 사는 것이 아니라 정당하게 살아야 합니다. 그렇지 않으면 수많은 자유인들이 다시 종교의 노예가 될 수밖에 없습니다.

바울의 예루살렘 방문

바울은 먼저 자기 자신이 예루살렘에 있는 사도들을 만난 적이 없다는 사실을 밝혔습니다. 그 이유는 사람들이 바울의 사도성을 부인하려고 하기 때문입니다. 그러나 또 다른 어려운 문제가 있었습니다. 그것은 바울이 예루살렘의 사도들과 전혀 접촉이 없었다면 그가 가르치는 종교는 그들과 다른 새로운 종교냐 하는 것입니다.

바울이 가르치는 것은 예루살렘의 제자들과 전혀 다른 새로운 종교가 아니었습니다.

바울이 예수님으로 부터 받은 것은 그들과 같은 신앙이었습니다. 단지 예루살렘의 제자들이 뛰어넘을 수 없는 유대교의 장벽을 위하여 주님이 새로운 사람을 준비하셨을 뿐입니다. 주님이 바울을 세우신 것은 예루살렘의 가르침이 부족하기 때문이 아닙니다. 단지 예루살렘의 사도들도 인간들이기 때문에 주님의 그 가르침을 이방인들에게 마음껏 전하기에는 제약이 있었던 것뿐입니다. 복음이 부족했던 것이 아니라 복음을 맡은 종들에게 인간적인 약점이 있었던 것입니다. 그래서 바울을 택하시고 특히 예루살렘 사도들의 인간적인 약점을 배우지 않게 하기 위하여 그를 따로 세웠을 뿐이지, 무엇인가 근본적인 차이가 있었기 때문에 바울을 구별하신 것은 아닙니다.

그래서 바울은 그 후에 자기가 바나바와 함께 예루살렘을 방문하여 사도들과 함께 말씀의 교제를 나눈 것에 대하여 증언하고 있습니다.

1, 2절 십사 년 후에 내가 바나바와 함께 디도를 데리고 다시 예루살렘에 올라갔노니. 계시를 인하여 올라가 내가 이방 가운데서 전파하는 복음을 저희

에게 제출하되 유명한 자들에게 사사로이 한 것은 내가 달음질하는 것이나 달음질한 것이 헛되지 않게 하려 함이라

우선 바울이 개종한 후 3년 만에 베드로를 만나기 위하여 예루살렘에 방문을 한 적이 있었습니다. 그때에는 주의 형제 야보고 외에는 보지 못했습니다. 그리고 보름을 있었지만 특별히 많은 사람들을 만나거나 말씀으로 교제하는 일은 하지 못했습니다.

그리고 14년이 지난 후에 다시 예루살렘을 방문하게 되었습니다. 이때 14년이라는 것이 개종하고 난 후 14년을 말하는 것인지, 아니면 예루살렘을 1차로 방문한 후 14년을 말하는 것인지는 분명치 않습니다. 아마 처음 방문한 후 14년이 아닐까 하는 생각이 듭니다. 왜냐하면 흔히 그런 식으로 말을 하기 때문입니다. 이틀 후, 사흘 후라는 식으로 이야기를 하면 첫날부터 말하는 것이 아니라 어떤 일이 있고 난 그 뒤부터 이틀 후나 사흘 후를 이야기할 때 많기 때문입니다. 좌우간 이것은 크게 중요한 것은 아닙니다. 단지 이때에는 이미 바울이 여러 곳에서 이방인들에게 복음을 전하여 이방인의 사도로서의 위치가 상당히 구축된 때였습니다. 바울은 이방인 전도의 열매 중 하나인 디도를 데리고 예루살렘으로 올라갔습니다.

바울은 이때 자기가 올라간 것을 '계시를 인하여 올라갔다'고 말하고 있습니다.

계시로 인하여 올라갔다고 하는 것은 누군가의 권유에 의하여 올라간 것이 아니라 주님이 바울에게 예루살렘으로 디도를 데리고 가라고 분명히 말씀을 하셨기 때문에 올라간 것이라는 뜻입니다. 성경을 깊이 묵상하는 가운데 예루살렘으로 올라가는 것이 더 유익하겠다는 생각이 들었기 때문에 올라간 것이 아닙니다. 주님이 그에게 너무나도 분명히 말씀하셨습니다. 아마 그에게 나타나셔서 말씀을 하셨다고 생각됩니다.

주님은 바울에게 '디도를 데리고 예루살렘으로 올라가라' 고 명령하셨던 것입니다.

그 이유가 무엇입니까? 바울의 달음질을 헛되게 하는 일들이 예루살렘에서 많이 일어나고 있었기 때문입니다. 그것이 무엇입니까? 예루살렘에 있는 사도들과 바울을 분리시켜서 바울이 그리스도의 제자가 아닌 것처럼 만들려고 하는 시도를 말합니다.

그래서 바울이 한 것이 무엇입니까? 예루살렘의 중요한 사도들과 함께 말씀을 가지고 함께 나누는 시간을 가진 것입니다. 그것이 바로 유명한 자들에게 이방인 가운데서 전파하는 복음을 사사로이 제출했다는 것입니다. 여기서 '사사로이 제출했다' 는 말이 중요합니다. 그것은 바울의 복음이 어떤 청문회 같은 심문의 형식으로 제출된 것이 아니라는 것입니다. 아주 자연스러운 상태에서 진지하게 바울의 복음을 들었다는 것입니다. 다시 말해서 사도 바울은 예루살렘의 중요한 사도들을 다 모아 놓고 사경회를 연 것입니다. 이것은 모두에게 축복이요 감동이었습니다. 바울의 가르침이 예루살렘의 사도들에게도 큰 은혜가 되었다는 뜻입니다. 아마도 사도들은 바울의 설교를 들으면서 그 안에서 말씀하시는 주님의 음성을 들었을 것입니다.

사탄은 예루살렘의 사도들과 바울을 이간질 시키려고 했지만 바울이 주님의 말씀에 순종해서 올라갔을 때 오히려 서로 하나라는 사실을 더 뜨겁게 확신하는 결과로 나타났습니다.

물론 우리는 바울처럼 주님의 계시로 행동할 수는 없습니다. 주님은 우리에게 나타나서 누구를 데리고 어디로 가라는 식으로 직접 말씀하시지는 않습니다. 그러나 주님은 우리의 발걸음을 분명히 인도하십니다. 아무리 가기 싫어도 말씀에 분명히 그런 식으로 나타나고 있고 또 그것이 선하다는 확신이 들 때에는 순종해 보십시오. 그러면 처음에 내가 생각했던 것과 너무나도 다른 식으로 결과가 나타나는 것을 볼 수 있을 것입니다. 주님이 너무나도 많은 것을 준비시켜 놓으셨다는 것을 깨닫게 될 것입니다.

처음에는 누구를 만나는 것이 아주 두려워했다고 생각해 봅시다. 그래서 너무나도 만나기 싫어했습니다. 그러나 마음속에 주님이 계속 그들을 만나야 하는 부담을 주었습니다. 그래서 억지라도 순종했습니다. 그랬을 때 놀랍게도 그 사람의 마음이 완전히 달라져 있는 것을 보게 될 때가 많습니다. 우리 그리스도인들에게 가장 좋지 못한 것이 미리 추측하는 것입니다. 우리가 미리 다른 사람의 태도에 대하여 추측하는 이유가 무엇입니까? 혹시 좋지 않은 쪽으로 나타났을 때 미리 마음속으로 대비하기 위해서이겠지요. 그러나 미리 추측하는 것은 마음을 대비하는 것이 아닙니다. 이것은 우리 마음을 딱딱하게 경직시켜 결국 아무것도 하지 못하게 만듭니다.

바울은 예루살렘 사도들을 만나고 싶지 않았을 것입니다. 굳이 그들을 만나야 할 이유가 어디 있습니까? 그들을 만나지 않고서도 이렇게 잘 전도하고 있지 않습니까?

그러나 주님이 말씀하셨을 때 그는 순종했고 그 결과는 사도들 앞에서 복음을 증거할 수 있는 귀한 은혜의 시간을 가지게 된 것입니다. 예루살렘의 사도들이라고 해서 복음을 듣지 말아야 한다는 법은 없습니다. 사실 복음은 언제 어디서 들어도 힘이 되고 은혜가 됩니다.

우리에게 필요한 것은 사도들이 들었던 바로 그 복음입니다. 바울이 무엇이라고 말씀하고 있습니까? "내가 복음을 부끄러워하지 아니하노니 이 복음은 모든 믿는 자에게 구원을 주시는 하나님의 능력이 됨이라" 복음은 하나님의 능력입니다. 복음을 듣지 못하면 하나님의 능력을 체험하지 못합니다. 오랫동안 윤리적인 설교만 들은 교인들이 힘을 내지 못하는 이유가 바로 여기에 있습니다.

할례 받지 않은 그리스도인

사도 바울은 예루살렘으로 올라가면서 혼자 가지 않았습니다. 그 동안 자신이 이방인들에게 복음을 전하면서 얻은 한 열매를 데리고 갔습니다. 그는 디도였습니다. 마치 가나안 땅을 정탐했던 사람들이 가나안 땅의 큰 포도를 가지고 돌아 왔던 것처럼 바울은 이방인 그리스도인 디도를 데리고 갔습니다. 그는 이방인 열매였습니다.

1절 십사 년 후에 내가 바나바와 함께 디도를 데리고 다시 예루살렘에 올라갔노니

이방인 그리스도인이라니 얼마나 신기한 것입니까? 이것은 마치 동물원에 있는 원숭이 같을 수도 있었을 것입니다. 그런 각오를 하고 사도 바울은 디도를 데리고 간 것입니다. 특히 디도는 할례를 받지 않은 채 바울을 따라 올라 갔습니다.

유대인 그리스도인들에게 넘을 수 없는 가장 큰 걸림돌이 무엇이었습니까? 할례를 받지 않은 자와 교제를 나누는 것이었습니다.

3절 그러나 나와 함께 있는 헬라인 디도라도 억지로 할례를 받게 아니하였으니

예루살렘에 있는 제자들은 마치 중립국과 같은 형편이었습니다. 그들에게는 복음도 있었고 유대교도 있었습니다. 유대교는 완전히 노예의 종교입니다. 그리고 디도는 복음의 자유를 맛본 자입니다. 자유 지역에 있던 자가 중립국에 가면 다시 잡힐 가능성이 많습니다. 디도의 형편이 바로 그러했습니다. 예루살렘에 있는 그리스도인 중에서 디도가 할례를 받

지 않은 이방인이라는 사실에 심한 거부 반응을 느끼는 자들이 많이 있었습니다. 그러나 바울과 디도는 끝까지 버티었습니다. 바울의 설교에 대해서는 우호적이었던 사람들도 디도가 할례 받지 않은 이방인으로 거기 있다는 사실만은 용납하기 어려운 자들도 있었습니다. 그러나 바울은 디도에게 끝까지 할례를 받게 하지 않았습니다. 디도도 끝까지 잘 참았습니다. 그 이유가 무엇입니까? 디도가 거기서 분위기에 굴복하여 할례를 받는다고 하는 것은 더 이상 개인의 문제가 아니었기 때문입니다.

복음을 공격하는 자들은 디도가 할례를 받은 사실을 가지고 대서특필하면서 결국은 할례를 받아야 참 하나님의 백성이 될 수 있다고 하면서 모든 이방인 신자들에게 할례를 강요했을 것입니다.

우리는 할 수 있는 한 다른 사람들과 화평하게 지내도록 힘써야 합니다. 남들과 유별나게 다른 것은 좋은 것이 아닙니다. 그것은 자기 의를 주장하는 것이며 자기를 내세우는 것 밖에 되지 않습니다. 그래서 신앙적으로 성숙하면 성숙할수록 유별난 부분이 없어집니다. 아주 평범하면서도 그 안에는 힘과 은혜가 충만한 것을 볼 수 있습니다.

그러나 나의 유별난 부분이 수많은 다른 영혼들의 영적인 자유를 지키는 것이라면 끝까지 유별날 필요가 있습니다. 왜냐하면 그것은 내가 책임을 져야 할 나의 몫이기 때문입니다. 디도는 예루살렘에서 자기가 할례를 받지 않은 헬라인이라는 사실 때문에 마치 동물원의 원숭이 같은 구경거리가 되고 있다는 것을 알았습니다. 그는 모든 면에서 불편을 느꼈습니다. 어떤 사람은 그가 할례만 받기만 한다면 모두가 똑같이 대할 것이라고 말하기도 한 것 같습니다. 그러나 디도는 끝까지 할례를 받지 않고 버티기로 했습니다. 그 이유가 무엇입니까? 자기 자신이 약간 불편한 것이 수많은 다른 이방인 신자들의 영적인 자유를 지키는 것이라는 것을 알았기 때문입니다. 할례를 받으면 할례 받는 것으로 그치지 않습니다. 그때부터 시작입니다. 온갖 노예의 굴레가 다 씌워지는 것입니다.

물론 할례 자체가 대단한 것이 아닐 수도 있습니다. 어떤 사람은 디도에게 '할례를 너무 심각하게 생각하지 말고 그냥 위생을 위하여 한다고 생각하시오'라고 하면서 권했을지도 모르겠습니다. 중요한 것은 할례 자체보다도 할례의 의미입니다.

바울은 디모데에게는 할례를 받게 했습니다. 왜냐하면 디모데에게 있어서는 할례가 그런 상징적인 의미를 가지지 않았습니다. 그래서 유대인들과의 원활한 관계를 위하여 할례를 받게 했습니다. 그러나 디도에게는 할례가 상징적인 의미를 가졌습니다. 그의 할례는 단지 그가 할례를 받았느냐 받지 않았느냐, 좀 불편하냐 불편하지 않으냐가 문제가 아니었습니다. 이것은 복음의 사활이 달린 문제였습니다.

어떤 사람에게는 술 한 잔이 중요하지 않을 수도 있습니다. 물론 술 한 잔 했다고 해서 지옥에 가지는 않습니다. 그러나 어떤 경우에는 한 잔의 술이 마치 내가 주님을 믿느냐 믿지 않느냐를 결정하는 아주 중요한 의미를 가질 때가 있습니다. 또 내가 술 한 잔 하는 것을 통하여 모든 그리스도인들의 도덕적인 기준이 평가될 때도 있습니다. 그럴 때는 분위기가 어색하고 욕을 좀 먹더라도 자신의 기준을 지키는 것이 좋습니다.

우리를 노예로 만드는 것은 유대교 같은 율법주의가 아닌 것 같습니다. 그 이유는 교인들이 더 이상 교회에 매이지 않기 때문입니다. 동네 교회에 나가지 않으면 정죄될 수밖에 없는 분위기라면 율법주의가 지배할 수 있습니다. 그러나 지금은 동네 교회에 구속되지 않습니다. 사람들은 얼마든지 자기 교회를 자기가 선택할 수 있습니다.

사람들은 세상 사람들과 다른데서 느끼는 부담을 스스로 견디지 못하는 것입니다. 이것은 마치 미리 항복하는 것과 같습니다. 한번 제대로 싸워보지도 않고 무조건 항복 문서에 무릎을 꿇고 서명을 하는 것과 같습니다. 왜 이 세상 사람들과 다르지 못합니까?

그는 진정으로 복음의 능력으로 살지 않고 있기 때문입니다. 복음의 능력을 아는 자가 세상과 다른 것을 부끄러워 할 이유가 어디에 있습니까? 오늘 우리 그리스도인들은 세상 사람들과 다르면 큰 일 나는 줄 압니다. 가장 한심한 것이 택일을 해서 장가를 가는데 믿는 사람들도 그렇게 하는 것입니다.

우리는 오늘 너무 세상에 깊이 동화되어버렸습니다. 그래서 차이를 발견하기가 어렵습니다. 그리고 조금이라도 세상과 다를까봐 쩔쩔매는 것은 바른 신앙이 아닙니다. 바람만 불어도 넘어질 수밖에 없는 연약한 신앙입니다. 그 이유가 어디에 있습니까? 너무 세상을 두려워하고 다른 사람들을 두려워하는 것입니다. 세상에서 도태되는 것을 두려워하기 때문입니다. 세상에서 도태되는 것이 주님께 더 가까이 하는 길이라고 생각해 보십시오. 두려워 할 것이 뭐가 있습니까? 이 세상과 다른 부분이 많으면 많을수록 더 주님께 가까운 것입니다.

가만히 들어 온 거짓 형제들

바울이 이 할례 문제에 대하여 그토록 예민하게 대처하고 있는 이유가 무엇입니까? 예루살렘 교회 안에는 가만히 들어 온 거짓 형제들이 있었기 때문입니다.

4, 5절 이는 가만히 들어온 거짓 형제 까닭이라. 저희가 가만히 들어온 것은 그리스도 예수 안에서 우리의 가진 자유를 엿보고 우리를 종으로 삼고자 함이로되. 우리가 일시라도 복종치 아니하였으니 이는 복음의 진리로 너희 가운데 항상 있게 하려 함이라

바울이 두려워하고 있는 것이 무엇입니까? 이 지상의 교회는 결코 완전하지 않다는 것입니다. 이 지상의 교회에는 그리스도의 복음으로 중생하지 않은 자들이 얼마든지 들어 와 있을 수 있습니다. 그들은 자기 자신이 진정한 그리스도인으로 알고 있습니다. 바로 이것이 문제입니다. 그러나 그는 그리스도인이 아닙니다. 세상에 속한 사람입니다. 그들이 말하는 것과 생각하는 것은 세상적일 수밖에 없습니다. 진정으로 그리스도께 속하지 않는 자가 교회에서 중요하지 않은 자리에 있으면 큰 상관이 없습니다. 왜냐하면 미칠 영향이 크지 않기 때문입니다.

그러나 인간의 무지로 아주 중요한 위치에 있게 되면 어떻게 됩니까? 진정 복음으로 인하여 거듭난 자를 자기처럼 만들려고 합니다. 자기처럼 행동하지 않으면 비난을 합니다. 그래서 결국 자기처럼 만들고야 맙니다. 자기처럼 만든다는 것이 무엇을 의미합니까? 진정한 내용은 없고 껍데기만 가지고 모든 것을 하는 것입니다. 그것은 다시 진정한 구원의 기쁨을 잃어버리는 것이며, 다시 노예가 되는 것입니다. 자기가 원하고 기뻐서 종교행위를 하는 것이 아닙니다. 단지 사람들의 눈이 무서워서 그렇게 할 뿐입니다.

복음의 특징이 무엇입니까? 기독교는 기쁨의 종교입니다. 무엇을 하든지 어쩔 수 없는 의무감에서 하는 것이 아닙니다. 구원의 기쁨으로 모든 것을 하는 것입니다. 그러나 기쁨 없이 다른 사람의 비난이 두려워서 할수 없이 하는 종교 행위는 그의 마음속에 모든 기쁨을 다 빼앗아갑니다. 구원의 감격이 없고 기쁨도 없습니다. 그러면 어떻게 됩니까? 그 사람의 육신은 병들게 되어 있습니다. 그는 아무것도 할 수 없는 폐인이 되고 맙니다. 왜냐하면 한번 자유를 맛보았던 자는 노예 생활에 적응을 할 수가 없습니다. 마치 야생 새를 초롱에 가두어 놓으면 견디지 못하고 죽는 것과 같습니다.

하나님의 사람은 날아가야 합니다. 마음껏 기쁨으로 할 수 있는 것을 해야 합니다. 하나님의 사람들에게 가장 큰 고통은 기쁨 없이 억지로 무슨 일을 하는 것입니다. 이 지상의 교회는 완전하지 않습니다. 그래서 가르침을 잘 분별해야 합니다.

주님이 높은 산에서 변화되었을 때 하나님께서 육성으로 말씀하신 것이 무엇입니까?

"이는 내 사랑하는 아들이요 내 기뻐하는 자니 너희는 저의 말을 들으라"(마 17:5)는 말씀입니다. 이 세상에서 영혼을 가르칠 수 있는 유일한 교사는 오직 하나님의 아들이신 그리스도이십니다. 우리는 오직 그분의 말씀만 들어야 합니다.

주님의 말씀 안에는 무엇이 들어 있습니까? 참된 자유와 기쁨이 있습니다. 나를 회복시켜 줍니다. 내 안에 무엇이 옳은지 스스로 분별하게 하고 그것을 행할 수 있는 힘을 줍니다. 그러나 그렇지 않은 가르침은 주님의 가르침이 아닙니다. 주님의 가르침의 특징은 우리를 더욱 더 거룩하게 하는 것입니다.

그리스도인의 힘이 어디에서 나옵니까? 거룩한 생활에서 나옵니다. 그리스도인이라고 하면서도 힘이 없고 비실비실한 이유가 무엇입니까? 거룩한 생활을 살지 않기 때문입니다. 죄를 짓는 자는 죄의 종입니다. 우리들 주위에는 자신도 모르는 가운데 다른 사람의 자유를 노리는 자들이 있습니다. 자기 자신은 이들의 자유를 노리거나 빼앗는다고 전혀 생각하지 않습니다. 그러나 그가 믿음을 가진 자에게 세상적인 잣대를 댈 때 그는 참된 자유를 빼앗길 수밖에 없습니다.

왜냐하면 참 믿음은 겉으로 나타나는 것이 아무것도 없기 때문입니다. 모두 속사람의 변화입니다. 아직 의식적으로도 서툴고 제대로 할 수 있는 것이 아무것도 없습니다. 그러나 아무리 작은 것을 하더라도 기쁨으로 하고 자기가 원해서 합니다. 그래서 모든 것이 더뎌서 시간이 오래 걸립니다. 중심이 변화되지 않은 자들은 이런 것을 이해하지 못합니다. 교회밖에 있는 자들이 이런 것을 비난하면 아무 상관이 없습니다. 그러나 교회 안에서 중요한 자들이 세상적인 기준을 강요할 때 우리의 참된 자유는 위협받게 되는 것입니다.

바울이 말하고 있는 것이 무엇입니까? '이는 복음의 진리가 너희 가운데 항상 있게 하려 함이라'(5절) 바울은 갈라디아 교인들에게 이 복음이 충만하기를 바랬습니다.

왜냐하면 이들은 복음은 너무 흔하다고 생각해서 중요하지 않게 생각을 하려고 합니다. '복음이라는 것 말이야. 우리가 늘 듣는 것 아니야? 우리는 좀 더 새로운 것을 듣고 싶어' 사도 바울이 말하고 있는 것이 무엇입니까? 가장 행복한 것이 복음을 항상 들을 수 있다는 것입니다. 솔로몬의 영광의 특징이 무엇이었습니까? 금과 은이 귀하지 않았던 것입니다. 특히 은은 돌처럼 여길 정도로 흔했습니다. 그런데 금이나 은보다 더 흔했던 것이 무엇입니까? 그것은 솔로몬의 지혜의 말씀이었습니다.

시바 여왕이 한 말이 무엇입니까? 솔로몬의 신하들은 이 복된 말씀을 늘 들을 수 있으니까 참으로 복되다는 것입니다. 가장 복된 것은 이 복음 진리가 늘 충만한 것입니다. 그 이유는 복음 진리가 충만하지 않다는 것은 바로 사탄의 무서운 노예화 공작이 시작된 것을 의미하기 때문입니다. 복음의 진리가 희귀해지면서 부터 사탄의 공격은 시작됩니다. 참된 자유가 당연한 것이 되어야 합니다. 누구든지 복음을 당연한 것으로 받아들일 때 사탄은 틈타지 못합니다. 진리가 밝혀지는 것이 사탄을 결박하는 것입니다. 진리가 희귀할 때 교회는 사탄의 결박 안에 들어 가 있습니다. 목숨을 걸고 진리를 밝혀야 합니다. 복음을 소홀히 할 때 한꺼번에 노예로 잡혀 가는 일이 일어나게 됩니다.

갈라디아서 강해 6

교회의 중요한 원리

갈 2:6-10

저는 어렸을 때 사람들이 우리나라를 극동지방이라고 하는 것이 이해가 되지 않았습니다. 왜냐하면 지도를 보면 항상 우리나라가 중심에 있기 때문입니다. 동쪽도 아니고 극동이라고 할 때 잘 이해가 되지 않았습니다. 나중에 유럽 사람들의 관점에서 지도를 보면 우리나라가 동쪽, 그것도 가장 끝에 있는 동쪽에 있다는 것을 알게 되었습니다. 사람들은 모두 다 자기 나름대로의 시각을 가지고 문제를 봅니다. 그 시각에는 언제나 나의 것, 그리고 우리의 것이 중앙에 있고 다른 사람의 것이나 다른 나라의 것은 항상 주변에 위치하도록 하는 편견이 있습니다. 이것은 교회도 마찬가지입니다.

사람들은 항상 자기 교회가 모든 것의 중심인 것처럼 생각하게 되어 있습니다. 자기 교회가 가장 중요한 교회이며 자기 교회의 사역자를 가장 훌륭한 사람으로 생각하려고 합니다. 그러나 이것이 지나쳐서 다른 교회를 자기들보다 못하며 또 피부색이 다른 자들은 구원을 받을 가치도 없는 사람들인 것처럼 생각한다면 정도를 넘어 선 편견입니다. 만약 언어나 문화가 다른 나라에서 복음을 전하신 선교사님이 자기 나라나 자기 교회밖에 모르는 교인들을 만났을 때 아마도 매우 답답하다는 생각을 할 것이고 어떻게 해서든지 그런 근시적인 생각을 바꾸려고 애를 쓸 것입니다.

예루살렘 교회를 보는 바울의 시선이 바로 이러했습니다. 바울이 지금이 갈라디아서를 쓰는 이유가 어디에 있습니까? 그것은 바로 예루살렘 교회의 이 편협한 시각에 있었습니다. 그들은 모든 그리스도인들이 자기들처럼 되어야 예수를 잘 믿는 것으로 생각했습니다. 그래서 그들은 갈라디아 교인들의 신앙은 아예 인정하려고 조차 하지 않았고 심지어는 그들이 참으로 구원을 받을 가치가 있다는 것에 대해서 잘 인정하지 않으려는 상태에 있었습니다.

그들은 예루살렘 교회의 사도들을 부를 때에 '기둥'이라고 불렀습니다. 물론 그들의 진리의 기둥이었습니다. 베드로나 요한이나 야고보 같은 사람들을 부를 때에 '유명한 분들' 혹은 '기둥 같은 분들'이라고 부르면서 찬사를 아끼지 않았습니다. 그러나 이방인의 사도인 바울을 볼 때에 그가 나와 무슨 상관이 있느냐는 듯한 태도를 보였고 최소한의 존경이나 예의를 갖추려고 하지도 않았습니다.

바울은 이들을 향하여 참된 교회는 예루살렘의 교회나 이방인의 교회나 모두 다 중요하며 어느 교회도 다른 교회를 지배하거나 그 위에서 군림할 수 없다는 원리를 분명히 했습니다. 교회는 그 하나하나가 독립된 가치를 가지며 하나님의 진리를 증거하는데 있어서 조금도 부족함이 없다는 사실을 분명히 밝히고 있습니다.

우리는 항상 유명한 사람들의 사역을 중심으로 생각하기 마련입니다. 그러나 하나님께서는 눈에 뜨이지 않는 곳에서 수많은 이름 없는 사역들을 통하여 일을 하고 계십니다. 그런 이름 없는 사역자 중 하나가 바울이었고 그의 사역은 결코 무시될 수 없는 중요한 것이었습니다.

사역의 실제성

바울은 주님이 자기에게 주신 진리가 예루살렘의 사도들에 비하여 조금도 부족한 것이 없다고 말하고 있습니다.

6절 유명하다는 이들 중에 (본래 어떤 이들이든지 내게 상관이 없으며 하나님은 사람을 외모로 취하지 아니하시나니) 저 유명한 이들은 내게 더하여 준 것이 없고

여기서 '유명하다는 이들'은 존경을 받고 있는 예루살렘의 사도들을 의미했습니다. 그들은 예수님의 사역에 있어서 좋은 의미든 나쁜 의미든 빼놓을 수 없는 사람들이었습니다. 그래서 복음이 전파되는 곳마다 제자들의 이름이 전파되어서 이들은 아주 유명한 사람들이었습니다. 사람들은 무조건 그런 사람들의 이야기를 듣고 싶어 했습니다. 사실 내용은 별것이 아닌데도 워낙 유명하기 때문에 한번 보고 싶은 것입니다.

오래전 우리나라에 교황이 온다고 해서 천주교인들뿐 아니라 온 나라가 떠들썩했던 적이 있었습니다. 그러나 결국 교황은 오지 못했습니다. 사람들은 누구나 유명한 사람이 온다고 하면 얼굴이라도 한번 보기 위하여 많이 몰려들 것입니다.

거기에 비해서 사람들은 유명하지 못한 선교사나 낙후된 지역에서 사역하는 목사님이 오신다면 별로 관심을 가지지 않을 것입니다.

바울이 말하고 있는 것이 무엇입니까? 지금 예루살렘 교회는 지나치게 자기중심에 빠져 있다는 것입니다. 그들은 지금 얼마나 많은 사람들이 복음을 듣지 못해서 영적인 사망 상태에 있으며 다른 곳에서 얼마나 치열한 영적인 전투가 일어나고 있는지 생각하려고 하지 않습니다. 그리

고 그들은 단지 이 유명한 사람들의 말씀을 듣는 그 자체로 만족하고 있고 거기에 빠져 있습니다.

그때 바울이 말하고 있는 것은 여러분들이 그토록 존경하고 따르는 이 유명한 분들이 실제로 자신이 복음을 전하는데 있어서는 별로 도움이 된 것이 없다는 것입니다. 이어서 그는 하나님께서 사람을 외모로 보시지 않는다고 말씀하고 있습니다. 다시 말해서 하나님께서는 사역자들을 볼 때 이 사람이 얼마나 유명하며 얼마나 많은 사람들의 지지와 인기를 얻고 있느냐 하는 것은 전혀 중요하게 보시지 않는다는 것입니다. 실제로 주님의 손에 붙들려서 어떻게 사용되고 있느냐 하는 것을 보십니다. 유명한 사람들의 설교가 이미 구원을 받은 사람들을 만족시켜 주는 일은 할지 모르지만 실제로 영혼을 구원하는데 있어서는 큰 영향을 주지 못하고 있다는 뜻입니다.

이름이 없을 때에는 모두 다 실제적으로 주님을 위하여 일을 합니다. 그러나 좀 유명해지게 되면 그렇게 뛰지 않아도 유명세만 보고서도 사람들이 몰려옵니다. 그럴 때 주의해야 할 것이 있습니까? 그 사람들 안에서 실제적으로 어떤 일이 일어났느냐 하는 것입니다. 얼마나 많은 사람들이 모였는가가 중요한 것이 아니라 그 안에서 실제로 어떤 변화가 있었느냐 하는 것을 하나님을 보십니다.

바울은 실제적인 사람이었습니다. 그는 실제로 복음이 효과적으로 전파되기를 원했고 그런 실제적인 사역을 행한 사람이었습니다. 다른 사람들은 이미 전쟁이 끝난 곳에 가서 한번 인기를 끄는 설교를 하는 사람들이었습니다.

하나님의 나라는 바닥에서 이루어집니다. 가장 중요한 사람들이 누구입니까? 일대일로 복음을 전하는 사람입니다. 일대일로 복음을 전하지 않으면 하나님의 나라는 확장되지 않습니다. 누가 하나님 앞에서 실제적으로 중요한 사람들입니까? 그것은 바로 삶의 현장에서 한 사람을 만나서 자기가 들은 말씀을 전하면서 전도하는 그 사람이 하나님 앞에서 중요한 사람입니다.

바울이 예루살렘 교인들을 볼 때 가슴 아픈 것은 그들이 자기 신앙의 만족을 위하여 신앙생활하고 있는 것이었습니다. 그들은 이방인 한 영혼이 얼마나 중요한지 그 가치를 모르고 있습니다. 그래서 사도 바울은 그들의 자기중심적인 태도를 지적하고 있습니다. 즉 그 유명한 자들이 실제로 영혼을 구원하는데 있어서 한 일이 도대체 무엇이며, 그들을 그토록 추켜세우고 있는 여러분들의 자세는 무엇이냐 하는 것입니다

물론 우리는 동시에 여러 일에 동참할 수는 없습니다. 그러나 내가 하지 못하는 그 영역에 있어서 수많은 주의 사역자들이 피와 땀을 흘리고 있으며 그들의 수고로 인하여 하나님 나라가 든든하게 세워져 가고 있다는 것을 인정하는 넓은 마음이 있어야 하겠습니다. 물론 자기의 것을 지키는 것도 중요하지만 그들의 수고도 인정하고 그들의 사역의 소중함에 감사하는 마음이 있을 때 참으로 자신의 것들도 아름다울 수 있습니다. 우리 속담에 고인 물은 빨리 부패한다는 말이 있습니다. 밖으로 흘러가지 않는 물은 썩을 수밖에 없습니다. 하나님의 은혜는 밖으로 쉴 새 없이 퍼서 내어 보내야 합니다.

우리는 혹시 내 문제에 너무 빠진 나머지 선교를 위하여 헌신하려고 하는 자들을 무시하거나 업신여기지는 않았습니까? 물론 선교를 하나의 붐으로 생각하거나 혹은 지나치게 낭만적으로 생각하는 것도 옳지 않지만, 너무 나의 영역에 치우친 나머지 그들의 수고와 헌신을 인정치 않고 그곳에서 일어나고 있는 수많은 영혼들의 구원에 대하여 무관심하지는 않았는지 반성하게 됩니다.

교회간의 관계

사도 바울이 두 번째로 지적하고 있는 것은 교회 안에서 예루살렘의 사도들과 바울이 대등한 교제의 악수를 나누었다는 사실입니다.

7, 8절 도리어 내가 무할례자에게 복음 전함을 맡기를 베드로가 할례자에게 맡음과 같이 한 것을 보고 베드로에게 역사하사 그를 할례자의 사도로 삼으신 이가 또한 내게 역사하사 나를 이방인에게 사도로 삼으셨느니라

우리는 이 말씀을 대할 때 바울이 겸손하지 못하게 자기 자신을 자꾸 주장하려고 하는 것처럼 생각하기 쉽습니다. 그러나 바울이 말하는 것은 그것이 아닙니다.

바울이 지금 주장하려고 하는 것은 자신의 사도권이 예루살렘의 사도들에 비하여 조금도 부족한 것이 없다는 것을 증거함으로 이방인 교회가 예루살렘 교회에 의하여 지배당하지 않고 스스로 진리 안에서 설 수 있다는 것을 말씀하고 있는 것입니다.

예루살렘의 사도들은 바울이 이방인들에게 베드로처럼 사용되는 것을 보았습니다. 여기서 바울은 베드로에 대하여 '게바'라는 아람어를 쓰지 않고 '베드로'라는 정식 명칭을 사용하고 있습니다. 그 이유는 베드로가 유대인 교회에 반석처럼 사용되었던 것처럼 바울은 이방인 교회의 반석으로 사용되었다는 뜻입니다. 바울이 주장하려고 하는 것은 어느 한 교회도 다른 교회를 지배하려고 해서는 안 된다는 것입니다.

물론 교회가 너무 어렵거나 작을 때에는 큰 교회의 도움을 받을 수도 있고 또 큰 교회의 지교회로 일시적으로 행정적인 지도를 받을 수도 있습니다. 그러나 모든 교회는 그리스도의 몸이요 한 지체입니다. 팔이 다리를 지배할 수 없고 다리가 속에 있는 간이나 허파를 지배할 수 없습니

다. 몸의 각 지체는 다 나름대로 주님께 귀하게 사용될 뿐입니다. 교회는 그리스도의 신부입니다. 신부는 모두 다 아름답습니다. 아름답지 않은 신부는 아무도 없습니다.

종교 개혁자들이 말한 것이 바로 이것입니다. 하나님의 말씀이 선포되고 성례가 엄수되며 바른 권징이 있다면 바로 그것이 바른 교회라는 것입니다. 오늘날 어떤 신학자는 조금 바꾸어서 바른 말씀의 선포가 있고 공동체적인 성격이 있으며 은사가 나누어지고 있으면 바른 교회라고 말합니다. 사실 바른 말씀의 선포는 신실한 공동체를 세웁니다. 그리고 거기에서는 풍성한 성령의 은사가 나누어집니다. 극장처럼 예배만 보고 가면 공동체성을 느낄 수가 없습니다. 우리가 이 세상을 이길 수 있는 힘은 바로 여기에서 나옵니다. 공동체가 죄를 이기고 공동체에서 기도를 배우며 거기에서 성령이 나를 바꾸시는 것을 경험하며 공동체에서 소속감을 느낄 수 있습니다.

교회는 한 교회가 다른 교회를 지배할 수 없습니다. 그래서 로마 천주교 같은 교회는 바로 이 각 교회가 가지는 생명력을 희생시키고 중앙의 교회가 모든 교회를 지배하고 있는 것입니다. 아직도 베드로라 불리우는 자가 거기에 앉아서 온 세상을 호령하고 있습니다. 바울이 말한 것이 바로 이것입니다. 예루살렘이 아닌 이방인 교회가 말씀에 있어서 부족한 것이 아무것도 없으며 대등한 진리의 기초위에 세워져 있다는 것입니다. 그러면 만일 어느 지역에 있는 한 교회가 진리에서 이탈되거나 범죄 행위가 일어나면 어떻게 해야 할까요? 교회가 모여서 함께 그 문제를 의논해야 합니다. 그리고 교회가 가할 수 있는 가장 무서운 벌은 더 이상 바른 교회가 아니라고 선언하는 것입니다.

교회는 모든 것을 처리할 때 민주적인 방법을 사용합니다. 그리고 민주적인 방법을 사용하는 것은 하나님의 뜻을 잘 분별하기 위하여 사용하는 것이지 항상 어떤 일이 이루어질 때에는 강력한 리더의 지도력에 의하여 이루어졌습니다. 그래서 위기 때 마다 하나님께서는 강력한 지도력을 가진 지도자를 보내어 사탄과의 싸움에서 이기게 하셨습니다. 하나님의 나라는 민주제가 아닙니다. 하나님의 나라는 왕정입니다. 왕의 뜻을 찾기까지 함께 많은 토론을 하고 기도하는 시간도 가집니다. 그러나 왕의 뜻이 분명한 다음에는 더 이상 주저앉아 있지 않습니다. 그들은 끝까지 앉아서 토론만 하지 않았습니다. 하나님의 뜻이 분명하면 그들은 함께 힘을 모아 싸웠습니다.

사역지 간의 관계

예루살렘의 사도들은 바울과 바나바에게 다시 안수를 하지 않았습니다. 왜냐하면 이들은 이미 하나님의 사자로 사용되고 있었기 때문입니다.

9절 내게 주신 은혜를 알므로 기둥 같이 여기는 야고보와 게바와 요한도 나와 바나바에게 교제의 악수를 하였으니 이는 우리는 이방인에게로 저희는 할례자에게로 가게 하려 함이라

예루살렘에 있는 사도들은 주님이 바울에게 주신 은혜가 무엇인지 알았습니다. 그것은 두 가지였는데 하나는 그가 이방인들의 사도로 세움을 입었다는 것과 주님이 그에게 구원의 진리를 계시하여 주셨다는 것이었습니다. 그들은 바울이나 바나바를 무릎을 꿇게 하거나 안수를 하지 않았습니다. 오직 교제의 악수를 나누었을 뿐입니다. 이것은 이들이 서로 대등한 관계에 있다는 것을 나타내는 것입니다.

우리는 제자 삼는 것과 이런 교제의 악수 사이에는 어떤 관계가 있는지 궁금할 것입니다. 신앙은 다른 사람을 통하여 배우게 되어 있습니다.

혼자서 신비로운 체험을 하거나 혹은 혼자 성경을 읽는 가운데 신앙을 가지지 못하는 것은 아니지만 반드시 신앙은 어떤 사람을 통하여 배우게 되어 있습니다.

그 이유는 신앙이라고 하는 것은 단순한 어떤 체험이나 지식이 아니라 삶 그 자체이기 때문입니다. 하나님의 말씀에 따라 사는 새로운 삶의 방식입니다. 그래서 삶이 변하지 않는 신앙은 온전한 신앙이 아닙니다. 이것은 반드시 다른 사람에게서 배워야 합니다. 어떤 부인이 파티에 들어갈 때 혼자 들어갈 수 없습니다. 반드시 누구의 안내를 받아야 들어 갈 수가 있습니다. 진리도 마찬가지입니다. 자기 혼자 성경을 연구한다고 해서 진리 안에 들어 간 것이 아닙니다. 진리는 구체적인 어떤 사람으로부터 배워야 그 세계 안에 들어갈 수 있습니다. 그러나 그를 가르치는 자는 그 사람이 아닙니다. 그 사람을 통하여 주님이 나를 가르치십니다. 우리를 가르칠 수 있는 분은 오직 주님 한 분 뿐이십니다. 따라서 신앙이 자란 후 주님의 부름을 받아서 본격적으로 사역할 때에는 사람의 종이 아닙니다. 모두 각자가 주님께 충성되게 일할 뿐입니다.

우리는 제자 훈련을 한다고 해서 그 사람을 나의 사람으로 만들거나 그 사람에게 필요한 모든 것을 내가 공급해 주어야 한다는 의미로 생각해서는 안 됩니다. 그저 바른 안내자 역할을 하면 됩니다. 그래서 바른 제자 양육은 교회 안에서 이루어집니다.

많은 경우 제자 훈련이 지적인 훈련으로 이루어지는 경우가 많은데 그것은 은사의 한 측면만 지나치게 강조하는 것입니다. 공동체 안에서 여러 가지 은사를 경험하면서 함께 자라는 것이 가장 튼튼한 제자가 되는 길입니다. 그래서 우리는 무슨 특별한 프로그램을 갖지 않습니다. 말씀 안에서 함께 자라는 것이 주님의 제자가 되는 것입니다.

무슨 프로그램으로 양육하면 지적이지 못한 교인들은 실패감을 맛볼 수 있고 또 다른 은사들은 죽을 수도 있습니다. 무슨 프로그램이 있다면 구체적인 사역에 앞서 약간 도와주는 프로그램이 있을 뿐이지 프로그램이 사람을 바꾸지 못합니다.

우리가 놀라게 되는 것은 이방인의 사도와 예루살렘의 사도가 가난한 자들들 구제하는 것을 함께 노력할 공통의 사역으로 삼았다는 사실입니다.

온 교회가 하나 되는 것은 함께 모여서 예배드리는 대형 집회가 아니었습니다.

그들이 마음을 함께 합하기로 한 것은 가난한 자를 서로 구제하는 것이었습니다. 이것은 특히 예루살렘 교회의 가난한 자들을 이방인 교회가 물질로 돕는 것이었습니다.

이것은 두 가지로 나누어서 생각해 볼 수 있습니다. 첫째는 교회가 두 가지 방면에서 서로 나누어야 합니다. 하나는 영적인 가르침이고 다른 하나는 물질적인 필요를 채워주는 일입니다. 한쪽에서 영적으로 가르치면 다른 쪽에서는 그의 필요를 반드시 채워주어야 합니다. 마치 우리 몸안에 동맥과 정맥이 있듯이 하나가 가면 다른 것이 와야 합니다. 복음이 예루살렘에서 이방 지역으로 간 것은 사실입니다. 이방인 교회는 그 점에 있어서 예루살렘 교회에 빚이 있는 것입니다. 그렇다면 예루살렘 교회가 흉년으로 그토록 어려울 때 그들이 물질적인 지원을 아까워한다면 그는 진정으로 복음의 가치를 안 사람이 아닙니다.

여러분, 만일 누군가가 여러분의 자녀의 생명을 살려 주었다면 그에게 가만히 있겠습니까? 그분이 경제적으로 어려운 것을 보고서 가만히 있겠습니까?

성경의 원리가 이것입니다. 영적인 부분에서 도움을 받았으면 물질적인 것으로 그의 필요를 채워주어야 공평하다는 것입니다.

물론 바울은 고린도에서 자비량으로 복음을 전했습니다. 그것은 그들이 정상적인 상태에 있지 않았기 때문입니다. 그들은 복음에 대하여 많은 오해를 가지고 있었고 특히 복음을 어떤 지식처럼 돈을 주고 살 수 있는 것으로 생각했기 때문에 바울은 아무런 대가를 요구하지 않았습니다. 물론 거저 받았으니 거저 주어야 합니다. 그러나 참된 성경적인 원리는 영적인 가르침을 받았으면 그의 물질적인 필요를 채워주는 것입니다. 만일 그것이 아깝고 인색하다면 그는 구원이 무엇인지 모르는 것입니다.

저는 어느 한 교회에서 목사님이 교인들로 부터 전혀 사례를 받지 않는 것을 보았습니다. 그는 규정상 어느 선교회에 소속되어 있었고 그 선교회는 다른 모든 헌금을 선교회에 넣게 되어 있었기 때문입니다. 그러나 저는 그 교회는 옳지 않다고 생각했습니다. 영적인 가르침이 있으면 반드시 물질적인 필요를 채워주는 것이 옳습니다.

물론 바울이 자신의 복음 내용에 있어서 예루살렘의 사도들에게 신세진 것은 없었습니다. 그러나 적어도 복음이 예루살렘에서부터 시작된 것은 사실이며 그 점에 있어서 이방인 교회는 빚지고 있었던 것입니다.

두 번째로 살펴볼 것은 그리스도인들에게 물질의 사용이 대단히 중요하다는 것입니다. 어떤 사람의 신앙이 무엇으로 나타납니까? 그 사람이 물질을 어떻게 사용하느냐 하는 것으로 나타납니다. 신앙은 삶입니다. 단순한 성경 공부가 아닙니다. 신앙생활은 절대로 입으로 하는 것이 아닙니다. 어떤 사람이 신앙이 좋다고 하면서 바로 이런 영적인 부분에 돈이 사용되어지는 것에 대하여 인색해 한다면 그의 신앙은 바른 것이 아닙니다. 그가 믿는 것이 옳다면 그가 옳다고 생각하는 쪽을 향하여 돈이 사용될 것이고 그것이 전혀 아깝지 않을 것입니다. 그래서 성경은 우리에게 이중적으로 교훈을 주고 있습니다.

하나는 돈 자체가 목적이 되는 삶이 세상적이며 옳지 못하다는 것을 지적합니다. 그러나 다른 한편으로 신앙생활을 한다고 하면서도 자신의 재물이 영적인 목적을 위하여 사용되는 것을 아까와 하고 인색하게 여긴다면 그의 신앙은 부도 수표와 같습니다. 외모로 나타나는 것만큼 바른 신앙이 아닙니다. 그것보다 훨씬 저급한 수준에 머물러 있다는 것을 알아야 합니다.

사람들은 얼마나 간사한지 모릅니다. 신앙을 너무나도 신성시 한 나머지 돈과는 아무 관계가 없으며, 그렇기 때문에 교회는 돈의 사용에 대하여 말만 해도 잘못하는 것이며 자기 돈은 자기 마음대로 사용하려고 하는 욕심이 머리를 쳐드는 것입니다. 여러분의 금전 사용을 한번 체크해 보십시오. 돈이 어디에 가장 많이 사용되는지를 조사해 보십시오. 만일 먹는 부분에 돈이 가장 많이 든다면 여기저기서 외식하는데 돈이 다 들고 있다면 그 사람의 신은 배가 신입니다. 그 사람은 배를 위하여 사는 것이며 그는 혀를 섬기는 사람입니다. 또한 자녀의 과외비가 거의 대부분을 차지하고 있다면 그에게 있어서 신은 학벌입니다. 지금 그는 예수를 믿는다고 하지만 그것은 어디까지나 표면에 불과하고 실제로 믿는 것은 학벌입니다.

만일 나의 수입이 가난한 형제를 돕고 복음 전하는 자의 물질적인 필요를 채우는데 인색하다면 나의 신앙은 빛 좋은 개살구입니다. 믿을 수 없는 신앙입니다. 돈을 바로 사용하는 것을 배우지 않는다면 그 신앙의 결코 온전한 신앙이 될 수 없습니다.

바울은 이것을 잘 알고 있었습니다. 그래서 여러 이방인 교회에 편지를 보내어 헌금을 거두었습니다. 그 이유는 그들의 신앙이 껍데기만 남는 엉터리 신앙이 되지 않게 하기 위해서입니다.

갈 라 디 아 서
강 해 7

오직 믿음

갈 2:11-16

어렸을 때 제 친척 중에 목사님이 한 분 계셨습니다. 저는 가끔 어머니와 함께 그 집을 방문할 때가 있었는데 그때마다 그 집의 분위기는 참으로 적응하기 어려운 엄숙함 같은 것이 있었습니다. 말을 할 때도 조심해서 해야 했고, 식사할 때도 무엇인가 조심스럽고, 심지어는 화장실에 가도 불편했습니다. 그 집에는 항상 무엇인가 내리누르는 것 같은 숙연하고 무거운 느낌이 있었습니다. 무슨 느낌이라고 할까요? 마치 감옥에 있는 것 같은 답답함을 느낄 때가 많았습니다. 저는 그런 집에서 살아야 한다고 하면 아마 얼마 가지 못해서 탈출을 했을 것 같은 그런 분위기였습니다.

우리는 어떤 사람에 대하여 '저 사람은 보다 더 종교적이다'라고 할 때 대개 그 사람이 다른 사람에 비하여 표시 나게 종교적인 성향을 띠고 있다는 뜻으로 말합니다.

예를 들어, 그 사람의 직업이 종교적인 직업을 가지고 있다거나 아니면 그 사람의 생활이 도무지 트집 잡을 것이 없는, 완벽하게 종교적인 행동으로 싸여 있을 때 그런 말을 사용할 것입니다. 그래서 우리는 종교적이라는 말 속에서 무엇인가 엄숙하고 농담 같은 것은 통하지 않고 너무나도 답답한 그런 느낌을 받는 것이 사실입니다.

사실 복음이 오기까지 인간은 이런 방법 외에는 종교적일 수가 없었습니다. 이런 식으로 겉모습을 포장하지 않으면 다른 사람들과 도저히 다를 방법이 없었기 때문입니다. 그러나 복음의 놀라운 점이 무엇입니까? 조금도 종교적인 것 같지 않으면서도 얼마든지 종교적일 수 있다는 점입니다. 물론 종교적이지 않다고 해서 하나님을 모르는 사람들처럼 더러운 농담을 하거나 음란한 짓을 한다는 말이 아닙니다. 대단히 자연스러우면서도 얼마든지 하나님을 잘 섬길 수 있는 것이 복음의 특징입니다.

우리는 유대인들을 잘 만날 기회가 없습니다. 유대인들은 나쁜 의미로 표현을 하면 종교로 포장한 사람들이라고 말할 수 있습니다. 그들의 생활 전체는 종교적이었습니다. 정말 다른 사람들이 파고 들어갈 수 있는 틈이 도무지 없을 만큼 그들은 종교적이었습니다.

오늘 본문 말씀은 베드로가 자기가 가지고 있던 종교적인 편견을 깨고 이방인 그리스도인들과 과감하게 교제를 한 것에서 부터 시작합니다. 아마도 베드로는 예루살렘의 사도들 중에서 어느 누구보다 먼저 이 유대인의 편견을 깨고 이방인 형제들을 인정한 사도로 생각됩니다. 그는 주님의 명령으로 이방인인 고넬료의 집에 가서 복음을 전하고 그 집에 성령의 부으시는 역사가 나타나는 것을 경험했습니다. 그리고 그들에게 세례를 주었습니다.

예루살렘에서 다른 형제들이 그 부분에 대하여 따지자 베드로는 우리가 처음 믿을 때와 같은 성령의 선물이 그들에게도 나타났는데 어떻게 감히 하나님을 막을 수 있느냐고 답변했습니다. 베드로는 이 한번만이 아니라 그 뒤에도 이방인 신자들을 돌보고 그들과 함께 꾸준히 교제를 했던 것으로 생각됩니다.

그러나 문제는 그가 안디옥에 있을 때 일어났습니다. 그때도 베드로는 이방인 신자들과 함께 떡을 떼면서 신앙적인 교제를 나누고 있었습니다. 그런데 그때 갑자기 야고보가 보내었다고 하는 유대인들이 들이닥쳤습니다. 그 당시 야고보는 예루살렘 교제를 책임지고 있었던 것 같습니다. 그런데 사실 이들이 과연 야고보가 보낸 자들인지도 의심스럽습니다. 단지 이들은 유대교를 지키려고 하는 강한 의지를 가진 자들이었고 그래서 복음으로 유대인들이 이방인들과 이런 식으로 어울리는 것에 대하여 강한 반감을 가지고 있는 자들이었습니다.

특히 유대인들은 같은 유대인들이 이방인과 함께 식사를 하는 것을 아주 싫어했습니다. 이들은 베드로가 유대인이면서 이방인들과 함께 어울려서 식사하고 교제하는 것에 대하여 공격을 했고 베드로는 그들 때문에 더 이상 이방인 그리스도인들과 교제하지 않고 그들을 멀리 했습니다. 베드로가 이렇게 하니까 다른 유대인 형제들도 따라서 그렇게 하였고 결국 바나바까지 움츠려 들게 되었습니다.

이방인 형제들에게 베드로라고 하면 얼마나 중요한 사람입니까? 그들은 얼마나 베드로 같은 주님의 제자들과의 교제를 원했고 또 사모했습니까? 그러나 베드로는 다른 사람들의 눈이 무서워서 더 이상 이방인 형제들과 교제를 하지 못했습니다.

사도 바울은 베드로의 이 태도가 이방인 형제들에게 아주 큰 영향을 줄 수 있다는 것을 알았습니다. 왜냐하면 베드로의 물러섬은 더 이상 이방인 형제들을 한 형제로 생각할 수 없다는 의미로 받아들여질 수 있었고 그것이 사실이라면 지금까지 전파된 복음 전체가 거짓이라는 것을 뜻하기 때문입니다. 복음만 믿어서 하나님의 백성이 되는 것이 아니라 결국 유대인처럼 되지 않으면 아무리 믿어도 소용이 없다는 것을 뜻하기 때문입니다.

극복하지 못한 한계

베드로는 유대인으로서 자신의 한계를 극복하려고 애를 썼습니다. 그것이 무엇입니까? 이방인 형제들을 찾아가서 그들과 음식을 함께 먹으면서 교제를 나눈 것입니다. 그러나 베드로의 이런 교제는 완전히 자발적으로 이루어진 것은 아니었습니다. 어떤 의미에서 그가 억지로 자기 자신을 설득한 것이라고 볼 수 있습니다.

처음 베드로가 고넬료의 집에 갈 때에도 주님은 베드로에게 세 번씩이나 환상을 보여 주셨습니다. 하늘에서 보자기가 내려오는데 거기에는 율법에 먹을 수 없는 부정한 짐승들의 고기가 들어 있었습니다. 하늘에서 세 번씩이나 먹으라는 소리가 있었지만 베드로는 먹을 수 없다고 거절했습니다. 그런 경험이 의미하는 것이 무엇입니까? 베드로나 다른 사도들에게 있어서 이방인 형제들과 만나서 하나로 교제하는 것이 얼마나 어려운 일인지 잘 보여주는 것입니다.

그에게 있어서 유대인의 장벽은 너무나도 높아서 참으로 극복하기 어려운 것이었습니다. 베드로는 믿음으로 이방인 형제들을 인정했습니다. 머리로 인정하고 자기 자신을 그렇게 만들어 가려고 애를 썼습니다. 그러나 진정으로 감정적인 면까지 하나가 된 것은 아니었습니다. 그는 어떤 의미에서 억지로 그들과 하나가 되려고 애를 썼을 뿐입니다. 이것은 외적으로 어떤 공격이 나타났을 때 바로 움츠려드는 반응으로 나타났고 많은 유대인 형제들이나 이방인 형제들을 곤경에 빠트렸습니다.

예를 들어, 우리가 교도소 출신 교인과 사귄다고 합시다. 사실 사람들의 마음속에 있는 편견이라고 하는 것은 쉽게 없어지지 않습니다. 억지로 사귀려고 하고 담을 없애려고 노력하고 있을 뿐이지요. 그런데 만일 어떤 사람이 나까지 교도소 출신 교인으로 취급하면 어떻게 하겠습니까? 자신은 이들과 다른 사람이며 어디까지나 이들을 돕기 위하여 온 사람일 뿐이라는 것을 나타내려고 하지 않겠습니까? 다시 말해서 어디까지나 놀아주고 있을 뿐이지 진정으로 이들과 하나가 되지는 않았다는 뜻입니다. 베드로에게 있어서 이방인 형제들은 적어도 머리로는 하나가 되었지만 진정으로 그들과 하나 되기에는 아직 넘어야 할 감정적인 장애가 있었습니다. 사탄은 바로 그 부분을 파고들어 왔습니다.

야고보에게서 온 자들이 공격한 것이 무엇입니까? 그들은 이중적인 기준을 사용했습니다. 하나는 그들은 그리스도인이라는 것입니다. 야고보가 보내었다는 말이 바로 그 말입니다. 그러나 그들은 유대인의 기준을 가지고 베드로에게 덤벼들었습니다. 어떻게 유대인으로서 이방인들과 함께 음식을 먹으면서 교제를 하느냐 하는 것입니다.

다시 말해서 이들은 기독교인이라고 하지만 실제로는 한 동족으로 베드로를 공격한 것입니다. 피는 물보다 진하다는 말이 있지 않습니까? 기독교가 더 강합니까? 아니면 같은 혈족이나 민족이 더 강합니까? 당연히 피가 더 진합니다. 이론적으로는 신앙이 피보다 더 진해야 하는데 나타나는 것은 피가 신앙보다 훨씬 더 진합니다.

베드로에게 있어서 유대인이라고 하는 것은 거의 본능적인 것이었습니다. 사탄은 바로 그 점을 노렸습니다. 얼마나 간교한지 모릅니다.

베드로는 이미 한 개인이 아닙니다. 그는 공인이었습니다. 그의 행동 하나 하나는 많은 사람들에게 영향을 줄 수 있는 위치였습니다. 그런 공인에게도 극복하지 못한 문제가 있었고 사탄은 그것을 노렸습니다.

베드로에게 있어서 문제가 무엇이었습니까? 그의 믿는 바가 그의 감정이나 민족적인 편견을 다스리지 못했다는 것입니다. 신앙은 아주 무섭게 믿어야 합니다. 자기가 믿는 바로 다른 모든 것을 누르고 지배해야 합니다. 그렇지 않으면 약간의 자극으로도 그 약한 믿음이 바닥을 드러내게 되어 있습니다. 성경에 기뻐하라고 하면 기쁜 일이 없어도 기뻐해야 합니다. 기뻐하라는 말씀을 보고 '도대체 기쁜 일이 없는데 무엇을 보고 기뻐하라는 거야?'라는 식으로 따지면 걸려 넘어지게 되어 있습니다.

베드로는 하나님께서 이방인들을 할례라는 절차 없이 바로 성령을 주셔서 자기 백성으로 삼으시는 것을 보았습니다. 그가 깨달은 신학이 무엇입니까? 하나님의 백성이 된다는 것은 유대인이 되는 것이 아니라는 것입니다. 얼마든지 유대인이 되지 않고서도 하나님의 백성이 될 수 있다는 것입니다. 그러면서도 그는 자기가 유대인인 것이 은근히 자랑스러웠고 이방인 신자들을 볼 때 무엇인가 완전히 일치하지 않으려고 하는 교만한 마음이 있었던 것입니다. 바로 그런 어중간한 태도가 베드로를 시험 들게 하였습니다. 베드로가 진정으로 하나님의 진리를 믿었다면 어떻게 해야 합니까? 그는 과감하게 유대인이 되는 것을 버리고 용감하게 이방인 세계로 뛰어 들 수 있었어야 합니다.

그러나 어렸을 때부터 지금까지 지켜 왔던 원칙을 깨트린다고 하는 것이 얼마나 아깝습니까? 그래서 베드로는 이중적인 자세를 취해 왔습니다. 이방인들과 함께 있을 때에는 이방인들의 기준에 맞추어 주었고 유대인들과 함께 있을 때에는 유대인으로 돌아왔습니다. 그러나 이 이중적인 자세가 들통이 날 수밖에 없었던 것은 유대인들과 이방인들이 한 자리에 있게 될 때였습니다.

복음은 무엇입니까? 이 세상의 어떠한 민족이나 어떠한 사람이 되는 것도 아닙니다. 그저 하나님의 말씀대로 사는 새로운 백성이 되는 것입니다. 이것이 사실이라면 베드로는 자신의 유대성을 버릴 수 있어야 합니다. 다시 말해서 우리가 진정으로 그리스도인이라면 자기 씨족의 개념이나 한국인이라는 개념을 버릴 수 있어야 합니다. 진정으로 하나님의 백성이라면 월드컵 축구가 그렇게 중요할 수 없으며 자기 씨족의 모임이 그렇게 결정적일 수 없습니다. 그러나 우리는 자기의 것을 버리기를 너무나도 아까워합니다. 그래서 교회에 오면 하나님의 백성처럼 행동하고,

월드컵 축구 경기가 벌어질 때에는 한국인으로 돌아갑니다. 믿는 형제들과 함께 있을 때에는 신앙적인 대화를 나누고, 씨족들과 함께 있을 때에는 완전히 그 씨족의 일원으로 돌아갑니다. 이 이중적인 줄다리기 균형을 잃을 때가 언제입니까? 이 둘 중 하나를 택해야만 할 때입니다. 그때에는 자신의 편견으로 돌아가고 맙니다.

이것은 무엇을 말합니까? 평소의 신앙 훈련이 아주 중요하다는 것입니다. 평소에 자기가 생각하고 있는 것이 위급할 때에는 그대로 나타나게 되어 있고 그 결과 자기 자신은 물론이고 많은 다른 사람들의 신앙에 큰 상처를 주게 된다는 것입니다.

신앙이라고 하는 것은 중국인처럼 될 수 있는 것을 의미합니다. 아프리카인들과 함께 그들의 음식을 먹을 수 있어야 합니다. 누가 자기에게 무엇을 요구하든지 그것이 신앙으로 옳은 이상 기쁨으로 할 수 있어야 합니다. 그렇지 않고 자기의 것을 포기하지 않고 줄다리기를 하다가는 언젠가 자기 자신과 다른 사람의 신앙에 큰 상처를 주게 됩니다. 많은 사람들이 바른 신앙이라고 하는 것이 저 정도 밖에 되지 않는가 하고 실망을 하게 될 것입니다.

바울의 변호

바울도 베드로와 똑같은 입장이었습니다. 그도 유대인이요 그에게도 유대인의 한계가 있었습니다. 그러나 바울은 베드로에 비해서는 자신의 신학에 더 헌신적이었습니다.

바울은 베드로의 이 행동이 만약 그냥 넘어간다면 많은 어린 이방인 신자들의 신앙이 흔들릴 수 있다는 것을 알았습니다. 그래서 그는 베드로에게 정면으로 맞서서 그의 이중적인 행동을 지적하고 책망했습니다. 그것은 정말 무서운 책망이었습니다.

11절 게바가 안디옥에 이르렀을 때에 책망할 일이 있기로 내가 저를 면책하였노라

우리는 바울의 행동이 참으로 이해가 되지 않습니다. 그리스도인들은 서로 허물이 있어도 덮어주고 감싸주는 것이 미덕일 것입니다. 그런데 바울은 오히려 이 중요한 사람을 모든 사람들이 보는 앞에서 공격을 하고 있지 않습니까?

우리는 이 문제에 있어서 공적인 것과 사적인 것의 구별을 할 필요가 있습니다.

공적인 문제는 공적으로 해결을 해야 합니다. 누구에게나 알려졌고 공적으로 문제가 되는 것에 있어서 사적으로 조용히 해결한다고 하는 것은 아무런 도움이 되지 않습니다. 그런 것은 반드시 공적으로 해결을 해야 합니다. 베드로의 행동은 사적인 행동이 아니었습니다. 모든 사람들이 다 알게 행동했고 이것은 그대로 두면 진리 자체에 대하여 오해가 생길 수밖에 없었습니다. 그래서 바울은 바로 공적으로 문제를 삼았습니다. 그러나 아무도 모르게 은밀하게 실수한 것에 대해서는 공적으로 떠벌일 필요가 없습니다. 장본인이 그 문제에 대하여 깊이 반성하고 회개할 때에는 개인적으로 책망하고 바로 잡는 것으로 충분합니다. 왜냐하면 신앙적인 책망의 목적은 그 잘못을 바로 잡는데 있지, 누구를 공격하고 벌을 주는데 있지 않기 때문입니다.

어떤 경우에는 자신이 그 사람보다 훨씬 의롭다는 것을 나타낼 의도로 어떤 사람의 잘못에 대하여 공격하고 비난하는 경우가 있습니다. 그것은 한 사람을 희생시킴으로 자기 자신을 자랑하는 것입니다. 신앙적인 책망은 그 목적이 항상 사랑에 있습니다. 그 사람을 잘되게 하고 바로 잡는 것이 목적이지, 비난하고 공격하는 자체가 목적이 아닙니다.

바울이 우려한 것이 무엇입니까? 베드로의 위선적인 행동은 실수입니

다. 아직 그가 극복하지 못한 약한 부분입니다. 그러나 다른 사람들은 그렇게 생각하지 않고 마치 그렇게 하는 것이 유대인 신자들의 바른 행동인 것처럼 받아들일 가능성이 많았습니다.

또 실제로 여러 사람들이 베드로의 행동을 모방해서 행동하기도 했습니다.

그래서 중요한 직책을 맡은 사람에게 있어서는 가운을 입히는 것이 과거의 예였습니다. 가운을 입었을 때 그의 행동은 공적인 행동으로 보는 것입니다. 단지 사복을 입었을 때의 행동은 개인적인 입장으로 보는 것이지요. 그러나 중요한 사람에게 있어서는 그가 하는 행동은 언제나 다른 사람에게 영향을 주게 되어 있습니다. 그럴 때마다 지적이 필요하고 교정이 필요합니다. 아마 베드로는 바울의 이런 지적에 대하여 참으로 감사한 것으로 생각됩니다. 그는 나중에 베드로후서에서 형제 바울을 과거의 선지자의 반열에 두고 말씀하는 것을 보게 됩니다.

바울은 어떤 식으로 베드로를 책망했습니까? 그의 행동에 일관성이 없다는 것입니다.

14절 그러므로 나는 저희가 복음의 진리를 따라 바로 행하지 아니함을 보고 모든 자 앞에서 게바에게 이르되 네가 유대인으로서 이방을 좇고 유대인답게 살지 아니하면서 어찌하여 억지로 이방인을 유대인답게 살게 하려느냐 하였노라

바울은 베드로가 이방인들과 교제할 때 이미 그는 유대인답지 않은 짓을 했다는 것입니다. 만약 정말 유대인처럼 되는 것이 하나님의 백성이 되는 것이면 처음부터 유대인처럼 행동할 것이지 어떤 때에는 이방인들과 함께 어울리다가 어떤 때에는 유대인처럼 행동하면 도대체 무엇이 옳으냐는 것입니다.

결국 베드로의 위선적인 행동이 가져 온 것은 유대인처럼 사는 것이 참 하나님의 백성이 되는 것처럼 오해하게 했다는 것입니다.

결국 오늘 우리들에게 중요한 것은 어떻게 사는 것이 그리스도인답게 사는 것이냐 하는 문제입니다. 이것은 종교인처럼 되는 것이 아닙니다. 유대인처럼 되는 것도 아니요 수도승처럼 사는 것도 아닙니다. 신부들이나 수녀처럼 늘 어떤 종교적인 속박의 틀 아래 있는 것을 의미하지 않습니다. 그러면 그것은 무엇을 말합니까? 실제 생활 가운데서 하나님의 말씀에 따라 사는 것입니다. 이것은 대단히 자연스러운 것입니다. 종교적인 냄새를 피우지 않으면서도 거룩한 생활을 삽니다.

하나님의 백성의 특징이 무엇입니까? 무엇인가 마음속에 거룩이나 부정에 대한 선이 있습니다. 겉으로 요란하게 종교적인 냄새를 피우지 않아도 스스로 하나님이 기뻐하시는 것과 하나님이 싫어하시는 것을 구별할 수 있습니다. 물론 아직도 완전히 성숙하지 못했기 때문에 완전히 실수가 없거나 완전히 천사 같은 삶을 살지는 못합니다.

그러나 모든 것이 자연스러우면서도 아름답고 거룩합니다. 억지로 자기 자신을 지키려고 몸부림치지 않습니다. 왜냐하면 자기 안에 거룩에 대한 간절한 열망이 있기 때문입니다.

복음은 이상하고 어색한 종교적인 껍질을 벗기고 사람의 마음 깊은 곳에 거룩의 씨를 심어 놓습니다. 더럽고 추한 것이 들어오면 자기 자신이 견디지 못합니다. 참 신앙이라고 하는 것은 자기 자신을 지키기 위하여 종교적인 행동으로 싸우라는 것이 아닙니다. 자기 안에서 부터 무엇인가 새로운 것이 흘러나오는 것입니다.

물론 자기 자신을 지키기 위하여 거부하는 몸짓이 나타날 수 있습니다. 그러나 단순히 종교적인 사람은 다른 사람들과의 접촉을 회피합니다. 그 이유는 접촉을 통하여 자기 자신이 부정하게 된다고 생각하기 때문입니다. 물론 신앙인도 때때로 접촉을 피할 때가 있습니다. 그러나 그 이유는 단순히 접촉 자체가 자기를 오염시킨다고 보기 보다는 접촉이 자기 생각을 오염시킨다고 생각하기 때문입니다.

신앙인이 가장 중요하게 생각하는 것은 자신의 마음이 더럽혀지는 것입니다. 그 이유는 마음으로부터 이 모든 것이 시작되는 것을 알기 때문입니다.

유대인들이 이방인들과 식사하는 것을 그토록 강하게 거부한 이유가 무엇입니까? 그들은 그러한 접촉 자체로 자신들이 부정하게 된다고 믿었기 때문입니다. 그러나 신앙인이 두려워하는 것은 접촉 자체가 아닙니다. 다른 사람들과 나누는 말이나 혹은 눈으로 보는 것 등을 통하여 마음이 음란해지고 더러워지는 것입니다.

신앙은 대단히 자연스럽습니다. 마음에 믿는 것을 생활로 그대로 사는 것입니다. 여기에는 종교나 다른 세속의 영역이 따로 있지 않습니다. 자기가 서 있는 곳은 어디든지 거룩한 땅이기 때문에 발에서 신을 벗습니다. 다시 말해서 하나님께서 나와 함께 하시는 것을 믿는 것입니다. 참으로 자연스럽고 아름답습니다. 누구든지 가까이하고 싶은 그런 거룩입니다. 물론 자신이 없을 때에는 자신의 마음 문을 닫습니다. 때로는 교제를 하지 않고 도망치기도 합니다. 그러나 그것은 자기 자신이 아직 연약하기 때문이지 다른 사람들 때문이라고 말하지 않습니다.

사람이 의롭게 되는 것

바울은 유대인들에 대하여 이렇게 말하고 있습니다.

15절 우리는 본래 유대인이요 이방 죄인이 아니로되 여기서 ‘이방 죄인’이라는 표현이 참으로 귀에 거슬리는 표현입니다. 이 말은 늘 유대인들이 사용하는 표현이었습니다.

‘우리는 본래 유대인이요 이방 죄인이 아니로되’

‘본래 유대인’이라고 하는 것은 개종한 유대인이 아니라는 뜻입니다. 바울이 이렇게 유대주의에 대하여 공격적인 것은 그가 개종한 유대인이기 때문이 아니라는 것입니다. 그는 본래 유대인이요 유대인들이 늘 하는 표현에 의하면 이방 죄인이 아닙니다. 그러나 그가 참으로 모든 사람들에게 하고 싶은 말이 무엇입니까?

16절 상 사람이 의롭게 되는 것은 율법의 행위에서 난 것이 아니요 오직 예수 그리스도를 믿음으로 말미암는 줄 아는 고로 우리도 그리스도 예수를 믿나니

참으로 놀라운 폭로입니다. 그가 유대인으로 하고 있는 양심선언이 무엇입니까?

유대인들이 실제로는 전혀 의로운 생활을 하지 못하고 있었다는 것입니다.

그들의 종교적인 열심이 그들의 생활에 있어서 아무런 변화를 가져 오지 못했다는 것입니다. 유대인들은 아무런 의도 이루지 못했습니다. 그들이 열심히 지킨 율법의 행위들은 그들 속에 있는 욕심을 줄이는데 전혀 도움이 되지 못했습니다.

유대인들 중에서 예수를 믿는 사람들은 어떤 사람들입니까? 참으로 율법 안에서 자기들은 실패했다는 것을 믿는 사람들이었습니다. ‘우리도 그리스도 예수를 믿나니’

유대인들 중에서 예수를 믿는 사람들이 있는 것은 율법이 할 수 있었던 것이 아무것도 없었다는 것을 인정하기 때문이라는 것입니다.

종교인이 아닌 자들은 실제로 종교를 가진 자들의 세계가 어떤지 모릅니다. 무엇인가 자기들 보다는 좀 낫겠지라고 생각합니다. 그러나 바울이 하는 말이 무엇입니까? 그런데 아무것도 나은 것이 없다는 것입니다. 예수 그리스도 앞에서 철저하게 굴복할 때까지 사람은 아무런 근본적인 변화가 없다는 것을 바울은 선언하고 있습니다.

오늘 우리들에게 두려운 것이 무엇입니까? 유대인들이 율법을 지키듯이 우리는 복음을 그런 식으로 얼마든지 믿을 수 있다는 것입니다. 복음을 약간의 기독교적인 의무를 행하는 것으로 생각할 수 있습니다. 주일에 교회에 나가고 헌금을 착실하게 내고 술이나 담배를 하지 않으면 좋은 신앙이라고 생각할 수 있습니다.

복음은 철저하게 그리스도 앞에 굴복하는 것입니다. 자기의 모든 것을 다 내려놓고 '나'라고 하는 것은 완전히 없어지는 것입니다. 나는 죽어지고, 내 생각도 죽고, 내 모든 것이 없어지고, 모든 것이 주님의 것이 되는 것입니다. 그때까지 참된 복음의 역사는 시작되지 않은 것이며 예수 믿는 것은 전혀 시작되지 않았습니다. 단지 좁은 문 가까이 왔을 뿐입니다. 이 세상에서 가장 어려운 것이 예수를 믿는 것입니다. 예수를 믿는 것은 종교적인 열심을 내는 것이 아닙니다. 완전히 이 세상에서 나라는 사람을 장사지내는 것입니다. 예수를 참으로 믿는다면 가까이 나를 아는 사람들에게 부고장을 돌려야 합니다. '이러 이러한 사람은 모일 모시에 이런 병으로 죽었으며 다시는 존재하지 않는다'는 것을 고지해야 합니다. 그 전에는 믿는 것이 아닙니다. 그저 믿는 흉내를 내는 것이지요.

바울이 말하는 것이 무엇입니까? 유대인이 믿는 예수나 이방인들이 믿는 예수나 아무런 차이가 없다는 것입니다. 단지 왜 유대인들이 저토록 난리를 피우느냐? 결국 둘 중의 하나라는 것입니다. 하나는 그들이 아직 진정으로 예수를 믿지 않든지 아니면 믿는다고 하면서도 아직 인간적인 약점을 극복하지 못해서 그런 것입니다. 그것은 우리가 판단할 문제는 아닌 것 같습니다. 옳은 것은 아니니까 그런 것에 좌우되지 말라는 뜻입니다.

16절 하 이는 우리가 율법의 행위에서 아니고 그리스도를 믿음으로서 의롭다 함을 얻으려 함이라. 율법의 행위로서는 의롭다 함을 얻을 육체가 없느니라

바울이 주장하는 것이 무엇입니까? 우리 안에 있는 죄성은 그렇게 간단한 것이 아니라는 것입니다. 수십 개의 규율을 지킴으로 없어질 그런 것이 아니라는 것입니다. 우리들의 죄성은 뼈에까지 새겨져 있습니다. 우리의 본성이 하나님의 법을 좋아하지 않습니다. 물론 억지로 법을 지키는 것처럼 할 수는 있겠지요. 그러나 참으로 율법을 지킨다고 하는 것은 율법을 사랑하는 것을 말합니다. 율법을 포옹하는 것을 말하는 것이지 억지로 율법을 가지고 씨름하는 것을 말하지 않습니다. 하나님께서 율법을 주신 것은 율법을 실천함으로 하나님을 더 사랑하고 하나님을 더 신뢰하도록 하기 위한 것입니다.

또 말씀대로 행하지 못할 때 자신의 부족을 느끼고 겸손하게 하나님 앞에 나아오게 하기 위해서입니다. 그러나 교만한 사람은 자신이 말씀으로 행하지 못할 때 더욱 자신에게 실망을 합니다. 자기를 혐오해서 하나님을 멀리 합니다. 결국 예수 그리스도의 십자가를 보기까지 절대로 하나님의 율법을 사랑할 수 없습니다. 그리스도의 십자가를 믿고 내 자신을 철저하게 죽일 때 그때 하나님을 사랑하는 마음이 생기기 시작합니다. 이것이 참된 하나님의 백성들의 모습입니다. 그리고 한평생 자기 자신이 다시 살아나지 못하도록 죽이는 것이 신앙입니다. 자기를 죽이면

죽일수록 하나님의 은혜는 드러납니다.

오늘 우리가 본문을 통하여 생각해야 할 것이 무엇입니까?

결국 나의 신앙은 안에서 자연스럽게 배어나오는 것인가 아니면 겉으로 종교적인 행동으로 도배를 하지 않으면 안 되는 것인가 하는 것입니다. 자기 자신을 믿고 있는 동안 안에서 부터 배어 나올 수 있는 것은 아무것도 없습니다. 자기 자신을 철저하게 부정할 때 그때 하나님의 은혜가 자연스럽게 안에서 부터 배어 나올 것입니다. 참된 그리스도인의 특징은 교회와 생활이 다르지 않습니다. 왜냐하면 어느 것이나 다 거룩한 땅이기 때문입니다. 그리고 억지로 위선적인 행동을 하려고 하지 않습니다. 그렇게 하면 오히려 자기 자신만 답답할 뿐입니다.

우리는 바울이 신앙을 위하여 싸우는 것을 보고 어디까지 싸워야 할 것인가 하는 것입니다. 참된 신앙의 자유를 속박하는 모든 거짓에 대하여 싸워야 합니다. 우리의 싸움은 정통에 대한 싸움보다는 복음을 아주 가벼운 몇 가지 의무 정도로 제한하고 자기 멋대로 살려고 하는 자유방임주의와의 싸움입니다. 성경의 가치도 인정하지 않고 자기 자신의 즉흥적인 기분에 따라 신앙생활을 하려고 하는 것이 우리에게는 가장 무서운 적입니다.

우리는 자신의 삶을 일관되게 이끌어 나가야 합니다. 베드로처럼 이중적인 잣대를 사용하다가는 다른 사람의 한 마디의 공격으로 침몰하고 맙니다. 결혼이나 공부나 재물의 사용에 대하여 자기 기준이 있어야 합니다. 그렇지 않으면 다른 사람이 이상한 행동 하나만 해 버리면 금방 혼동에 빠져서 지금까지 잘 믿어 온 것을 다 팔아먹고 깊은 혼동에 빠지고 마는 것입니다.

우리가 믿음으로 의롭다 함을 받는 것은 완전히 의인이 되었다는 뜻이 아닙니다. 단지 하나님께서 그렇게 인정해 주신다는 뜻입니다. 그러므로 우리는 의인임과 동시에 죄인입니다. 하나님은 의롭게 봐 주시지만 실제로는 죄인된 본성을 그대로 가지고 있습니다. 그래서 자기를 믿으면 안 됩니다. 매순간 자기 생각을 부정하고 주님이 주시는 마음을 가져야 합니다. 생각해 보십시오. 남을 판단하고 무시하는 이 생각이 과연 주님이 주신 마음인지 아니라는 생각이 들거든 아무리 그렇게 생각하는 것이 정당하다하더라도 그 생각을 버려야 합니다. 그렇지 않고 자기를 계속 옳다고 생각하면 그는 점점 더 하나님의 은혜에서 멀어지게 될 것입니다.

갈라디아서 강해 8

돌이킬 수 없는 신앙

갈 2:17-21

학교 다닐 때 선생님 중에서 가장 기억나는 선생님이 누구냐고 물으면 거의 대개 마음씨 좋은 선생님보다는 가장 무서웠던 선생님이 생각난다고 합니다. 좀 심하게 표현하면 악질이었던 선생님이 가장 기억에 많이 남는다고 합니다.

사람에게는 아주 이상한 본능이 있습니다. 그것은 무섭게 지배를 당하면 당할수록 안정감을 찾는 것입니다. 나중에 그런 지배가 없어져서 자신이 모든 것을 선택해야 할 때 오히려 더 혼란스러워 하고 결국에는 과거의 그 절대적인 지배 아래로 다시 돌아가려고 하는 경향이 나타납니다.

사회구조 중에서도 가장 안정적인 사회구조는 누군가가 절대적인 권력을 가지고 카리스마적으로 독재하는 경우입니다. 이런 경우에 혼란이라고는 없습니다. 모든 것이 일사천리로 진행됩니다. 그러나 엄청난 대가를 지불하고 민주정치가 이루어졌을 때 사람들은 오히려 더 혼란을 경험하면서 옛날의 그 독재자를 그리워하는 경향이 있었습니다.

그래서 다시 옛날의 그런 독재로 돌아가는 것을 반동이라고 부릅니다. 민주화가 진행되지 못하고 역행된다는 뜻입니다.

우리는 어떤 강한 지배 아래 있으면 그런 지배에 순응하는 자세가 되어버리고 결국에는 그런 지배가 없어지면 무엇을 어떻게 해야 할지 모르는 혼란에 빠지게 됩니다.

이것을 어떤 심리학자는 게으름이라고 부르고 있습니다. 사람들은 마땅히 자기가 의사결정을 해야 하는데도 그렇게 하는 것이 부담스럽고 귀찮으니까 다른 사람을 지도자로 세우고 자기는 그저 그런 체제에 순응해서 고민하지 않고 살겠다는 뜻이지요. 좌우간 이것은 신앙에 있어서도 마찬가지입니다. 전혀 신앙을 가지지 않았던 사람이라면 모르지만 어떤 신앙을 가졌던 사람이, 그것도 그 사람을 아주 강하게 지배했던 신앙을 버리고 그리스도 예수께로 왔을 때에는 바로 어떤 독재자가 무너지고 새로운 민주 사회가 도래했을 때와 같은 정신적인 불안과 혼란을 경험하게 되어 있습니다.

그 대표적인 경우가 유대교였습니다. 바울은 본문에서 율법이라고 부르고 있는데 실제로는 율법이라는 표현보다는 유대교라는 표현이 더 마땅할 것 같습니다.

유대교는 학교에서 말하면 아주 무서운 훈육 선생님과 같습니다. 군대로 표현하자면 아주 무서운 훈련 교관과 같습니다. 무서운 훈육 선생과 훈련 교관의 특징이 무엇입니까? 이것은 끊임없이 사람을 긴장하게 만들고 자기 요구를 따르지 않을 때에는 무섭게 처벌하는 것입니다. 사람에게 도저히 불가능할 것 같은 요구를 하고 그것을 이행하지 못하면 두들겨 패는 것입니다.

유대교는 사람에게 생각할 여유를 주지 않았습니다. 무조건 큰 소리로 명령을 할 뿐이었습니다. 그리고 명령대로 하지 않으면 아주 무섭게 책망을 하고 정죄를 했습니다. 정신 이상이 되지 않으려면 무조건 유대교의 체제에 순응하는 수밖에 없었습니다. 그러다가 복음을 들었을 때 어떻습니까? 처음에는 이 자유가 그렇게 좋을 수가 없습니다. 너무 기뻐서 눈물을 흘립니다. 그러나 시간이 지날수록 이 복음은 참으로 불편하다는 것을 깨닫기 시작합니다. 왜냐하면 생각해야 할 것이 너무 많습니다. 모든 것이 기계적이지 않습니다. 모든 일을 자기 스스로 생각해서 결단을 내려야 합니다. 생활이 늘어지기 시작하고 옛날에 비하여 무엇이 좋은지 하나도 알 수가 없습니다. 그럴 때 나타나는 현상이 무엇입니까? 옛날의 그 유대교 안으로 다시 돌아가려고 하는 것입니다. 옛날에 아무 생각 없이 시키는 대로 하던 그 안정된 삶으로 다시 돌아가고 싶은 것입니다.

사도 바울은 결코 우리의 신앙은 과거로 돌아갈 수 없다고 말씀하고 있습니다. 그것은 복음 안에서의 느슨함 혹은 불분명함 그것만이 전부가 아니기 때문입니다.

신앙의 혼란

사도 바울은 이렇게 말씀하고 있습니다.

17절 만일 우리가 그리스도 안에서 의롭게 되려 하다가 죄인으로 나타나면 그리스도께서 죄를 짓게 하는 자냐 결코 그럴 수 없느니라

지금 그리스도의 복음을 들은 자들이 어떤 자들입니까? 거의 대부분이 율법의 지배아래 있던 자들이었습니다. 물론 나중에는 유대교와 상관없이 이방신을 섬기다가 바로 하나님께로 돌아오는 자들도 많이 생기게 되었습니다. 대표적인 자들이 데살로니가 교인들이었습니다. 그들은 이방신을 섬기다가 바로 하나님께로 돌아 왔습니다.

그러나 초기의 기독교인들은 거의 대부분이 유대교를 믿다가 복음을 들은 자들이었습니다. 요즘 말로 표현하면 전혀 하나님을 모르다가 전도받은 자들이 아니고 나름대로 아주 엄한 전통적인 교회에서 신앙생활을 하다가 복음을 들은 자들이었습니다. 그 결과가 무엇입니까? 그들은 처

음에는 복음이 주는 자유가 좋았습니다. 그러나 시간이 갈수록 불안하기 시작했습니다. 왜냐하면 옛날에 율법 아래 있을 때에는 무엇인가 자기를 꽉 잡아 주는 것이 있었는데 복음 안에는 그런 것이 없는 것입니다.

모든 것이 느슨합니다. 그리고 꼭 정해져 있는 것도 없습니다. 그러니까 자꾸 혼란이 생기는 것입니다. 모든 것이 옛날 보다 못한 것 같습니다. 도덕적으로도 더 나아진 것이 없는 것 같고 하나님에 대한 열성도 오히려 옛날만 못한 것 같습니다. 오히려 옛날이 그립습니다.

17절에서 말씀하는 것이 바로 그런 것입니다. 무엇인가 바로 믿기 위하여 복음을 믿었습니다. 전에 분명히 율법의 한계를 느꼈습니다. 그 안에는 생명이 없었습니다. 기쁨이 없었습니다. 내가 원해서 신앙생활을 하는 것이 아니라 그렇게 하지 않으면 안 되도록 모든 것이 짜여 있기 때문에 했습니다. 그런데 바울의 복음이 들렸습니다. 사람이 의롭다 함을 받는 것이 행위에 있지 않고 오직 믿음에 있다는 것입니다. 그래서 과감하게 결단을 내려서 복음을 믿었습니다. 그런데 좀 지나고 보니까 모든 것이 옛날보다 못한 것 같습니다. 가장 큰 문제가 계속적인 혼란입니다. 옛날에는 무엇인가 꽉 잡아 주는 것이 있었고 이렇게 하면 이렇게 된다는 코스가 눈에 보였는데 이제는 그런 것마저도 없습니다. 오히려 신앙이 더 못해 진 것 같습니다. 그럴 때에는 그리스도가 우리로 하여금 신앙이 더 나빠지게 한 것이며 한 걸음 더 나아가서 신앙생활 잘하던 사람들을 유혹해서 타락하게 만들었느냐 하는 것입니다. 결코 그럴 수 없다고 말씀하고 있습니다.

그 이유가 무엇입니까? 율법 아래서의 신앙은 자기의 판단이나 책임 같은 것이 없습니다. 하나의 거대한 기계의 부속품이 되어서 나의 의사와는 상관없이 그런 신앙을 강요당했던 것입니다. 물론 이것이 신앙이 없는 것보다는 나을지 모르겠습니다. 그러나 하나님을 전혀 기쁘시게 할 수 없습니다. 하나님께서 원하시는 것은 강요된 신앙이 아닙니다. 물론 강요된 신앙이 자기 자신에게는 심리적인 안정과 평안을 줄 수 있습니다. 그러나 그 심리적인 평안이라고 하는 것이 바로 하나님이 주시는 기쁨은 아닙니다.

복음이라고 하는 것은 무엇입니까? 그 매였던 사슬을 끊고 자기 스스로 하나님을 기쁘시게 할 수 있는 것을 생각하고 찾아서 하는 것입니다. 이제는 어느 누구도 이래라 저래라 하는 사람이 없습니다. 자기 스스로 강의실을 찾아야 하고 자기 스스로 슈퍼마켓에 가서 물건을 골라야 합니다. 자기 스스로 무엇을 선택해야 한다는 것이 얼마나 어려운 일인지 모릅니다. 이것보다는 차라리 배급이 더 나을지 모릅니다. 사람들이 어렸을 때에는 아무 생각 없이 나누어주는 대로 받아먹는 것이 얼마나 행복한지 모릅니다. 남보다 약간 더 주기만 하면 됩니다. 다 된 밥을 먹는 것이 낫지, 언제 쌀을 씻어서 처음부터 다시 밥을 만들어 먹습니까?

바로 이 문제입니다. 복음은 우리에게 묶여 있었던 사고를 풀어 놓습니다. 스스로 무엇인가를 알아서 하게 합니다. 그때 파고 들어오는 것이 무엇입니까? 인간의 게으름과 죄성입니다. 그런 기회가 주어지기만 하면 아무것도 하고 싶지 않은 것입니다. 모든 것이 귀찮은 것입니다. 민주주의에서 무엇인가 말을 한 사람은 그 말에 대하여 책임을 져야 합니다. 교회에서 회의를 한번 해 보십시오. 어떤 제안을 하면 결국 그 제안을 한 사람이 그 일을 해야 합니다. 그것을 알면 아무 소리를 하지 않게 됩니다. 입 다물고 있다가 남이 하자고 하는 대로 하면 됩니다. 이것이 바로 무엇입니까?

게으름이지요. 그리고 무책임이라고 말할 수 있습니다.

그리스도께서 우리의 사고의 틀을 깨고 참된 자유를 주셨는데 그 기회를 게으름 또는 무책임한 죄의 본성이 파고 들어와서 우리를 예전보다 더 게으르고 신앙적으로 더 열성이 없는 자로 만들었다면 그 책임이 과연 그리스도에게 있느냐 하는 것입니다. 다시 말해서 그런 혼란으로 인하여 또 다시 율법의 지배 아래로 가야 하겠느냐 하는 것입니다. 사람들은 복음의 성격을 너무나도 잘 이해하지 못합니다. 사람들이 생각하는 것은 두 가지 밖에 없습니다.

하나는 절대적인 억압이요, 다른 하나는 무조건적인 방임이라고 생각합니다. 다시 말해서 하나는 아무것도 하지 못하는 것이요, 다른 하나는 자기 멋대로 하는 것입니다. 그러나 새로운 것이 있습니다. 그것은 모든 것을 할 수 있지만 자기 스스로 자제해서 아무것도 마음대로 하지 않는 것입니다. 자유가 주어졌지만 다른 사람을 사랑하기 때문에 그 자유를 다 사용하지 않는 것입니다.

만일 그리스도께서 우리에게 생각의 자유를 주셨고 또 스스로 판단할 수 있는 기회를 주셨는데 우리가 거기에 잘 적응이 되지 못해서 오히려 더 혼란스러워지고 신앙적으로 더 게을러진다면 과연 복음이 잘못된 것이며 그리스도가 우리에게 죄를 짓게 하는 자냐는 뜻입니다. 절대로 그럴 수 없다고 대답하고 있습니다. 이것은 오히려 반드시 거쳐야 하는 한 과정입니다. 사람은 절대로 시행착오 없이 정답을 찾아 가지 못합니다. 아예 신앙적인 억압이 없었더라면 모르지만, 그렇지 않고 아주 강한 어떤 정신적인 지배를 받다가 복음 안으로 온 사람은 반드시 어떤 정신적인 혼란을 겪게 되어 있습니다.

즉, 하나님을 전혀 모르다가 하나님을 새로 안 사람은 옛날의 습관들을 버리기가 어렵습니다. 그러나 어떤 강한 신앙의 체계 아래 있다가 복음 안으로 들어 온 사람은 복음이 주는 자유로움 혹은 심하게 표현하면 그 무질서함이 적응되지 않는 것입니다.

돌아갈 수 없는 신앙

사도 바울은 이 혼란 때문에 다시 옛날의 체제 아래로 돌아갈 수는 없다고 분명히 선언을 하고 있습니다.

18절 만일 내가 헐었던 것을 다시 세우면 내가 나를 범법한 자로 만드는 것이라

헐었던 것을 다시 세운다는 것은, 한번 부정했던 것을 어떤 이유이든 지간에 다시 채용할 수밖에 없게 된다면 그것은 자기 자신이 범죄자가 되는 것입니다.

예를 들어, 복음의 자유를 맛보았습니다. 그런데 자유만 가지고는 일이 뜻대로 되지 않는 것입니다. 그래서 다시 율법의 규정을 일부 채용해 오게 되었다고 합시다. 그러면 이것이 의미하는 것이 무엇입니까? 단순한 일관성의 결여가 아니라 진리를 바로 제시하지 못한 범죄자가 되는 것입니다. 가장 무서운 죄가 무엇입니까? 진리를 일관되게 제시하지 못하고 전하는 자신이 시행착오를 거듭하는 것입니다.

물론 사람이란 누구든지 어느 정도의 시행착오를 겪게 되어 있습니다. 예를 들어, 처음에는 진리를 분명하게 깨닫지 못했는데 시간이 갈수록 점점 더 분명하게 깨닫게 됨에 따라 갈수록 가르침이 분명해지고 구체적이 되는 것은 잘못이 아닙니다.

여기서 범죄라고 하는 것은 기본 자체가 움직이는 것을 말합니다.

사도 바울은 일단 할례와 같은 율법의 의식을 헐어버렸습니다. 그렇다면 이 후에 교인들이 다시 느슨해지고 혼동을 겪는다고 해서 다시 할례나 안식일 같은 다른 규정을 가져 올 수 없습니다. 왜냐하면 이것은 일관성의 결여 정도 이상의 심각한 문제를 던지기 때문입니다. 그것은 과연

복음이 무슨 소용이 있느냐 하는 문제가 되기 때문입니다. 오늘 교회의 가장 어려운 문제는 과연 복음이 무엇이냐 하는 것이 결여된 채로 신앙생활을 하고 있는 것입니다. 신앙생활의 목표가 개인은 복을 받는 것이고 교회적으로는 교인들이 많아지는 것입니다. 그러니까 기본 자체가 자꾸 왔다 갔다 합니다.

바울은 자기가 한번 부정했던 것은 다시 가져올 수 없다고 말하고 있습니다. 그것은 단순한 자존심의 문제 때문이 아닙니다. 사나이 체면상 한번 부정했던 것을 다시 인정할 수 없다는 뜻이 아닙니다. 이것은 바로 복음 전체와 관계되는 아주 중요한 문제이기 때문입니다.

사도 바울이 말씀하고 있는 것이 무엇입니까?

19절 내가 율법으로 말미암아 율법을 향하여 죽었나니 이는 하나님을 향하여 살려 함이니라

바울이 경험한 것이 무엇입니까? 율법의 지배 아래 있을 때에는 진정으로 하나님의 뜻대로 살지 못했다는 것입니다. 율법은 무조건 사람을 어떤 규칙 안에 강제로 집어넣는 것이지, 참으로 자기 스스로 하나님의 뜻을 발견하여 그 뜻을 행하는 것이 아니었다는 것입니다. 그가 율법 아래서 열심을 내었던 것은 모두 하나님을 대적하는 것이었습니다. 그는 이제 복음을 알았고 복음은 그에게 모든 것을 맡기고 있습니다. 약간의 혼동도 있고 느슨함도 있으며 귀찮은 것도 있습니다. 그러나 그는 그렇다고 해서 옛날의 그 노예 상태로 되돌아 갈 수는 없다는 것입니다. 그 이유는 그가 율법을 향하여 죽었기 때문입니다. 여기서 '율법을 향하여 죽었다'는 표현이 참 어려운 표현입니다.

무엇 무엇을 향하여 죽었다는 말이 무엇입니까? 어떤 것의 강한 영향을 받다가 그것과의 관계가 완전히 끊어지게 된 것이 무엇 무엇에 대하

여 죽는 것입니다.

예를 들어, 어떤 사람이 텔레비전에 매여 있다고 합시다. 그것이 의미하는 것이 무엇입니까? 그는 텔레비전 없이는 한 순간도 살 수 없습니다. 눈을 뜰 때에 텔레비전을 켜면서 눈을 뜹니다. 신문을 받으면 텔레비전 프로부터 봅니다. 하루 종일 탤런트의 사생활에 관심을 가집니다. 사람들을 만나면 이야기하는 것이 텔레비전에서 본 내용입니다. 항상 머리를 지배하는 것은 그 내용들입니다. 그렇게 하는 것이 텔레비전에 매여 있는 것입니다.

그런데 이 사람이 텔레비전에 대하여 죽었다고 말할 때 그것이 의미하는 것이 무엇입니까? 텔레비전의 모든 영향력으로 부터 벗어났다는 것입니다. 그에게 더 좋은 것이 생겨났습니다. 애인이 생겼던지 아니면 새로운 취미가 생겼든지 아니면 새롭게 연구할 것이 생겨나서 텔레비전에 대한 모든 것을 잊어버렸습니다. 전혀 보지 않아도 되고, 전혀 머리를 지배하지도 않습니다. 그렇게 되는 것이 텔레비전에 대하여 죽는 것입니다.

바울이 자신이 율법에 대하여 죽었다는 표현을 쓸 때 바로 이런 의미로 쓰고 있습니다. 이전까지 바울의 생활은 전부가 율법이었습니다. 그는 율법을 지키는 것만 생각했습니다. 율법을 외우면서 잠을 깼습니다. 하루 종일 율법을 지켰습니다. 그가 생각하는 것은 오직 하나, 어떻게 하면 남들보다 더 많이 율법을 지킬 수 있느냐 하는 것이었습니다. 그리고 잠을 잘 때에도 율법을 외우면서 잠이 들었습니다. 그에게 있어서 율법은 모든 것이었습니다. 그래서 오죽했으면 로마서 7장에서 율법을 남편에 비유 했겠습니까? 어떤 여인의 삶 전체를 남편이 지배하듯이 율법이 바울에게 그러했습니다. 그러나 그는 율법에 대하여 죽었습니다. 그것은 율법보다 더 탁월하게 좋은 것이 나타났기 때문입니다. 아니, 율법보다 훨씬 더 능력 있는 것이 나타났기 때문입니다. 그것이 무엇입니까? 예수 그리스도입니다.

예수 그리스도는 율법에 비교할 수 없는 능력이 있고 좋은 것이었습니다. 능력만 있는 것이 아니었습니다. 그리스도가 좋았습니다. 그는 율법과 그리스도를 동시에 취할 수 없다는 것을 알았습니다. 그는 율법과의 관계가 끊어지고 하나님께 향하여 살아났습니다. 하나님을 향하여 살아났다는 것도 똑같은 표현입니다. 하나님께 대하여 관심을 가지고 하나님을 하루 종일 생각하며 온종일 하나님을 위하여 살게 되었다는 뜻입니다.

여러분, 만일 더 잘 믿기 위하여 복음을 택한 결과 오히려 신앙적으로 더 혼란이 생기고 전보다 더 신앙적으로 느슨하게 되었다면 다시 율법적인 것을 가져와야 할까요? 차라리 그렇게 했으면 좋을 것입니다. 그러나 사람이 복음을 듣고서 변하지 않는다면 다른 어떤 것으로도 변하지 않습니다. 다른 대안이 없습니다. 물론 복음 안에도 인간의 죄성 때문에 책망을 하기도 하고 꾸짖기도 합니다. 그러나 그것은 최후의 수단이고 모든 것을 자기 스스로 바꾸는 것입니다. 자기 자신이 결단을 내리고 자기 자신이 책임을 져야 합니다. 그리고 어느 누구도 결단을 내려주는 사람도 없고 어느 누구도 대신 책임을 져주는 사람이 없습니다. 그래서 아무도 다른 사람을 비난할 이유가 없습니다. 왜냐하면 모든 것은 자신의 문제이기 때문입니다.

가장 무서운 것이 바로 이것입니다. 복음은 중심에서 우러나서 신앙생활을 하는 것입니다. 중심에서 우러나는 것이 없는 신앙은 신앙이 아닙니다. 물론 어떻게 하다 보면 변화되는 사람들이 있습니다. 늘 말씀을 들어도 생전 말씀이 가슴에 와 닿지 않다가 어느 한 순간에 말씀에 사로잡혀서 속에서 우러나는 신앙을 가질 때가 있습니다. 그러나 말씀으로 되지 않는다고 해서 다른 방법을 도입하는 것은 스스로 복음을 부정하는 것 밖에 되지 않습니다. 율법과의 관계가 끝난 사람을 다시 율법 아래로 돌려보내는 것밖에 되지 않습니다. 그러면 그 사람이 율법 아래로 다시 돌아가면 적응을 잘하느냐, 전혀 적응이 되지 않습니다. 결국 그 사람은 영원한 미아가 될 가능성이 많습니다.

한번 자유의 맛을 본 사람이 다시 억압 아래로 들어간다는 것은 불가능합니다. 그는 신앙을 버릴 가능성이 많습니다. 한번 억압을 받은 충격은 잊을 수 없습니다. 계속 악몽이 되어서 되살아납니다. 수없는 악몽이 되서 그때의 긴장이 되살아납니다. 그러나 한번 맛본 자유의 충격은 억압 보다 더 큰 것입니다. 한번 자유를 맛본 사람은 다시 억압에 적응하지 못합니다.

옛날 안정되었을 때가 그리워서 다시 옛날의 체제 아래로 가보지만 이미 자신은 모르는 사이에 너무 변해 버렸다는 것을 알게 됩니다. 사람이 커져 버린 것입니다.

복음의 자유는 스스로 자유를 사용하지 않고 포기하는 자유입니다. 말할 것을 말하지 않고, 즐길 것을 즐기지 않고, 소유할 수 있는 것을 소유하지 않고, 스스로 자발적으로 다른 사람의 종이 되는 자유입니다. 만일 이것이 싫고 귀찮고 성가신 사람은 율법 아래로 돌아가는 것이 아니라 신앙이 없는 방탕한 삶으로 가게 됩니다. 마치 우주선이 지구로 귀환하다가 잘못 대기권에 진입을 하면 튕겨나서 영원히 다시 돌아올 수 없는 우주로 떨어져버리고 마는 것과 같습니다.

율법에서 복음으로 옮길 때 조심해야 하는 것이 바로 이것입니다. 내가 과연 붙들어야 하는 것이 무엇이냐 하는 것을 분명히 해야 합니다. 이것저것 여러 가지를 붙들려고 하면 다시 튕겨나게 됩니다. 단 하나만을 붙들어야 합니다. 그것이 무엇입니까? 그것은 자기 스스로가 대답을 해야 할 것입니다. 민주주의가 문제가 많다고 해도 다시 억압으로 돌아갈 수 없는 것처럼 한번 율법을 떠나면 다시 그 밑으로 들어갈 수가 없습니다. 이유는 이제 더 이상 옛날같이 어리지 않기 때문입니다. 무엇인가 이미 맛을 보았기 때문입니다.

복음의 핵심

그러면 복음의 핵심이 무엇입니까?

20절 내가 그리스도와 함께 십자가에 못 박혔나니 그런즉 이제는 내가 산 것이 아니요 오직 내 안에 그리스도께서 사신 것이라 이제 내가 육체 가운데 사는 것은 나를 사랑하사 나를 위하여 자기 몸을 버리신 하나님의 아들을 믿는 믿음 안에서 사는 것이라

복음은 내가 하나님을 위해서 무엇을 하는 것이 아닙니다. 나라고 하는 존재는 철저하게 썩었습니다. 하나님을 좋아하지 않습니다. 가장 종교적이면서도 가장 악할 수 있는 것이 우리 자신입니다. 이것을 안 것입니다. 바울은 가장 종교적인 사람이 가장 악할 수 있고 가장 잔인할 수 있다는 것을 알았습니다. 이제 그가 할 수 있는 것이 무엇입니까? 그가 할 수 있는 것은 정말 아무것도 없었습니다. 오직 자기는 죽어지는 것입니다. 그런데 놀라운 소망이 무엇입니까? 내 안에 그리스도께서 살아계신다는 것입니다. 모든 믿는 사람 안에는 그리스도께서 살아계십니다. 이 그리스도께서 내 안에서 무엇인가 하기 시작하십니다.

우리 자신을 조용히 살펴보십시오. 안에서 끊임없이 악한 생각들이 고개를 쳐들고 올라옵니다. 그것이 바로 우리 자신입니다. 그러나 만일 우리가 남을 사랑하게 되고 남을 위하여 어떤 선한 일을 하게 되었다면 그것은 우리가 한 것이 아닙니다. 이것은 우리 안에 있는 예수가 한 것입니다. 우리는 선을 행할 수 있는 능력이 아무것도 없습니다. 우리는 그것을 믿지 못합니다. 그래도 자기는 가장 건전한 생각을 가졌고 자기는 아직 믿을만한 사람이라고 생각할지도 모릅니다. 그것은 자기 자신을 잘 모르

기 때문입니다. 자기 속에서 솟구쳐 오르는 거짓과 음란한 생각과 위선을 잊고 있기 때문입니다. 거의 대부분의 사람들의 삶은 거짓으로 되어 있습니다. 철저한 위선과 거짓으로 채워져 있습니다. 훌륭한 신분의 좋은 옷을 입은 자들이 사적인 자리에서 내뱉는 더러운 욕설과 음란한 농담들은 너무나도 역겨운 것입니다.

우리가 하나님 앞에서 아름다운 어떤 일을 할 수 있는 것은 오직 나는 죽고 내 안에 그리스도께서 일을 하셔야 합니다. 물론 내가 죽지 않아도 그리스도께서는 나를 사용하십니다. 믿음이 없어도 나를 통하여 주님이 일하실 때가 있고, 선한 마음 없이도 주님을 위하여 무엇인가 할 수도 있습니다. 그러나 그것이 모두 나의 것으로 인정받는 것이 아닙니다. 그저 주님이 교회를 위하여 나를 썼을 뿐입니다. 주님을 위하여 한 일 중에서 어떤 것으로 참으로 나의 것으로 인정을 받습니까? 나는 죽어지고 참으로 주님이 내 안에서 존귀히 여김을 받는 가운데 이루어진 일, 이것이 주님의 심판대 앞에서 나의 것으로 인정받게 될 것입니다.

인간적인 방법이나 열심으로 주님을 위하여 많은 일을 할 수 있습니다. 그러나 그가 주님의 심판대 앞에 섰을 때 그는 완전히 빈털터리인 것을 깨닫게 될 것입니다. 그 이유가 무엇입니까? 내 안에 그리스도가 온전히 일하시게 맡겨 드리지 않았기 때문입니다. 내가 주님을 부리고 내가 주님을 명령했기 때문입니다. 그래도 주님은 일을 하십니다. 그러나 그것이 나의 상급이 되지는 않습니다. 그는 스스로 속고 있을 뿐입니다. 복음이 무엇입니까? 내가 육체 가운데 사는 것이 무엇입니까?

옛날처럼 무엇인가를 성취하기 위해서가 아닙니다. 자기 자신을 이루어가는 것도 아닙니다. 주님이 나를 더욱 더 사용하시는 것입니다. 주님이 나를 부르신 것은 나를 쓰시기 위해서입니다. 그래서 어떻게 하면 주님이 나를 마음껏 쓰실 수 있는가 그것을 생각합니다. 사실 마음껏 쓸 수 있는 사람이 거의 없습니다. 왜냐하면 자기 계획이 다 있기 때문입니다.

특히 우리나라에서는 그런 사람은 할 일없는 무능한 사람으로 생각을 하는 경향이 있습니다. 그래서 할 일이 없어도 무조건 바쁜 척이라도 해야 업신여김을 당하지 않습니다. 그러나 주님이 원하는 사람은 할 일이 없는 무능한 사람입니다.

아무도 알아주지 않고 무능한 사람을 들어서 놀라운 일을 행하십니다. 이것이 복음입니다. 다 똑똑하고 자기 생각과 자기 계획을 가지고 있어서 바늘이 들어갈 틈조차 없습니다. 그것이 무엇입니까? 자기가 살아있는 것입니다.

주님은 나를 사랑하셔서 자기 몸을 버리셨습니다. 그렇다면 주님은 또다시 우리에게 우리 몸을 내어 놓을 것을 요구하십니다. 너의 몸을 내놓으라고 하는 것입니다. 우리는 믿어도 너무 세상적으로 믿고 있습니다. 신앙이 좋은 사람은 사역자의 길을 걷고 세속적인 사람은 열심히 돈이나 번다 라고 생각하는 것 같습니다. 사역자가 어디 있고 평신도가 어디 있습니까? 사역자라도 헌금이 없으면 돈을 벌어야 하고 평신도라도 주님이 원하신다면 직장을 그만 두고 복음 전도의 길로 나서야 하는 것이 복음입니다.

그런 사역자의 길로 나가고 싶어도 주님이 허락하지 아니하시면 할 수 없는 것이 복음입니다. 신앙은 어떤 틀 안에 가두어 두고 자기 마음대로 사는 것은 율법도 아니고 복음도 아니고, 이것은 종교의 장난이라고 말할 수밖에 없습니다. 종교의 유희遊戲인 셈이지요. 이것은 기독교도 아니고 복음도 아니고 아무것도 아닙니다.

왜 복음의 심각성을 이렇게 일찍 잃어버렸나요? 왜 좀 더 본질적으로 하나님을 기쁘시게 하는 일을 생각하지 못하고 형식적인 종교생활로 만족을 합니까? 이것은 아무것도 아닙니다. 우리가 그리스도의 살아 계심을 믿는다면 내 안에서 어떤 선한 일을 행하실 것을 믿어야 합니다. 그리고 그것이 나의 사는 목적이 되어야 합니다.

어떤 목적을 성취하는 것이 아닙니다. 주님이 나를 계속 사용하시는 것입니다. 나는 그분이 나를 사용하시기 쉽게 내 자신을 내려놓습니다.

그리스도를 헛되게 죽게 해서는 안 됩니다. 그리스도가 죽으신 것은 그냥 죽고 싶어서 죽으신 것이 아닙니다. 내 안에서 영원히 살아계시기 위하여 죽으신 것입니다. 나의 삶을 소유하고 나의 몸을 사용하시기 위하여 죽으신 것입니다.

복음 안에서 나에게 이래라 저래라 강요할 사람은 아무도 없습니다. 그러나 내면 깊은 곳에서 나는 소리를 들어 보십시오. 그 소리는 주님이 나에게 명령하시는 소리입니다. 복음이 무엇입니까? 몇 가지 기독교인으로서의 의무를 다 행하고 나머지는 내 마음대로 사는 것이 아닙니다. 내 속에 율법이 있습니다. 내 속에서 나는 소리가 일시적인 충동인지 아니면 주님의 명령인지 깊은 묵상과 기도가 필요합니다.

모든 중요한 것은 내 마음 속에 다 있습니다. 내 속에서 일어나는 생각이 주님의 생각인지 아닌지 구분하는 것이 중요합니다. 주님의 생각이 아니면 바로 버려야 합니다. 그리고 주님의 생각이면 순종해야 합니다. 내가 원하든 원하지 않던, 이익이 있든 손해가 생기든 해야 합니다. 그렇게 할 때 하나님의 뜻이 나를 통하여 온전히 이루어집니다. 자기의 계획이 많은 자들은 주님을 자기 몸에서 몰아내고 있는 자들입니다.

우리가 복음 안에서 가장 많이 실망하는 것이 무엇입니까? 나의 목표가 없어진 것이지요. 그렇게 된 원인이 어디에 있습니까? 주님이 나를 쓰시기 위하여 나의 계획을 빼앗아 가신 것입니다. 주님의 계획이 나의 계획에 되게 하기 위해서입니다. 성령의 사람은 바람과 같습니다. 자기 자신도 어디서 무엇을 하게 될지 모릅니다. 만일 우리가 계획을 가지고 있다면 그것은 단지 자신의 훈련을 위한 간단한 훈련이지 궁극적인 자기 성취를 위한 계획은 가질 수 없습니다. 왜냐하면 그 계획은 주님이 가지고 계시기 때문입니다.

주님이 베드로에게 하신 말씀이 무엇입니까? "젊었을 때에는 스스로 띠를 띠고 원하는 것으로 다녔지만 늙어서는 다른 사람이 네게 띠를 띠우고 원치 않는 곳으로 너를 데려가리라"(요 21:18) 신앙이 자라면 자기 계획이 없습니다.

주님의 계획이 나의 계획이 됩니다. 이것이 우리의 영광이지요. 주님이 이런 자를 지극히 존귀하게 하실 것이며 무궁한 상급으로 천국의 상을 주실 것입니다.

갈라디아서 강해 9

완전한 믿음을 향하여

갈 3:1-5, 갈 3:1-5

요즘 학생들은 학교 공부 외에 학원이나 과외로 배우는 것이 거의 당연한 것처럼 받아들여지고 있습니다. 사실 학생들이 학교에서 치는 시험 문제를 보면 도저히 학교에서 배운 것으로는 풀 수 없는 어려운 문제들이 나옵니다. 학교 공부만으로는 도저히 시험에 자신이 없으니까 더 배우는 것입니다.

우리는 신앙에 있어서 이런 느낌이 들 때가 많습니다. 주일에 설교 말씀을 듣거나 그룹 성경 공부하는 것으로는 믿음이 잘 자라지 않는 것 같습니다. 그래서 무엇인가 특별한 노력을 더 기울여야 믿음이 자랄 것 같아서 과외 공부하듯이 신앙적인 세미나나 성경 공부 모임에 참석하기도 하고 때로는 기도원에 찾아가서 기도하는 시간을 더 가져보기도 합니다. 그러면 믿음이 남보다 좀 더 자란 것 같고, 신앙도 좀 더 성숙한 것처럼 느껴지기도 합니다. 어떻게 하면 좀 더 성숙한 신앙을 소유할 수 있겠습니까?

어떻게 하면 더 이상 유혹에 흔들리지 않고 더 완전한 신앙의 자리로 나아갈 수 있겠습니까? 사실 이 문제로 고민을 하지 않는 사람이 없을 것입니다.

그럴 때 문제가 되는 것은 도대체 어떤 것이 더 완전한 신앙이냐 하는 것입니다.

우리는 흔히 완전한 신앙의 소유자라고 한다면 어떤 특별한 성자를 머리에 그릴 것입니다. 어쩌면 아씨시의 프란시스 같은 사람을 머리에 그릴지 모르겠습니다. 자기 재산을 다 포기하고 공동생활을 하면서 물욕이라고는 조금도 없고 돈이라고는 추호도 모르며 유혹이라고는 바늘 끝만큼이라도 파고들어 올 수 없는 그런 완벽한 성자를 생각할 것입니다. 그러면 그렇게 하지 못하는 사람들은 무엇입니까? 성자는 지극히 작은 특별한 몇몇 사람들이며 거의 대부분은 돈을 벌어야 하고 또 돈을 써야 하는 속물들입니까? 더 중요한 것은 과연 주님이 우리들을 이 세상에서 불러내어서 하나님의 백성이 되게 한 그림이 과연 그런 특별한 성자들의 모습을 닮게 하기 위해서였느냐 하는 질문입니다. 바로 이 문제가 갈라디아 교인들이 고민했던 문제들이었습니다.

그들은 유대교의 전통에 대해 심한 열등감을 가지고 있었습니다. 왜냐하면 그들은 도저히 그런 식으로 살 수 없었기 때문입니다. 그래서 그들이 생각한 것이 무엇입니까? 이방인인 그들은 우선 복음으로 자유롭게 살다가 나중에 신앙이 깊어지면 유대교인들처럼 철저한 계율을 지키는 신앙으로 성숙하자는 것입니다.

과거에 많은 교회에서 잘못 가르친 것이 바로 이와 비슷한 것이었습니다. 하나님께서는 율법이 너무 어려워서 도저히 인간들이 지키지 못하기 때문에 더 쉬운 복음을 주셨다는 것입니다. 그러면 무엇을 말하고 있는 것입니까? 율법이 복음보다 훨씬 지키기 어려운 것이 아닙니까? 그래서 신앙이 어릴 때에는 복음대로 쉽게 신앙생활을 하다가 나중에 신앙이 깊어지면 모든 신앙의 계율을 다 지키는 완전한 신앙생활을 하겠다고 생각하지 않겠습니까? 갈라디아 사람들이 생각한 것이 바로 이것이었습니다.

율법의 계율에 비하니까 복음은 너무나도 쉬운 것입니다. 지킬 것이 아무것도 없습니다. 오직 믿기만 하면 됩니다. 그리스도께서 십자가 위에서 내 죄를 대신하여 죽으심으로 내 모든 죄는 다 용서되었습니다. 그것을 믿기만 하면 됩니다. 사실 그것을 믿었을 때 그들에게는 성령의 큰 감동이 임했습니다. 그리고 삶도 변했습니다. 그러나 그들이 만족할 수 없는 것이 있었습니다. 그것이 그들 스스로 생각을 해도 결코 완전한 사람이 된 것은 아닌 것입니다. 때때로 예전의 추잡한 유혹이 떠오르기도 하고 어떤 때는 그 유혹을 이기지 못해서 죄를 짓기도 합니다. 그럴 때마다 마음이 괴롭습니다. '주님은 나를 위하여 십자가의 고통까지 다 참으셨는데 나는 이 작은 유혹 하나도 이기지 못하다니' 하면서 애통해 합니다.

어떻게 해서든지 더 완전한 신앙의 자리로 나아가고 싶습니다. 그때 그들의 눈에 들어온 것이 유대교를 지키는 자들의 모습이었습니다. 그들은 완전해 보였습니다. 이들은 바늘을 가지고 찔러도 피가 나오지 않을 정도로 완전해 보였습니다. 그들은 늘 무엇인가 자신만만하게 보였습니다. 그래서 갈라디아 교인들을 중에 많은 사람들이 할례를 받았습니다. 그것은 더 완전해지기 위해서였습니다. 학생들 중에서 학교 공부만으로는 부족하기 때문에 과외로 무엇인가 더 배우려고 하는 학생들처럼 이들은 복음만으로는 부족하다고 생각했습니다. 그들은 무엇인가 자기들을 더 확실하게 잡아 줄 것이 필요했습니다. 그것이 율법이라고 생각했습니다.

갈라디아 교인들이 생각한 것은 신앙이 어릴 때에는 복음으로 자유롭게 신앙생활을 하다가 신앙이 깊어지면 깊어질수록 더욱 더 율법을 잘 지키는 사람이 되는 것이었습니다. 그들이 머릿속에 가지고 있던 완전한 신앙의 모델은 역시 유대인들의 랍비였습니다. 이 세상에 있는 것들을 모두 버리고 율법만 외우는 랍비야 말로 가장 거룩한 자들이라고 생각한 것 같습니다. 그것에 대하여 사도 바울은 무엇이라고 말씀하고 있습니까?

1절 어리석도다 갈라디아 사람들아 예수 그리스도께서 십자가에 못 박히신 것이 너희 눈앞에 밝히 보이거늘 누가 너희를 꾀더냐?

아주 어리석은 생각에 빠졌다는 것입니다.

믿음의 세계

우리는 믿음의 세계를 어떤 구도자의 고독한 순례의 길로 생각하기 쉽습니다.

자기 직장이나 명예도 포기하고 심지어는 자기 가족들까지도 버리고 속세를 떠나서 어느 외로운 곳에서 명상과 기도 생활을 하는 것을 완전한 믿음의 세계로 생각하기 쉬운 것입니다. 그런 인상을 주게 된 원인이 어쩌면 그 유명한 천로역정 *The pilgrim's progress* 때문인지도 모르겠습니다. 천로역정에서 그리스도인은 자기 동네와 자기 가족을 버리고 순례의 길을 떠납니다. 우리가 알아야 할 것은 천로역정은 알레고리 allegory 이지 실제가 아니라는 것입니다. 하나의 비유요 가르침을 위한 예이지 실제로 그렇게 하라는 뜻이 아닙니다.

물론 복음서에서는 당시 청중들을 향하여 과격하게 현실에 대한 애착을 버리고 삶을 수정할 것을 명령하시는 것을 볼 수 있습니다. 이것은 그 당시 유대 사회 자체가 하나님을 거역하는 사회였고 거기에 애착을 가지고 있는 동안에는 절대로 주님의 말씀대로 살 수가 없었기 때문입니다. 그러나 주님께서 명령하신 것은 그 당시 은둔주의자들이 했던 것처럼 무조건 유대 사회를 떠나서 사막의 자기들만의 공동체로 들어가는 것이 아니라 유대 사회의 모든 자격이나 권리를 포기함으로써 온전히 하나님의 말씀에 순종하는 생활을 시작하라는데 그 의도가 있습니다.

다시 말해서 예수님이 가르치신 신앙은 그런 고독한 수도자의 순례의 길이 아닙니다.

예수님은 항상 세상 속에 계셨고 세상 사람들과 함께 어울리셨으며 제자들에게도 세상의 빛이 되라고 말씀하셨습니다. 그러나 그들이 세상과 결탁하는 것은 금하셨고 세상에 있으면서도 세상의 어떤 권리를 주장하고 세상 사람들과 같은 사고방식을 가지고 살지 못하게 하셨습니다.

그러면 도대체 예수님이 가르치신 신앙이라고 하는 것은 무엇입니까? 예수님이 가르치신 말씀을 믿고 이 세상에서 그대로 사는 것입니다. 다른 사람들과 똑같이 장사하고, 똑같이 공부하고, 똑같이 직장 생활을 하지만 그들과는 다른 방식으로 하는 것이 신앙입니다. 예수님이 가르치신 신앙은 단지 성경 연구만 몰두하는 것이 아닙니다. 하나님의 뜻을 깨닫고는 그대로 실천해 보는 것입니다. 그래서 예수님은 무조건 이 세상이 악하다고 말씀하시지 않으셨습니다. 이 세상이 악하다고 할 때에는 이 세상 사람들이 가지고 있는 가치관이나 지향하는 목표가 악하다는 것이지 세상 그 자체를 악하다고 말씀하시지는 않습니다. 오히려 이 세상은 우리들이 가지고 있는 믿음을 실천할 수 있는 장場입니다.

예를 들어, 어떤 학자가 미국에서 새로운 학문을 공부해 가지고 왔다고 합시다. 그에게 있어서 대학이나 연구소는 자신의 새로운 학문을 펼칠 수 있는 장입니다. 마찬가지로 그리스도인들에게 있어서 이 세상은 물론 그 가치관을 따라가거나 본받아서는 안 되겠지만 사실 이 세상은 우리의 믿음을 실천해 볼 수 있는 놀라운 장입니다. 우리가 우리의 믿음을 어디서 한번 써 먹어 보겠습니까? 천국에 가서 믿음을 써 보겠습니까? 아니면 지옥에 가서 믿음을 실천해 보겠습니까? 아마 지옥에서 믿음을 실천하려고 하면 마귀가 그만 두라고 할 것입니다.

차라리 우리가 이 세상에서 모든 것을 다 버리고 저 산골짜기에 들어가서 나물이 캐먹으면서 아무것도 보지 않고 아무 소리도 듣지 않고 사는 것은 쉬운 일이라고 생각합니다. 우리의 어려움이 무엇입니까? 성경도 읽어야 하지만 또 신문도 봐야 한다는 사실입니다. 우리는 교회에서 예배를 통하여 하나님을 섬기기도 하지만, 또한 각자 자기 직장이나 생활 터전에서 신앙을 가지지 않은 사람들과 어울려서 살아야 한다는 것입니다. 학생들은 교회에서 예배를 드리는 것으로 끝나지 않습니다. 학교에서 하나님 없이 공부만 하는 다른 학생들과 선의의 경쟁을 해야 합니다.

그러면 믿음에서 성장한다고 하는 것은 무엇을 의미합니까? 그것은 믿음을 한번 실천해 보는 것입니다. 성경대로 전혀 실천을 하지 못했는데, 한번은 그런 믿음이 생겼습니다. 그래서 그대로 한번 해 보았습니다. 그랬더니 어떻게 됩니까? 믿음대로 해도 망하지 않습니다. 오히려 생각했던 것보다 결과가 더 좋습니다. 그 사람은 무엇을 확인하게 됩니까? 하나님의 말씀은 정말 진리라는 것입니다. 하나님의 말씀은 정말 옳습니다. 말씀 그대로 입니다. 그 사람은 더 믿음으로 살려고 애를 씁니다. 그 이유는 한번 맛을 봤기 때문입니다. 그래서 믿음은 삶 그 자체입니다. 이 세상에 사는데 다른 방식으로 사는 것입니다.

그래서 예수님께서 산상설교에서 이렇게 말씀하셨습니다.

마 5:6 의에 주리고 목마른 자는 복이 있나니 저희가 배부를 것임이요

여기서 '의'라고 하는 것이 무엇입니까? 바른 삶입니다. 하나님의 뜻대로 사는 바른 삶을 의미합니다. 우리가 생각하는 것 같은 믿음으로 의롭게 되는 것이 아닙니다.

아니, 유대인들은 의롭게 살고 있습니까? 천만의 말씀입니다. 그들은 종교 행위는 잘 지킬지 몰라도 정직한 사람들이 아니었습니다. 오히려 그들의 삶 전체는 불의한 것이었습니다. 그들의 생활은 음란했고 불의했으

며 더러웠습니다. 오직 종교적으로만 열심이 있었을 뿐입니다. 엄청나게 착취한 것으로 십일조는 꼬박 꼬박 바쳤던 것입니다. 하나님께서 원하신 것은 십일조를 바치지 않아도 수입 자체를 정당하게 하라는 것입니다.

복음이 무엇입니까? 하나님의 말씀에서 들은 대로 이 세상에서 그대로 살아 보는 것입니다. 아이들이 유치원에 가서 배운 것을 집에 와서 아빠나 엄마 앞에서 그대로 한번 해보는 것처럼, 불완전하지만 말씀에서 배운 그대로 한번 해보는 것입니다. 하나님께서 원하시는 것은 완전한 실천이 아닙니다. 실수를 해도 좋으니까 말씀에서 배운 그대로 이 세상에서 한번 해보는 것입니다. 그러면 그것이 먹혀들어 갑니다.

절대로 믿음이 실패하지 않습니다. 물론 처음에는 다른 사람들이 미쳤다고 하고 욕을 하지만 결국은 믿음은 승리합니다. 그래서 계속 하나씩 배워가면서 그대로 사는 이것이 바로 믿음이고 복음입니다. 그러면 이 복음의 세계는 완성이라고 하는 것이 없겠네요. 그것은 정확한 지적입니다. 어느 누구도 완전하지 않습니다. 우리는 이 지상에 사는 동안에는 절대로 완성되지 않습니다. 그래서 사도 바울은 빌립보서에서 우리가 이 세상에 사는 것을 '내 일의 열매'라고 말하고 있습니다.

빌 1:22 그러나 만일 육신으로 사는 이것이 내 일의 열매일찐대 무엇을 가릴는지 나는 알지 못하노라

우리는 이 세상에 사는 것을 대단히 긍정적으로 생각해야 합니다. 왜냐하면 이것이 바로 내 신앙의 열매이기 때문입니다. 내가 속으로 변한 것을 그대로 써 먹을 수 있는 기회이기 때문입니다. 예수 믿자 마자 죽어버리면 그 열매를 먹을 기회가 없습니다.

우리 안에 완성이라고는 없습니다. 오직 얼마나 주님과 가까와졌느냐

그리고 얼마나 하나님의 뜻을 더 온전하게 깨닫고 그대로 사느냐 하는 것이지, 완성이라고는 없습니다. 우리가 몸을 가지고 있는 이상 완전할 수 없습니다. 믿음으로 오래 살다가 조금 방심하면 그대로 여지없이 떨어지고 맙니다. 우리는 실수할 수 있습니다. 그러나 중요한 것은 그것이 추락이 아니라는 사실입니다. 우리는 언제든지 다시 시작할 수 있습니다. 실수한 것을 다 지우고 얼마든지 새로 출발할 수 있습니다.

이 세상사는 동안은 우리가 하나님의 뜻을 실천할 수 있는 기회입니다. 내 마음껏 할 수 있습니다. 전혀 하나님의 뜻대로 살지 않을 수도 있습니다. 그러나 내 스스로 하나님의 뜻을 실천해볼 수 있는 둘도 없는 기회입니다.

갈라디아 교인들의 체험

갈라디아 교인들에게 참으로 감사했던 것은 그들이 예수를 믿었을 때 성령의 강한 체험을 했다는 사실입니다.

2절 내가 너희에게 다만 이것을 알려 하노니 너희가 성령을 받은 것은 율법의 행위로냐 듣고 믿음으로냐?

사도 바울은 여기서 '너희가 성령을 받은 것'이라고 말씀하고 있습니다. 우리는 보통 '성령을 받는다'는 말을 들을 때 어떤 사람들은 그것을 성령이 자기에게 임하는 특별한 체험으로 생각합니다. 다시 말해서 오순절에 제자들에게 성령이 임하셨던 것처럼 체험적으로 느낄 수 있게 성령이 임하는 것으로 생각합니다. 거기에 비하여 어떤 사람들은 성령이 오셔서 중생하게 하시며 그리고 내 속에 거하시는 비체험적인 현상으로 생각합니다. 성경을 해석하는데 있어서 루터는 여기서 성령을 받는다는 것을 오순절의 체험으로 생각하고, 칼빈은 중생하게 하는 은혜로 생각합니다. 아마도 초창기의 그리스도인들에게 있어서 성령의 부으시는 체험은 보편적으로 일어났던 것으로 생각합니다. 그래서 여기서 성령을 받았다는 것은 그들이 바울의 설교를 듣고 예수를 믿을 때 그들이 느낄 수 있도록 어떤 강력한 성령의 부으시는 체험이 있었던 것입니다.

즉, 갈라디아 교인들은 성령을 받기 위하여 무슨 특별한 일을 하지 않았습니다. 예수 그리스도께서 십자가 위에 못 박혀 죽으신 설교를 듣는 가운데 이상하게 마음이 뜨거워지고 속에 있는 모든 죄를 토하여 내지 않으면 안 되는 특별한 체험을 했던 것입니다. 제임스 패커 같은 사람은 성령의 부으심을 '하나님의 임재하시는 체험'이라고 설명하고 있습니다. 하나님께서 죄인들 가운데 임재하시면 스가랴서에서 예언한 대로 애통하는 심령이 일어나는 것입니다. 아무리 오래 성경 교육을 받아도 일어나지 않던 현상이 예수 그리스도의 십자가 설교를 듣는 가운데 일어나는 것입니다.

사도 바울은 이렇게 책망하고 있습니다.

"예수 그리스도께서 십자가에 못 박히신 것이 너희 눈앞에 밝히 보이거늘 누가 너희를 꾀더냐?"(갈 3:1) 여기서 '예수 그리스도께서 십자가에 못 박히신 것이 눈앞에 밝히 보였다'고 하는 것은 갈라디아 교인들이 모두 예수님이 십자가에 달리시는 현장이 있었다는 뜻이 아닙니다. 예수님께서 십자가에 못 박히신 것은 어떤 비밀스러운 사실이 아니었습니다. 그 당시에는 웬만한 사람이면 다 아는 그런 보편적인 사실이어서 누가 속이거나 거짓말할 수 없는 진리였습니다.

갈라디아 교인들은 아무리 율법의 계율을 지켜도 경험할 수 없던 것을 예수 그리스도에 대한 설교를 들으면서 한 순간에 일어나는 것을 체험했습니다. 그들은 그리스도에 대한 설교가 엄청나게 권세가 있다는 것을 깨달았습니다. 그 설교는 그들의 영혼을 휘어잡았고 속에 있는 죄를 토하여 내지 않고는 견딜 수 없게 만들었습니다.

바로 이것입니다. 그들은 예수 그리스도에 대한 설교를 들으면서 도저히 이해할 수 없는 일들이 자기 안에서 일어나는 것을 깨달았습니다. 자기 자신들은 하나님 앞에서 철저한 죄인이요 멸망받기에 합당한 자라는 고백이었습니다. 철저한 거짓으로 일관된 자신들의 삶을 하나님 앞에서 고백하지 않고서는 견딜 수 없었습니다. 그들의 신앙이 얼마나 가면으로 덮여져 있었습니까? 그러나 하나님의 성령이 그들의 마음 속 깊은 곳을 비추어주실 때 견딜 수 없는 두려움을 느끼게 되었습니다. 그리고 나서는 어떻게 되었습니까? 그들은 변했습니다. 참으로 죄로 부터 자유를 누리게 되었습니다. 모든 죄책감이 다 날아가 버렸습니다. 마음을 누르고 있던 모든 분노가 다 없어져 버렸습니다. 그리고 나서는 어떻게 되었습니까? 그들은 자기 자신들이 너무나도 부족하다는 것을 알게 되었습니다. 아직 그들의 마음속에는 더러운 정욕이 남아 있었고 때때로 알면서도 하나님의 뜻을 거역하는 자신들을 발견했습니다. 그래서 어떻게 했습니까? 그들은 다시 율법으로 돌아가기로 결정한 것입니다.

오늘 우리들의 신앙은 어떻습니까? 온갖 거짓의 허울로 덮여 있지 않습니까? 속으로 전혀 말씀에 복종하지 않으면서 겉으로는 복종하는 체하고 있지 않습니까? 속으로는 미워하면서 겉으로는 사랑하는 체 하고 있지 않습니까?

주님의 성령이 강하게 임하시면 그런 거짓스러운 자신의 모습을 견디지 못합니다. 하나님 앞에 자신을 던져 놓고 소리쳐 울면서 자신의 완악함과 거짓스러움을 고쳐 달라고 몸부림치게 됩니다.

갈라디아 교인들에게는 그런 체험이 있었습니다. 그런데 무엇이 문제입니까?

그리고 나서도 변한 것이 별로 없다는 것입니다. 자기 스스로 만족할 만하다고 할 수 있는 상태가 아닌 것입니다. 그래서 그들은 어떻게 하기로 결정했습니까? 다시 할례를 받고 유대교에 입문해야 하겠다고 생각을 한 것입니다. 복음만으로는 변하는 것이 없으니까 더 강한 훈련을 받아야 한다고 생각한 것입니다.

믿음이라는 것이 무엇입니까? 자기가 만족할만한 어떤 신앙의 경지에 들어가는 것이 아닙니다. 만일 신앙이 그런 것이라면 신비적인 체험을 하는 사람들이 가장 신앙이 좋다고 말해야 할 것입니다. 아니면 자신을 계율로 잡아매어서 이 세상에서 숨 쉬는 것 외에는 아무것도 하지 않는 사람이 가장 신앙이 좋을 것입니다.

참된 회개를 하고 나서는 어떻게 해야 합니까? 자신의 옛 생활을 버리고 하나님의 말씀에서 배운 대로 살아 봐야 합니다. 이것이 율법이고 선지자입니다. 그러나 그들은 자기들이 해야 할 것은 하지 않으면서 아직 자신들의 신앙이 완전하지 않은 것을 염려하고 있습니다.

사도 바울은 이들에 대하여 무엇이라고 도전하고 있습니까?

3절 너희가 이같이 어리석으냐? 성령으로 시작하였다가 이제는 육체로 마치겠느냐?

성령이 임했으면 무엇인가 순종하는 생활을 해야 하는데 그것은 하지 않고 가만히 앉아서 아직 부족하니까 무엇을 더 배워야 하고 어떤 체험을 더 해야 한다고 생각하고 있는 것입니다.

신앙은 자기가 만족할 만한 수준에 올라가는 것이 아닙니다. 일단 하나님의 백성이 된 후에는 무엇이든지 작은 하나라도 순종해서 사는 것입니다. 하나님께서 원하시는 사람은 바로 이런 사람들입니다.

마귀가 지금까지 주장한 것이 무엇입니까? 하나님은 우리 인간들의 모든 행복을 다 빼앗아 가셨다는 것입니다. 원래 하나님께서 인간들에게 요구하신 것은 지나친 것이고 지킬 수 없는 것들을 요구하셨다는 것입니다. 성령으로 변화된 사람들이 할 것이 무엇입니까? 하나님의 요구는 전혀 무리한 것이 아니었고 그것을 실천하는 것이 훨씬 더 유익하고 복되다는 것을 보여주는 것입니다.

하나님께서 원하시는 것은 믿는다는 형식이 아닙니다. 자신의 생각을 바꾸어서 말씀대로 한번 해 보는 것입니다. 자기는 하기 싫고 감정이 동의되지 않아도 말씀이 그렇게 되어 있으면 해 보는 것입니다. 그것이 열매입니다. 그것이 없는 신앙은 거짓된 신앙입니다. 쭉정이입니다.

많은 사람들이 성령으로 시작했다가 육체로 마칠 수 있습니다.

그것이 무슨 뜻입니까? 처음에는 말씀을 듣고 기뻤습니다. 그리고는 아무것도 하지 않습니다. 자신이 완전해지고 난 후에 무엇인가 하려고 합니다. 그때 찾아오는 것이 무엇입니까? 여러 가지 인간들의 훈련입니다. 여러 단계를 만들어서 훈련을 시키는 것입니다. 그러면 어떤 유익이 있습니까? 무엇인가 자기 자신이 성장한 것 같은 느낌이 듭니다. 아무것도 실천하지 않고서 말입니다. 이것은 성령으로 시작했다가 육체로 마치는 것입니다. 신앙 안에는 반드시 함정이 있습니다. 그것은 실천하지 않는 자를 걸고 넘어지는 함정입니다. 결국에는 자기만족 때문에 다른 것을 찾게 되어 있습니다.

그리스도와 성령

그리스도께서 그토록 원하셨던 것이 무엇입니까? 그것은 우리에게 성령을 주셔서 우리 스스로 하나님의 뜻을 깨닫고 그 뜻에 복종하는 자가 되는 것입니다.

하나님께서 처음 인류를 만드시면서 약속하신 것이 무엇입니까? 하나님의 뜻에 순종하면 영원한 생명을 주신다는 것입니다. 이것은 하나님과 영원히 영광 가운데 교제하는 풍성한 삶을 의미합니다. 그런데 우리 인간은 타락하고 난 후 하나님의 뜻에 순종하는 것이 불가능하게 되어버렸습니다. 마음 자체가 비뚤어져 버렸습니다.

그리고 설사 타락하지 않았다 하더라도 완전한 기쁨으로 하나님의 뜻에 복종하는 것은 불가능했습니다. 하나님께서 원하신 것이 무엇입니까? 우리 인간들에게 하나님의 성령이 임하셔서 우리가 참으로 하나님의 뜻의 소중함을 깨닫고 거기에 복종하는 자가 되는 것입니다.

하나님께서 아들과 약속하신 것이 있습니다. 그것은 누구든지 아들을 믿기만 하면 그들에게 성령을 주셔서 하나님의 뜻대로 행할 수 있는 능력을 주시고 새로운 삶을 살게 하시겠다는 것입니다. 그래서 예수 그리스도의 설교를 듣는 가운데 그들에게 성령이 강하게 임하시는 체험들을 한 것입니다. 그러면 이제 그들이 해야 할 것이 무엇입니까? 마음속에 성령이 옳다고 하시는 것을 실제로 하는 것입니다. 아주 작은 것이라도 실천하는 것입니다. 그러면 어떻게 됩니까? 실천하고서 자기만족에 빠집니까? 아닙니다. 오히려 정반대입니다. 더욱 더 자신의 부족함을 느낍니다. 왜냐하면 아주 작은 실천을 하면서도 진심으로 하지 못했고 그렇게 하는 가운데 악한 생각이 파고들어 왔으며 인색한 마음이 있었다는 것을 알기 때문입니다. 그러나 일단 순종했습니다.

그래서 이번에는 더욱 더 주님의 뜻대로 행하게 해 달라고 기도합니다. 그런데 무엇보다 주님의 뜻이 무엇인지 알 수 없습니다. 옛날에는 하나님의 뜻이 쉬웠습니다. 종교적인 것은 다 주님의 일이고 세상일은 모두 주님의 일이 아니었습니다. 그러나 이제는 그렇게 쉬운 것이 아닙니다. 어떤 일을 하는데 도저히 주님의 뜻을 알 수가 없습니다. 자신의 동기를 살핍니다. 자신의 동기도 분명치 않습니다. 그러나 계속 주님의 뜻을 찾습니다. 너무나도 긴 어두운 터널을 지나가는 것 같습니다. 그러다가 어느 한 순간에 하나님의 뜻이 환하게 드러나면서 모든 일이 이루어지기 시작합니다. 그때부터는 하나님의 때를 기다리게 됩니다. 그리고 하나님의 뜻이 분명치 않을 때에도 포기하지 않고 기다립니다. 무엇을 발견합니까? 하나님의 뜻이 단답형이 아니라 아주 복잡한 주관식이라는 것을 깨닫습니다.

하나님께서 그렇게 원하신 것이 무엇입니까? 종교적으로 완전한 경지에 들어간 성자가 아닙니다. 성령이 주시는 능력으로 아주 작은 것 하나라도 자기의 고집을 버리고 자기의 자존심을 버리고 정직하게 고백할 줄 알고 그리고 옳은 것이면 실천할 수 있는 사람입니다. 하나님의 바른 뜻을 찾아 의에 주리고 목말라하는 그런 사람이었으며 그런 사람은 완전한 경지를 추구하지 않습니다. 매 순간이 중요합니다. 오늘 우리들이 믿는다고 하면서도 기쁨이 없고 활력이 없는 이유가 무엇일까요? 알면서도 순종하지 않기 때문입니다. 고집과 자존심 때문에 하나님의 뜻인 줄 알면서도 그대로 행하지 않기 때문입니다.

오직 믿음으로

사도 바울이 도전하고 있는 것이 바로 이것입니다. 결국 복음으로 완전한 만족이 없다면 다른 것을 찾아야 하겠느냐 하는 것입니다. 그것에 대하여 다른 대안은 없다고 말씀하고 있습니다.

4절 너희가 이같이 많은 괴로움을 헛되이 받았느냐 과연 헛되냐?

그들은 지금까지 할례를 받지 않았다고 해서 너무나도 많은 공격을 받았습니다.

그래놓고서 이제 와서 복음이 자기를 완전하게 하지 않는다고 해서 다시 할례를 받는다면 그 고생들은 무엇이냐 하는 것입니다.

5절 너희에게 성령을 주시고 너희 가운데서 능력을 행하시는 이의 일이 율법의 행위냐 듣고 믿음에서냐?

사도 바울은 하나님을 놀랍게 표현하고 있습니다. 하나님을 어떻게 말씀하고 있습니까? '우리에게 성령을 주시고 우리 가운데서 능력을 행하시는 이'라고 말씀하고 있습니다. 다시 말해서 우리 안에 성령을 주신 것은 우리 가운데 하나님 자신이 능력을 행하기 위해서입니다. 신앙이라고 하는 것은 내가 먼저 완전한 경지에 도달하고 난 후 하나님의 일을 하는 것이 아닙니다. 그것은 율법이 실패한 것입니다. 우리는 결코 완전해지지 못할 것입니다. 오히려 불완전하지만 하나님께서 나의 삶을 사용하시기를 기뻐하신다는 사실을 믿고 불완전한 나의 삶을 내어 드리는 것입니다. 내어 드리면 내어 드릴수록 하나님의 능력은 나타나게 되어 있습니다. 처음에는 아주 조금밖에 맡겨 드리지 못합니다. 왜냐하면 믿음이 없기 때문입니다. 내가 내 방식대로 하면 더 잘될 것 같기 때문입니다. 몇 번 해 보다가 실패하거나 결과가 좋지 않으면 하나님께 맡깁니다.

그러면 하나님의 능력이 나타납니다. 부모들이 자녀를 망치는 것은 믿지 못하기 때문입니다. 자기가 끝까지 쥐고 있는 것이 안전할 것 같습니다. 그러나 쥐면 쥘수록 더 생각대로 되지 않습니다. 하나님께서는 우리 안에서 능력을 행하고 싶어 하십니다.

우리에게 더 많은 성령을 부으시기를 하나님께서는 기뻐하십니다. 내어 드리면 내어 드릴수록 우리 삶에는 열매가 많아질 것이고 나중에는 내 것이라고는 아무것도 없게 됩니다.

우리에게는 복음 외에는 다른 대안이 없습니다. 우리에게 만일 아주 최고의 것이 나왔는데 과거의 것을 찾을 필요가 있을까요? 누군가가 최신 컴퓨터가 나왔는데 굳이 옛 것을 사려고 하는 사람이 있습니까? 복음으로 변하지 않으면 그냥 두고 보는 것이 좋습니다. 그러면 언젠가는 그의 마음속에는 뜨거운 성령의 역사가 나타날 때가 있습니다. 너무 인간적인 방법에 익숙하게 되면 그때에는 복음을 들어도 믿으려고 하지 않습니다.

나의 삶에 하나님을 인정하십시오. 결코 하나님을 앞서 가려고 하지 마십시오. 그리고 자신이 완전한 것처럼 생각하지 마십시오. 얼마든지 틀릴 수 있고 하나님의 뜻을 오해할 수도 있다는 것을 인정하십시오. 그렇지 않으면 아무것도 하지 못하는 패배주의자가 되고 말 것입니다. 신앙은 부족하지만 하나님의 뜻이면 움직이는 것입니다.

갈라디아서 강해 10

오래 감추어진 진리

갈 3:6-9

뉴턴은 사과가 나무에서 떨어지는 것을 보고 만유인력의 법칙을 발견해내었다고 합니다. 그러나 뉴턴이 그 법칙을 깨닫기 전에도 나무에서 사과는 수없이 떨어졌습니다.

사과만 떨어진 것이 아니고 배도 떨어지고 감도 떨어졌습니다. 문제는 오랫동안 이 중요한 사실을 깨닫지 못하고 살아 온 것입니다. 뉴턴이 만유인력의 법칙이 일어나게 한 것이 아닙니다. 이미 오랫동안 작동을 하고 있었지만 사람들이 깨닫지 못하던 것을 발견해서 사람들이 깨달을 수 있도록 과학적으로 설명을 한 것입니다.

그러나 우리의 구원에 있어서도 만유인력의 법칙처럼 중요한 것이 하나 있습니다. 그것은 사람이 구원을 얻는 것이 어떤 종교적인 열심이나 노력으로가 아니라 오직 믿음으로 구원을 얻는다는 진리입니다.

이것이 이 당시에는 아주 생소한 것이었습니다. 사람들은 우리가 하나님을 기쁘시게 하려면 무엇인가 가시적인 행동을 해야 한다고 생각했습니다. 아무런 행동도 하지 않았는데 어떻게 하나님께서 우리를 기쁘게 봐주실 수 있겠습니까? 이 당시 사람들은 이것을 믿을 수가 없었습니다. 이것은 바울이 자기 마음대로 지어서 만든 엉터리 가르침이 아닐까요?

어떻게 아무것도 하지 않았는데 하나님께서 나를 예쁘게 봐주실 수 있습니까? 이러한 의심에 대하여 사도 바울은 믿음으로 의롭다 함을 받는다는 진리가 어제 오늘의 일이 아니라 아주 오래된 것이며 사실 구원받은 사람들은 자신이 깨닫지 못하는 가운데 바로 이 진리에 의하여 구원받는다는 사실을 증거하고 있습니다.

가장 중요한 성경의 예가 누구입니까? 아브라함입니다. 성경 기록에 의하면 아브라함은 분명히 믿음으로 의롭다 함을 받은 사람이었습니다. 아브라함은 무엇인가 종교적인 열심을 가졌기 때문에 하나님이 그를 의롭다고 하신 것이 아닙니다. 그가 하나님 앞에서 의롭다 함을 받은 것은 그가 하나님의 말씀을 믿었기 때문입니다. 그리고 하나님께서는 처음부터 이 방법으로 모든 사람들을 구원하셨습니다. 그러나 너무나도 오랫동안 이 진리는 감추어져 있었습니다. 그래서 사도 바울의 복음은 그 당시 사람들에게 너무나도 충격적이었고 생소한 것이었습니다. 사람들은 이 진리를 쉽게 믿으려고 하지 않았습니다. 그들은 아직도 구원을 받고 하나님 앞에 의로운 사람으로 서기 위해서는 하나님을 위하여 무엇인가 바치고 무언가 일을 해야 한다고 생각했습니다.

사도 바울이 말씀하고 있는 것이 무엇입니까? 바로 믿음의 조상 아브라함이 이 방법으로 하나님 앞에 의롭다 함을 받았다는 것을 성경으로 증명하고 있습니다. 그만큼 이 진리는 오랫동안 사람들에게 감추어져 있었습니다.

하나님 앞에서 필요한 자격

아주 좋은 대학이 있다고 합시다. 그 대학에서 무엇을 배우기 이전에 필요한 것이 그 대학이 들어갈 수 있는 자격을 얻는 것입니다. 마찬가지로 사람들은 모두 하나님의 은혜와 도우심을 필요로 합니다. 중요한 것은 하나님의 은혜와 도우심을 얻기 이전에 하나님 앞에 설 수 있는 합당한 자격이 무엇이냐 하는 것입니다.

어떤 왕이나 어떤 높은 사람에게 자기의 필요를 말하는 것은 둘째 문제입니다. 그보다 더 우선되는 것이 있습니다. 그것은 내가 그 사람 앞에 설 수 있느냐 하는 것입니다. 다시 말해서 그 사람이 나에 대해 호의를 가지고 대하느냐 아니면 나를 무시하느냐 하는 것입니다.

모든 사람들은 하나님의 도우심을 필요로 합니다. 그러나 아무나 하나님의 도우심을 받을 수 있는 것이 아닙니다. 하나님께서 그 사람을 호의로 봐 주셔야 합니다. 그런 자격을 '의'라고 합니다. 도대체 어떻게 하면 우리가 하나님 앞에서 의로울 수 있습니까? 거기에 대해서 모든 사람들은 우리가 하나님을 위하여 무엇인가 해야 한다고 생각합니다. 예를 들어, 어떤 거창한 희생 제물을 바치든지 아니면 무엇인가 남들보다 금욕적인 생활을 해야 하나님께서 그 사람을 호의로 봐주실 것이라고 생각합니다.

구약 성경에서 가장 놀라운 구절은 바로 창세기 15:6절 말씀입니다. 거기에는 이렇게 되어 있습니다.

아브람이 여호와를 믿으니 여호와께서 이를 그의 의로 여기시고

아브라함이 하나님의 은혜와 도우심과 축복을 받는데 필요한 것은 다른 것이 아니었습니다. 그것은 그가 오직 하나님을 믿은 것이었습니다.

사도 바울은 오늘 본문에서 바로 그 사실을 그대로 인용하고 있습니다.

6절 아브라함이 하나님을 믿으매 이것을 그에게 의로 정하셨다 함과 같으니라

아브라함이 하나님 앞에서 은혜와 축복을 받는 바른 자격을 얻게 된 것은 그가 많은 제물을 바쳤기 때문이 아니었습니다. 그가 무슨 남다른 금욕적인 생활을 했기 때문도 아니었습니다. 오직 하나님을 믿었기 때문이었습니다.

오늘 우리에게도 가장 중요한 보배로운 진리는 바로 이것입니다.

우리는 사람이 믿음으로 의롭다 함을 받는다 하는 말이나 가르침을 수없이 받아 왔습니다. 그러나 실제로는 그 의미를 놓치고 역시 자기 방식대로 믿는 것을 많이 볼 수 있습니다. 오늘 우리가 깊이 살펴보려고 하는 것은 바로 이 진리의 구체적인 내용입니다.

우선 '의롭다 함을 받는다'는 말의 뜻을 생각해 보았습니다. 이것은 하나님 앞에서 그의 은혜를 얻을 합당한 자격을 얻는다는 뜻입니다. 다시 말해서 그가 하나님 앞에 섰을 때 하나님께서 그를 기뻐하시며 그에게 사랑과 은혜를 아낌없이 부어주신다는 뜻입니다.

그러면 사람이 어떻게 그 자격을 얻을 수 있습니까? 그 자격은 다른 것으로 얻지 못하고 오직 하나님을 믿음으로 얻습니다.

하나님을 믿는다는 것은 무엇을 의미합니까? 이것은 너무나도 많은 내용을 가지고 있기 때문에 몇 가지로 나누어서 생각을 해 보아야 합니다.

첫 번째로 하나님이 그에게 제시되신 것을 의미합니다. 하나님을 모르면 하나님을 믿을 수 없습니다. 하나님을 믿기 위해서는 하나님을 알아야 하고 하나님을 알기 위해서는 하나님께서 자신을 그 사람에게 나타내셔야 합니다. 하나님이 자신을 나타내시지 않으면 아무도 하나님을 알 수 없습니다. 지금까지 모든 사람들이 한 것이 바로 이것입니다. 자기 나름대로 하나님을 섬긴다고 했지만 그것은 모두 하나님이 아니었습니다. 그것은 모두 다른 피조물들이었고 인간이 머리에서 생각해낸 것들이었습니다.

그런 것으로는 합당한 자격을 얻을 수 없습니다. 하나님 앞에 은혜를 얻기 위해서는 먼저 하나님이 자신을 낮추셔서 자신을 우리에게 소개해 주셔야 합니다.

하나님은 어떤 방식으로 자신을 우리에게 나타내십니까? 여러가지 방법이 있습니다.

구약 시대에는 꿈이나 계시나 환상으로 나타내셨습니다. 신약 시대에서 가장 중요한 것은 하나님의 아들을 통하여 자신을 나타내신 것입니다. 아들이 말한 하나님, 그분이 가장 분명한 하나님이십니다. 그리고 성령께서 사도들을 통하여 말씀하신 성경의 증거 모두 하나님이 우리에게 자신을 나타내신 것입니다.

그래서 성경은 믿음을 선물이라고 말씀하고 있습니다. 하나님께서 자신을 나타내시지 않으면 아무도 믿음을 가질 수 없습니다.

그러면 하나님을 믿는다는 것은 무엇입니까? 말씀을 통하여 나에게 소개된 하나님이 비록 내가 생각한 것과는 다르거나 혹은 전혀 다른 방식으로 나를 데려가신다 하더라도 무조건 전적으로 믿고 따라가는 것입니다. 믿음은 삶의 방식을 바꾸는 것입니다. 전에는 다른 사람들과 똑같은 방식으로 살았습니다. 그런데 어느 날 말씀을 통하여 하나님께서 나에게 자신을 나타내셨습니다. 하나님은 나를 부르십니다. 그런데 그 부르심은 이 세상에서 다른 사람들이 사는 것과 완전히 다른 방식입니다. 그 부르심을 믿고 따라가면 이 세상에서 완전히 바보가 되고 말 것입니다. 그리고 도대체 이 세상에서 살아남을 수 있을지가 걱정이 됩니다. 그래도 무조건 하나님의 신실하심을 믿고 나의 생각을 버리고 하나님을 따라 삶의 방식을 바꾸는 것이 믿음입니다.

이것은 구체적으로 무엇을 의미합니까? 하나님의 말씀 앞에서 나는 틀렸고 하나님만 옳다는 것을 인정하는 것입니다. 하나님의 말씀을 들을 때에 그 말씀 앞에 전적으로 엎드려 굴복하는 것입니다. 아무 군소리를 하지 않는 것입니다. 이것이 믿음입니다.

이것은 살아가면서 때때로 하나님의 말씀에 전적으로 의지하지 못하고 순종하는데 부족한 것을 말하는 것이 아닙니다.

처음 하나님의 말씀을 들었을 때 나타내는 반응을 의미하는 것입니다.

가장 좋은 예가 어떤 처녀가 한 남자를 만났습니다. 이 남자는 자기를 믿고 자기를 따라 오라고 합니다. 그 말에 처녀가 전적으로 반응하면 어떻게 됩니까? 결혼이 성립됩니다. 물론 살아가다 보면 서로 의견이 다를 때도 있고 때로는 상대방의 의사를 존중하지 못할 때도 있습니다. 그렇다고 해서 부부사이가 전적으로 깨어진 것은 아닙니다.

다시 말해서 하나님의 말씀에 믿음으로 반응한다고 하는 것은 처음 하나님의 말씀을 들었을 때 전적으로 반응하는 것을 말합니다. 그러면 하나님과의 특별한 관계가 만들어지게 됩니다. 다시 말해서 하나님과 결혼하는 것과 같습니다.

그리스도인들은 어려움을 당했을 때 이 사실을 놓쳐서는 안 됩니다. 그것은 다른 것이 아니라 나는 그리스도의 신부라는 것입니다. 남편은 무조건 아내를 도울 의무가 있습니다. 남편에게 아내를 사랑하라고 하신 주님께서 자기 신부인 그리스도인들을 위험에서 건지시지 않는다는 것은 말이 되지 않습니다.

믿음은 하나님과 결혼하는 것입니다. 이것은 자기가 가지고 있는 모든 것을 다 버리는 것을 말합니다. 자기가 옳다고 생각하는 개똥철학을 버리지 않으면 하나님의 사람이 되지 못합니다.

또한 우리가 생각해야 할 것은 의롭다 함을 받는다고 해서 진짜 의인이 된다는 말은 아닙니다. 하나님께서 그렇게 봐주신다는 뜻입니다. 오늘 본문에도 '이것을 그에게 의로 정하셨다'라고 말씀하고 있습니다. 이것은 사실 아무 자격이 없는데 그런 자격을 일방적으로 인정하셨다는 것입니다.

우리가 알아야 할 것은 믿는 사람들이 완전한 의인이 아니라는 사실입니다. 그저 하나님께서 하나님의 은혜를 받기에 합당한 자로 인정을 해 주셨다는 것입니다.

무슨 말입니까? 원래 하나님께서는 우리 인간들에게 아무것도 기대하시지 않으셨습니다. 하나님은 죄인인 우리들에게 애당초 기대한 것이 없습니다. 왜냐하면 우리 안에는 하나님이 기뻐할 만한 아무것도 없다는 것을 너무나도 잘 아셨기 때문입니다.

예를 들어, 어떤 사기꾼 집단이 있습니다. 어떤 왕이 그 사기꾼들에게 은혜를 베풀려고 합니다. 왕이 그들에게서 기대할 수 있는 것이 무엇이 있겠습니까? 아무것도 없습니다. 마찬가지로 하나님께서는 아예 우리들에게서 기대하신 것이 아무것도 없습니다. 왜냐하면 우리가 어떤 사람인지 너무나도 잘 아시기 때문입니다. 우리는 정말 구제 불능의 사람들입니다. 가장 진지한 때에도 얼마든지 엉뚱한 생각을 할 수 있는 자들입니다. 하나님께 예배를 드리면서도 아니 예배를 사회하면서도 가장 악한 것을 생각할 수 있는 자들입니다. 가장 따뜻한 친절을 보이면서도 음란한 생각을 할 수 있는 자들입니다. 그래서 하나님은 원래 우리에게서 기대하신 것이 없습니다.

하나님께서 기대하신 유일한 것은 말씀에서 나타난 하나님을 전적으로 믿고 의지하는 것입니다. 말씀대로 살면 이 세상에서 당장 망할 수밖에 없습니다. 그러나 자기 생각을 버리고 말씀을 믿는 것이 믿음입니다. 말씀을 붙들면 이 세상에서 가지고 있는 모든 권리들을 잃게 될지도 모릅니다. 그래도 자기 생각을 붙들지 않고 하나님을 붙드는 것입니다. 다시 말해서 하나님은 당신의 말씀을 붙드는 자를 망하게 하시지 않는다는 것입니다. 그리고 혹시 망하게 하신다 해도 기쁘게 망하겠다는 것입니다. 내가 이 세상에서 잘되는 것보다는 하나님의 말씀 안에서 망하겠다고 결단하는 것이 믿음입니다.

이런 자들을 하나님은 참으로 사랑하십니다.

그러면 우리는 하나의 의문이 더 있습니다.

그러면 하나님께서는 죄인들은 사랑하시지 않습니까? 하나님은 꼭 이렇게 믿음으로 반응하는 자들만 사랑하십니다. 그렇지 않습니다. 하나님께서는 모든 죄인들에 대하여 사랑하는 마음을 가지고 계십니다. 그러나 하나님께서 사랑하는 마음을 가지고 계신다고 해서 모두 다 합법적으로 하나님의 은혜를 받을 수 있는 자격을 얻는 것은 아닙니다. 하나님께서는 죄인들을 사랑하십니다. 우리가 하나님을 모를 때에도 하나님은 우리를 사랑하셨습니다. 우리가 하나님을 대적할 때에도 하나님은 우리를 불쌍히 여기셨습니다. 그러나 하나님이 우리를 불쌍히 여기시는 것과 우리가 그 앞에서 합당한 자격을 얻는 것과는 근본적인 차이가 있습니다.

하나님께서 우리를 의롭다고 인정하시면 어떻게 됩니까?

우리는 하나님의 뜻대로 살 수 있는 힘을 얻게 됩니다. 이것이 가장 귀중한 것입니다. 하나님을 믿는 자, 자신을 버리고 하나님의 뜻에 자신을 투신하는 자에게는 하나님께서 다른 축복을 주시지 않습니다. 물질적인 축복을 주시거나 부자가 되게 하시는 것이 아닙니다. 하나님의 뜻대로 살 수 있는 능력을 주십니다.

처음에는 의인이 아니었습니다. 그러나 믿음을 가진 후에는 정말 하나님의 뜻대로 무엇인가 하는 사람이 됩니다. 실제로 의인처럼 살게 됩니다. 이것이 복음입니다.

하나님께서는 이미 의인이 된 자를 찾지 않습니다. 이미 의인이 된 자는 아무도 없습니다. 그러나 하나님께서 보시는 것은 오직 하나입니다. 하나님의 뜻에 자신을 포기하고 던질 수 있느냐 없느냐 하는 것입니다. 하나님의 뜻에 자신을 완전히 던질 수 있는 자에게 하나님께서는 하나님의 뜻대로 살 수 있는 힘을 주셔서 정말 의인으로 살게 하십니다. 그래서 하나님께서는 가장 악한 자로 가장 거룩한 삶을 살게 하시는 것입니다.

그래서 믿음은 끝이 아닙니다. 의롭게 살 수 있는 힘을 얻는 것입니다.

하나님께서는 이런 자들에게 어떤 축복을 주십니까? 무엇이든지 기도하는 것을 들어 주십니다. 이들이 믿음으로 하려고 했지만 실패해서 그 자리에 엎드려 기도할 때 하나님께서는 그 어떤 것이든지 들어 주십니다. 하나님의 무한한 자원이 그에게 허락되어 있습니다. 우리는 사람을 바라 볼 필요가 없습니다. 사람을 바라보기 때문에 실망하고 서로 싸우는 것입니다. 하나님의 무한한 창고를 바라봅시다. 우리의 신앙은 거룩해지기 위하여 수도원에 들어가거나 아니면 아무것도 하지 않는 패배주의에 빠지는 것이 아닙니다. 우리는 이 세상에서 사는 것이 믿음입니다. 하나님과의 바른 관계를 파손시키지 않고 사는 것 자체가 승리입니다. 많은 것을 하려 하고 이 세상에서 인정을 받으려고 하니까 실패하는 것입니다. 하나님과 바른 관계에서 사는 것 자체가 큰 승리입니다. 우리는 이 세상으로부터 도망치지 않습니다.

우리는 이 세상에서 완전하지 않다는 것도 인정합니다. 그러나 우리는 수도승이 아닙니다. 우리는 이 세상에서 하나님과의 바른 관계에서 살 것입니다. 어떤 사람은 가난하게 그런 삶을 살았습니다. 그는 부자는 되지 못했지만 크게 승리한 것입니다. 어떤 사람은 부자인데도 불구하고 하나님과의 바른 관계에서 살았습니다. 그도 크게 승리한 것입니다. 부자이면서 하나님과의 바른 관계에서 산다는 것이 얼마나 어려운지 아십니까? 그것은 큰 승리입니다. 어떤 부인은 주부인데 자신의 마음을 잘 지키면서 욕심에 빠지지 않고 하나님과의 바른 관계에서 평범하게 살았습니다. 그것이 얼마나 큰 승리인지 아십니까? 옆 집 아줌마들의 성화도 있고 또 동창생들을 만나면 내가 과연 바로 살고 있는가 하는 의심이나 불안이 있는 가운데도 마음을 지켜서 하나님과의 바른 관계에서 산다는 것은 아주 어려운 것입니다.

하나님과의 바른 관계에서 산다고 하는 것은 나에 대해서 하나님의 선한 뜻이 있다는 것을 붙드는 것입니다. 아무리 어려워도 나에 대한 하나님의 선한 뜻을 붙드는 것입니다. 그래서 허드슨 테일러는 '믿음은 하나님의 신실하심을 붙드는 것이라' 고 말했습니다. 우리가 눈앞에 되어지는 것을 보면 꼭 망할 것 같을 것입니다. 그러나 그 안에 하나님의 선하신 뜻이 있다는 것을 믿고 내 마음을 잘 지키는 것이 믿음입니다.

이방인의 문제

사도 바울 당시에 가장 중요한 문제는 하나님께 나아가는데 있어서 유대인들과 이방인 사이에 무슨 근본적인 차이가 있느냐 하는 것입니다.

그 당시 대부분의 사람들은 근본적으로 차이가 있다고 생각했습니다. 그래서 모든 사람들이 유대인처럼 되는 것이 하나님 앞에 인정받는 길이라고 생각했습니다.

그러나 바울은 많은 사람들의 생각에 기초하는 것이 아니라 성경에서 그 근거를 찾아오고 있습니다. 중요한 것은 사람들의 생각이 아니라 사람들이 무엇이라고 생각하고 있느냐 하는 것입니다.

7, 8절 그런즉 믿음으로 말미암은 자들은 아브라함의 아들인줄 알지어다. 또 하나님이 이방을 믿음으로 말미암아 의로 정하실 것을 성경이 미리 알고 먼저 아브라함에게 복음을 전하되 모든 이방이 너를 인하여 복을 받으리라 하였으니

그는 하나님을 바로 알고 바로 믿는 자들은 모두 아브라함과 똑같이 하나님 앞에서 의롭다 인정받을 수 있다고 주장합니다. 그 이유는 성경의 약속입니다. 성경이 이것을 미리 알고 아브라함에게 복음을 전하기를 모든 이방인이 너로 인하여 복을 받으리라 하였다는 것입니다.

중요한 것이 무엇입니까? 복음의 선포입니다. 사람들은 복음이 선포되지 않으면 하나님을 믿을 수 없습니다. 다시 말해서 구원은 사람에게서 나오는 것이 아니라 하나님에게서 시작됩니다. 그래서 복음이 선포되었다는 것은 무엇을 의미합니까? 하나님께서 사람들을 받으시려고 천국의 문을 활짝 열어 놓았다는 것입니다.

중요한 것은 내가 유대인이냐 이방인이냐 하는 것이 아니라 하나님이 나를 받으려고 하시느냐 아니면 하나님이 받기를 원치 않느냐 하는 것입니다. 복음이 선포되었다는 것은 그 복음을 들은 사람들은 누구든지 하나님께 나와도 좋다는 뜻입니다.

여러분, 어떤 사실을 공중 앞에 선포한다는 것은 아주 중요한 것입니다. 혼자서 아무리 어떤 것을 생각하고 있어도 소용이 없습니다. 중요한 것은 공중 앞에서 선포하는 것입니다.

성경은 먼저 아브라함에게 복음을 전했습니다. 무슨 말입니까? 성경은 아브라함에게 복음을 맡겼습니다. 그것은 모든 이방인들도 아브라함과 같은 믿음으로 구원을 얻는다는 복음입니다. 아주 중요한 복음입니다. 그런데 이 복음이 그리스도가 오실 때까지 감추어져 있었습니다. 그 이유가 무엇입니까? 하나님께서 더 환한 태양이 떠오르기까지 이 보배로운 진리를 감추어 두기로 작정하셨기 때문입니다.

오늘 우리들은 어떻습니까? 그래도 무엇인가 자기 안에는 스스로 의를 행할 수 있는 능력이 있다고 생각합니다. 그래서 오직 믿음으로 구원을 얻는다고 말하면 비웃습니다. "아, 하나님께서는 우리를 완전히 어린아이로 생각하시는구나. 우리를 너무 무시하는군그래" 하면서 이 진리를 받아들이려고 하지 않습니다.

하나님께서는 간절히 사모하는 자가 아니면 이 귀한 진리를 제시하시지 않습니다.

사람이 다른 사람에게 거절당할 선물을 왜 주겠습니까? 여러분, 나는 내 나름대로 아주 신경을 써서 선물을 주었는데 상대방이 아주 가소로운 태도를 보인다면 얼마나 인격적으로 무시당한 느낌을 받겠습니까? 하나님께서는 가장 귀한 보배를 주시고서도 무시당하는 그런 일을 하시지 않습니다. 어떤 진리를 주셨을 때 모두 다 그 진리에 전적으로 헌신하며 아멘으로 받아들이기를 원하십니다. 그래서 하나님께서는 이 귀한 진리를 감추시고 사람들로 하여금 자기 능력으로 하나님의 의를 실천할 수 있는 기회를 주셨습니다.

율법은 구원의 완전한 방법이 아닙니다. 한번 해 보라는 것입니다. 하나님의 뜻은 이러이러한 것인데 한번 해보고 싶으면 해 보라는 것입니다. 그래서 나타난 결과가 무엇입니까? 전적인 실패였습니다.

아무도 율법의 행위로는 구원을 얻을 수 없다는 것입니다. 여러분, 수도원 생활하는 사람들, 거짓말하는 사람들입니다. 아무도 행위로는 구원받을 수 없습니다. 사람 안에는 선한 것이 아무것도 없습니다.

하나님께서 원하시는 것이 무엇입니까? 오직 그 아들 예수 그리스도의 피로 우리와 화해하시고 그들에게 복음을 선포하신 것입니다. 아브라함에게 선포하셨던 복음이 다시 제 모습을 나타낸 것은 예수 그리스도의 십자가가 있고 난 후의 일입니다.

그러면 율법은 무엇입니까? 하나님의 뜻을 인간들이 나름대로 실천해 보려고 몸부림친 것입니다. 그러면 구약 시대에 구원을 받은 사람이 없습니까? 아닙니다. 분명히 있습니다. 그러나 그들도 율법을 지켰기 때문에 구원을 받은 것은 아닙니다. 율법으로는 안 된다는 것을 안 사람들입니다. 그러면 그들은 어떻게 했습니까? 하나님 앞에 자기는 자랑할 것이 아무것도 없고 오직 하나님이 무조건 용서하셔야 하며 말씀 앞에 늘 겸손한 자들이었습니다. 그런 자들은 자기들이 믿음으로 구원받는 줄 몰랐지만 실제로 믿음으로 구원받고 있었습니다.

천국에서 유대인들 스스로도 모두 놀랄 것입니다. 왜냐하면 스스로 율법을 잘 지킨다고 자랑하는 자들은 아무도 구원받은 사람이 없고 도저히 율법대로 살지 못해서 눈물 흘리고 책망 받던 그들이 아브라함의 품에 들어 와 있기 때문입니다.

여러분, 신앙은 어떤 경지에 들어가는 것이 아닙니다. 이 세상에 살면서 경지에 들어갔다고 말하는 사람은 모두 거짓말쟁이들입니다. 이 세상에 있는 동안에는 우리는 유혹을 받지 않을 수가 없습니다. 늘 부족합니다. 우리 힘으로는 하나님의 뜻대로 살 수가 없습니다. 그래서 매일 하나님의 말씀 앞에 겸손하게 무릎 꿇고, 자신을 믿지 않는 그 사람이 하나님의 백성들입니다. 선 줄로 생각하는 사람은 넘어질까 조심하라고 말씀하셨습니다. 이미 넘어졌습니다.

사탄의 공격

믿는 사람들을 공격하는 사탄의 방법이 무엇입니까? 그것은 자기 자신을 믿게 만드는 것입니다. 자기 자신은 무엇인가 믿을만한 것이 있는 대단한 존재라고 믿게 만드는 것입니다. 그러기 위해서는 무엇이 필요합니까?

무엇보다 중요한 것이 자기 자신을 다른 사람과 비교하게 하는 것입니다. 다른 사람과 비교하게 되면 나타나지 않을 수 없는 것이 행위입니다. 왜냐하면 사람의 중심을 어떻게 알겠습니까?

마귀가 이 방법으로 거의 실패한 경우가 없을 정도로 성공률이 높은 방식입니다. 그래서 예수님께서도 제자들에게 바리새인의 누룩을 조심하라고 하셨습니다.

이것은 바리새인들의 교훈을 조심하라는 것입니다. 특히 그들의 교훈을 누룩이라고 말씀하신 것은 전염성이 아주 높기 때문입니다. 사람을 외모로 판단하는 것은 너무나도 쉬우면서도 눈에 잘 뜨입니다. 그래서 완전히 객관적인 판단이 가능합니다. 그러나 복음은 그런 판단을 사용하지 않습니다.

복음은 누구든지 성장한 만큼 사는 것입니다. 아직 성장하지 못한 사람은 자기 수준에서 주님께 충성하면 됩니다. 아주 어린 자들은 많은 것을 하지 못해도 비난받지 않습니다. 그러나 성장한 사람은 성장한 만큼 살아야 합니다. 오래 믿은 사람은 오래 믿은 만큼 나타나는 것이 있어야 합니다. 오래 믿은 사람이 믿은 지 얼마 되지 않은 사람과 자신을 비교한다면 그것은 잘못된 것입니다.

그리고 가장 중요한 것은 그가 중심으로 생각하고 있는 것이 무엇이냐 하는 것입니다. 초대 교회를 흔들었던 가장 무서운 유혹은 아나니아와 삽비라 사건이었습니다.

헌금 문제였는데 이들은 사람을 속이면 하나님도 속일 수 있다고 생각한 것입니다. 다시 말해서 사람의 인정을 받기 위해서는 자기 양심을 속여도 된다고 생각했습니다. 그들이 한 것은 그렇게 큰 거짓말이 아닙니다. 자기 재산의 반을 내어 놓으면서 전부라고 말한 것입니다. 재산의 반만이라도 대단한 것입니다. 그러나 그들의 죄는 성령을 속일 수 있다고 생각한 것입니다. 자기 재산의 반이라고 했으면 그들은 문제가 될 것이 없습니다. 그러나 그들의 마음속에는 아주 교활한 거짓이 숨어 있었습니다. 적은 것으로 많은 인정을 받으려고 한 것입니다. 그리고 사람을 속이면 아무 문제가 없는 것으로 생각한 것입니다.

교회는 하나님의 성령이 거하시는 전입니다. 어떻게 하나님을 속일 수가 있습니까?

교회는 자기가 인정받는 곳이 아닙니다. 자기 약점은 감추고 자기의 잘난 부분만 부각시켜서 사람들의 인정을 받으려고 하는 것이 성령을 속이는 것입니다.

전에 교회 나온 지 얼마 되지 않는 한 교인이 집에서 화를 내었기 때문에 교회에 오지 않으려고 했다는 것입니다. 그 이유가 무엇이냐고 물어보니까 교회에는 누군가가 계신 것 같다는 것입니다. 그래서 도저히 그렇게 좋지 않은 마음으로 오고 싶지 않더라는 것입니다. 물론 그렇다고 해서 교회에 오지 않는 것은 좋지 않습니다. 그러나 적어도 하나님 앞에서 그렇게 하고 있는 자신을 두려워하는 것이 있습니다. 그러나 하나님을 두려워하는 것이 아니라 사람이 크게 보일 때 그것은 자신을 속이고 있는 것이 분명합니다.

여러분, 교회에는 자신이 이 세상에서 인정받지 못한 부분을 인정받으려는 마음으로 오지 마십시오. 그렇게 하면 결국 성령님을 교회 안에서 몰아내게 됩니다. 가장 중요한 것은 언제나 겸손히 주님의 말씀을 배우고 돌아가서 그대로 사는 것입니다. 우리는 다른 사람과 자신을 비교할 시간이 없습니다. 왜냐하면 누가 얼마나 성장했는지 모르기 때문입니다. 성장하지 않았는데 성장한 것처럼 행세하지 마십시오. 사도 바울의 말씀처럼 어디까지 이르렀든지 그대로 행하는 것입니다. 배운 그대로 사는 것이 믿음입니다. 믿음은 한 순간에 의인으로 변하는 것이 아닙니다. 믿음으로 살 수 있는 능력을 하나님으로 부터 받는 것입니다. 그러나 그대로 살지 않는다면 의롭다 함을 받은 것이 무슨 소용이 있습니까? 신앙은 경지에 들어가는 것이 아닙니다. 오래 믿은 자든, 믿은 지 얼마 되지 않은 자든, 자기가 깨달은 만큼 그대로 실천하는 것이 신앙입니다.

유대인들은 먼저 하나님 앞에서 의로운 자격을 얻었다고 합시다. 실제로는 얻지도 못했지만 그렇게 생각하니까 그렇다고 칩니다. 하나님의 말씀을 실생활에 옮기지 않는 의가 무슨 소용이 있습니까? 만일 의롭게 사는 것이 없으면 하나님께서 이 세상을 왜 창조하셨으며 왜 우리로 하여금 이 세상에 살게 하시는 것입니까? 오직 의롭다 함을 받은 자들이 하나님이 주시는 능력으로 살도록 하기 위하여 이 세상이 있는 것입니다.

그러므로 각자는 자신의 수준만큼 이 세상에서 실천하십시오. 많이 받은 자는 많이 행해야 합니다. 많이 받은 자는 많이 내어 놓아야 합니다. 그렇지 않은 기독교는 자기 기만의 종교가 될 것이며 최고의 거짓이 될 것입니다. 하나님 앞에서 우리 모두 두려워합시다. 오직 끊임없이 성령의 은혜가 우리 안에 흘러 넘쳐서 진리를 깨닫게 하시고, 깨달은 만큼 그대로 삽시다. 깨닫지도 못한 것을 어떻게 실천합니까? 억지로 하지 마십시오. 감당할 수 없는 것을 하려고 하지 마십시오. 할 수 있는 작은 것부터 하십시오.

갈라디아서 강해 11

의인은 믿음으로 살리라

갈 3:11-14

가끔 학교에서 학생들을 지도하는 선생님들 중에는 때때로 학생들이 잘못하는 줄 알면서도 모르는 채 하고 눈 감고 지나갈 때가 있습니다. 그래서 왜 그러느냐고 물어보면 잘못된 것을 일일이 다 처벌하다가 보면 잘못되지 않은 것이 없다는 것입니다. 만약 모든 잘못을 다 처벌한다면 모든 학생들을 다 처벌해야 할지도 모릅니다. 그래서 문제가 되고 어쩔 수 없는 경우만 적발해서 시범적인 케이스로 벌을 주는 것입니다. 이런 것은 사회에서도 마찬가지입니다.

만일 교통 법규를 어기는 모든 차량들을 다 잡아낸다면 아마도 차가 한 대도 다니지 못할지 모릅니다. 중요한 교통 위반이 아닌 이상 어떤 때에는 슬쩍 눈을 감아 줍니다. 그러나 적발된 사람의 입장은 그렇지 않습니다. 누구는 봐 주고 누구는 봐 주지 않느냐고 불평합니다. 사회법도 마찬가지입니다. 모든 법을 규정된 그대로 아무도 지키지 못합니다. 일단 인간의 죄성 때문에 모든 규정을 다 정해 놓지만 실제로는 모두 처벌하지 않습니다. 왜냐하면 그것을 일일이 처벌하려면 처벌받지 않을 사람이 아무도 없기 때문입니다.

갈라디아 사람들의 문제가 무엇입니까? 그들은 믿음으로 구원받는 진리는 너무 쉽다는 것입니다. 그래서 이제 그들은 좀 더 실감나는 방법을 선택하고 있습니다. 그것은 이제 율법을 좀 지켜보아야 되겠다는 것입니다. 신앙이 너무 어렸을 때에는 믿음으로 구원을 받지만, 이제 신앙이 성숙한 후에는 고도의 율법의 계율을 지켜보겠다는 것입니다. 그래서 할례도 받고 율법도 지키려고 애를 씁니다. 이것에 대하여 바울이 말하고 있는 것이 무엇입니까? 복음 외에는 다른 대안이 없다는 것입니다. 처음에는 복음으로 시작했다가 나중에는 율법으로 마칠 수는 없다는 것입니다.

그 이유가 무엇입니까? 우리가 인간으로 사는 동안에는 어떤 특별한 경지라고 하는 것이 없기 때문입니다. 모두 다 똑같습니다. 다 자기가 깨달은 대로 믿음의 분량대로 실천하면서 사는 것이 신앙이지, 특별한 경지에 들어갔기 때문에 유혹도 받지 않고 실수도 하지 않는 사람이란 아무도 없다는 것입니다.

오늘 본문이 말씀하고 있는 것이 무엇입니까? 구약 성경에는 의인은 믿음으로 살리라는 말씀도 있고, 율법을 지키는 자는 그 율법으로 인하여 살리라는 말씀도 있습니다. 둘 다 살리라는 말씀을 사용하고 있지만 그 둘이 의미하는 것은 소름끼칠 정도로 다르다는 것을 설명하고 있습니다.

하박국의 믿음으로 살리라

사도 바울은 먼저 하박국선지의 말을 인용하고 있습니다.

11절 또 하나님 앞에서 아무나 율법으로 말미암아 의롭게 되지 못할 것이 분명하니 이는 의인이 믿음으로 살리라 하였음이니라

이 말씀은 하박국 2:4절 말씀의 인용입니다.

보라 그의 마음은 교만하며 그의 속에서 정직하지 못하니라. 그러나 의인은 그 믿음으로 말미암아 살리라

바로 이 말씀입니다. 바로 이 한 구절의 말씀이 교회가 죽어갈 때마다 다시 그 불이 타오르게 했던 능력의 말씀입니다. 우리는 이 말씀만 보면 무슨 뜻인지 금방 알기 어렵습니다. 다른 사람들은 다 교만하고 정직하지 못하게 살아도 의인은 오직 하나님의 높으신 섭리와 뜻을 믿는 믿음으로 살 수밖에 없다는 뜻으로 생각됩니다. 그러나 하박국서의 배경을 알면 이야기는 완전히 달라집니다. 하박국서에는 하박국선지가 하나님께 대하여 가지고 있는 두 가지 강한 불만이 제기되고 있습니다. 그것은 하박국이 도저히 이해할 수 없는 것이었습니다.

하나는 예루살렘 안의 형편이었습니다. 이스라엘은 율법이 지배하는 나라입니다. 그러나 실제로는 예루살렘 안에서 율법이 전혀 시행되지 못하고 있는 것입니다. 하박국의 불만은 바로 이것이었습니다. 왜 하나님께서 율법을 강하게 시행하시지 않으시느냐 하는 것입니다. 만약 율법을 어기는 자마다 하나님께서 그때 처벌하셨더라면 누가 감히 율법을 어기려고 하겠습니까? 그러나 하나님께서는 율법을 강하게 시행하려는 조짐을 전혀 보여 주시지 않습니다.

하나님께서 어떤 사람이 율법을 어겨도 가만히 내버려 두시니까 다음부터는 더 뻔뻔스럽게 죄를 짓고, 그 다음에는 아예 다른 사람들도 담대하게 죄를 짓습니다. 하박국은 하나님께서 이렇게 하시는 이유를 알 수 없었습니다.

그 다음 다른 하나는 바벨론이라는 악의 세력이었습니다. 하나님께서는 바벨론이라는 무지한 악의 세력을 키우고 계셨습니다. 그리고 이 악의 세력이 예루살렘을 삼키도록 가만히 내버려 두시겠다고 말씀하십니다. 하나님은 어떤 분이십니까? 악을 도저히 보지 못하는 분이십니다. 그

런데 하나님께서는 버젓이 바벨론이라는 악의 세력을 내버려 두고 계십니다.

오늘 여러분들이 바른 신앙을 가지려고 애를 쓴다면 바로 이 하박국 같은 질문을 하게 되어 있습니다. 그래서 과연 이럼에도 불구하고 하나님은 거룩하시다고 말할 수 있으며 하나님은 환란 날에 나를 도우시는 분이라고 고백할 수 있느냐 하는 의문이 생깁니다. 단순한 의문 정도가 아니라 신앙에 대한 회의가 생깁니다.

하박국이 나중에 깨달은 것이 무엇입니까? 율법은 느슨하게 시행될 수밖에 없다는 것입니다. 그 이유는 만일 율법이 액면 그대로 엄격하게 시행된다면 살아남을 수 있는 사람이 아무도 없기 때문입니다. 마치 교통 법규나 학교의 규칙과도 같습니다. 우리 안에 있는 죄성상 율법을 엄격하게 적용해서 처벌한다면 그 사회는 완전히 공포의 정치가 될 것이며 결국 살아남을 수 있는 사람이 아무도 없습니다. 구약 이스라엘 역사에서 예후라고 한 사람이 한 것이 무엇입니까? 그는 하나님께서 자기를 사용하셔서 아합의 악을 척결하게 하시는 줄 알았습니다. 그래서 한 것이 무엇입니까? 너무 많은 사람들을 죽여 버렸습니다. 구약의 킬링필드가 된 것입니다. 도저히 나라가 세워지지 못할 정도로 많은 사람들을 죽여 버렸습니다.

하박국이 믿은 것이 무엇입니까? 사람들이 그렇게 악하지는 않다는 것입니다.

거의 대다수는 건전하고 깨끗한데 일부 소수가 하나님의 법을 업신여기고 교만하게 율법을 어긴다고 생각한 것입니다. 하박국의 생각은 이런 몇 명만 엄격하게 처벌하면 다시 예루살렘은 거룩해질 수 있다고 믿은 것입니다. 그러나 하나님이 보신 것은 그것이 아닙니다. 사람이 중심으로 율법을 사랑하면 율법은 지켜질 수 있지만 하박국처럼 처벌위주로 하는 것은 율법을 율법 되게 하는 것이 아니라 결국 모든 사람을 다 죽여도 율법은 성취될 수 없다는 것을 안 것입니다.

하나님께서 보신 것은 사람의 깊은 내면입니다. 율법은 스스로 율법을 사랑하는 자에게 율법이 될 수 있는 것이지 억지로 처벌해야 율법이 될 수 있다면 그 율법은 아주 무서운 정죄의 수단이 되고 마는 것입니다.

또 다른 하나는 바벨론 문제였습니다. 바벨론은 악의 세력이었습니다. 그런데 왜 하나님께서는 이 악의 세력을 억제하지 않으시고 방조하고 계시느냐 하는 것입니다. 하나님은 악을 심판하셔야 하시는 분이 아니십니까? 그런데 하나님께서 보여 주신 것이 무엇입니까? 악은 반드시 세력화하게 되어 있다는 것입니다. 사람 속에 있는 악은 그냥 가만히 있는 것이 아니라 결국 밖으로 흘러나오게 되어 있으며 그것은 결국 악의 세력으로 결집될 수밖에 없다는 것입니다.

우리는 우리 안에 있는 분노의 감정에 대하여 별로 대수롭지 않게 생각합니다. 그러나 이 분노의 감정은 결국 밖으로 흘러나오게 되어 있고 이것은 결국 민족주의나 민족 간의 아주 무서운 원한 관계로 응집될 수밖에 없다는 것입니다. 유대인들에 대한 독일인의 증오를 보십시오. 이것은 원래는 한 사람 속에 있는 묵은 감정이었습니다. 유대인들은 어느 곳에서나 돈 장사를 했다는 것을 기억하셔야 합니다. 그들은 돈을 빌려주고는 아주 고리를 받았고 또 제대로 갚지 못하는 자는 사정없이 넘겼습니다. 이런 개인의 감정은 결국 민족감정으로 발전하게 되고 나중에는 수백만의 유대인 학살이라는 대범죄로 발전하게 되었습니다. 개인 속에 있는 작은 음욕이 무슨 큰 죄가 되겠느냐고 반문할지 모르겠지만 결국 그런 욕구가 여자를 인신매매하는 현대판 노예 제도까지 가게 되는 것입니다. 사회 악 중에서 우리 개개인 속에 없는 것은 아무것도 없습니다. 우리 개인 안에 있는 것이 모두 다 표출되고 응집되어서 만들어진 것입니다. 결국 하나님께서 바벨론을 키우신 것이 아닙니다. 인간 속에 있는 악이 스스로 바벨론 같은 악으로 응집되었을 뿐입니다. 하나님께서 바로 처벌하시면 이런 일은 없겠지요. 그러면 남는 것은 무엇입니까? 엄청난 공포 정치입니다. 언제 누가 죽을지 모릅니다. 왜냐하면 모두가 다 죄인이기 때문입니다. 그래서 결국 하박국이 깨닫게 되는 것이 무엇입니까? 사람으로는 아무 대책이 없다는 것입니다. 그러면 유일한 방법이 무엇입니까? 그것은 누군가가 오셔야 한다는 것입니다.

그래서 하박국선지는 인간의 무서운 죄 가운데서 한 분이 오실 것을 대망하고 있습니다. 하박국의 결론이 바로 이것입니다. 그분이 오셔야 한다는 것입니다. 그분이 오시지 않으면 율법도 사회의 제도도 아무 소용이 없다는 것입니다. 그분이 오셔서 우리를 위하여 어떤 일을 해주시기 전까지는 아무리 법을 많이 만들고 그것을 강하게 시행한다고 해도 소용이 없다는 것을 알았습니다. 그래서 하박국서의 분위기는 의문과 분노에서 체념으로 그리고 그 다음에는 강한 소망으로 변하고 있습니다. 그분이 오셔서 우리를 위하여 어떤 일을 해 주시면 가능하겠다는 것입니다. 그것이 무엇입니까? 그분이 오셔서 우리 인간의 죄를 대신하여 어떤 일을 하시고 하나님으로 부터 성령을 받으실 수 있다면 인간에게도 가능하다는 것입니다.

하박국이 발견한 것은 앞으로 오실 그분의 성령으로 우리에게 주시면 우리는 가능하다는 것입니다. 우리에게는 소망이 있다는 것입니다. 그래서 하박국이 의인은 오직 믿음으로 살리라고 말한 것은 사람이 자기 행위로는 아무것도 할 수 없다는 것을 인정한 것입니다. 아무리 처벌을 강화시키고 아무리 고함을 쳐도 사람의 중심이 바뀌지 않는 이상 소용이 없다는 것입니다.

율법으로 사는 것

그러면 이제 우리가 생각해야 할 것은 율법으로 산다는 것이 도대체 어떤 것이냐 하는 것입니다. 모세는 이스라엘 백성들에게 율법을 주면서 이를 행하면 살 것이라고 하였습니다. 그러면 율법을 행함으로 산다는 것이 무슨 의미이겠습니까?

12절 율법은 믿음에서 난 것이 아니라 이를 행하는 자는 그 가운데서 살리라 하였느니라

오늘 본문이 이야기하고 있는 것은 두 가지입니다.

하나는 율법은 믿음에서 나온 것이 아니라는 것입니다. 다시 말해서 하나님께서 아브라함에게 약속하신 그 뿌리에서 나온 것이 아니라는 것입니다. 율법은 다른 줄기에서 나온 것입니다. 그러면 이것은 도대체 어디에서 나온 것입니까?

두 번째는 율법을 행하는 자는 그 안에서 살 수밖에 없다는 말입니다.

그러니까 율법은 그 자체가 하나의 법칙이고 체제이기 때문에 율법의 체제 아래 있는 자는 계속 율법의 체제 아래 있게 되는 것이지 율법 안에 있다가 심심하면 다시 믿음 안으로 들어 올 수 없다는 것입니다.

오늘 우리가 살펴볼 것은 율법이 도대체 어디서 나왔느냐 하는 것입니다.

우리가 분명히 알 수 있는 것은 하나님께서 아브라함에게는 그렇게 많은 계율을 주시지 않으셨다는 사실입니다. 아브라함은 그렇게 수많은 계율을 지켰기 때문에 하나님 앞에 의롭다 함을 받은 것이 아닙니다. 그는 그냥 하나님을 믿었습니다. 하나님의 말씀을 들었고 그 말씀을 믿었습니다. 하나님께서는 아브라함의 믿음만 보시고서 그를 의롭다고 하시고 그

에게 축복을 약속하셨습니다. 그러나 모세 때에 오면 하나님께서 이스라엘 백성들에게 요구하는 것이 법의 형태를 띠고 있으며 아주 복잡해진 것을 알 수 있습니다. 그런데 법이 복잡해지면 사람들이 더 약아지고 더 악해지는 경향이 있는 것 같습니다.

사람들이 아무것도 모를 때에는 순진한 것 같습니다. 그런데 누가 무엇을 하지 말라고 하면 그때부터 마음이 악해지기 시작합니다. 차라리 아무것도 모르고 살 때에는 죄가 무엇인지도 모르고 그냥 대충 대충 닥치는 대로 살았는데 무엇이 죄라는 것을 알기 시작하면서부터 사람들은 그 죄를 더 골똘하게 생각하게 되고 그래서 마음이 더 강퍅해지는 것을 볼 때가 많습니다. 문제는 왜 하나님께서 아브라함에게 하셨던 것처럼 이스라엘 백성들에게 그냥 나타나셔서 그때 하나님의 뜻을 보여 주시면서 따라오라고 하시지 않고 수많은 법을 주시고서 그들로 하여금 이런 죄를 알게 하시고 그 속에 있는 죄성이 충동받게 하셨느냐 하는 것입니다. 이것은 하나님의 계획 때문입니다. 하나님께서는 아브라함에게 주신 믿음을 인간에 대한 유일한 최고의 대안인 것을 증명하기를 원하셨습니다.

사람들은 아브라함이 하나님을 믿고 의롭다 함을 받은 것을 보고 '아하, 구원이라고 하는 것은 참 간단한 것이구나. 그냥 아무렇게나 믿어버리니까 하나님께서 다 받아 주시는구나. 이제 믿는 것에 대해서는 별로 신경을 쓰지 말자. 실컷 세상 일 하다가 죽기 전에 믿는다고 하자' 하는 식으로 믿음을 소홀히 할 가능성이 있기 때문에 하나님께서는 율법으로 이스라엘 백성들의 믿음을 시험해 보셨습니다.

하나님께서 자신의 원하시는 것을 법의 형태로 표현을 하셨습니다. 그리고 이스라엘 백성들을 모두 그 율법의 체제 아래 두셨습니다. 나타난 결과가 무엇입니까? 그들은 아무리 애를 쓰고 노력을 해도 율법대로 살 수가 없었습니다. 그들은 늘 하나님 앞에서 죄인으로 나타날 수밖에 없었습니다. 그래서 이스라엘 백성들은 늘 제물을 바치지 않을 수 없었습니다. 그들은 항상 하나님 앞에서 죄인이었습니다. 이스라엘 백성들이 바알신을 따라 간 이유도 바로 여기에 있었습니다. 차라리 멸망을 당하더라도 바알이 좋았습니다. 왜냐하면 바알신은 죄를 책망하지는 않으니까요. 율법 아래서는 죄가 아닌 것이 없었습니다. 모든 것이 죄였습니다. 그들은 항상 성전에 제물을 들고 갈 준비를 해야만 했습니다.

여러분, 그것도 하루 이틀이지 일 년, 아니 사는 동안 내내 하나님 앞에서 제물을 바치고 용서를 빌어야 하나님 앞에서 멸망당하지 않을 수 있다면 그것이 얼마나 큰 고통이겠습니까? 예를 들어, 아무 자격이 없는 사람에게 교수 자리를 주었다고 해 봅시다. 물론 처음에는 교수라는 자리가 좋습니다. 명예도 있고 사람들이 존경해 주기도 합니다. 그러나 이 사람은 실력이 전혀 없습니다. 그는 수업 시간마다 고통입니다. 어떻게 처음 몇 번은 여기저기서 베껴 가지고 수업 시간을 채웁니다. 그러나 금방 또 강의 시간이 돌아올 것입니다. 그러면 결국 그 사람은 어떻게 되겠습니까? 아주 피해망상에 빠진 사람이 되고 말 것입니다. 아무도 자기를 욕하는 사람이 없어도, 모든 사람이 자기를 욕한다고 생각할 것입니다. 그 이유가 무엇입니까? 애당초 자기가 할 수 없는 일을 맡았기 때문입니다. 그에게 가장 기쁘고 홀가분한 것이 무엇입니까? 그 교수 자리를 버리는 것입니다.

하나님께서는 이스라엘 백성들에게 율법의 말씀을 맡기셨습니다. 그러나 이들은 애당초부터 감당할 수 없는 것을 맡은 것이나 마찬가지입니다. 왜냐하면 그들의 마음속에는 거룩이라는 개념이 전혀 없었습니다. 그들은 하나님이 어떤 분이신지도 모르고 조상들의 약속 때문에 하나님의 백성이 되었습니다. 물론 하나님의 백성이 되니까 참으로 좋았습니다. 그들은 그 악한 바로가 모세의 손에서 엄청나게 혼이 나는 것을 보았습니다. 그들 위에는 항상 하나님의 특별한 간섭하심이 있었습니다. 그러나 문제는 그 뒤부터 시작되었습니다. 그들은 도대체 하나님의 거룩이 체질에 맞지 않았습니다. 그들은 하나님과 맞는 것이 하나도 없었습니다. 하나님께서는 '살인하면 안 된다. 도둑질하면 안 된다. 간음하면 안 된다. 거짓 증거하면 안 된다'고 말씀하십니다. 만일 이런 것들 중에서 하나라도 범하면 그들은 하나님의 백성에서 쫓겨나는 것입니다. 말이 쫓겨나는 것이지 맞아 죽을지 벼락에 죽을지 모르는 것입니다. 그래서 그들은 매일, 매주일 하나님께 제물을 바침으로 죄용서를 간구할 수밖에 없었습니다. 그들의 머리를 지배했던 것이 무엇입니까? 도대체 어떻게 하면 이 죄의 굴레에서 벗어날 수 있느냐 하는 것이었습니다. 살아있는 것 자체가 고통이었고 때로는 숨을 쉬는 것조차도 부담스러웠습니다.

이렇게 하신 분은 하나님이십니다. 왜 하나님께서는 이스라엘 백성들을 율법으로 이토록 고통스럽게 하셨을까요? 믿음의 방법이 결코 그렇게 간단한 것이 아니라는 것을 깨닫게 하기 위해서였습니다. 율법으로 살아온 사람의 특징이 무엇입니까? 가까스로 하나님의 백성이라는 명맥만 유지하는 것입니다. 최후의 보루에서 신앙생활을 합니다. 여기서 더 미끄러지면 도저히 구원받을 수 없다는 것을 스스로 압니다. 살인이나 간음죄는 저지르지 못합니다. 그러나 더 이상은 결코 나갈 능력이 없습니다. 늘 불안하고 늘 쫓기고 늘 자신이 없습니다.

그러면 왜 하나님께서는 이스라엘 백성들에게 이렇게 많은 고통을 주셨을까요?

그 이유는 다른 길이 없었기 때문입니다. 아브라함에게 제시한 구원의 방법은 아직 효력이 완전히 발휘된 것이 아닙니다. 마치 약속 어음과 같은 것입니다.

그 당시 사람들에게는 두 가지 가능성 밖에 없었습니다. 하나는 율법으로 자신의 죄를 깨닫고 온전히 하나님의 긍휼과 용서를 바라보는 자입니다. 그들은 누구입니까? 아예 성전에서 사는 자들이었습니다. 도저히 회복될 수 없는 병에 걸린 사람들은 어떻게 합니까? 아예 병원에 장기적으로 입원하여 삽니다. 이 세상에서 부자가 되고 높은 자리에 올라가는 것보다 날마다 하나님의 성전에서 기도하며 용서를 구하는 자들입니다. 그들은 그렇게 하는 가운데 하나님의 자비를 깨닫게 됩니다. 결국 자기들의 공로로 구원을 받는 것이 아니라 하나님의 은혜로 구원을 받는 것입니다.

다시 말해서 그래도 하나님께서 율법을 보여주신 자들은 참으로 은혜를 받은 자들입니다. 왜냐하면 하나님의 성전에 나아가서 하나님의 자비를 구할 수 있는 기회는 얻었기 때문입니다. 아무나 자기가 원한다고 해서 율법의 영역에서 믿음의 영역으로 넘어갈 수는 없습니다. 누군가가 해방시켜 주지 않으면 믿음으로 넘어가지 못합니다.

율법으로 산다는 것은 다른 말로 표현하면 죄 때문에 아무것도 하지 못하는 것을 의미합니다. 율법의 지배아래 있는 자들은 아무것도 하지 않는 것이 제일 잘하는 것입니다. 왜냐하면 죄가 아닌 것이 없기 때문입니다.

그러나 믿음으로 산다는 것은 무엇을 말합니까? 자기가 할 수 없다는 것을 너무나도 잘 압니다. 그러나 누군가가 해 보라고 합니다. 왜냐하면 그 사람이 책임을 져 줄 것이기 때문입니다. 믿음으로 한다는 것이 무슨 뜻입니까? 자기 힘으로는 도저히 할 수 없는데 누군가의 능력을 믿는다는 뜻입니다. 누군가가 자전거를 처음 배운다고 합시다. 자기는 도저히 탈 수가 없습니다. 첫 페달만 돌려도 쓰러질 것 같습니다. 그런데 누가 말을 합니다. 위험하면 자기가 붙들어 줄 테니까 걱정하지 말고 타 보라는 것입니다. 그래서 나는 도저히 자신이 없지만 그 말을 믿고 해 보니까 정말 자전거가 타질 뿐 아니라 그 사람이 넘어지려고 하면 도와주기 때문에 아주 안전할 수 있었습니다.

율법으로 자전거를 탄다는 것은 어떤 것입니까? 모든 것을 자기 책임하에서 하는 것입니다. 만일 넘어지면 크게 다칠 수밖에 없습니다. 율법의 장점은 남이 타지 못하는 자전거에 올라 있다는 것뿐이지 실제로 넘어질 때 도와 줄 사람은 아무도 없습니다. 물론 처음에는 몇 번 시도해 봅니다. 그러나 계속 넘어지고 나면 자전거에 올라 앉아있기만 하지 절대로 앞으로 나가지 않습니다. 왜냐하면 나가기만 하면 넘어지기 때문입니다.

그러나 복음은 예수님의 도우심으로 실제로 자전거를 타는 것입니다. 이것은 멋있게 앉아 있는 것이 아니라 비틀거리면서 자전거를 타고 앞으로 나가는 것입니다. 그러므로 자기 혼자 힘으로는 율법에서 믿음으로 나아갈 수 없습니다. 누군가가 나의 죄를 책임질 수 있는 사람이 있어야 합니다.

그리스도가 오시기까지 믿음의 법은 아직 시행될 수가 없었습니다. 사람들이 하나님을 위하여 할 수 있는 유일한 것은 성전에서 죄를 회개하면서 가만히 있는 것이었습니다. 이때는 소극적인 것이 최고의 전략이었습니다. 그리스도가 오셔서 우리 죄를 대신하여 자신을 드렸을 때 우리는 비로소 이 믿음의 법 안으로 들어갈 수 있게 되었습니다. 그래서 구약시대에 참으로 믿음으로 산 삶이 누구입니까? 율법 안에서 아무것도 하지 않고 가만히 있는 사람들입니다. 물론 성경에는 성령의 능력으로 큰 구원을 이룬 사람들이 없는 것은 아닙니다. 그러나 그것은 어디까지나 예외적인 것이었고 대부분의 사람들은 가만히 있는 것이 그마나 믿음을 가진 것이었습니다.

그러나 그리스도가 오심으로 인간의 삶은 엄청나게 변했습니다. 우리들은 하나님을 위하여 적극적으로 무엇인가를 할 수 있게 되었습니다. 왜냐하면 주님이 우리를 도와주시기 때문입니다. 결코 완벽주의는 복음에서 나온 것이 아닙니다. 그것은 율법의 흔적입니다. 완전주의의 경향이 어떻습니까? 자기나 다른 사람을 그냥 두는 법이 없습니다. 언제나 잘못을 찾고 그것을 지적합니다. 가만히 있으면 스스로 견디지 못합니다. 어떤 아버지는 자식들 중에 한 명을 꼭 미워해야 직성이 풀리는 분이 있습니다. 바로 그것이 완전주의입니다. 아무리 잘해도 잘했다는 칭찬이나 격려가 없습니다. 그 이유가 무엇입니까? 근본적으로 자기 자신이 마음에 들지 않기 때문입니다.

믿음은 자신이 완전하지 않다는 것을 인정합니다. 그러나 주님의 도우심을 믿고 자기가 할 수 있는 작은 것부터 하기 시작합니다. 자전거에 가만히 앉아있는 것이 아니라 자전거 페달을 돌려서 움직이기 시작합니다. 비틀거리기도 하지만 주님이 붙들어 주십니다.

우리는 완전하게 자신이 있기 때문에 사는 것이 아닙니다. 주님이 도우실 것이라는 것을 믿기 때문에 사는 것입니다. 우리가 실수해도 주님이 도와주실 것이라는 것을 믿는 믿음에서 사는 것입니다.

여러분, 이제는 가만히 있는 것이 거룩한 것이 아닙니다. 그것은 구약 시대의 거룩입니다. 이제는 하나님이 기뻐하신다고 판단되면 무엇이든지 하는 것이 믿음입니다.

믿음으로 살 수 있는 근거

우리가 구약 시대와 달리 믿음으로 살 수 있는 근거가 무엇입니까?

그리스도께서 나무에 달려 우리 죄를 대신하는 제사를 하나님께 드렸기 때문입니다.

13절 그리스도께서 우리를 위하여 저주를 받은바 되사 율법의 저주에서 우리를 속량하셨으니 기록된바 나무에 달린 자마다 저주 아래 있는 자라 하였음이라 우리는 십자가를 생각할 때 그 고통을 생각합니다. 그러나 유대인들은 십자가를 생각할 때 하나님의 저주받은 자의 죽음을 생각합니다.

우리가 율법의 저주에서 해방되려면 누군가가 저주를 받아야 합니다. 누군가가 나를 대신하여 저주를 받았다는 증거가 어디에 있습니까? 그리스도께서 나무에 달려 죽으신 것입니다. 그리스도께서 나무에 달려 죽지 않고 돌에 맞아 죽으시거나 칼에 찔려 죽었다면 우리는 우리의 죄 용서를 확신할 수 없을 것입니다. 너무나도 엄청나게 크신 분이 죽으셨기 때문에 이제는 짐승의 제물도 필요 없고 성전에서 먹고 자면서 하나님의 긍휼을 간구할 필요도 없습니다.

이제는 조심스럽게 성전에서 나와서 내 양심에 하나님이 원하신다고 생각되는 것이 있으면 한번 해 보는 것입니다. 자신 있게 하는 것은 기대를 할 수도 없습니다. 그냥 한번 해 보는 것입니다. 이것이 얼마나 엄청난 것입니까? 우리는 이미 영혼의 감옥에서 나왔습니다. 도대체 무엇을 해야 할지 당황스럽습니다만 무엇보다 분명한 것은 이 아까운 한 평생을 자기만을 위해서 낭비할 수 없다는 것입니다.

복음의 시대에는 사람들이 양극단으로 나누어집니다. 어떤 사람은 죄에서 해방되었기 때문에 두려움 없이 자기 하고 싶은 대로 하면서 삽니다. 이제는 성전에서 우울하게 지내지 않아도 되니까 놀고 싶은 대로 마음껏 놀고 하고 싶은 것을 실컷 합니다. 그러나 그 사람은 스스로 속고 있습니다. 왜냐하면 믿음으로 의롭다 함을 받는 것은 그것이 목적이 아니기 때문입니다. 믿음으로 의롭다 함을 받았으면 이제부터가 중요합니다. 무엇인가 하나님을 위하여 사용될 수 있도록 그런 자유를 주신 것입니다. 믿음으로 의롭다 함을 받은 후 어떤 사람은 이 자유가 너무나도 귀해서 아무것도 하지 못합니다. 그래서 주님께 도로 돌아옵니다.

주님, 저는 도저히 이 자유를 사용할 수 없습니다. 주님이 대신 사용하여 주십시오. 그러면 주님이 그 사람 속에서 말씀하시기 시작합니다. 그는 이주 작은 충동도 주의 깊게 보면서 작은 것부터 실천을 합니다. 어떻게 한꺼번에 큰일을 하려고 합니까? 그것은 교만입니다. 자전거를 탈 줄도 모르는 사람이 뒤에 물건을 싣거나 사람을 태우고 갈 수 있습니까? 불가능하지요. 많이 연습을 해야 합니다. 그러나 분명한 것은 할 수 없는 것을 하는 것은 아니라는 것입니다. 주님은 할 수 있게 하십니다. 그리고 계속 확신을 주십니다. 자신 있게 하게 하십니다.

오늘날은 사람들이 양극단으로 나누어집니다. 한 쪽은 자기 자유를 마음껏 남용합니다. 그리고 다른 한 극단은 어떻게 하든지 주님께 사용되기 위하여 자신을 죽입니다.

하나님께서 심판하실 때 전혀 힘드시지 않을 것입니다. 왜냐하면 사람들이 모두 양극단으로 나누어져 있기 때문입니다. 악한 자는 극단적으로 악하고 선한 자는 극단적으로 선하기 때문에 판단하시는데 전혀 어려움이 없을 것입니다.

14절에 무엇이라고 말씀하고 있습니까?

> 이는 그리스도 예수 안에서 아브라함의 복이 이방인에게 미치게 하고 또 우리로 하여금 믿음으로 말미암아 성령의 약속을 받게 하려 함이니라

아브라함의 복이 하나의 약속이었습니다. 그것은 결재되지 않은 약속어음이었습니다. 그래서 유통될 수가 없었습니다. 오직 그리스도의 십자가 보혈로 그 결재가 떨어졌고 복음은 온 세상에 전파되게 되었습니다. 역사 의식이 없는 사람은 주어진 복도 버리는 법입니다.

하박국선지가 내다본 것은 결국 성령이 오셔서 사람의 마음이 바뀌기 전에는 율법은 아무 소용이 없다는 것입니다.

주님의 보혈과 그분이 보내신 성령이 없으면 인간은 아무 소망이 없습니다.

이 복음, 얼마나 놀라운 것입니까? 우리 죄인들에게 하나님의 뜻대로 살 수 있는 기회와 능력을 주시다니요! 이제 우리가 할 것은 하나님의 뜻을 찾아서 한번 해 보는 것입니다. 완전하지는 못하겠지만 말입니다. 아직도 구약 시대에 살고 있는 분들은 거기서 걸어 나오십시오. 그리고 복음의 자유를 남용하는 자는 그리스도의 십자가를 욕되게 하는 것입니다. 바울은 빌립보서에서 십자가의 원수로 행한다고 말하고 있습니다.

우리는 억지로 율법을 지키지 않습니다. 그 대신 율법이 원하는 정신이 무엇인지 찾아서 행하는 삶을 삽니다. 그래서 억지가 아니라 기쁨으로 율법이 온전히 성취되게 하는 삶을 삽니다.

갈라디아서 강해 12

더 중요한 언약

갈 3:15-18

어떤 일을 하는데 있어서 사람들이 가장 능동적으로 동참하게 되는 것은 민주적인 과정에 의하여 어떤 결정이 이루어진 경우인 것 같습니다. 예를 들어, 학교나 회사에서 아무리 위에서 일방적으로 명령을 해 가지고는 말도 듣지도 않고, 소극적이던 사람들이 자신이 직접 그 일의 결정에 참여했을 때에는 아주 적극적으로 참여하는 것을 볼 수 있습니다.

우리는 우리의 구원에 있어서도 우리의 의사와 우리의 노력이 포함되기를 바라고 있습니다. 그러나 복음에는 우리의 노력이나 의사가 포함될 여지가 전혀 없습니다. 모든 것을 하나님이 다 하셨습니다. 그래서 우리는 복음에 대하여 믿기는 하지만 아주 소극적으로 대할 때가 많습니다. 마치 복음이라고 하는 것은 나는 아무것도 하지 않고 가만히 앉아서 구경만 하는 것으로 생각하기가 쉽고, 또 그렇게 많이 하고 있습니다.

지금 갈라디아 교인들이 생각하고 있는 것이 무엇입니까? 그들은 지금 복음보다 율법이 더 낫다는 것입니다. 그 이유는 율법에는 인간의 공로가 인정되기 때문입니다. 그래서 그들은 복음을 버리고 율법으로 돌아가고 있었습니다. 복음은 너무나도 재미가 없다는 것입니다. 복음은 우리에게 무엇인가 할 수 있는 여지를 주지 않는다는 것입니다. 이들은 차라리 율법이 좀 더 힘들지만 더 인간적이고 무엇인가 해 볼만하다는 것입니다.

바울이 갈라디아 교인들에게 확정해 주어야 할 것이 하나 있습니다. 그것은 복음과 율법 사이에서 어느 것이 더 권위 있는 하나님의 언약이며 교회는 하나님의 이 두 언약에서 어느 것을 지켜야 하는지 분명하게 확정해 주는 것입니다. 만일 나와 아무 상관없는 모르는 사람이 이런 약속도 하고 저런 약속도 했다면 아예 무시하면 그만일 것입니다. 그러나 만일 부모님이 나에게 이런 약속도 하시고 저런 약속도 하셨다면 이는 반드시 확인을 해 보아야 할 문제입니다.

왜냐하면 부모님이 두 가지 약속을 하셨을 때에는 반드시 이유가 있고 이제 내가 따라야 할 약속이 어느 것인지 분명히 해야 부모님의 말씀을 어기지 않게 되기 때문입니다.

한걸음 더 나아가서 생명을 건 전투에서 상관이 이런 명령도 내리고 저런 명령도 내린다면 내가 따라야 할 명령이 어느 것인지 확인을 해 보아야 합니다. 그렇지 않으면 수고만 실컷 하고 나중에 명령 불복종 죄로 처벌당하게 될지도 모릅니다.

지금 교회 앞에는 하나님의 두 언약이 있습니다. 그런데 갈라디아 교인들이 처한 위험이 무엇입니까? 둘 중의 하나 자기들이 원하는 것 하나를 택해서 믿으면 되는 것으로 생각합니다. 이것보다 더 위험한 것은 없습니다. 하나님의 언약을 내 마음대로 둘 중의 하나를 택할 수 있는 것으로 생각하는 것이 얼마나 위험한 것입니까? 내가 택할 수 있는 것이 아닙니다. 이것은 내가 확인을 해 보아야 할 것입니다.

복음의 우선성

사도 바울은 먼저 일반적인 예를 통하여 설명을 하려고 합니다.

15절 형제들아 사람의 예대로 말하노니 사람의 언약이라도 정한 후에는 아무나 폐하거나 더하거나 하지 못하느니라

여기서 '언약'이라는 말을 사용하고 있습니다. 여기서 말하는 '언약'은 단순한 약속이 아닙니다.

공적으로 확인된 언약을 말합니다. 요즘 우리가 자주 듣는 '공증' 같은 절차를 거친 언약을 의미합니다. 이런 것을 '디아데케'라고 합니다. 두 사람이 언약한 것을 공적인 확인을 거친 후 공문서 보관소 같은데 보관한 것을 말합니다. 이런 경우에는 공증을 한 것이기 때문에 본인도 그 언약을 폐지하거나 수정하지 못합니다.

그러면 사도 바울이 말씀하고 싶어 하는 것이 무엇입니까? 하나님께서 아브라함에게 하신 언약은 더욱 더 폐지하거나 수정할 수 없다는 것입니다.

16절 이 약속들은 아브라함과 그 자손에게 말씀하신 것인데

사도 바울이 말하고 있는 것이 무엇입니까?

이것은 분명히 창세기 15장를 염두에 두고 하는 말씀입니다.

창세기 15장에서 하나님께서는 아브라함에게 두 가지 약속을 하십니다. 하나는 그에게 아들을 주시겠다는 것입니다. 그리고 다른 하나는 가나안 땅을 아브라함과 그 자손들에게 주시겠다는 것입니다. 아브라함이 하나님을 믿을 때 하나님께서는 그의 의로 여기셨습니다. 여기에 믿음으

로 의롭다 하는 진리가 나옵니다. 그리고 하나님께서는 가나안 땅을 유업으로 주시겠다는 언약의 보증으로 여러 짐승들을 잡아서 갈라놓게 하시고 그 사이를 하나님께서 지나가십니다.

이것은 단순한 희망을 나타내는 약속이 아니고 반드시 이렇게 하겠다는 언약입니다. 짐승을 잡고 그 가운데로 지나가는 언약은 공적인 공증행위입니다. 하나님께서 아브라함에게 하신 이 언약은 아무나 취소하거나 변경할 수 없습니다. 심지어는 하나님 자신도 바꾸지 못하십니다.

복음은 단순히 이랬으면 좋겠다는 하나님의 희망 사항을 말씀하신 것이 아닙니다. 하나님은 이것을 엄숙한 맹세의 형태로 약속하셨습니다. 이런 형태로 약속된 것은 사람이라도 폐하지 못합니다. 만일 이런 형태로 약속했다가 지키지 못하면 그 사람은 저주를 받아서 죽어야 합니다. 마치 그 죽은 짐승처럼 몸이 쪼개어지고 공중의 새나 들짐승이 그 시체를 뜯어 먹어야 하는 것입니다. 우리는 성경 여러 곳에서 저주받은 자에 대하여 들짐승이나 공중의 새가 너의 몸을 뜯어 먹을 것이라는 말을 하는 것을 들을 수 있습니다. 그것은 하나님의 언약에서 볼 때 그 자는 저주받아야 마땅하다는 뜻입니다.

그러나 하나님의 약속은 오랜 기간 동안 성취되지 않았습니다. 그것은 누구의 책임입니까? 이것은 하나님의 책임입니다. 하나님께서 자신이 책임지기로 약속하셨기 때문입니다. 그래서 구약 성경은 이 약속을 성취하기 위하여 저주를 받아야 하는 한 사람을 기다리고 있습니다.

사도 바울이 말하고 있는 것은 하나님의 언약은 취소될 수 없는 공증의 성격을 가진 것이며 만약 이 약속이 성취되지 않으면 하나님 자신이 저주를 받을 수밖에 없다는 것입니다. 그리스도께서는 약속을 이루지 못해서 저주를 받으신 것이 아니라 이 약속을 성취시키기 위하여 저주를 받으셨습니다.

그래서 복음이라고 하는 것은 그저 단순한 하나님의 존재에 대한 믿음을 말하는 것이 아닙니다. 복음은 한 인격을 믿는 것입니다. 이것이 핵심입니다. 기독교는 어떤 신의 존재를 믿는 것이 아닙니다. 어떤 객관적인 사실을 믿고 인정하는 것을 말하지 않습니다. 하나님과 똑같은 능력과 성을 가지신 아들이 있다는 것입니다. 그리고 이 분이 나를 대신하여 죽었다는 것을 믿는 것입니다. 이것이 빠지면 기독교는 아무것도 아닙니다. 사람이 스스로 해결할 수 없는 것은 죄입니다. 결국 근본적인 문제는 누가 내 죄를 씻어줄 수 있느냐 하는 것입니다. 그것을 하나님의 아들이신 예수가 했다는 것입니다. 자유로운 상태에 있는 사람들은 이것을 별로 중요하게 생각하지 않습니다. 우리는 내가 어떻게 한 것에 대해서는 생각을 많이 하면서 하나님께서 우리를 위하여 하신 것에 대해서는 별로 관심을 가지려고 하지 않습니다.

하나님께서 우리를 위하여 무엇인가 하시지 않으셨더라면 우리는 아무것도 할 수가 없습니다. 하나님께서 우리를 위하여 이 놀라운 일을 하시고 그리고 우리에게 하나님의 뜻에 순종할 마음을 주셨기 때문에 우리가 하나님의 뜻대로 행할 수 있는 것입니다. 원천적으로 어떤 문제가 해결되지 않으면 밑에서 아무리 애를 써도 아무 성과가 없는 것과 같습니다. 정상 회담에서 물고를 터놓지 않으면 밑에서 애쓰는 것은 아무 소용이 없습니다.

여기서 바울이 말하고 있는 것이 무엇입니까? 하나님께서 아브라함에게 약속을 하실 때 자손을 여럿이라고 하지 아니하시고 오직 하나를 가리켜 말씀하셨으니까 이 자손은 특별한 사람일 수밖에 없다는 것입니다. 하나님께서 아브라함의 자손을 말씀하실 때 그 자손은 단수였습니다.

그는 곧 예수 그리스도라는 것입니다. 다시 말해서 하나님께서 아브라함에게 약속하신 이 은혜의 언약은 아브라함에게 약속하신 것이지만 그 성취는 예수 그리스도에 의하여 성취되는 엄청난 기간에 걸친 약속이라는 말입니다.

다시 말해서 율법이라고 하는 것은 이스라엘 백성들이 가나안에 거주하는 동안 한정적으로 약속된 것이지만 이 은혜의 언약은 시간과 장소를 초월하여 아브라함에서 예수로 이어지는 엄청난 약속입니다. 이 세상의 어떤 언약 중에서도 이와 같이 장구한 세월에 걸쳐서 성취된 언약은 없습니다. 그런데 어떻게 이 언약을 율법과 비교하겠느냐는 것입니다.

율법이라고 하는 것은 이스라엘 백성들이 가나안 땅에 존재할 때에만 성립하는 법입니다. 그들이 가나안 땅에서 쫓겨났을 때 이미 율법은 폐기되고 말았습니다. 그러나 은혜의 언약은 시간과 공간이 제약을 받지 않습니다. 그리스도 때 합당한 언약의 성취자가 올 때까지 수십 년 동안 그 문서는 보관되고 있었습니다. 바로 하나님께서 아브라함에게 하신 언약이 바로 그 언약이었습니다. 그리스도가 오시기까지 이 언약은 보관될 수밖에 없었습니다. 처음에는 이삭인 줄 알았습니다. 그 다음에는 모세나 다윗인 줄 알았습니다. 그러나 엄청난 크고 위대한 분이 이 언약의 성취자였습니다. 그분이 바로 예수 그리스도입니다.

430년 후의 율법

사도 바울은 이렇게 논증하고 있습니다. 하나님께서 맹세까지 하시면서 세운 이 은혜의 언약을 나중에 생긴 율법이 폐할 수 없다는 것입니다.

17절 내가 이것을 말하노니 하나님의 미리 정하신 언약을 사백삼십 년 후에 생긴 율법이 없이 하지 못하여 그 약속을 헛되게 하지 못하리라

오늘 본문을 보면 복음의 우월성을 시대적으로 앞선 것에서 찾고 있는 것 같습니다. 분명히 은혜의 언약은 율법보다 430년 전에 하나님께서 주신 것입니다. 그러나 이런 시대적인 이유 말고도 율법이 복음을 폐할 수

없는 이유가 있습니다. 그것은 언약의 성질입니다.

하나님께서 아브라함에게 주신 언약의 성격이 무엇입니까? 그것은 하나님의 백성이 되는 것과 하나님의 백성에게 하나님이 주시는 선물로서 가나안 땅에 대한 것입니다. 가장 중심적이고 본질적인 것이 아브라함의 언약입니다. 그러면 율법은 무엇입니까? 이미 하나님의 백성이 된 것을 전제로 하고 있습니다. 하나님께서 모세에게 나타나셨을 때 이미 그가 조상의 하나님이며 그가 이들을 구원하시는 모든 행위가 조상들과 언약 때문에 행하신다는 것을 전제로 말씀하고 있습니다.

다시 말해서 이스라엘 백성들이 이 놀라운 구원을 체험한 것은 이미 아브라함의 언약 안에 그들이 포함되어 있었기 때문입니다. 그러면 하나님께서 모세를 통하여 주신 율법이 무엇입니까? 그들이 새로 하나님의 백성이 되는 언약이 아니라 이미 언약 안에 들어와 있는 그들로서 어떻게 이 하나님의 은혜에서 떨어지지 않고 계속 남아있을 수 있느냐 하는 일종의 보존의 언약이라고 말할 수 있습니다. 그러니까 율법이 주어질 수 있었던 것은 이미 하나님께서 이스라엘 백성들을 하나님의 백성으로 보셨기 때문입니다. 이들이 시내 산에서 피를 뿌려서 하나님과의 언약을 맺은 것은 이미 이런 조상들과 하셨던 언약을 구체적으로 실현하는 것이었지 전혀 새로운 언약이 아니었습니다.

다시 말해서 아브라함의 언약은 모세의 율법이 있게 하는데 전제가 되는 기본 언약이었습니다. 만일 아브라함의 언약이 없었다면 모세의 율법은 있을 수가 없었습니다.

그러면 우리에게 한 가지 의문이 생기는데 그것은 왜 하나님의 백성으로 남는 것이 하나님의 백성이 되는 것보다 훨씬 더 어려우냐 하는 것입니다. 하나님의 백성이 되는 것은 믿음 하나만 보고 그저 은혜로 주시고, 그 백성으로 살아가는 것이 왜 이토록 힘드냐 하는 것입니다.

그것은 두 가지로 설명할 수 있습니다. 하나는 하나님께서 부르신 목적이 결국 그 백성으로 살아가는데 있지, 하나님의 백성이 된 그 자격을 남용해서 하나님의 백성이 되고 난 후에는 자기 마음대로 사는데 있지 않다는 것을 보여 줍니다. 결국 하나님께서는 아브라함에게 '너는 내 앞에서 행하여 완전하라'(창 17:1)고 하셨는데 그 말씀 그대로 완전한 삶을 그 백성들에게 요구하셨습니다.

하나님의 백성이 되는 것은 선물이지만 그 백성으로 살아가는 것은 그 백성의 책임이라는 것입니다. 그 백성이 된 것으로 만족하면 안 됩니다. 그 백성이 된 후가 더 중요합니다.

물론 우리는 완전할 수 없지만 나에게 주어진 처지 안에서 완전한 하나님의 뜻을 이루어드리기 위하여 노력해야 합니다. 물론 우리가 완전하다면 제사 제도 같은 것은 필요치도 않을 것입니다. 우리는 완전히 하나님의 뜻대로 살아갈 수 없습니다. 죄를 지을 수밖에 없습니다. 그럴 때에는 하나님 앞에 나아갈 수 있습니다. 그러나 우리는 최선을 다해야 합니다. 마치 풀장에 가 보면 풀장 가에 돌아가면서 손잡이가 붙어 있습니다. 헤엄에 능숙하지 못한 사람들은 그 손잡이를 잡아야 합니다. 그러나 할 수 있는 한 수영을 해야 합니다. 늘 손잡이만 잡고 있으면 안 됩니다.

그러나 또 다른 의미가 있습니다. 그것은 하나님의 백성이 되는 것만이 아니라 하나님의 백성으로 살아가는 것도 하나님의 도우심과 은혜가 필요하다는 것입니다. 누구든지 자기 힘으로 이 율법을 지키려고 하면 어떻게 됩니까? 넘어질 수밖에 없습니다. 한 율법을 열심히 지키면 어떻게 됩니까? 다른 율법에서 펑크가 나게 되어 있습니다. 음란하지 않으려고 애를 쓰면 어떻게 됩니까? 다른 사람의 물건을 도둑질하게 됩니다. 남의 물건을 훔치지 않으려고 노력하면 어떻게 됩니까? 남을 미워하여 두들겨 패거나 살인하게 됩니다. 결국 하나님의 백성이 되는 것이나 하나님의 백성으로 살아가는 것이나 모두 하나님의 은혜와 용서가 필요하다는 것을 알게 됩니다.

결국 하나님의 도우심 없이는 하나님의 백성으로 살아 갈 수 없습니다.

율법이 보여주는 것은 무엇입니까? 하나님께서는 우리에게 완전한 삶을 요구하시지만 우리는 결코 완전한 삶을 살 수 없다는 것입니다. 우리가 할 수 있는 것이 무엇입니까? 결국 믿음으로 사는 것입니다. 어떤 믿음입니까? 나의 삶은 하나님 앞에서 완전하지 못하지만 하나님을 사랑하는 마음으로, 이웃을 내 몸같이 사랑하는 마음으로 행할 때 하나님께서 나의 모든 부족한 것을 다 용서하시고 나를 절대로 버리시지 않는다는 믿음입니다. 그래서 우리는 자신의 마음을 수없이 성찰하면서 조금이라도 부족한 것이 있으면 캐내어서 고치고 수정하고 자신을 채찍질하지 않습니다. 왜냐하면 그렇게 하면 끝이 없기 때문입니다. 우리는 어떤 일을 할 때 하나님을 사랑하는 마음으로 하는지 스스로 질문해 봅니다. 그리고 다른 형제나 자매를 진심으로 사랑하는 마음으로 하는지 생각해 봅니다. 만일 이런 마음만 분명하다면 내가 알지 못하고 깨닫지 못하는 죄가 수없이 많을지라도 하나님께서 그 엄청난 자비로 다 용서하신다는 확신입니다.

오늘 사도 바울이 말씀하고 있는 것이 무엇입니까? 하나님께서 아브라함에게 주신 은혜의 언약과 율법은 서로 대치되는 것이 아니라 오히려 모세의 율법이 아브라함의 은혜의 언약에 기초하고 있다는 것입니다. 그래서 무려 사백삼십 년 후에 세워진 율법이 이 은혜의 언약을 폐할 수 없다는 논증입니다.

유업의 성격

이제 사도 바울은 왜 구원이 율법으로 될 수 없는지 유업을 가지고 설명을 합니다.

18절 만일 그 유업이 율법에서 난 것이면 약속에서 난 것이 아니리라. 그러나 하나님이 약속으로 말미암아 아브라함에게 은혜로 주신 것이라

구원의 내용에는 죄 용서만 들어있는 것이 아닙니다. 만일 구원이 하나님과 우리 인간들 사이의 묵은 감정만 청산하는 것이라면 별개의 문제입니다. 그러나 구원 안에는 엄청난 선물이 약속되어 있습니다.

하나님께서는 이스라엘 백성들에게 가나안 땅을 유업으로 주시겠다고 약속하셨습니다. 유업으로 가진다고 하는 것은 영원한 소유가 된다는 뜻입니다.

영국은 홍콩을 영구적으로 소유하지 못하고 빌렸기 때문에 돌려주었습니다. 가나안 땅은 이스라엘 백성들이 임시로 빌리는 땅이 아니고 영구적으로 소유하는 땅입니다.

애굽에서 노예 생활을 하던 자들이 무슨 재주로 가나안 땅을 소유합니까? 그들은 그 넓고 비옥한 땅을 구입할 능력이 전혀 없었습니다. 혹은 힘으로도 빼앗을 수 있는 능력이 없었습니다. 이스라엘 백성들이 가나안 땅을 차지한 것을 보면 그것이 율법에서 나온 것이 아니라는 것을 알 수 있습니다. 그것은 아브라함의 언약에서 나온 것입니다. 하나님께서 이스라엘 백성들에게 가나안 땅을 주신 것은 그들이 율법을 잘 지켰기 때문이 아닙니다. 아브라함과 약속하셨기 때문에 그냥 선물로 주신 것입니다. 이런 것을 볼 때 구원은 오직 하나님의 거저주시는 은혜이며 결코 사람의 공로에 달려있지 않다는 것이 입증되는 것입니다.

우리는 구원이 단순히 죄 용서 받는 소극적인 내용만 있는 것으로 생각해서는 안 됩니다.

성경이 계속적으로 말씀하고 있는 것이 무엇입니까? 우리에게는 더 나은 본향이 있다는 것입니다. 우리가 이 세상에서 보는 것보다 훨씬 더 아름다운 영원한 나라가 있는 것입니다.

이 세상에 있는 것은 모두 임대한 것입니다. 때가 되면 모두 반환해야 합니다. 여기서 영원한 것이라고는 아무것도 없습니다.

오늘 우리들은 이 세상의 화려함과 물질적인 편의에 속고 있습니다. 우리는 마치 여기에 있는 것들이 영원할 것처럼 원하고 있습니다. 이제는 성도들이 하나님의 구원만으로 만족을 하지 못하고 있습니다. 예수도 믿지만 또 이 세상에서도 잘되어야 한다고 생각합니다.

이 세상에서 아무것도 바랄 것이 없는 사람들은 어떻습니까? 복음을 들으며 거기에 전적으로 반응합니다. 예수가 내 죄를 위하여 죽었다는 말씀을 들으면 눈물을 흘리면서 감격해 합니다. 그러나 좀 살만한 사람들에게 예수가 당신을 위하여 죽었다고 말하면, '그래서요? 그것이 나와 무슨 상관이 있는데요? 나에게 지금 무슨 유익을 줍니까?'라고 반문을 합니다. 그래서 복음은 가난한 자들에게 전파되게 되어 있는 것 같습니다. 그냥 가난한 자들이 아니라 가난한 사회나 가난한 나라에 전파되게 되어 있습니다. 잘사는 나라의 가난한 자들은 눈에 보이는 부자들이 추구하는 대상입니다. 이미 이들은 세상의 맛을 보았기 때문에 하나님의 용서만으로 만족하지 못합니다.

그러나 하나님의 용서에는 용서만 있는 것이 아닙니다. 영원한 기업이 약속되어 있습니다. 이것은 사람이 돈을 주고 사거나 노력으로 취하기에는 너무나도 엄청난 것입니다.

베드로 사도는 하나님의 성령을 돈을 주고 사려고 했던 시몬 마구스라는 사람을 저주했습니다.

'너는 돈과 함께 망할지어다'라고 했습니다. 그 이유가 무엇입니까? 하나님의 은혜는 돈으로 살 수가 없습니다. 이 세상의 다른 것들은 다 돈을 주고 살 수 있습니다. 사실 돈으로 되지 않는 것이 있을까 싶을 정도로 돈을 가지고 웬만한 것은 다 살 수 있습니다. 그러나 하나님의 신성은 살 수 없습니다. 왜냐하면 이것은 오직 하나님께서 주시는 값없는 선물이기 때문입니다. 오직 믿음으로 나아가는 자들에게 하나님께서 주시는 선물입니다. 우리는 하나님을 위하여 아무것도 한 것이 없지만 이 시간 큰 은혜를 간구할 수 있습니다. 만약 은혜가 공로로 된다면 아무것도 하지 않은 우리들은 은혜의 구경꾼들이 될 수밖에 없습니다. 다른 사람들은 모두 은혜 받고 있는데 나 혼자 서서 구경할 수밖에 없습니다. 그러나 그렇지 않습니다. 아무 공로 없어도 하나님의 큰 은혜를 체험할 수 있습니다. 왜냐하면 이 모든 것이 은혜이기 때문입니다. 누구든지 간구하기만 하면 놀라운 하나님의 은혜를 체험할 수 있습니다.

오늘 말씀이 우리에게 보여주고 있는 것이 무엇입니까? 우리가 하나님의 백성으로 살아가는데 행위의 요소가 아주 중요하다는 것을 부인하지 않습니다. 우리가 하나님의 백성으로 살아가는 것은 행위로 살아가는 것입니다. 그러나 하나님의 백성이 되는데 있어서는 우리의 행위가 전혀 영향을 주지 못한다는 것입니다. 이것은 오직 하나님의 값없는 선물입니다. 이것은 오직 믿음으로 얻습니다.

두 번째로 하나님의 백성으로 살아간다고 하는 것도 결국은 믿음으로 가능한 것이지 그 조항 하나하나를 열심히 지킴으로 이루어간다는 것은 불가능하다는 것을 보여줍니다. 율법의 많은 조항들은 어떤 것이 하나님의 뜻을 벗어난 죄 된 행동인가 하는 것을 보여 주는 것이지, 그것 하나하나는 잘 지키는 것이 공로라고 말하고 있지는 않습니다. 율법은 어디까지나 벗어나서는 안 되는 한계선을 보여 준 것뿐입니다. 우리는 율법 조항 하나하나를 외움으로 율법을 지키지 못합니다.

왜냐하면 하나에 신경을 쓰는 동안에 다른 부분에서 펑크가 나기 때문입니다. 오직 우리는 하나님을 사랑하고 이웃을 사랑하는 마음으로 행하고 나머지는 모두 하나님의 자비로우심에 맡깁니다. 그러면 율법이 지켜지게 되어 있습니다.

세 번째로 구원에는 하나님의 엄청난 선물이 약속되어 있습니다. 그것은 이 세상에서 구할 수 없는 것 들입니다. 우리는 이 세상에 있는 것들이 마치 영구적인 가치가 있는 것처럼 여기에 모든 가치를 두면 안 됩니다. 우리는 하나님이 주시는 신령한 복을 사모해야 합니다. 왜냐하면 그것이야 말로 내가 참으로 구원받은 백성이며 영원한 새나라에서 살게 될 보증이기 때문입니다. 그것들은 돈으로 살 수 없습니다. 하나님은 공평하십니다. 이 세상에서 유명한 사람이라고 이런 은사를 주시는 것이 아닙니다. 돈으로 살 수 없고 학문적으로도 추구할 수 없습니다.

오직 믿는 자들에게만 주시는 하나님의 선물입니다. 우리는 하늘에서 오는 신령한 복들을 더 사모하여 풍성하게 가지도록 합시다.

갈라디아서 강해 13

율법의 효능

갈 3:19-22

요즘 세상이 많이 좋아져서 자동차의 구조를 전혀 알지 못해도 얼마든지 자동차 운전을 하고 다닐 수가 있습니다. 그리고 컴퓨터도 프로그램이 워낙 좋아져서 자세히 프로그램을 몰라도 사용하는 방법만 알면 얼마든지 사용할 수 있습니다. 그래서 오늘의 시대는 원리의 시대라기보다는 매뉴얼의 시대라고 말할 수 있습니다. 매뉴얼은 사용하는 방법이 적혀 있는 책을 말합니다. 그러나 이런 매뉴얼 방식의 문제가 무엇인가 하면 만일 고장이라도 나면 전혀 그 기계를 고치지 못하는 것입니다. 오늘 운전자들은 자동차에 대하여 거의 모릅니다. 그러다가 만일 자동차가 고장이 나서 움직이지 않으면 전혀 대책이 없습니다. 누군가가 와서 고쳐주기 전까지는 그 자동차는 없는 것보다 못한 고물이 됩니다. 컴퓨터도 마찬가지입니다. 컴퓨터에 대한 지식이 있는 사람은 자기 스스로 고쳐서 컴퓨터를 쓸 수 있습니다. 그러나 컴퓨터에 대한 지식이 없는 사람은 누가 와서 고쳐주기 전까지는 아무것도 할 수가 없습니다.

요즘 우리들은 '율법'이라는 말을 거의 듣지 못합니다. 우리는 율법이라는 말을 들을 때 율법이 무엇하는 것인지 잘 모릅니다. 그 대신 '하나님의 은혜' 또는 '복음'이라는 말에는 익숙합니다. 그 이유는 시대가 많이 달라졌기 때문입니다. 그러나 사도 바울 당시에는 '은혜' 또는 '복음'이라는 말은 아주 생소한 것이었고 그들에게 익숙한 것은 '율법'이라는 것이었습니다.

시대가 바뀔 때마다 그 경계선에 있는 사람들은 항상 피해를 보게 마련입니다. 예를 들어, 입시 제도가 바뀔 때 처음 새로운 입시 제도로 시험을 치는 학생들은 피해를 입게 마련입니다. 왜냐하면 무엇이 어떻게 달라지는지 잘 모르기 때문입니다. 그런 의미에서 사도 바울 시대는 어떤 한 큰 시대가 끝나고 다른 시대가 시작되는 전환기였습니다. 그 전까지 거의 대부분의 사람들은 하나님을 몰랐습니다. 하나님은 단지 한 유대인이라는 종족의 하나님일 뿐이었습니다. 그러나 이제 하나님은 모든 사람들에게 알려지기 시작했습니다. 그때 사람들이 가장 이해하기 어려웠던 것은 하나님의 백성이 된다고 하는 것이 유대인들처럼 되는 것인지 아니면 유대인도 아니고 이전의 사람도 아닌 전혀 새로운 종족이 되는 것인지 알기 어려웠습니다. 거기에 대하여 사도 바울은 하나님의 백성이 된다고 하는 것은 결코 유대인처럼 되는 것이 아니라 전혀 새로운 한 부류의 사람이 되는 것이라는 것을 설명하고 있습니다.

이것은 오늘 우리들에게도 중요한 문제입니다. 우리들의 마음속에는 기왕 그리스도인이 되었다면 신앙이 좋은 그리스도인이 되고 싶은 마음이 있습니다. 그때 우리의 마음을 지배하는 것은 도대체 신앙이 좋은 그리스도인이 된다는 것은 어떤 계율을 철저히 지키는 종교인이 되는 것인가 하는 생각이 드는 것입니다. 그래서 직장생활을 잘하던 사람이 어느 한 순간에는 사표를 쓰고 신학을 해서 목사가 되려고 할 때가 있습니다. 사도 바울이 말씀하고 있는 것이 무엇입니까?

신앙생활을 잘한다고 하는 것은 어떤 계율을 잘 지키는 것이 아니라는 것입니다. 이것은 완전히 새로운 방식으로 이 세상에서 사는 것입니다.

다른 사람들과 똑같이 가정을 가지고 직장 생활을 합니다. 그러나 그것을 다른 방식으로 하는 것입니다.

삶의 체계로서 율법

바울은 무엇보다 먼저 율법의 부정적인 측면을 설명하고 있습니다.

19절 그런즉 율법은 무엇이냐 범법함을 인하여 더한 것이라 천사들로 말미암아 중보의 손을 빌어 베푸신 것인데 약속하신 자손이 오시기까지 있을 것이라

우리가 알아야 할 가장 중요한 것은 여기서 사도 바울이 '율법'이라고 할 때 이 율법이라고 하는 것의 의미가 무엇이냐 하는 것입니다. 이것을 알지 못하면 바울이 말씀하는 것을 전혀 이해하지 못하게 됩니다. 여기서 율법이라고 하는 것은 율법 하나하나의 조항이나 그 조항의 정신을 의미하지 않습니다. 여기서 율법이라고 하는 것은 어떤 삶의 체계로서의 율법적인 삶을 의미합니다. 사람은 하루하루를 그냥 살지 않습니다. 어떤 거대한 삶의 체계 안에 들어가서 살아가고 있습니다. 그래서 군인은 군인으로서의 삶이 있고 또 학자는 학자로서의 삶이 있습니다.

그래서 여기서 율법이라고 하는 것은 율법적인 삶의 체계를 말합니다. 다시 말해서 율법은 처음부터 끝까지 자신의 삶의 체계를 가지고 있습니다. 그래서 율법을 지킨다고 하는 것은 바로 이런 삶의 체계 안으로 들어가는 것을 의미합니다. 처음 하나님의 백성이 되는 것은 할례에서 부터 시작됩니다. 그리고 나서 해야 할 것과 하지 말아야 할 것이 모두 다 규정되어 있습니다.

사람이 가장 안정감을 느낄 때가 언제입니까? 어떤 강한 규정 안에 들

어가서 그것을 지킬 때입니다. 사도 바울 당시의 그리스도인들이 느끼는 것이 무엇이었습니까? 복음 안에는 이런 안정감이 없는 것입니다. 언제나 어린아이이고 언제나 부족한 것뿐이었습니다. 복음은 무엇인가 엉성하게 보였습니다. 마치 아무 것이나 하라는 것과 같습니다. 아무 것이나 하라는 것은 달리 말하면 아무것도 하지 않아도 된다는 것과 같습니다. 율법은 거대한 삶의 체계입니다. 그 안에 들어가 있으면 무엇인가 안심이 되는 것이 있습니다. 그러나 복음은 사람을 해방시켜 놓고는 아무것도 가르쳐 주지 않습니다. 무엇이든지 알아서 잘 해 보라는 것입니다. 그러니까 얼마나 불안정합니까? 사람은 무슨 구체적인 목표가 있어야 힘을 낼 수 있습니다. 그러나 복음은 죄에서 해방시켜 놓고 난 후에는 아무 것이나 알아서 하라는 것 같습니다. 알아서 하라니 무엇을 어떻게 알아서 합니까?

사도 바울이 말씀하고 있는 것이 무엇입니까? 원래 하나님께서 약속하신 것은 아브라함의 언약입니다. 그런데도 하나님께서 율법을 주신 것은 이 아브라함의 언약이 얼마나 복되며, 얼마나 놀라운 것인지 더 두드러지게 하기 위하여 율법을 추가로 주신 것입니다. 그런즉 율법은 무엇이냐 '범법함을 인하여 더한 것이라' 다른 말로 표현하면 사람의 죄성 때문에 하나님께서 추가하여 주신 것이라는 말입니다.

다시 말하면 하나님께서 우리들에게 주시려고 하는 것은 오직 믿음으로 의롭게 되고 믿음으로 하나님의 백성이 되는 것입니다. 그러나 사람의 마음속에는 악한 죄성이 있습니다. 그래서 믿음의 법에 추가하여 이 율법을 주셨다고 말씀하고 있습니다. 다시 말해서 율법의 체계라고 하는 것은 반드시 필수적으로 꼭 필요한 것은 아니었다는 것입니다. 다른 말로 표현하면 어떤 사실을 더 두드러지게 하기 위하여 추가된 것입니다.

화학실험을 하다보면 화학 반응에 필수적인 것은 아니지만 꼭 필요한 것이 있습니다. 그것을 촉매catalyst라고 부릅니다. 촉매는 화학반응에 본질적인 것은 아니지만 화학반응을 보다 쉽게 일어나게 하는 것입니다. 하나님께서 우리를 구원하시는데 있어서 율법은 본질적인 것은 아닙니다. 그러나 우리의 죄성 때문에 이것이 필요했다고 말씀하고 있습니다.

나중에 충분히 설명이 되겠지만 교통법규를 어기려고 하는 자에게는 교통법규가 의미가 없습니다. 그러나 교통법규가 있으면 자신은 법규를 어겼다는 의식은 하게 될 것입니다.

율법이 사람을 바꾸지는 못합니다. 율법은 하나님을 사랑하는 자에게는 유익한 것이지만 하나님의 법을 어기려고 하는 자에게는 할 수 있는 것이 아무것도 없습니다. 그러나 죄의식은 갖게 할 수 있습니다. 자기가 하나님 앞에서 죄인이라는 사실은 느끼게 할 수 있습니다.

우리는 복음이 거저주시는 하나님의 은혜이기 때문에 복음을 소홀히 할 가능성이 많습니다. 그래서 하나님께서 우리를 무조건 용서하셨다는 말을 들으면 마치 우리가 당연히 구원받을 자격이 있어서 구원받은 줄 생각할 것입니다. 그러나 율법이 우리의 죄성을 보여 주면 이 복음이 얼마나 놀라운 하나님의 은혜이며 얼마나 큰 사랑인지 깨닫고 더욱 더 이 복음을 소중하게 생각하고 이것을 붙들게 될 것입니다. 그러므로 참으로 복음의 소중함을 깨닫는 자는 놀랍게도 율법 아래서 비참하게 정죄를 받아 본 사람들입니다.

오늘 많은 사람들이 복음을 오해해서 언제든지 내가 마음을 먹기만 하면 받아들일 수 있는 것으로 생각합니다. 그래서 구원의 문 바로 옆에서 여유를 부리고 들어가지 않는 자가 많습니다. 그러나 율법을 통하여 우리의 죄성을 한 번 깨닫기만 하면 도저히 망설일 성질의 것이 아니라는 것을 알게 될 것입니다. 사람들은 율법의 지배를 한 번 받아봐야 합니다. 얼마나 정욕의 감옥이 무서운지 철저히 당해봐야 거기서 머뭇거리지 않고 복음의 문이 열리기만 하면 거기로 달려 나오는 것입니다.

율법은 우리의 모든 자랑을 빼앗아 갑니다. 오직 그리스도의 십자가만을 바라보게 합니다. 그래서 율법은 구원에 필수적인 것은 아니지만 구원을 더 긴급하게 하는데 큰 역할을 한다고 말씀하고 있습니다. 하나님은 이스라엘 자손들에게 일단 하나님의 백성이면 하나님의 백성답게 살아 보라고 율법을 주셨습니다. 그것은 푸는 방식은 가르쳐 주지 않고 모범 답안만 가르쳐 준 것과 같습니다. 이미 그들은 하나님의 백성이 된 것을 전제로 하고 있습니다. 그들은 이 삶의 체계에서 벗어나지만 않으면 영원히 가나안 땅의 축복을 누릴 수 있고 그 이상의 축복을 누릴 수 있습니다. 그러나 그들에게 일어난 문제가 무엇입니까? 그들은 도저히 이 계명들을 지킬 수 없는 것이었습니다. 이 계명들을 지키고 있으려면 화가 나서 견딜 수가 없었습니다. 하나님은 자기들을 완전히 바보로 만드시는 것 같습니다. 모든 율법이 하지 말라는 것 밖에 없습니다. 하지 말라는 것은 하지 않으면 안 됩니다. 그러나 그것들을 하지 않고 어떻게 견딜 수 있습니까?

율법은 모범답안이었습니다. 그러나 거기에는 푸는 과정이 생략되어 있습니다. 중·고등학생들이 답안만 보면 무슨 소용이 있습니까? 중요한 것은 푸는 과정입니다. 답안만 보고 있으면 다른 비슷한 문제가 나왔을 때 풀지 못합니다. 마치 자동차나 컴퓨터에 대한 지식이 전혀 없이 자동차를 운전하고 컴퓨터를 사용하는 것과 같습니다. 고장이 났을 때 대책이 없었습니다. 물론 지금 자동차야 서비스 센터가 많아서 전화만 걸면 되지만 이때에는 율법으로 무슨 문제가 생겼을 때에는 아무런 대책이 없었습니다. 고장 난 율법을 가지고 그냥 그대로 있을 수밖에 없었습니다. 이방인들보다 훨씬 더 못했습니다. 움직이지 않는 자동차를 가지고 있으면 무슨 소용이 있습니까? 다른데 가지도 못합니다. 차라리 그럴 때는 자동차가 없는 사람이 더 낫습니다. 컴퓨터가 고장이 나면 무슨 소용이 있습니까? 완전히 거기에만 매달려 있어야 합니다. 차라리 없는 것보다 못합니다. 아예 컴퓨터가 없는 사람은 다른 방법을 써도 되지만 컴퓨터를 가지고 있는 사람은 모든 자료가 그 안에 들어 있기 때문에 다른 방법을 쓰지도 못합니다. 어쩔 수 없이 그 고장 난 컴퓨터를 가지고 누군가가 올 때까지 기다리는 수밖에 없습니다.

율법이 고장 난 형태가 바로 유대교였습니다. 겉으로 보기에는 유대교가 엄청나게 좋아 보였습니다. 그러나 그 내막을 아는 사람은 정직하게 말을 했어야만 합니다. 그것은 고장 난 율법이라고 말입니다. 겉으로 보기에는 엄청난 삶의 체계였습니다. 그러나 그것이 할 수 있는 것이 아무것도 없었습니다. 그 안에는 참된 신앙의 요소인 변화가 없었습니다. 그리고 하나님을 만나는 기쁨이 없었습니다. 무엇보다 중요한 것은 죄 용서의 확신이 없었습니다. 단지 가지고 있는 것이 하나 있다면 그것은 거짓된 종교적인 확신이었습니다. 잘못된 확신만 잔뜩 심어주는 것이 율법이 하는 것이었습니다.

우리는 율법과 고장 난 율법을 구분할 줄 알아야 합니다. 하나님께서 이스라엘 백성들에게 주신 것은 율법입니다. 그러나 그들이 가지고 있었던 것은 고장 난 율법이었습니다.

옛날 다윗이 노래했던 율법은 고장 난 율법이 아닙니다.

> 시 19:7-8 여호와의 율법은 완전하여 영혼을 소성케 하고 여호와의 증거는 확실하여 우둔한 자로 지혜롭게 하며. 여호와의 교훈은 정직하여 마음을 기쁘게 하고 여호와의 계명은 순결하여 눈을 밝게 하도다.

다윗이 노래한 이 율법은 고장 나지 않은 율법입니다. 원래 하나님께서 주신 율법은 그렇게 아름다울 수가 없습니다. 그것은 사람의 영혼을 기쁘게 하고 순결하게 합니다. 그러나 한 번 고장 난 율법은 더 이상 아무것도 할 수 없습니다. 그러면 고장 난 율법은 무엇이며 고장 나지 않은 율법은 무엇입니까?

사람이 율법을 사랑해서 율법을 지키려고 하면 그 율법은 제대로 된 것입니다. 그러나 사랑하지 않는 마음으로 율법을 지키려고 하면 율법은 아무것도 아닙니다. 다시 말해서 스스로 율법을 지키려고 하는 자에게 율법은 아름다운 것이지 율법을 지키지 않으려고 하는 자에게는 율법은 아무 소용 없습니다. 율법 안에 있는 자들이 정직했다면 모두 바울의 말에 동조했을 것입니다. 즉 율법은 원래는 참 아름다운 것이었다. 그러나 죄인들에게는 아무 소용이 없었다고 말입니다. 그리고 그들이 붙들고 있는 율법은 고장 난 율법이라고 했어야 합니다. 이방인들에게 굳이 이 고장 난 율법의 체계 안으로 들어올 필요가 없다고 말해 주었어야만 합니다. 그들은 어쩔 수 없어서 율법을 붙들고 있지만 이방인들은 다른 방법을 찾아보라고 말했어야만 옳습니다.

율법과 복음의 관계

사도 바울은 율법과 복음을 비교해서 설명하고 있습니다.

우선 우리가 알아야 할 것은 율법과 복음은 별개의 것이 아니라는 것입니다. 복음 안에 율법이 있고 율법은 복음 안에 있습니다. 무슨 말인가 하면 율법은 하나님께서 우리에게 원하시는 의로운 삶을 구체적으로 표현합니다. 그래서 복음이 지향하는 것이야 말로 하나님의 원하는 의로운 삶입니다. 그러나 사도 바울이 여기서 비교하는 것은 삶의 체계로서 율법과 삶의 체계로서 복음입니다. 복음이라고 하는 것은 단순한 노예 해방만이 아닙니다. 복음도 삶의 체계입니다.

그러나 일단은 전달 과정에서 율법은 복음에 뒤떨어집니다.

율법은 천사가 중보자를 통하여 주었습니다. 여기서 중보자라고 하는 것은 모세를 의미합니다. 벌써 몇 다리를 건너서 주어진 것입니다. 왕이 어떤 법령을 반포할 때 모든 법을 자신이 직접 반포하지 않습니다. 대리인을 시켜서 그도 또한 중개인을 시켜서 발표를 합니다. 그러나 아주 중요한 법령을 발표할 때에는 직접 자신이 백성들 앞에서 나와서 발표할 것입니다.

율법은 하나님께서 직접 주신 것이 아니라 천사를 통하여 주셨고 또 모세라는 중개인을 사용하셨습니다. 여기서 중보자라는 말은 중개인이라는 뜻입니다. 어떤 때 중개인을 세웁니까? 양쪽의 의사가 잘 조정되지 않을 때입니다. 의사意思가 완전히 일치되면 중개인을 세울 필요가 없지 않습니까? 그러나 복음은 하나님께서 육신으로 오셔서 직접 입으로 발표하신 것입니다. 그러므로 최고의 권위를 가지는 것입니다. 그뿐만 아니라 율법은 능히 살게 하는 율법이 아니었습니다. '능히 살게 한다'는 것이 무슨 말입니까? 아무리 불순종하고 거역해도 붙들어서 살게 하는 것이 능히 살게 하는 것이지요. 그러나 율법은 그런 것이 되지 못했습니다. 자기 스스로 하나님의 말씀을 사랑하고 순종하는 자에게는 복음이었습니다. 그러나 하나님의 말씀을 싫어하고 거역하는 자에게 율법이 할 수 있는 것은 아무것도 없었습니다. 그러니까 율법은 착한 자를 위한 율법이지 죄인들에게는 더욱 더 그들을 악하게 만드는 것 밖에 되지 못했습니다.

복음에는 아무 강제력이 없습니다. 그래서 말씀을 듣고 순종하는 자에게는 복음이 복음이 되지만, 복음을 듣기 싫어하고 거역하는 자에게는 복음이 무슨 소용이 있는가 하는 생각이 들었던 적이 있었습니다. 물론 이래라 저래라 하는 명령형의 말씀은 듣는 자가 거부하면 그만인 것 같았습니다. 그러나 예수님이 당신을 죄 때문에 십자가에 못 박혀 죽었다는 말씀은 죄인들의 마음을 사로잡는 복음이었습니다. 그들은 그 말씀을 무시하고 자기 갈 길로 갈 수가 없었습니다. 저는 많은 죄인들이 그 말씀을 듣고 눈물 흘리는 것을 보았습니다. 역시 복음은 악한 자에게도 복음이었습니다. 거역하는 자에게도 예수님의 사랑은 힘이 있었습니다.

그리고 22절에 무엇이라고 말씀하고 있습니까?

그러나 성경이 모든 것을 죄아래 가두었으니 이는 예수 그리스도를 믿음으로 말미암은 약속을 믿는 자들에게 주려 함이니라

종교 행위가 요구하는 것이 무엇입니까? 완전한 거룩입니다. 그러나 살아보면 완전한 거룩이라는 것은 불가능하다는 것을 알게 될 것입니다. 항상 마음속에 불안한 것이 무엇입니까? '나는 하나님을 기쁘시게 하기 위하여 좀 더 기도해야만 했었어. 나는 성경을 더 읽을 수 있었는데 읽지 못했어. 나는 어제 텔레비전을 보는 대신에 철야 기도를 해야만 했었어.' 항상 부족한 것을 느끼는 것입니다. 마치 어린 아이가 걸음마를 배우는데 가까스로 엄마가 있는 데까지 다가가면 엄마는 좀 더 멀리 가 있습니다. 그래서 기를 쓰고 다가가면 엄마는 또 더 멀리 가 있습니다. 그래서 결국 끝까지 도달하지 못하는 것입니다. 끝없이 시도하다가 마는 것이 율법의 행위입니다.

우리가 종교 행위로 완전해지려고 하는 것은 바로 이런 것입니다. 이런 경우 우리 마음속에는 늘 만족이 없습니다. 우리는 조금 더 잘해야 하나님이 기뻐하실 것 같습니다. 우리는 조금 더 기도하고 조금 더 밤을 새워야 하나님이 좋아하실 것 같습니다. 우리는 조금 더 기도를 하면 어떻습니까? 이제는 금식을 하면 하나님이 더 좋아하실 것 같습니다. 우리가 좀 더 금식하면 어떻게 됩니까? 또 다른 조건을 붙이고 싶습니다. 우리는 그래서라도 하나님 앞에서 더 인정받고 싶습니다.

복음은 무엇입니까? 하나님께서 나를 있는 그대로 받으시는 것입니다. 무조건 있는 그대로 충분하다고 하십니다. 그리고나서는 어떻게 됩니까? 이제는 많은 것을 생각할 필요가 없습니다. 하나님께서 하나씩 시키는 것만 하면 됩니다. 앞으로의 많은 일들을 걱정할 필요가 없습니다.

죽으면 죽고 살면 사는 것입니다. 하루하루의 삶에서 하나님이 기뻐하실 것 같은 하나나 둘을 실천하면서 사는 것입니다. 혹시 그렇게 살지 못해도 자기를 비하하거나 학대할 필요가 없습니다.

더 영광스러운 구원의 방법

오늘 본문은 우리에게 이렇게 말씀하고 있습니다.

22절 그러나 성경이 모든 것을 죄아래 가두었으니 이는 예수 그리스도를 믿음으로 말미암은 약속을 믿는 자들에게 주려 함이니라

성경이 모든 것을 죄 아래 가두었다고 말씀하고 있습니다.

무슨 말입니까? 성경을 모르는 사람은 죄를 알지 못합니다.

성경을 모르는 사람이 죄라고 생각하는 것은 사회가 요구하는 규칙을 지키지 않은 것입니다. 다시 말해서 인간된 도리를 하지 않는 것에 대하여 미안한 마음을 가지는 것이 죄의식이지요. 남의 물건을 가졌기 때문에 미안한 마음이 드는 것입니다. 그렇다고 해서 죽을 죄를 지었다고 생각하지도 않습니다. 부모님을 자주 찾아뵙지 못해서 미안할 따릅니다. 그러나 근본적으로 죄가 무엇인지 모릅니다. 좀 더 양심적인 사람은 자기 양심을 속인 것에 대하여 죄책감을 느낍니다. 자기 자신에 충실하지 못한 것에 대하여 스스로 죄책감을 느낍니다.

매일 어떤 일을 하기로 했는데 하지 못했으면 스스로 부끄럽게 생각합니다. 그러나 하나님 앞에서 죄를 짓는다는 것이 무엇인지 알지 못합니다. 그런 의미에서 하나님을 모르는 사람들보다는 하나님을 아는 사람이 더 죄책감을 많이 느끼게 되어 있습니다. 처음 예수를 믿을 때보다 예수를 믿으면 믿을수록 더욱 더 죄책감을 느끼게 되어 있습니다. 그래서 처

음 예수를 믿을 때는 회개할 것이 별로 없던 사람도 하나님을 알아 가면 알아갈수록 더욱 죄책감을 느끼고 더 철저히 회개하는 것을 볼 수 있습니다.

처음 예수를 믿을 때에는 옛날 예수님을 모를 때 한 짓에 대하여 별로 부끄러운 줄 모릅니다. 그러나 예수를 믿고 나면 과거에 한 짓들이 부끄러워서 견딜 수가 없습니다. 그래서 마음속에 무슨 생각이 드는가 하면 과연 이런 죄를 짓고도 구원을 얻을 수 있을까 하는 의심이 생길 정도로 과거의 죄에 대하여 예민하게 반응합니다. 이전에는 어떤 구체적인 행동을 하지 않았으면 죄라고 생각하지 않았는데 이제는 생각만으로도 죄책감을 느낍니다.

그때마다 무엇을 붙듭니까? 주님의 십자가를 붙듭니다. 주님의 십자가는 한 번으로 끝나는 것이 아닙니다. 물론 우리 죄를 단번에 해결하셨지만 우리는 죽을 때까지 이 십자가를 붙들어야 부끄러움을 당하지 않습니다. 그래서 성경은 가장 양심적이고 가장 의로운 자들을 모두 죄에 가두었습니다. 그러면 하나님을 모르고 자기 욕심대로 사는 자들은 자동적으로 죄에 갇히게 되는 것입니다. 가장 의로운 자가 멸망당할 죄인이라면 그것 보다 수십 배 수백 배 악한 자는 비록 자기 자신은 느끼지 못할지라도 죄인이 되는 것입니다.

선생님이 90점 밑으로 때리기로 작정하고 8-90점부터 때리기 시작하면 50점짜리는 자동적으로 터지게 되어 있는 것입니다. 이스라엘 백성들이 가나안 땅에서 죄인으로 정죄되고 거기서 쫓겨났다면 가나안 땅을 밟아 보지도 않은 모든 민족은 자동적으로 죄인이 되는 것입니다.

오늘 우리들이 오해하기 쉬운 것이 무엇입니까? 복음은 거저 주는 것이니까 언제든지 내가 원하기만 하면 믿을 수 있다는 생각입니다. 그러나 이것이 그렇게 생각만큼 쉬운 것이 아닙니다.

왜냐하면 율법이 실패한 것을 복음이 하기 때문입니다. 사람들은 오로지 천국에 가느냐 지옥에 가느냐만 관심을 가집니다. 물론 우리에게 중요한 것은 지옥에 가지 않고 천국에 가는 것입니다. 그러나 이 문제가 그렇게 간단한 것이 아닙니다. 왜냐하면 하나님께서는 천국에 넣는 것이 중요한 것보다 이 세상에서 우리가 이 몸을 가지고 하나님의 뜻에 순종하는 것을 원하시기 때문입니다. 삶으로 나타나는 기독교가 참된 기독교이기 때문입니다. 율법은 모범답안입니다. 사람들은 이 모범답안을 가지고 할 수 있었던 것이 아무것도 없었습니다. 인간이 완전해져야 하나님의 뜻을 이루어드린다면 아무도 그렇게 할 수 있는 사람이 없습니다.

복음이 무엇입니까? 하나님께서 우리가 완전하지 않아도 일단 완전하다고 가정하시고 성령을 우리에게 주셔서 하나님의 뜻대로 살게 하신 것입니다. 물론 우리는 완전하지 않습니다. 하나님께서는 완전한 것을 바라시지도 않으십니다. 그러나 불완전하지만 한 번 비틀거리면서 해 보라는 것입니다. 그렇게 할 때 복음이 복음이 되는 것입니다.

하나님께서는 우리에게 모든 율법을 다 지키라고 말씀하시지 않습니다. 나머지는 모두 하나님께 맡겨 놓고 무엇이든지 사랑으로 할 수 있는 것이 있으면 해 보라는 것입니다. 지금까지 우리는 정욕으로 살아왔습니다. 이제는 하나님을 사랑하는 마음으로 또 이웃을 사랑하는 마음으로 무엇이든지 해 보라는 것입니다. 우리의 삶 전체가 율법을 지킬 것 들입니다. 어떤 것 한두 가지 정해 놓고 지키라는 것이 아닙니다. 무엇이든지 좋으니까 사랑의 동기로 해 보라는 것입니다. 그것이 율법이고 선지자입니다.

처음에는 아주 작은 것부터 해 봅니다. 마치 걸음마와 같습니다. 그러나 이렇게 실천하는 사람은 늘 걸음마만 하지 않습니다. 처음에 자전거를 탈 때에는 비틀거리지만 어느 순간부터 능숙하게 타기 시작합니다. 그때부터는 자기 자신이 모범답안을 가지고 있는 것입니다.

갈라디아서 강해 14

믿음이 온 이후

갈 3:23-29

'사운드 오브 뮤직'은 아주 감동적인 뮤지컬 영화입니다. 그런데 이 영화를 더 감동적으로 만드는 것은 배경입니다. 오스트리아에 독일군이 밀려오고 그래서 그들이 원치 않은 징용을 강요합니다. 그래서 맨 나중에 주인공 대령은 가족들을 이끌고 극적으로 도망을 쳐서 알프스 산맥을 넘어 자유의 땅으로 넘어갑니다. 그 산만 넘으면 자유입니다. 이제 더 이상 쫓길 필요도 없고 하기 싫은 일을 강요당할 필요가 없습니다. 이제 자기가 진정으로 하고 싶은 일을 하면서 살아가면 됩니다. 식구들이 다 함께 자유를 찾아서 알프스 산맥을 넘어가는 것으로 그 영화는 마치고 있습니다. 일단 한 번 자유를 찾고 난 후에는 옛날 쫓길 때의 스릴이 그립다고 다시 그 산맥을 넘어갈 사람은 없을 것입니다.

사도 바울 시대의 사람들은 엄청난 시대적인 변화를 경험하고 있었습니다. 그것은 우리들은 도저히 이해하기 어려운 엄청난 변화였습니다. 그것은 놀랍게도 그들의 마음에 한없는 자유가 주어진 것입니다. 이제는 더 이상 무엇에 쫓기거나 강요받지 않아도 살 수 있게 되었습니다. 무엇이 그들의 마음에 진정한 자유를 가져다주었습니까? 그것은 복음이었습니다.

그들이 지금 생각하는 것은 이것이 무엇인가 잘못된 것이 아닌가 하는 것입니다. 늘 매 맞고 터져야 정상인데 이제는 아무도 정죄하는 것이 없습니다.

예를 들어, 매일 매를 맞고 지내는 사람은 하루라도 매 맞지 않으면 오히려 더 불안한 법입니다. 그들은 하루라도 정죄 받지 않고 지내던 날이 없었습니다. 그런데 복음을 믿고 난 후에는 그 무서운 정죄 의식이 없어져 버린 것입니다. 그러니까 오히려 이것이 더 이상한 것 같습니다. 과연 이래도 되는가 하는 생각이 들면서 그들은 오히려 정죄를 받는 것이 더 편한 것 같고 오히려 더 겸손한 것처럼 생각해서 율법 밑으로 들어가려고 하고 있습니다.

아주 오래 전 어떤 분을 알게 되었습니다. 이 분은 아주 가난하게 자랐고 고생을 많이 해서 자수성가한 사람입니다. 자동차가 필요해서 계약을 했습니다. 그 자동차는 좀 좋은 것이었습니다. 그러나 그는 그때부터 불안했습니다. 왜냐하면 무엇인가 잘못되고 있는 것 아니냐 하는 불안한 마음이 들었기 때문입니다. 그는 늘 가난했습니다. 늘 궁핍했습니다. 그러다가 이제 아주 좋은 차를 사게 되었습니다. 그러니까 불안한 것입니다. 나는 늘 욕을 얻어먹어야 하고 늘 어려워야 하는데 과연 내가 이래도 되느냐 하는 것입니다. 그래서 결국 그분은 그 계약을 취소하고 그것보다 낮은 등급의 차를 구입하게 되었습니다.

이 당시 교인들은 어떤 사람들입니까? 그들은 양심의 자유라는 것을 알지 못했던 자들입니다. 늘 정죄 당했고 늘 죄책감으로 고통을 받아야 했습니다. 한 번도 마음이 편안할 때가 없었습니다. 그러다가 갑자기 엄청난 자유가 주어진 것입니다. 그들이 느낀 것이 무엇입니까? 과연 우리가 이래도 되느냐 하는 것입니다. 불안합니다. 아무도 욕하는 사람 없고 이렇게 잘살게 되면 금방 타락할 것 같습니다. 그래서 그들은 어떻게 했습니까? 너무나도 겸손하게 옛날의 그 노예 상태로 다시 돌아가기로 결심한 것입니다. 산을 넘고 넘어서 자유의 세계로 왔습니다. 그러나 자유의 세계에 와보니까 분명히 이렇게 많은 자유가 주어지면 타락할 것 같습니다. 그래서 어떻게 합니까? 겸손하게 넘어왔던 산을 다시 넘어가서 옛날의 무서운 압제 밑으로 다시 들어가는 것입니다.

사도 바울이 말씀하는 것이 무엇입니까? 그것은 겸손이 아니라는 것입니다. 그것은 결코 경건이 아니라는 것입니다. 그것은 비겁한 것이며 결국 자기 자신을 포기하는 것과 같다는 것입니다. 자유가 주어졌으면 그것을 잘 사용하면 되는 것이지 이것을 타락이라고 생각해서 과거의 노예 상태로 돌아가는 것은 어리석은 짓입니다.

이것은 복음에 있어서도 마찬가지입니다. 복음을 들으면 반드시 두 가지 반응이 나타납니다.

하나는 복음이 자유니까 마음대로 내 욕심을 채우면서 살자는 것입니다. 이 사람은 복음 자체를 잘못 들은 것입니다. 복음을 잘못 들었을 때 나타나는 대표적인 경우이며 이런 것을 바울은 십자가의 원수라고 말을 합니다. 그러나 어떤 사람은 복음을 듣고 그 안에 있는 자유에 불편해 합니다. 이렇게 편하게 믿으면 틀림없이 타락할 것 같습니다. 어떤 경우에는 강요받지 않으니까 옛날보다 더 기도도 하지 않는 것 같고 남을 위해서 사는 것 같지도 않습니다. 그러나 다른 한편으로 이런 생각이 듭니다. 이런 자유가 위험하지 않은 것은 아니지만 잘만 사용하면 더 유익할 수 있겠다는 생각이 들면서 더 이상 과거로 돌아가지 않는 것입니다.

믿음이 오기까지

사실 우리의 믿음 안에는 엄청난 양심의 자유가 들어 있습니다. 지금 이방인 교인들은 바로 이 엄청난 양심의 자유 때문에 불안해하고 있는 것입니다. 사도 바울은 어떻게 해서 이 양심의 자유가 우리에게 주어지게 되었는지 설명을 하고 있습니다. 그것을 다음과 같은 표현으로 나타내고 있습니다. 그것은 '믿음이 오기까지' 라는 말입니다.

23절 믿음이 오기 전에 우리가 율법 아래 매인바 되고 계시될 믿음의 때까지 갇혔느니라

여기서 사도 바울은 먼저 자기 같은 유대인들을 예를 들어서 설명하고 있습니다. 여기서 '우리' 라고 하는 것은 이방인들이 아닙니다. 바울 같은 유대인들을 말합니다.

여기서 '믿음이 오기까지' 라고 하는 것은 이 같은 '믿음의 시대가 도래하기까지' 라는 뜻입니다. '우리들이 이런 식의 믿음으로 하나님께 받아들여지는 시대가 열리기까지' 라는 뜻입니다.

율법으로 하나님께 나아갔던 유대인들은 어떤 상태에 있었습니까?

'율법 아래 매여 있었고 율법 아래 갇혀' 있었습니다. 그들은 아무것도 스스로 할 수 없는 정신적인 노예였습니다.

이것을 바울은 그 당시 흔히 이루어지고 있었던 아이들의 훈육 제도를 예를 들어서 설명했습니다.

24절 이같이 율법이 우리를 그리스도에게로 인도하는 몽학 선생이 되어 우리로 하여금 믿음으로 말미암아 의롭다 함을 얻게 하려 함이니라

여기서 특별한 것은 '몽학 선생' 이라는 표현입니다. 이것은 사전에도 없는 말입니다. 제가 보기에는 번역하는 과정에서 중국어 성경에서 본딴 것 같습니다.

한때 중국은 몽고의 지배를 받은 적이 있습니다. 그러나 중국 사람들

은 자존심이 강해서 몽고의 풍습이나 몽고의 말을 싫어했습니다. 그러나 몽고의 지배를 받고 있기 때문에 몽학을 배우지 않을 수 없었습니다. 배우기 싫어하는 아이들에게 몽학을 가르쳐야 하니까 얼마나 그 선생이 무서웠고 엄했겠습니까? 예를 들어, 우리나라가 일제 식민지 아래 있을 때 일본어를 가르치는 선생이 얼마나 무서웠겠습니까? 그것과 마찬가지입니다.

이 당시 아이들을 가르치는 노예가 있었습니다. 신분은 노예지만 무식한 사람이 아닙니다. 단지 무엇이 잘못되어 노예가 되었을 뿐입니다. 아버지는 자기 자식들의 교육을 이런 노예들에게 맡겼습니다. 맡기면서 하는 말이 무엇입니까? '죽지 않을 정도로만 때려서라도 사람을 만들어 달라'는 것입니다. 그래서 주로 하는 것이 매 맞는 것입니다. 조금이라도 게으르거나 무엇을 잘못하면 가차 없이 처벌의 채찍이 날아왔습니다. 아들이 아니라 완전히 노예보다 더 했습니다. 차라리 노예는 휴식이 있고 자유가 있지만 교육을 받는 아들에게는 휴식도 없고 자유도 없었습니다. 이렇게 무섭게 때리고 훈육하는 교사가 바로 몽학 선생입니다. 하기 싫은 것을 억지로 하게 하는 것이 몽학 선생이 하는 것입니다.

사도 바울이 말하는 것이 무엇입니까? 참으로 이 복음이 오기까지 그들은 진정으로 무엇인가 원해서 해본 적이 없다는 것입니다. 모든 것을 억지로 하기 싫은데 강요받았던 것입니다.

그들의 양심은 한 번도 제대로 쉬어본 적이 없다는 것입니다. 늘 부족하고 늘 게을렀습니다. 하나님을 위해서는 무엇인가 더 해야 하고 좀 더 잘 해야 한다는 강박 관념에 시달렸습니다. 율법의 지배의 특징을 한마디로 잘 나타내는 것이 바로 강박관념입니다. 항상 무서운 양심의 회초리가 따라 다녔습니다.

아무리 잘해도 잘했다고 하는 것이 없었습니다. 항상 부족하고 항상 게으르고 항상 추악했습니다. 그러나 복음이 온 후 바울은 참된 양심의 자유가 무엇인지 알게 되었습니다.

이것은 비단 유대인들만이 아니었습니다. 모든 사람들이 참으로 이 믿음의 법을 배우기까지는 용서라고 하는 것을 알지 못합니다.

어떤 아이는 엄마에게 인정을 받기 위하여 열심히 피아노를 연습해서 연주를 했습니다. 피아노 연주는 성공이었습니다. 그러나 연주를 마치고 나올 때 엄마가 한 말이 무엇입니까? "너는 도대체 어떻게 되어 먹은 아이니? 연주 내내 속치마를 보이게 하다니 창피해서 혼났다"는 책망입니다. 이 아이가 늘 가지고 있는 것이 무엇입니까? 강박관념입니다. 엄마를 만족시키기 위해서는 무엇인가 특별해야 한다는 것입니다. 나보다 연주를 더 잘 아이가 있다면 그 아이를 다치게 해서라도 내가 가장 잘 연주해야 엄마에게 인정받는다는 강박관념입니다. 이 엄마는 엄마가 아니라 훈육 주임이 되는 것입니다. 사실 우리에게 이 믿음의 법이 오기 위해서는 두 가지 산을 넘어야 합니다.

하나는 예수 그리스도께서 십자가 위에서 나를 대신하여 죽으셔야 합니다. 이것이 없으면 믿음은 오지 않습니다. 그리고 다른 하나는 무엇입니까? 그 소식이 나에게 들려야 하고, 나에게 적용되어져야 합니다. 하나는 역사적으로 이 일이 이루어져야 하고 다른 하나는 주관적으로 나에게 이것이 들려져야 하고, 믿어져야 합니다. 복음의 소식은 아주 험한 산 두 개를 넘어서 나에게 온 것입니다. 만일 이것을 부정하려면 다시 두 개의 산을 넘어가야 합니다.

믿음의 법이라고 하는 것은 하나님의 용서를 말합니다. 우리가 하나님의 용서를 참으로 체험하기까지 그리스도께서 죽으셔야 하고 또 그 사실이 나에게 전해져서 믿어져야 합니다.

그러나 사람들은 이상합니다. 갑자기 이런 자유가 주어지면 이것을 바로 사용하기 보다는 한편으로는 이기적인 욕심을 위하여 이것을 남용하는가 하면 다른 한편으로 이 자유를 부담스러워 하고 이것을 제대로 사용하지 못하는 것입니다.

누구든지 예수를 믿으면 갑자기 주어진 자유에 혼동을 겪습니다. 하나님을 기쁘게 하기 위해서는 무엇인가 좀 더 특별한 봉사를 해야 할 것 같은 강박관념 때문에 자신의 신앙이 이상한 것 같습니다. 나태해질 때도 있습니다. 자유가 주어졌기 때문에 더 기도를 하지 않게 되기도 합니다. 그럴 때 무슨 충동이 듭니까? 나를 꽉 잡아주는 아주 강한 훈육 선생이 있으면 좋겠다는 것입니다. 끝없이 자유분방해지는 나를 더 이상 타락하지 않게 꽉 잡아주는 아주 강한 체계가 있었으면 좋겠다는 것입니다. 그래서 사람들은 이 자유를 잘 누리지 못합니다.

믿음이 온 이후

사람의 생애에 있어서 가장 중요한 변화는 그에게 믿음이 온 것입니다. 사도 바울은 믿음이 오면 어떻게 되는지 우리에게 설명을 해 주고 있습니다.

25, 26절 믿음이 온 이후로 우리가 몽학 선생 아래 있지 아니하도다. 너희가 다 믿음으로 말미암아 그리스도 예수 안에서 하나님의 아들이 되었으니

복음을 듣고 믿기까지 사람은 진정한 자유라고 하는 것이 무엇인지 알지 못합니다.

사도 바울이 이야기 하는 것은 유대인들만 몽학 선생 밑에 있었다는 것이 아닙니다. 이것은 모든 사람들이 다 그렇다는 뜻입니다. 부인들은 어떻습니까? 진정으로 복음을 듣기까지 자신의 소중함을 알지 못합니다. 복음이 없는 곳에는 여자들의 인격이 철저하게 무시당하는 것은 이상한

것이 아닙니다. 여자들은 한 가문을 위하여 존재합니다. 한 번 시집을 가면 거기서 죽으라고 합니다. 그래서 한평생 엄한 시어머니와 가문의 법도 아래서 종노릇합니다. 한평생 자기라고 하는 것을 모릅니다. 모든 것을 운명으로 받아들입니다. 죄라면 여자로 태어난 것이 죄이며 이런 집에 시집 온 것이 죄입니다. 모든 것이 다 팔자 소관이지요. 그러나 복음을 듣고 나면 어떻게 됩니까? 그때 처음으로 내가 가치 있는 인격체라는 것을 깨닫습니다. 모든 것이 운명이요 죄인 줄 알았는데 나를 죽기까지 사랑하신 하나님의 아들이 있다는 것을 깨닫게 됩니다. 바로 이것은 아주 큰 산맥을 넘어서 자유의 세계로 들어오는 것과 같습니다.

학생들은 어떻습니까? 학교의 방침은 할 수 있는 대로 아이들을 풀어 놓지 않는 것이 방침입니다. 왜냐하면 풀어 놓으면 사회문제 밖에 되지 않기 때문입니다. 그래서 학생들이 원하든 원치 않던 밤 열시 열한시까지 붙들어 매어놓습니다. 왜냐하면 그 방법 밖에 없기 때문입니다. 풀어 놓으면 오토바이를 타고 온 거리를 쏘다닐지 모르니까 입시라고 하는 엄한 몽학선생 밑에 매어 놓는 것입니다. 자기가 원해서 대학을 들어가려고 하는 것이 아닙니다. 뭐가 뭔지도 모르고 들어가려고 합니다. 그러다가 복음을 듣습니다. 그러면 무엇을 깨닫습니까? 내가 한 인격체라는 것을 깨닫습니다. 내가 소중한 것을 스스로 선택해서 할 권리가 있다는 것을 알게 됩니다. 그것은 마치 큰 산맥을 넘어오는 것과 같습니다.

그래서 복음이 오기까지 유대인들만이 아니라 하나님께서 온 세상을 엄한 통치 밑에 두셨습니다. 그렇게 하지 않으면 인간은 모두 자기 마음대로 하려고 하기 때문에 너무 빨리 타락을 해 버려서 도저히 복음으로도 건질 수 없게 됩니다.

사람이라고 하는 존재는 참으로 이상합니다. 자기 하고 싶은 대로 다 하게 하면 더 이기적이 되고 더 자기 마음대로 하려고 합니다. 그러나 누군가가 아주 강하게 훈련시키고 압제하면 더 순수하고 온순해집니다. 그것은 속에 있는 죄성을 나타낼 수 있는 기회가 별로 없기 때문입니다.

사도 바울이 생각하는 것은 처음부터 복음이 주어졌다면 사람들은 그 강팍한 마음 때문에 절대로 복음을 받아들이지 않았을 것이라는 것입니다. 그러나 율법 아래서 너무나도 심하게 정죄되고 훈련되니까 복음의 가치를 알겠더라는 것입니다. 이것은 이방인들에게도 마찬가지였습니다. 복음이 오기 전까지 그들은 강한 사람의 지배 아래서 신음했습니다. 그러니까 속에 있던 단단한 껍질이 깨어져서 자신의 부족을 알고 이 복음에 전적으로 복종하는 것입니다.

우리나라가 복음을 받아들일 때를 생각해 보면 그때 나라 전체가 가난하고 비참했습니다. 지방에는 탐관오리들이 농민들을 착취하고 강대국들은 우리나라를 지배하기 위하여 호시탐탐 노리고 있었습니다. 그런 때, 하나님께서 우리를 사랑하셔서 아들을 주셨다는 이 복음은 복음 중의 복음이었습니다. 그리고 순수한 마음으로 이 복음을 받으니까 수많은 기적들이 일어났고 사람들은 자신의 소중함을 되찾게 되었습니다. 그리고 아무도 자기에게 관심을 가져주지 않는 그때에 하나님께서 나를 사랑하셔서 아들까지 죽게 하셨다는 말을 들을 때 그들은 누군가가 자기를 사랑해 준다는 그 사실에 감격했던 것입니다.

그러면 사람이 복음을 듣고 그것을 믿음으로 받아들이게 되면 어떻게 됩니까? 그는 더 이상 몽학선생 밑에 있지 않습니다. 무슨 말인가 하면 어떤 사람이 믿음을 가질 때 그는 단순히 어떤 교리를 믿는 이상의 의미가 그에게 생겨나게 된다는 것입니다. 그것이 무엇입니까? 무언가 옳은 것을 스스로 택할 수 있는 자유의 의식이 생긴다는 것입니다.

우리가 복음을 믿어도 어쩌면 당장에는 외적으로는 전혀 변화가 생기지 않을 수도 있습니다. 그러나 우리의 마음속에 어떤 강박관념은 없어집니다. 그것은 하나님 앞에서 옳다는 인정을 받기 위해서는 무지하게 봉사하고 헌신해야 하는 것이 아니라, 무엇인지 현재 상태에서 내가 양심으로 옳다고 판단되는 것을 하면 된다는 것입니다. 믿음이 오기 전에는 어떻습니까? 하나님께 인정을 받으려면 모든 것을 다해야 합니다. 찬양도 해야 하고 봉사도 해야 하고 구제도 해야 합니다. 그리고 최종적으로는 내 자신을 순교의 제물로 바쳐야 합니다. 그래서 조금이라도 기도가 부족하면 자기 자신을 채찍질을 해야 하고 또 그렇게 해 주는 사람이 있으면 너무나도 고맙습니다. 그러나 그것은 강박관념입니다.

사람은 죄성을 가지고 있기 때문에 완전할 수가 없습니다. 그러나 믿음이 오기까지는 조금이라도 음란한 생각을 하면 그렇게 자기 자신을 질책할 수가 없습니다. 자기 속에 있는 이기적인 생각에 대해서도 견디지 못하고 스스로를 학대합니다. 그것이 무엇입니까? 강박관념이지요.

그러나 믿음이 오면 그렇지 않습니다. 하나님께서 나를 사랑하신다는 것을 믿습니다. 그리고 자기 자신은 절대자가 아니라는 것도 인정합니다. 그러면 어떻게 해야 합니까? 지금 이 상태에서 하나님께서 기뻐하시겠다고 생각되는 작은 것을 합니다. 때로는 이것마저도 못할 때가 있습니다.

무엇이 틀립니까? 이것은 엄청난 차이입니다. 강박관념으로 무엇인가를 할 때 결국 항상 사람을 의식하게 되어 있습니다. 누군가가 알아주고 인정해 주는 것이 중요합니다. 그러나 믿음 안에서 내가 원해서 할 때에는 내가 얼마나 부족한지 잘 압니다. 그러니까 자랑할 것이 아무것도 없습니다. 그냥 기쁨으로 작은 것을 실천할 따름입니다.

이것이 무슨 차이가 있습니까? 여러분, 강박관념으로 무엇인가를 해야 잘 할 수 있고 큰 것을 할 수 있습니다. 그러나 그것은 주님이 주시는 마음으로 하는 것이 아닙니다. 결국 이것은 자기 자신을 사람들 앞에서 인정받으려고 하는 것 밖에 되지 않습니다. 하나님은 자기 상을 이미 받았다고 말씀하십니다. 그러나 기쁨으로 하는 것은 인정받으려고 하는 것이 아닙니다. 아주 작은 것을 실천했을 뿐입니다. 그래서 오히려 부끄럽고 미안할 뿐입니다. 어느 것이 큽니까?

분노로 한 번 크게 무슨 일을 하는 것보다, 부족하지만 기쁨으로 하나님께 순종하는 것이 결과적으로 비교할 수 없을 정도로 크게 남게 되어 있습니다. 마치 예수님께서 만드신 떡의 부스러기만 모아도 열두 광주리가 되는 것과 같은 것입니다. 결국 믿음이 온다는 것은 스스로 모든 것을 분별해서 할 수 있는 자유가 주어진다는 뜻입니다.

이것은 결국 그리스도 예수 안에서 하나님의 아들이 된다는 것입니다.

물론 율법 아래서 강요에 의해 무엇인가를 하면 많은 일들을 할 수 있을 것입니다. 그러나 그것은 노예가 한 것입니다. 하나님께서 원하시는 것은 노예가 하는 일이 아니라 아들이 하는 일입니다. 강요되어서 어쩔 수 없어서 하는 것이 아니라 자기 스스로 판단해서 이것이 옳고 정당하기 때문에 기쁨으로 하는 것을 기뻐합니다.

믿음이 오면 우리에게 혼란이 옵니다. 왜냐하면 더 이상 나에게 무엇을 하라고 강요하는 사람이 없기 때문입니다. 우리는 모두 죄성을 가지고 있기 때문에 그런 강요되는 것이 없으면 아무것도 하려고 하지 않습니다. 아직 우리에게는 몽학선생이 필요하지 않을까요?

그래서 복음이 분명하게 밝혀질 필요가 있습니다. 복음이 분명하지 않으면 사람들은 자신의 죄성때문에 복음을 남용하기가 쉽습니다. 한 번도 몽학선생 밑에서 양심의 억압을 받아 본 적이 없는 사람이 자기 스스로 자유를 선언하고서 방종하는 삶을 사는 것입니다.

그래서 복음은 인간의 죄성을 철저하게 밝혀주어야 합니다. 오늘 많은 교인들이 죄 설교를 듣는 것을 싫어합니다. 교회에 와서 위로나 받고 복이나 받으려고 합니다. 그러나 바로 이런 생각이 교회를 죽이는 것입니다. 복음은 자유를 선언하기 이전에 우리 안에 있는 죄성을 철저하게 드러내어야 합니다. 우리 자신에게는 아무 소망이 없고 우리 자신을 십자가에 못 박기 이전에는 아무런 소망이 없다는 것을 보여 주어야 합니다. 그렇지 않고 교회에 나오기만 하면 마음껏 방종하는 삶을 살아도 된다고 하는 것은 일종의 새로운 면죄부입니다.

'하나님은 사랑이시다'고 하면서 교회에 나오기만 하면 모든 것이 다 잘 된다고 가르치는 것은 복음이 아닙니다. 복음은 무엇입니까? 하나님의 아들이기 때문에 더 이상 강요되어서가 아니라 이것이 옳기 때문에 하는 것입니다. 물론 사람은 모두 죄인이기 때문에 충고나 제재가 전혀 필요없다는 뜻은 아닙니다. 그러나 궁극적으로는 자기가 원해서 하는 것을 하나님은 기뻐하십니다.

그래서 무엇이라고 말씀하고 있습니까?

27절 누구든지 그리스도와 합하여 세례를 받은 자는 그리스도로 옷 입었느니라

옛날에는 몽학선생의 지도 밑에서 엄격한 훈련을 받다가 성인이 되면 옛날의 그 아이의 옷을 벗기고 새 옷을 입혀 주었습니다. 이 새 옷을 입는다고 하는 것은 마치 훈련소에서 훈련을 받고 있는 훈련생과 장교복을 입은 사람의 차이와 같습니다. 막강한 자유와 권리가 주어집니다.

예수를 믿고 세례를 받는 사람은 이 모든 과거의 노예 생활을 청산하고 새로운 지위를 얻는 것과 같습니다. 그런데 어떤 새 옷을 입습니까? 그리스도라는 새 옷을 입습니다.

참으로 놀라운 표현입니다. 우리는 그리스도로 옷 입는다는 말을 처음 듣습니다. 어떻게 그리스도로 옷을 입을 수 있습니까? 그리스도로 옷을 입는다는 것은 우리가 그리스도 같은 지위와 신분을 하나님 앞에서 얻는다는 뜻입니다. 하나님께서 우리를 보실 때 그리스도와 같이 보십니다.

왜냐하면 그리스도로 옷을 입었기 때문입니다. 이것은 우리에게 두 가지 의미를 가집니다.

하나는 하나님 앞에서 우리의 권리가 그리스도와 같다는 것입니다. 이것은 참으로 하나님 앞에서 존귀한 자가 되는 것입니다. 하나님께서는 우리를 보실 때에 우리의 성격 하나를 보시지 않습니다. 우리가 행한 그 많은 죄들을 보시지 않습니다. 오직 그리스도의 의로운 순종을 보시고 우리를 기뻐하십니다. 우리가 속에는 죄성이 있지만 하나님께서는 우리를 보실 때에 그리스도만 보시기 때문에 우리를 여전히 사랑하십니다. 그 대신 우리를 늘 그리스도로 옷 입고 있어야 합니다. 다른 옷을 입으면 안 됩니다.

예를 들어, 과거에 입던 자기 자랑의 옷을 입거나 가문의 옷을 입거나 다른 옷을 입으면 나라는 존재 자체가 하나님 앞에서 전혀 인정을 받을 수 없습니다.

다시 말해서 예수님의 옷은 한 번 입으면 절대로 벗어서는 안 됩니다. 이것은 죽을 때까지 입고 있어야 하며 언제 어디서나 누구를 만나든지 입고 있어야 합니다. 다시 말해서 내가 그리스도인이며 그리스도의 뜻대로 행할 수밖에 없는 자라는 사실을 늘 밝히고 살아야 합니다. 이것은 입고 싶을 때는 입고, 벗고 싶을 때는 벗을 수 있는 그런 옷이 아닙니다. 변장을 잘 하는 사람들은 여러 가지 옷을 두고서 이럴 때는 이런 옷을 입고 저런 때는 저런 옷을 입습니다. 그러나 그리스도인들은 언제나 그리스도인일 뿐입니다. 언제나 그리스도를 의지하고 그리스도인으로서 다른 사람들을 만나야 합니다. 급할 때에는 그리스도의 옷을 벗고 '예수님 잠깐만 계십시오' 하고 한바탕 내 방식으로 하고 난 후 다시 예수님의 옷을 입는 방식으로 살아서는 안 됩니다.

놀라운 자유 선언

오늘 본문에는 이 고대에 도저히 상상할 수 없는 놀라운 자유 선언을 선포하고 있습니다.

28절 너희는 유대인이나 헬라인이나 종이나 자주자나 남자나 여자 없이 다 그리스도 예수 안에서 하나이니라

이 당시에 어느 누구도 유대인과 이방인이 하나가 될 수 있을거라고 생각한 사람들은 없었습니다. 더욱이 자유인과 노예가 어떻게 같다고 할 수 있습니까? 어떻게 자유인과 노예가 한 식탁에서 밥을 먹을 수 있습니까? 이 당시 사람들의 생각에 어떻게 남자가 여자와 같을 수 있습니까?

그러나 누구든지 이 복음을 믿는 자는 유대인이나 이방인이나 자유자나 노예나 남자나 여자가 모두 하나라고 선언하고 있습니다. 지금까지 이 세상에 많은 선언이 있었지만 이 갈라디아서에서 사도 바울이 선포하는 이 선언보다 더 위대한 선언은 없을 것입니다.

지금에 와서는 이 모든 것이 당연하게 받아들여지고 있습니다. 그것은 복음의 능력입니다. 그러나 이 당시에는 인간이라고 해서 다 같은 인간이라고 생각하는 사람이 없었습니다. 인간이기는 하지만 수많은 질로 나뉘어져 있었고 이것은 서로 하나가 될 수 없는 것이었습니다.

그러나 복음은 모두 하나라고 선언하고 있습니다.

여러분, 사회의 여러 가지 계급들은 다 그 사회가 필요에 의해서 만든 것입니다. 그런 식으로 사람을 차별하지 않으면 사회가 유지되지 않기 때문입니다. 그러나 복음이 이야기 하는 것이 무엇입니까? 사회는 스스로의 필요 때문에 사람을 여러 층으로 나누었을지 몰라도 하나님 앞에서

는 모두 다 같은 죄인이며 아무런 차이가 없다는 것입니다. 그래서 누구든지 그리스도 안에 있으면 적어도 하나님은 아무런 차별을 하시지 않습니다. 하나님은 유대인이라고 해서 더 은혜를 주시거나 헬라인이라고 해서 차별하시지 않습니다. 남자라고 해서 더 큰 축복을 주시거나 여자라고 해서 덜 축복하시는 것이 아닙니다. 하나님 앞에서는 노인이나 아이나 남자나 여자나 다 똑같은 한 영혼입니다. 그리스도 안에 있으면 모두 이 자유의 영이 그 속에 있습니다. 그래서 강요되지 않은 상태에서 스스로 하나님을 기쁘시게 하는 삶을 살 수 있습니다.

그런데 오늘 문제가 무엇인가 하면 그리스도인들만 자유를 얻은 것이 아니라 모든 사람들이 다 자유를 누리고 있다는 사실입니다. 옛날에는 유대인이나 헬라인이나 남자나 여자나 자유인이나 노예가 다 같다는 것은 교회 안에만 통했습니다. 그러니까 교회는 별천지였습니다.

옛날에 누가 노예를 형제라고 부릅니까? 그러나 교회에 가면 노예도 형제이고 백정도 형제입니다. 여종들도 자매입니다. 이방인들로 형제들입니다. 세상에 이런 데가 어디 있습니까? 그래서 정말 교회는 압제받고 가난한 자들에게는 아름다운 곳이었습니다. 교회에 가면 천국을 느낄 수가 있었습니다. 그러나 지금은 모두 다 똑같아져 버렸습니다. 이제는 노예도 없고 자유인도 없습니다. 다 똑같은 자유 시민입니다. 남자와 여자도 취직하는 데는 차이가 있는 것 같지만 그래도 많이 좋아졌습니다. 유대인과 헬라인 사이의 차이는 없지만 우리나라에서 외국인 근로자들이나 자국민 사이의 차이는 여전히 남아 있지만 그래도 많이 자유로워진 편입니다.

요즘은 세상이 천국 같습니다. 오히려 교회가 지옥 같은 느낌이 들 때가 있을 것입니다. 에어컨도 없이 예배를 오래 드리면 지옥 같은 느낌이 들 것입니다. 확실히 세상이 달라졌습니다. 옛날에는 어린이들이 교회에 올 수밖에 없었던 것은 교회 외에는 그렇게 재미있는 곳이 없었습니다.

그러나 지금은 교회가 가장 재미없는 곳이 되어버렸습니다. 그 이유가 무엇입니까?

하나님께서 이 세상 사람들을 확 풀어 놓으신 것입니다. 옛날에는 몽학선생으로 붙들어 놓아서 복음으로 오게 하셨습니다. 그러나 이제는 마치 댐이 터지듯이 사람들은 억눌린 모든 것으로 부터 스스로 자유를 얻어 버렸습니다. 그래서 이제는 몽학선생이 없어져 버렸습니다. 몽학선생이라도 있어야 억눌린 것에서 해방을 체험할 텐데 이제는 이미 자유를 얻었는데 무슨 자유가 또 필요합니까? 이제는 교회에 오지 않아도 돈만 많이 벌면 사장님 소리도 듣고 명예도 얻을 수 있는데 무엇 때문에 교회에 옵니까? 옛날 청소년들은 교회 이외에는 그런 인격적인 대우를 받을 수 있는 곳이 없었습니다. 그러나 이제는 세상이 더 재미가 있습니다. 대학만 들어가면 거의 무제한의 자유가 주어집니다. 그러니까 이 바울의 자유 선언이 무색한 것입니다. 사실 이 바울의 자유 선언에서부터 세상은 바뀌기 시작했습니다. 그러나 지금은 너무 자유롭게 되어버렸습니다. 그래서 예수 믿기가 참으로 어려운 세상이 되어버렸습니다.

하나님께서 이토록 사람들을 풀어 놓으신 이유가 어디에 있겠습니까? 제 생각으로는 마지막 때가 다 되었기 때문이라고 생각합니다. 그래서 이제는 몽학선생 같은 것이 없이 누구든지 원하는 자는 오라는 것입니다. 그리고 원치 않는 자는 내버려 두십니다. 옛날에 그렇게 무서운 핍박 가운데도 사람들이 복음을 받아들이고 십자가를 붙들었던 것은 그 안에 진정한 자유가 있었기 때문입니다. 그러나 지금은 인간의 자유 때문에 하나님의 자유가 보이지 않는 것 같습니다. 이것은 아주 무서운 시험입니다. 하나님께서 이제는 인류를 자기가 하고 싶은 대로 하게 내버려 두셔서 그래도 그리스도의 자유가 필요한 자는 오라고 하시는 것입니다. 하나님의 자신감과 아울러 인간의 중심을 시험해 보시는 것입니다. 이렇

때 방종하는 자는 어리석은 자입니다. 자유에 재갈을 먹여서 스스로 삼갈 때 하나님의 은혜가 있을 것입니다.

바울은 최종적으로 무엇이라고 말씀하고 있습니까?

29절 너희가 그리스도께 속한 자면 곧 아브라함의 자손이요 약속대로 유업을 이을 자니라

그리스도의 자유는 자유로 끝나지 않습니다. 그 안에는 엄청난 상급이 있습니다. 어떤 상급입니까? 그것은 우리가 상상할 수 없는 것입니다. 적어도 이 세상에 있는 것은 아닙니다. 하나님께서는 새로 창조된 세상에서 새로운 것을 우리에게 주실 것입니다.

그런데 그때의 존귀와 영광이 모두 같지 않습니다. 그것은 우리 이 세상에서 얼마나 이 자유를 바로 사용했는가 하는데 따라서 결정됩니다. 이 세상은 아주 짧습니다. 그러나 여기서 방종했을 때 영원한 수치와 굴욕의 지위가 주어집니다. 그것은 바뀔 수가 없습니다. 여기서 좀 참고 인내하면 지극히 높은 영광으로 축복해 주실 것입니다. 앞으로 주실 상급을 감추어 놓으신 것도 하나님의 지혜입니다. 그러나 분명히 놀라운 것이 있고 그것이 영원한 것입니다.

갈라디아서
강해 15

아들의 특권

갈 4:1-7

아이들 몇 명이 어울려서 한 친구의 집에 놀러가게 되었습니다. 마침 그 집에는 어른이 안 계셔서 그 집은 완전히 아이들의 세상이 되었습니다. 그런데 어른이 없다고 아이들이 얼마나 심하게 뛰놀았는지 뛰다가 그만 테이블 위에 있는 어항을 떨어트려 깨고 말았습니다. 아이들은 큰 일 났다 싶어서 모두 도망을 치고 말았습니다. 그 집 아이는 깨어진 유리를 치우고 금붕어는 세숫대야에 담아 놓았습니다. 아이들은 도망을 치면서 모두 자기들이 그 집 아들이 아닌 것에 대하여 참으로 다행스럽게 생각을 했습니다. 다른 아이들은 도망을 치면 되지만 그 집 아들은 도망칠 수가 없지 않습니까? 아이들은 도망을 치면서 모두 그 집 아들이 심하게 매를 맞든지 아니면 집에서 쫓겨날지도 모른다고 생각을 했습니다.

물론 그 집 아들은 부모님으로부터 야단을 맞았습니다. 그리고 그것이 전부였습니다. 야단을 맞고 난 후에는 아무 일도 없었다는 듯이 식사를 했고 아버지와 함께 장난을 치면서 놀았습니다. 이것이 바로 아들의 특권입니다. 아들이 아닌 자는 도망을 칩니다. 그러나 아들은 아버지께 나아갑니다.

집에서 일을 시켜도 그렇습니다. 그 집 아들과 고용인 사이에는 근본적인 차이가 있습니다. 고용인은 시간만 되면 정확하게 일을 그칩니다. 또 시간만 나면 쉬려고 합니다. 그러나 아들은 실제로 어떻게 일이 되는지를 보지요. 그리고 일이 되게 하기 위해서라면 시간과 상관없이 일을 합니다. 복음 안에는 자유가 있습니다. 그러나 복음은 자유만으로는 도저히 설명할 수 없는 아주 인격적인 측면이 있습니다.

기독교 안에는 자유가 있습니다. 그러나 자유만이 모든 것은 아닙니다. 그 안에는 하나님께 무한히 가까이 나아가는 친밀함이 있습니다.

어떤 신학자는 종교의 본질이 체험에 있다고 하였습니다. 사실 어떤 의미에서 그 말은 사실일 지도 모르겠습니다. 신앙은 하나님과의 만남이기 때문에 무슨 체험이 있어야 할 것입니다. 그러나 체험도 체험 나름입니다. 두려운 공포의 체험일 수도 있고 아주 따뜻한 만남의 체험일 수도 있습니다. 이스라엘 백성들은 광야에서 하나님을 체험했습니다. 그러나 그 하나님은 아주 무섭고 두려운 하나님이었습니다. 그러나 이제 복음 안에서 하나님께서 우리에게 주신 선물이 무엇입니까?

그것은 아주 친밀하고 가까운 아버지를 만나는 체험입니다.

오늘 본문이 우리에게 말씀하고 있는 것은 우리에게 주어진 것이 얼마나 귀중한 특권인가 하는 것을 말씀하고 있습니다. 그것은 단순한 자유가 아니라 하나님 아버지께 무한히 가까이 나아갈 수 있는 특권입니다.

때가 되기까지

재산이 아주 많은 어떤 부자가 어린 아들을 하나 남겨 두고 죽었다고 합시다. 아버지의 그 모든 재산은 바로 이 하나밖에 없는 아들의 것입니다. 그러나 이 아들은 재산을 마음대로 사용할 수 없습니다. 그 이유는 아직 너무 나이가 어리기 때문입니다. 이렇게 어린 아들에게 재산권을 다 넘겨주면 아이는 이 재산이 얼마나 귀한 것인지 모르고 낭비하거나 아니면 나쁜 사람에게 사기당할 수도 있습니다. 그래서 어떻게 합니까? 아버지가 유언장에 정해 놓은 때가 되기까지 아들은 전혀 재산을 사용할 수 없게 됩니다. 그 대신 그는 후견인과 청지기의 지시를 받아야만 합니다.

1, 2절 내가 또 말하노니 유업을 이을 자가 모든 것의 주인이나 어렸을 동안에는 종과 다름이 없어서. 그 아버지의 정한 때까지 후견인과 청지기 아래 있나니

이것은 누구든지 상식적으로 알 수 있는 당연한 이야기입니다. 어린아이에게 엄청난 재산을 그대로 맡긴다고 하는 것은 그 모든 것을 다 빼앗기라는 말과 같은 것입니다. 이 아들은 지각知覺이 생길 때까지 후견인의 감독 밑에서 세상이 어떤 것인지 좀 더 배워야 합니다.

사도 바울이 이 이야기를 하는 이유가 무엇입니까?

3절 이와 같이 우리도 어렸을 때에 이 세상 초등학문 아래 있어서 종노릇 하였더니

여기서 중요한 것은 세상의 초등학문이라는 것입니다. 세상의 초등학문이라고 하는 것도 몽학선생만큼이나 번역하기 어려운 말인 것 같습니다. 세상의 초등학문이라고 하는 것은 복음이 이 세상에 오기 전에 나름대로 이 세상의 형성이나 인간 문제에 대한 나름대로의 설명들이 있었습니다. 그런 것의 거의 대부분은 신화나 미신 같은 것이었습니다. 물론 학문이라고 말할 수 없는 것들입니다. 학문의 체계를 갖춘 것도 아니고 학문적인 깊이가 있는 것도 아닙니다. 단지 하나님의 말씀이 없을 때 사람

들이 이 세상의 원리에 대하여 나름대로 설명을 하고 또 지켜야 할 어떤 것을 규칙으로 만든 것입니다. 가장 중요한 것이 날이었습니다. 길일이 있고 흉일이 있었습니다. 사람들은 이런 날들을 중요하게 지켰습니다. 거의 대부분이 미신과 관계가 있었습니다. 그 이유는 모든 것이 두려웠기 때문입니다.

우리나라에도 이런 초등학문이 심했습니다. 두 남녀가 결혼을 하는데도 궁합이 맞는지 보아야 합니다. 그래서 출생한 날과 시간 같은 것을 가지고 따집니다. 이사를 해도 마음대로 하지 못하고 길일을 택해야 합니다. 그렇게 하는 이유가 무엇입니까? 사람들은 인간의 운명이 정해져 있다고 믿었기 때문입니다. 그래서 할 수 있는 대로 자연의 섭리를 거스르지 않는 것이 그나마 별 탈 없이 사는 길이라고 믿었습니다.

사도 바울은 여기서 율법을 초등학문이라고 부르고 있습니다. 그것은 율법이 너무나도 변질이 되어서 거의 미신에 가깝게 되어버렸기 때문입니다. 유대인들도 수많은 날들을 지키면서 마치 이런 날들이 어떤 힘을 가지고 있는 것처럼 생각했습니다.

한 예로 천주교를 보면 무수히 많은 성자들의 날이 있습니다. 바로 그렇게 하는 것이 초등학문의 일종입니다. 요즘 청소년들도 초등학문에 빠져 있습니다. 그 대표적인 것 중의 하나가 밸런타인데이나 화이트데이 혹은 백일주 같은 것입니다. 사람들이 이런 날에 민감한 이유가 무엇입니까? 하나님을 모르기 때문입니다. 하나님이 어떤 분이신지 바르게 알기만 한다면 날을 정해 놓고 거기에 무슨 큰 의미를 부여할 필요가 없습니다. 사도 바울은 자기 자신도 때가 되기까지는 세상의 초등학문 아래서 종노릇하면서 지냈다고 고백을 하고 있습니다. 무슨 말입니까? 이런 미신적인 가르침에 매여서 아무것도 하지 못했던 것은 무지 때문이었다는 것입니다. 모르니까 미신의 노예가 될 수밖에 없었고 결국 율법도 미신이 될 수밖에 없더라는 것입니다. 진정한 깨달음이 오기까지 사람들은 미신적이 될 수밖에 없습니다.

우리가 기독교 안에서도 얼마든지 초등학문의 노예가 될 수 있습니다. 예를 들어, 주일 낮 예배는 저녁 예배보다 더 중요하다든지, 아니면 주일 예배를 지키지 않으면 벌을 받을지도 모른다는 생각 같은 것입니다. 우리가 하나님을 모를 때에는 아무래도 나름대로 하나님을 만들어서 생각하게 되어 있고 그 후에는 자기 자신이 만든 규칙에 스스로 얽매이고 마는 것입니다. 성자들의 날이라고 하든지 아니면 다른 규정들은 모두 다 성도들의 유익을 위하여 그리고 영적 훈련을 위하여 만들어 놓은 것입니다. 그러나 결국 진리를 깨닫지 못하니까 미신을 섬기듯이 그런 것들을 섬기게 되는 것입니다. 대표적인 것이 이스라엘 백성들의 안식일이었습니다. 안식일이라고 하는 것은 이스라엘 백성들의 특권이었습니다. 하루를 완전히 일을 하지 않아도 하나님께서는 그들의 먹고사는 문제를 책임져 주시며 안식일만이 아니라 삶 전체를 책임져 주신다는 의미가 들어 있었습니다. 그러나 그들은 안식일을 더 잘지키기 위하여 안식일에는 병원에도 가지 못하고 약도 사용해서는 안되는 안식일의 종이 되고 만 것입니다.

그래서 교회 생활을 하면서 사람들이 신경을 쓰는 것이 무엇인가 하면 전례를 만들지 않으려고 하는 것입니다. 왜냐하면 전례가 한 번 생겨 버리면 사람들의 거의 맹목적으로 그 전례를 따르려고 하기 때문입니다. 그것이 옳은지 어떤지 또 상황은 어떻게 변했는지는 생각하지 않고 무조건 전에도 그렇게 했다는 식으로 추종하게 되기 때문입니다.

이런 것을 볼 때 사람이라고 하는 것이 얼마나 미련한지 모릅니다. 스스로 똑똑한 것 같고 이성적인 것 같지만 실제로는 수많은 부분에서 남들이 하는 대로 합니다.

사도 바울이 이야기하는 것이 무엇입니까? 자기 자신도 그렇게 맹목적으로 신앙생활을 한 때가 있었다는 것입니다. 그러나 이것을 신앙이라고 표현하지 않는 이유는 아무것도 모르고 맹목적으로 열심을 내었기 때문입니다.

그는 자기가 하나님의 아들이라는 것을 믿습니다. 그러나 하나님께서는 때가 될 때까지 아버지께 무한히 나아갈 수 있는 특권을 주시지 않으셨다고 말하고 있습니다. 그 이유가 무엇입니까? 아무것도 모를 때 이 특권을 주면 이것이 아무것도 아닌 줄 알고 내팽개치기 때문입니다.

복음을 듣기 전에 많은 율법적인 지배를 받은 경험이 있는 사람과 그런 경험 없이 전혀 하나님을 모르다가 복음을 들은 사람 사이에는 많은 차이가 있습니다. 아무 경험 없이 복음을 들은 사람은 복음을 시시하게 생각합니다. 복음의 설교를 들을 때 매일 그 소리가 그 소리 같습니다. 그러나 믿는다고 하면서도 율법적인 체제 밑에서 심한 종살이를 해 본 사람은 그 한 마디 한 마디가 그렇게 생생할 수가 없습니다.

본회퍼가 말한 '값싼 은혜'라고 하는 것이 바로 이런 것입니다. 어릴 때부터 아무 제약 없이 신앙생활을 한 사람에게는 복음이라고 하는 것이 값싼 은혜 밖에 되지 않는 것입니다. 복음은 아무것도 아닙니다. 이미 자유를 얻은 사람에게 자유의 선언이 무슨 소용이 있습니까? 그러나 율법의 압제 아래 있고 말도 되지도 않는 초등원리 밑에서 엄청난 노예 생활을 해본 사람은 복음의 자유가 얼마나 소중한지 깨닫습니다.

복음이 오기까지

우리가 복음을 듣고 느끼는 것이 무엇입니까? 왜 복음은 이렇게 늦게 오는가 하는 것입니다.

인류가 타락하고 난후 얼마나 많은 세월이 지난 후에 예수 그리스도께서 오셨습니까? 왜 인류가 타락하자 마자 예수님을 보내어서 모든 사람들을 구원하시지 않고 그렇게 많은 세월이 지나도록 하나님께서는 전 인류를 무지와 미신 가운데 방치 하셨는가 하는 의문입니다.

지금도 아직 복음을 듣지 못한 수많은 민족들이 있습니다. 그들이 복음을 들었을 때 나타내는 반응이 무엇입니까? 처음에는 놀라운 것이지요. 그러나 그 다음에는 '왜 이렇게 늦게 오셨느냐' 하는 것입니다. 우리도 처음 예수 믿을 때에 느끼는 의문이 바로 이것입니다. 우리나라에 복음은 왜 이렇게 늦게 왔으며 왜 하나님께서는 이렇게 긴 세월 동안 복음을 우리에게 비추시지 아니하셨는가 하는 것입니다.

그것에 대하여 사도 바울은 하나님의 때가 있었다는 것입니다.

4절 때가 차매 하나님이 그 아들을 보내사 여자에게서 나게 하시고 율법 아래 나게 하신 것은

우리가 생각하게 되는 것은 왜 하나님께서는 그리스도를 이렇게 늦게 보내셨는가 하는 것입니다. 얼마나 오랫동안 인간들은 무지 가운데서 미신의 종노릇을 해야만 했습니까? 그런데 하나님께서는 너무나도 늦게 아들을 보내신 것 같습니다. 거기에 대한 하나님의 대답은 '때가 차매 하나님께서 그 아들을 보내셨다'는 것입니다. '때가 찼다'는 것은 하나님께서 생각하신 시간이 다 되었기 때문이라는 것입니다.

하나님께서는 아들을 아무렇게나 보내신 것이 아닙니다. 하나님께서는 충분한 시간을 두시고서 아들을 보내셨습니다. 왜 그렇게 하셨습니까? 이 기간은 인간들로 하여금 자신의 죄성을 충분히 보게 하신 시간이었습니다.

그리스도가 오시기까지 사람들은 자기 나름대로 스스로를 구원하기 위하여 할 수 있는 방법은 다 해 보았습니다. 역시 가장 중요한 것은 이스라엘 백성들의 율법이었습니다.

이스라엘의 실패한 역사가 보여주는 것이 무엇입니까? 인간의 죄성은

너무 강해서 율법으로도 인간의 죄성은 다스릴 수 없었다는 것입니다. 인간의 죄성 앞에서는 율법도 약했습니다.

그리스인들은 철학을 생각해 내었습니다. 그러나 그 철학과 신화가 할 수 있었던 것이 무엇입니까? 참으로 허황된 공상 밖에 되지 못했습니다. 동양에는 윤리가 있었습니다. 그 윤리가 사회질서는 유지할 수 있었지만 인간의 문제를 조금도 풀지 못했습니다.

도대체 우리 인간들은 그 어느 것으로도 초등학문의 영역을 벗어나지 못했습니다. 결국 모든 것이 미신으로 연결되지 않을 수 없었습니다. 왜냐하면 근본적으로 하나님이 두려웠기 때문입니다.

그들이 할 수 있는 것은 하나님의 성격을 건드리지 않기 위하여 어떤 미신적인 규칙을 철저히 지키는 것이었습니다. 결국 모든 것의 결국은 초등학문이었습니다. 미신이었고 주술적인 것이었습니다. 한의학이나 풍수지리학이나 동양 철학이나 결국은 초등학문으로 갈 수밖에 없었습니다. 그 이유는 인간의 방법으로는 하나님을 알 수 없었기 때문입니다.

하나님께서 아들을 보내시기까지 이렇게 긴 시간을 두신 이유가 무엇입니까? 참으로 인간들이 자신의 무력함을 깨닫고 전적으로 아들을 믿게 하기 위해서 입니다.

사람이란 처음부터 좋은 것을 주면 받으려고 하지 않습니다. 자기 나름대로 여러 가지 시도를 해 보고 옳다는 것을 깨달을 때까지 믿으려 하지 않습니다. 그래서 장사들은 사람을 처음부터 잡으려고 하지 않습니다. 사람들은 물건을 사러 왔을 때 바로 사지 않습니다. 여기저기 가격을 물어 본 뒤에 나중에 가서 저곳이 과연 싸구나 하는 결론이 생겨야 다시 와서 사면서 그래도 비싸게 사는 것처럼 엄살을 부립니다.

사람들은 처음부터 정도를 가르쳐 주면 믿으려고 하지 않습니다. 자기 나름대로 해 보게 해야 합니다. 그래도 좋을 때 그때 믿는 것입니다.

인간들이 타락하자 마자 하나님께서 아들을 보내셨다면 인간들은 하나님께서 스스로 문제를 해결할 수 있는 기회조차 주시지 않았다고 불평을 할 것입니다. 그래서 하나님께서는 인간들이 실컷 자기 방법대로 해보게 내버려두셨습니다. 그 결과가 무엇입니까? 그 똑똑하고 이성적인 인간들이 만들어 낸 결과는 미신의 노예가 되고 서로에 대하여 노예가 되는 것이었습니다.

하나님께서는 때가 차고 난 뒤 아들을 보내신 것은 우리 인간들로 하여금 스스로의 부족을 깨닫고 예수 그리스도를 유일한 구원의 길로 영접하도록 하기 위해서입니다.

하나님께서 주신 이 복음의 길을 존귀하게 받아들이도록 하기 위해서입니다. 우리가 참으로 이 그리스도께서 주신 이 구원의 길을 기뻐하고 전적으로 받아들이도록 하기 위해서입니다. 우리가 빨리 깨달아야 할 것은 바로 이것입니다. 그리스도가 아니면 우리를 하나님께서 이토록 담대하게 할 수 있는 것이 없다는 것입니다.

그리스도는 우리를 하나님 앞에서 노예가 아니라 아들이 되게 합니다. 주님은 우리로 하여금 기꺼이 책임을 지게하고 더 큰 은혜를 얻기 위하여 하나님께 담대히 나아가게 합니다.

그런데 그 아들을 '여자에게서 나게 한 것'은 무슨 뜻입니까? 그로 하여금 참 인간이 되게 하신 것입니다. 이 세상에서 이해할 수 없는 것 중에 가장 이해할 수 없는 것이 하나님의 아들이 인간의 몸으로 이 세상에 오셨다는 것입니다. 이것은 이적 중의 이적이요 기적 중의 기적입니다. 도저히 우리의 머리로는 상상할 수 없는 하나님의 지혜요 하나님의 방법입니다.

하나님이 참 사람이 되어 우리 가운데 오셨습니다. 왜요? 우리의 모든 불순종을 담당하기 위해서입니다. 이것은 우리의 요청 때문에 하신 것이 아닙니다. 하나님 아버지의 요청으로 그렇게 하신 것입니다. 하나님께서 아신 것이 무엇입니까? 모든 문제의 원인은 우리의 마음에 있다는 것입니다. 우리의 마음이 근본적으로 변하지 않는 이상 우리에게는 가망이 없습니다.

하나님께서는 아들과 약속을 하셨습니다. 아들이 인간의 몸으로 오셔서 율법의 모든 조건을 다 충족시키고 죽으면 아들의 이름을 믿는 모든 자에게 성령을 주셔서 그를 새사람 되게 하겠다는 것입니다. 그래서 아들은 오셨고 율법의 조건을 다 충족하셨으며 끝에는 우리의 죄를 대신하여 죽으셨습니다. 우리의 죄를 대신한다는 것도 우리가 정한 것이 아니라 하나님 아버지께서 정하신 것입니다. 모든 것은 아버지와 아들의 약속에 의하여 되어진 것입니다.

우리의 구원이 나타내는 것이 무엇입니까? 우리 개인의 행복이 아닙니다. 하나님의 의로우심을 나타내는 것입니다. 우리에게 성령이 오시지 않고서는 우리가 새로워질 수 있는 길이 없다는 것입니다. 성령의 치료와 새롭게 하심 외에 사람이 새로워질 수 있는 길이 있으면 보여 주십시오. 사람이 완전히 변하여 새로워진 경우가 있으면 제시해 보십시오. 이것이 하나님의 유일하신 길입니다.

그래서 그리스도께서 다른 질서 아래서 태어나지 아니하시고 율법의 지배아래 나신 이유가 무엇입니까? 다른 어떤 질서 보다 율법의 질서가 까다롭고 어려웠으며 이것이야 말로 인간의 한계였기 때문입니다. 그가 율법의 질서 아래 있는 자들을 해방시킬 수 있다면 다른 질서 아래 있는 자들을 해방시키는 것은 문제가 되지 않을 것입니다.

5절 율법 아래 있는 자들을 속량하시고 우리로 아들의 명분을 얻게 하려 하심이라

가장 어려운 법질서 아래 갇혀 있는 자들이 율법 아래 있는 자들이었

습니다. 예를 들어, 군대 훈련 중에도 어려운 것이 있고 쉬운 것이 있습니다. 아마 특수 부대 훈련이 가장 어려울 것입니다. 만약 특수 부대의 훈련을 잘 받아낸 사람들이라면 다른 훈련은 너끈히 받아낼 수 있을 것입니다. 인류 중에서 가장 어려운 법체계가 율법이었습니다. 율법은 법으로 따지면 특수 부대 같은 가장 고도의 어려운 훈련이었고 이것을 제대로 받아낸 사람들이 없었습니다. 아무도 율법의 체계를 통과해낸 자가 없었습니다. 그러면 이스라엘 자손들은 어떻게 되었습니까? 이 특수 훈련을 받다가 중간에 도중하차 한 것이나 마찬가지였습니다. 그래도 그들은 이 어려운 율법의 훈련을 받았다고 대단한 자부심을 가지고 있었습니다. 그러나 원래 훈련을 통과하지 못한 자들이 더 허풍을 부리는 법입니다. 이스라엘 백성들은 모두 중도에 하차하고 말았습니다. 모두 다 중간 지점에 걸려서 오도 가도 못하는 지경이었습니다.

그리스도께서 하신 것이 무엇입니까? 스스로 육신으로 이 율법의 모든 과정을 다 통과하시고 하나님 아버지로부터 성령을 받으셔서 율법 아래 있는 자들의 마음을 바꾸어서 율법을 사랑하는 마음이 생기게 한 것입니다. 하나님의 율법을 사랑해야 이 율법을 지킬 수가 있습니다. 마음으로 하나님의 법을 미워하면서 율법을 지키려고 하니까 어떻게 율법을 지킬 수가 있겠습니까? 그리스도께서 율법을 통과했다고 하니까 율법에 어떤 과정이 있다고 생각해서는 안 됩니다. 그의 삶 전체가 하나님의 뜻에 복종하는 삶이었다는 뜻입니다. 그리고 나니까 어떻게 되었습니까? 모든 이방인들도 다 새마음을 받아서 이 율법의 어려운 난관을 다 통과한 것입니다. 옛날에는 자기 나라 법질서도 잘 지키지 못하던 자들이 자신의 삶을 온전히 하나님의 뜻에 복종시키는 위대한 삶을 살게 된 것입니다.

우리는 가만히 있어도 예수의 이름만 부르기만 하면 저절로 구원을 얻는 줄로 생각하면 안 됩니다. 하나님께서 우리들에게 궁극적으로 바라는 것은 우리 혼자의 힘으로 감당할 수 없었던 하나님의 법을 성령의 힘으로 지키는 것입니다. 그래서 복음과 율법이 무엇이 다릅니까? 율법은 자기 힘으로 하나님의 말씀을 지키려고 하는 것이고 복음은 성령의 힘으로 하나님의 법을 지키려는 것입니다. 자기 힘으로는 하나님의 법을 지킬 수 없습니다. 그 이유는 이 하나님의 법은 전심을 다 하기 전에는 지킬 수 없기 때문입니다. 하나님의 법을 사랑해야 하나님의 법을 지킬 수 있습니다.

우리는 이 세상에서 하나님의 뜻대로 사는 삶을 실천해야 구원에 들어갈 수 있습니다.

그것이 의미하는 것이 무엇입니까? 우리의 육체는 끝없이 하나님의 뜻에 불순종하려고 합니다. 그러나 성령이 주시는 힘으로 이 육체의 욕망을 누르고 하나님의 뜻대로 한 번 살아 보는 것입니다. 그것이 위대한 것입니다. 그렇지 않고 예수를 믿는다고 하면서 끝없이 자기 욕심대로 하는 사람은 믿는 것도 아닙니다. 우리가 하나님의 뜻에 복종하려면 자기를 완전히 죽여야 합니다. 그리고 자기 몸을 자기 몸이라고 생각해서는 안 됩니다. 이 몸을 예수님의 몸이라고 생각해서 쳐 복종시켜야 합니다. 군인들이 그 추운 날에 작전 하러 나갈 때 이 몸을 자기 몸이라고 생각하면 절대로 감당하지 못합니다. 누가 그 어려운 일을 자진해서 하려고 하겠습니까? 이 몸은 자기 몸이 아닙니다. 국가의 몸입니다. 그러니까 총알이 빗발같이 쏟아지는 데 앞으로 진격을 하는 것입니다. 중요한 것은 힘쓰는 것이 아닙니다. 나타난 결과입니다. 앞으로 나가지 않으면서 힘만 쓰고 있을 수 있습니다. 율법이라고 하는 것이 그런 것입니다. 힘은 혼자서 다 씁니다. 그러나 앞으로 나가지지가 않습니다. 왜냐하면 나가고 싶지 않기 때문입니다.

믿음은 하나님께 담대한 것

그리스도께서 우리에게 주신 가장 고귀한 선물이 무엇입니까? 그것은 하나님 앞에서 담대한 마음으로 나아가는 것입니다.

6절 너희가 아들인고로 하나님이 그 아들의 영을 우리 마음 가운데 보내사 아바 아버지라 부르게 하셨느니라

아들은 아버지를 '아바 아버지'라고 부를 수 있습니다. 여기서 '아바' Abba라는 말은 아람어인데 친자식이 아버지를 부르는 칭호입니다. 우리 말의 아빠와 의미가 비슷합니다.

아마 사위나 양아들은 '아버님'이라고 부를 수 있을 것입니다. 그러나 친아들이 아니면 '아빠'라는 소리는 나오지 않습니다. 시집 간 딸이 부를 때 시어머니와 친정 엄마의 호칭이 다릅니다.

시어머니는 꼭 '어머님'입니다. 그러나 친정 엄마는 어디까지나 '엄마'입니다. 성령께서 우리에게 주시는 가장 놀라운 것은 하나님께 대하여 점잖고 공식적으로 '아버님'이라고 부르는 것이 아니라 '아빠'라고 부를 수 있게 된다는 것입니다. 하나님께 대하여 친자식이 아버지에게 느끼는 그런 감정으로 나아가게 된다는 뜻입니다.

이 세상에서 그리스도 외에 어느 누구도 하나님 앞에 이렇게 가깝고 친밀하게 나아가게 하는 것이 없습니다. 우리에게서 언제 이 미신의 껍질이 벗겨지게 될까요? 우리 입에서 하나님께 대하여 '아빠'라는 말이 나올 때입니다. 하나님을 인격적으로 알기 전까지는 언제나 미신입니다. 하나님을 부를 때에 '신이시여'라고 기도하는 동안에는 미신 가운데 헤매지 않을 수 없습니다.

전에 길을 가다가 어린 여자 아이가 재미있는 풀을 보았습니다. 그 아

이는 '아빠' 하고 불렀습니다. 아빠는 다른 사람과 이야기를 한다고 그 아이의 소리를 듣지 못했습니다. 아이는 아빠가 돌아볼 때까지 있는 힘을 다하여 '아빠! 아빠!' 하면서 소리를 질러대었습니다. 아빠가 돌아볼 때까지 아이는 계속 소리를 질어대었습니다. 아이는 독재자였습니다. 막무가내였습니다. 이것이 하나님 앞에서 우리의 위치입니다. 우리는 하나님의 독재자입니다. 막무가내입니다. 하나님께서 나의 모든 말을 들으실 때까지 우리는 계속 소리를 질러댈 것입니다. 이런 확신이 생길 때까지 모든 인간들은 무지가 초등학문의 미신 속을 헤맬 수밖에 없는 것입니다.

우리가 언제 무지의 터널을 벗어 날 수 있습니까? 우리가 언제 참으로 이성적으로 합리적인 판단을 할 수 있습니까? 예수님이 내 죄를 위하여 죽으심으로 내가 진정으로 하나님의 아들이 되었다는 것을 믿고 오직 하나님을 붙들고 매달릴 때입니다.

7절 그러므로 네가 이 후로는 종이 아니요 아들이니 아들이면 하나님으로 말미암아 유업을 이을 자니라

아들의 특징이 무엇입니까? 참으로 그 나라를 위하여 사는 것입니다. 돈 때문에 하지 않습니다. 왜냐하면 모든 것이 다 나의 것이 될 텐데 그까짓 돈이야 얼마나 되겠습니까? 옳기 때문에 하고 아버지께서 기뻐하시기 때문에 하는 것입니다.

오늘 우리들이 무슨 일을 하는 동기가 어디에 있습니까? 우리는 돈이나 명예를 극복하였습니까? 온 천하에 있는 모든 것이 다 나의 것인데 거기에 연연해 할 필요가 어디 있습니까?

그리스도인들이 어떤 일을 한다면 그 일이 옳기 때문입니다. 아들은 인정이나 보수에 연연해하지 않습니다. 왜냐하면 아들은 모든 재산을 다

물려받을 자이기 때문입니다. 기꺼이 낮은 자리에서도 일을 합니다. 왜냐하면 그것이 다 아버지의 일이기 때문입니다. 우리는 종이 아닙니다. 그래서 기계적으로 일을 하지 않습니다. 모든 것을 그 중심을 꿰뚫어 보고 일이 되게 합니다. 아버지를 사랑합니다. 왜냐하면 아버지는 하시는 일이 항상 옳고 의로우시기 때문입니다.

갈라디아서 강해 16

믿음을 헛되게 하는 것

갈 4:8-11

요즘 우리는 심심찮게 어렸을 때 외국으로 입양된 아이들이 자라서 자기 친부모를 애타게 찾는 기사를 볼 때가 있습니다. 사실 어쩌면 이 사람들의 부모는 자기 아이를 버린 사람들입니다. 애타게 찾을 가치조차 없을지 모릅니다. 그러나 이들에게는 결코 그렇지가 않습니다. 설사 자기를 버린 부모라 하더라도 자기 친부모를 만나지 않으면 인생의 본질이 풀리지 않습니다. 하물며 자기를 버리지 않고 우연한 사고로 부모를 잃었다가 자기 부모를 만나게 되었을 때 그 의미라고 하는 것은 다시 태어나는 것이나 마찬가지일 것입니다.

신앙이라고 하는 것은 바로 이런 것입니다. 참된 자유를 찾아서 수없이 산을 넘고 넘는 것과 같으며 부모를 잃은 아이가 자기 친부모를 만나서 자신의 잃어버린 가치를 되찾는 것과 같습니다.

그래서 신앙은 '자유'라는 말 한마디로 표현하기에는 너무나도 부족한 끈끈한 인격적인 사랑이 그 안에 들어 있습니다. 그래서 사도 바울은 하나님을 '아빠 아버지!'라고 담대하게 부르는 인격적인 요소가 이 신앙 안에 있음을 강조하고 있습니다. 설사 친구들을 불러서 놀다가 어항을 깨트렸다 하더라도 아버지께 나아가서 한 번 야단을 맞고 난 뒤에는 더 가까워지는 법입니다. 믿음 안에는 부모와 자녀 사이의 이 친밀함이 있습니다.

사도 바울은 우리에게 아주 심각한 하나의 질문을 던지고 있습니다. 그것은 과연 이렇게 이루어진 믿음이 우리의 실수나 무지를 인하여 다시 깨어질 수 있느냐 하는 것입니다. 다시 말해서 산을 넘고 넘어서 자기 아버지를 만난 후 마음이 변하여 '당신은 나의 아버지라고 말할 수 없소'라고 하면서 관계를 끊고 산을 넘고 넘어서 다시 원래의 그 무지한 상태로 돌아갈 수 있느냐 하는 것입니다. 적어도 이것이 이론적으로는 불가능한 일입니다. 어떻게 이 엄청난 경험을 한 후에 마음이 변하여 마치 아무 일도 없었던 것으로 할 수 있습니까? 불가능한 일입니다. 그러나 현실에서는 이런 일이 많이 일어나고 있는 것이 문제입니다. 어떤 사람은 너무나도 어렵게 신앙을 가졌습니다. 집에서 온갖 반대와 핍박을 다 받으면서 신앙을 가졌습니다. 그러나 그가 그 후에는 변질되어 아주 이상한 미신적인 신앙에 빠질 수도 있고 다시 죄짓는 생활에 빠지는 경우도 있는 것입니다.

사도 바울이 보고 있는 것이 바로 이것입니다. 갈라디아 교인들이 이 믿음을 가지기 위하여 치룬 대가라고 하는 것은 얼마나 엄청난 것이었는지 모릅니다. 그들은 자기 동족으로부터도 핍박을 받았고 유대인들로부터도 말할 수 없는 박해를 받았습니다. 그러나 막상 신앙을 가진 후에는 이들의 마음이 변해서 아주 유치한 유대교 신앙에 집착하고 있는 것을 보게 되는 것입니다. 그것도 한두 명이 그렇게 하는 것이 아니라 바울이 복음을 전한 지역에서 거의 대부분의 사람들이 그렇게 하고 있는 것입니다. 이것이 도대체 가능한 일입니까?

믿음의 본질

사도 바울은 오늘 본문에서 믿음이라고 하는 것은 어떤 것인지 가장 간략하면서도 분명하게 제시하고 있습니다.

> **8, 9절 상** 그러나 너희가 그때에는 하나님을 알지 못하여 본질상 하나님이 아닌 자들에게 종노릇 하였더니. 이제는 너희가 하나님을 알뿐더러 하나님의 아신바 되었거늘

여기서 '믿음'이라고 하는 것이 무엇이라고 말씀하고 있습니까?

사도 바울은 믿음이라고 하는 것은 하나님을 아는 것이며 또 하나님에 의해서 아는 바 되는 것이라고 말씀하고 있습니다. 여기서 '안다'고 하는 것은 단순히 어떤 사람과 친분 관계 정도 가지고 있는 것을 말하지 않습니다. 우리는 자기 동네에 살고 있는 어떤 아저씨나 아줌마를 알 수 있습니다. 길에서 한두 번 만났고 엘리베이터에서 말을 한 적도 있습니다. 그러나 우리는 그 사람을 과연 안다고 말할 수 없습니다. 사실 우리는 그 사람을 모른다고 말해야 할 것입니다.

적어도 그 사람을 안다고 하려면 그 사람의 가족이 되어야 합니다. 그래야 하는 것입니다.

오늘 본문에서 '안다'고 하는 것은 어떤 특별한 관계를 가지고 있는 것을 말합니다. 이것은 바로 그 사람의 가족이 되는 것이며 특별한 관계에 있는 것을 의미합니다.

사도 바울은 우리가 하나님을 알 뿐 아니라 하나님의 아신 바 되었다고 말하고 있습니다. 이것은 바로 우리가 하나님의 아들이 된 것이며 하나님과 우리는 서로 소유하는 관계에 있게 되었다는 것을 의미합니다. 복음의 놀라운 점은 바로 이것입니다. 우리가 예수를 믿을 때 우리는 하

나님을 알게 되고 또 하나님은 우리를 아시게 됩니다.

우리가 하나님을 안다고 하는 것은 하나님을 특별히 체험하는 것을 말합니다.

예수를 통하지 않으면 절대로 하나님을 바로 알 수 없습니다. 그 이유는 예수를 모르는 사람은 하나님께 대한 막연한 두려움을 가지고 있습니다. 우리는 모르는 사람은 두려워합니다. 특히 모르는데 인상이 좋지 않은 사람을 우리는 두려워합니다. 그러나 그 가족들은 두려워하지 않습니다. 왜냐하면 서로가 너무나도 잘 알기 때문입니다.

우리가 예수님을 알기 전까지 어떠했습니까? 하나님을 막연히 두려워했습니다. 하나님은 두려운 분이셨습니다. 어쩌면 너무나도 잔인한 분이신지도 모릅니다. 그러나 예수를 알 때 무엇을 알게 됩니까? 내 모든 죄가 용서되었다는 것을 깨닫습니다. 죄용서의 기쁨이 있습니다. 예수님은 죄가 무엇인지 알게 하십니다. 하나님 앞에서 애통하게 됩니다. 나의 교만과 나의 추악함을 놓고 하나님 앞에 고백하게 하시고 그 뒤에는 죄용서의 기쁨이 있습니다.

하나님께서 우리에게 다가 오실 때 우리에게 어떤 현상이 일어납니까? 죄에 대하여 비상한 깨달음이 일어납니다. 평소에는 전혀 죄로 생각하지 않았던 것들이 아주 뾰족한 침보다 더 깊이 심장을 파고듭니다. 하나님이 멀어질 때 느낌이 무엇입니까? 죄에 대하여 아주 둔감해 지는 것입니다.

하나님으로부터 멀리 있는 사람은 전혀 죄에 대한 자각이 없습니다. 사람을 죽이고서도 마땅히 해야 할 일을 했다고 생각합니다. 그러나 하나님이 가까이 다가오시면 다른 사람들은 전혀 알지 못하는 가운데 내가 가졌던 생각이나 느낌들이 엄청난 죄로 눈앞에 부각되기 시작합니다. 하나님 앞에서 두려워 떨면서 용서를 간구합니다. 그리고는 어떻게 됩니까? 말할 수 없는 영광된 기쁨을 체험하면서 변하여 새사람이 됩니다. 하나님을 알 때 그 기쁨이라고 하는 것은 말할 수 없습니다. 어떤 기쁨입니까? 하나님 외 다른 것들에 대한 두려움이 모두 없어지는 기쁨입니다. 지금까지 나를 막연하게 두렵게 했던 미신적인 두려움이 모두 다 없어집니다.

본문이 무엇이라고 말하고 있습니까?

8절 그러나 너희가 그때에는 하나님을 알지 못하여 본질상 하나님이 아닌 자들에게 종노릇 하였더니

바로 이것입니다. 이 세상에 사는 그 자체가 부담이요 두려움입니다. 하나님을 알지 못하기 때문에 미신적인 두려움에 사로잡히지 않을 수 없습니다. 언제 무슨 재앙으로 죽을지 어떻게 압니까? 그러니까 일단 남들이 하라고 하는 것은 다 해 보는 것입니다. 봄이 되면 '입춘대길'이라고 써 붙여 놓습니다. 복조리도 사 놓습니다. 누군가가 기도를 해 준다고 하면 또 기도도 받습니다. 왜냐하면 무엇이라도 하면 하지 않는 것보다는 나을 것 같습니다. 그러나 이런 미신적인 분들이 기독교는 또 꺼립니다. 왜냐하면 귀신이 꼭 예수님은 알아봅니다. 그래서 집안에 종교가 둘이면 집안에 화가 생긴다고 해서 예수 믿는 것을 아주 싫어하고 무슨 일이 생기면 교회에 나가서 그렇다고 불평을 합니다. 이것은 하나님을 모르면 어쩔 수 없는 것입니다.

'하나님이 아닌 자들에게 종노릇했다'고 해서 마치 사람의 종이었던 것처럼 번역되고 있는데 사람이 아니라 모든 미신적인 신앙을 의미하는 것입니다.

종은 주인의 눈치를 살피지만 아들은 아버지의 눈치를 살피지 않습니다. 종들이 보기에는 놀라울 정도로 담대함이 있습니다. 우리는 하나님의 눈치를 살피지 않습니다. 하나님께 담대히 나아갑니다. 이것이 우리들의 믿음입니다. 우리가 어떤 일을 하는 것은 그것이 옳기 때문입니다.

믿음을 헛되게 하는 것

사도 바울은 이제 갈라디아 교인들의 믿음이 완전히 파괴되고 있는 것을 보고 극도로 염려하고 있습니다.

9절 하-11절 어찌하여 다시 약하고 천한 초등학문으로 돌아가서 다시 저희에게 종노릇 하려 하느냐. 너희가 날과 달과 절기와 해를 삼가 지키니. 내가 너희를 위하여 수고한 것이 헛될까 두려워하노라

여기 약하고 천한 초등학문이라고 하는 것은 미신적으로 율법을 지키는 것을 의미합니다. 원래 초등학문은 미신을 의미합니다. 우리나라의 토정비결 같은 것으로 생각하면 좋습니다. 원래 율법은 미신이 아니었습니다. 하나님을 나타내는 생명의 말씀이었습니다. 그러나 성령의 바른 깨우침 없이 율법에 집착할 때 율법은 그들에게 미신이 되었습니다. 그래서 무슨 절기를 지킬 때 그 의미를 생각하는 것이 아니라 마치 그날이 무슨 귀신을 쫓아내어 주고 액을 막아주는 힘이 있는 것처럼 지켰던 것입니다. 날과 달과 절기와 해라는 것이 바로 그런 의미입니다.

갈라디아 교인들은 복음의 자유를 맛보고서는 마치 모든 것이 다 끝난 것처럼 생각하고 있습니다. 과거의 앨범을 꺼내어서 끊임없이 추억에 젖고 눈물 흘리는 그런 신앙이었습니다. 그 후에 어떻게 되었습니까? 과거가 너무나도 좋았기 때문에 다시 특별한 날을 지키고 거창하게 희년의 나팔을 불고 오히려 구약 시대 보다 더한 의식주의로 돌아섰던 것입니다. 그들은 이것을 신앙의 성숙이라고 생각하고 있었습니다. 그러나 사도 바울은 무엇이라고 말을 하고 있습니까?

이것은 '내가 너희를 위하여 수고한 것을 헛되게 하는 것'이라고 말하고 있습니다.

다시 말해서 복음을 부정하는 것이며 믿음을 헛되게 하는 것이라고 말씀하고 있습니다.

오늘 우리가 스스로 질문해 보아야 할 것은 과연 참된 믿음을 가진 후에 이 믿음을 저버리고 타락하여 다시 미신의 지배 아래로 들어갈 수 있느냐 하는 것입니다.

영국에서 영적 각성이 있은 후 옥스퍼드 운동이라는 것이 일어났습니다. 그것은 천주교를 중심으로 일어난 복고 운동이었습니다. 다시 말해서 의식이나 절차를 더 중요시하고 그렇게 함으로 신앙을 더욱 돈독하게 하려는 것입니다. 이것이 영국의 젊은이들에게 상당한 영향을 주었습니다.

오늘 우리나라 교회에서 보게 되는 현상은 복고적인 것입니다.

예를 들어, 이제는 예배당만 봐서는 천주교인지 개신교인지 구별하기가 어렵게 되었습니다. 이제는 강단도 멋없이 중간에 설교단이 있는 형태를 배척하고 중간에 강단이 있고 한쪽에 설교단이 있고 사회단이 있는 형태로 바뀌고 있습니다. 왜냐하면 강단이 중심에 크게 자리 잡고 있으면 교인들이 위축감을 느끼기 때문입니다. 그리고 또 교회력에 따른 많은 절기들이 있습니다. 그리고 개신교 목사들 중에서도 로만 칼라 비슷한 것을 즐겨 입으려는 현상이 나타나고 있습니다. 저는 우리나라에서 보게 되는 많은 교회의 모습이 복고적이라는 생각이 듭니다. 과연 이런 현상들이 신앙이 더 깊어지는 것이냐 아니면 참된 신앙에서 떠나고 있는 징조냐 하는 것입니다. 저는 신앙이 더 깊어지는 것이 아니라고 생각합니다. 이것은 오히려 참된 신앙에서 떠나고 있는 것입니다. 그 이유는 기독교의 생명은 그리스도인의 삶입니다.

이것이 예배의 만족으로 대신하게 될 때 복음의 능력은 죽어버리고 맙니다.

믿음이 취소될 수 있는가?

가장 중요한 질문이 바로 이것입니다. 우리가 한 번 하나님을 만난 후 이것이 우리의 연약함 때문이나 다른 사정으로 인하여 취소될 수 있느냐 하는 것입니다.

이것은 원칙적으로 불가능합니다. 한 번 미신을 버리고 복음으로 돌아온 후 이 복음을 버리고 다시 과거의 미신의 올무를 쓴다는 것은 불가능합니다. 그러나 이런 현상이 현실에서는 일어나고 있고 계속 일어났습니다.

그 이유가 무엇일까요? 우선 처음 복음이 증거될 때에는 복음이 무엇인지 분명하게 증거됩니다. 누구든지 자신의 모든 것을 버리지 않고서는 그리스도인이 될 수 없습니다. 그 이유는 처음 복음이 전파될 때에는 항상 복음이 핍박아래 있고 교회에 나오는 사람이라고 해도 모두 다 보잘 것 없는 사람들입니다. 거기서 바랄 것이 아무것도 없습니다. 그래서 교회에서 바랄 수 있는 것이라고는 하나님의 말씀밖에 없습니다. 그러나 복음이 전파된 지 백 년 이백 년이 되면 부모로 부터 자동적으로 기독교인이 되는 경우가 많이 생기게 됩니다. 그리스도인이 되는 것은 복음을 듣고 나의 모든 죄를 고백해서가 아니라 부모님으로부터 어렸을 때부터 복음을 들어 왔기 때문에 나도 모르게 그리스도인이 되어 있는 것입니다. 이렇게 자란 아이들 중에는 나중에 한 번씩 타락해 보기도 합니다. 왜냐하면 기독교는 내가 택한 것이 아니라 어려서부터 세뇌된 것이라고 생각하기 때문입니다.

물론 그래서 청소년 때의 신앙 지도가 아주 중요합니다. 어려서부터 배운 것이 세뇌된 것이 아니라 참으로 옳은 진리였다는 것을 깨달으면 그리스도인으로 남습니다. 그러나 그렇지 않으면 아주 냉소적인 그리스도인이 되든지 아니면 교회를 떠나든지 합니다. 그러나 교회를 떠나는 것은 쉽지 않을 것입니다. 왜냐하면 아는 사람들이 모두 다 이 세계 안에 있기 때문입니다.

그뿐만 아니라 교회가 커지면 교회 안에 많은 훌륭한 사람들이 들어오게 됩니다. 거기서 인정받는다고 하는 것은 바로 세상에서 성공하는 것이나 마찬가지입니다. 그래서 인정받기 위하여 기독교를 택하기도 합니다. 무슨 말입니까? 진정으로 복음에 부딪쳐서 자신의 깊은 죄성을 깨닫고 그리스도의 십자가에 자기 자신을 못 박는 경험이 없는 그리스도인이 많이 생겨나게 됩니다.

마치 구약의 이스라엘 백성들과 똑같습니다. 그들이 처음에는 하나님 앞에서 자기들이 모두 죄인이라는 것을 알고 하나님을 믿었습니다. 그러나 세월이 많이 흐르고 나니까 마치 할례 받는 그 자체로 모든 것이 다 된 것으로 생각하는 경향이 많이 생겨나게 되었습니다. 할례를 받은 자가 진정으로 할례의 의미를 깨닫게 되면 어떻게 됩니까? 기질의 변화가 옵니다. 자신의 욕망을 죽이고 하나님의 말씀이 복종하는 것으로 나타납니다. 그러나 아무런 의미 없이 할례를 받으면 이것은 포경 수술 받은 것이나 마찬가지입니다. 아무런 신앙적인 도움이 되지 않습니다.

마찬가지로 복음을 듣고 내가 하나님 앞에서 얼마나 무서운 죄인인지 깨닫지 못하고 예수를 믿는 자는 그 신앙이 이 사람의 기질이나 삶에 아무런 영향을 주지 못합니다. 결국 종교만 기독교이지 실제로는 믿지 않는 사람과 다를 것이 아무것도 없습니다.

갈라디아 교인들의 경우는 이런 것은 아니었습니다. 왜냐하면 이들은 아직 예수를 믿은 지 몇 백 년이 되는 세대가 아니기 때문입니다. 그들은 진정으로 예수를 믿었고 세례를 받았고 성령의 체험도 했습니다. 그들의 문제는 무지였습니다. 교회 안에서 바른 가르침이 없으니까 그들은 자기도 모르는 사이에 결국 다시 무지의 지배 아래로 들어갈 수밖에 없었습니다. 갈라디아 교회를 무력하게 만든 것은 복음의 무지였습니다. 그들은 어떤 상태에 있었을까요? 지극히 무기력한 상태에 있었습니다. 나름대로 성경의 지식이 있는 사람들로 부터 성경을 배웠습니다. 그러나 그들은 복음의 능력을 모르는 자들이었습니다. 결국 그들은 옛날 노예 상태로 되돌아가지 않을 수 없었습니다. 그러나 마음속으로는 이것이 아닌데 라는 생각은 있었습니다. 그러나 무엇이 아닌지 몰랐습니다. 단순히 화가 나고 기쁨이 없는 것은 아직 내가 완전히 성화되지 못해서 그런 줄 알았습니다. 그러니까 더욱 더 자신을 정죄하고 더 자신을 힘들게 가르침에 복종을 시킵니다. 그러나 그 결과가 무엇입니까? 거의 병들어 죽게 된 것입니다.

오늘 우리나라 교회가 앓고 있는 병은 대체로 바로 이 무지의 병이라고 말할 수 있습니다. 우리나라 교회는 분명히 살아 있습니다. 신실한 성도들이 분명히 많이 있습니다. 그러나 그들은 이 복음을 오랫동안 듣지 못한 것입니다. 그래서 무기력하게 되었고 자신의 침체의 책임이 자신이 성숙하지 못한데 있다고 하면서 결국은 따라가는 것입니다.

이때 복음이 하는 것이 무엇입니까? 억지로 자기를 죽이면서 따라가는 그 고리를 끊어버립니다. 그리고 놀라운 하나님의 사랑과 성령의 능력을 되찾게 하는 것입니다. 여기서 조심해야 할 것이 있습니다. 그것은 참된 복음은 사람을 더 온유하게 하고 더 겸손하게 만든다는 사실입니다. 교회를 파괴하지 않습니다. 복음을 들었기 때문에 우월감에 빠지게 하지 않습니다.

이것은 마치 목욕물을 버리려고 하다가 아기를 버리는 것과 같습니다. 그러나 거의 많은 사람들이 이 운동 안에 들어 있는 영적 교만을 알지 못하고 있습니다. 교회에서 너무 답답하다가 복음을 듣고서 이런 해방시키는 말씀을 들으니까 너무 너무 좋은 것입니다. 그러나 바른 성령 운동은 모든 끈을 끊어버리는 것이 아닙니다. 사람의 끈은 끊지만 사랑의 끈은 오히려 더 매는 것이며 더욱 더 겸손으로 옷 입고 사도 바울이 에베소서에서 가르친 것처럼 피차 그리스도를 경외함으로 서로 복종하는 것입니다. 인간의 권위로 지배하려고 하는 것은 거부해야 합니다. 그러나 모든 질서나 권위를 부정하는 것은 성령의 운동이 아닙니다. 참으로 성령으로 주시는 자유는 자기 마음대로 하지 않는 자유입니다. 이것은 사랑의 멍에를 매는 것이며 스스로 바른 권위와 질서 아래 자신을 두는 것입니다. 오늘 우리나라에는 갈라디아 교회 같은 문제가 발생하고 있습니다. 그것은 복음이 충분히 전해지지 않은데서 생긴 무지에서 나온 것입니다. 그 결과 무엇입니까? 교회에 나가지 않으면 벌 받을 것 같은 두려움 때문에 신앙생활을 하는 것입니다. 그리스도인의 삶은 놀라운 힘이 있습니다. 폭발적인 헌신과 능력이 있습니다. 그러면서도 놀라운 사랑과 겸손으로 나타납니다. 그러나 그 힘이 없어졌습니다. 이것은 복음이 다시 어두워진 결과입니다.

결국 교회를 살리는 것은 무엇입니까? 복음입니다. 예수 그리스도께서 우리를 위하여 십자가에 죽으셨고 그가 주신 성령의 능력으로 우리는 산다는 것입니다. 우리는 성령의 능력으로 삽니다. 이것이 감추어지면 우리는 다시 옛 인습의 노예가 될 수밖에 없습니다.

주님께서는 때때로 우리가 복음을 소중하게 붙들지 않을 때에는 그런 일이 일어나게 하십니다. 그래서 실컷 믿었지만 딴짓만 한 것입니다. 복음을 생명처럼 붙들지 않으면 미신과 우상숭배가 들어와서 우리의 모든 자유를 빼앗고 다시 노예로 만들어버립니다. 이것은 교회사에서 여러 차례 반복되어 온 것입니다. 가장 대표적인 것이 중세 때입니다. 온갖 미신이 복음의 영광을 다 가리고 있어서 참된 복음의 능력이 없었습니다. 교회의 지도자들은 무서운 사탄의 부하들이었습니다. 그래서 참으로 복음의 능력을 회복하려고 하는 자들을 얼마나 많이 죽였습니까?

이것보다 더 무서운 것이 없습니다. 자유는 가만히 있는데 그냥 주어지는 것이 아닙니다. 이것은 비싼 대가를 지불하고 빼앗아야 하는 것입니다. 그래서 가장 무서운 것이 무엇인가 하면 신앙생활을 하면서 아무런 대가를 지불하지 않으려고 하는 것입니다.

믿음은 결코 취소되지 않는다

누구든지 참으로 복음을 듣고 거듭난 자는 절대로 다시 노예가 될 수 없습니다. 혹시 복음을 듣지 못해서 집단적으로 무지의 상태에 빠질 수는 있지만 그것이 영구적인 상태가 될 수 없습니다. 왜냐하면 하나님의 말씀을 듣기만 하면 바로 힘을 얻기 때문입니다. 이것이 바로 영적인 부흥입니다. 그래서 저는 부흥을 이렇게 정의하고자 합니다. 즉 하나님의 백성들이 오래 믿는 가운데 자신도 모르는 사이에 하나님과 자신들 사이에 잘못된 여러 가지 찌꺼기들이 생기게 됩니다. 이 찌꺼기라고 하는 것은 여러 가지 인습이나 잘못된 관행들을 의미합니다. 이것은 교회를 무지하게 만들고 참된 성령의 역사를 막습니다. 그러나 주님은 자신의 교회를 결코 그런 상태로 계속 내버려 두시지 않습니다.

다시 말씀의 빛을 비추십니다. 그때 신실한 그리스도인들은 자신이 모르는 사이에 얼마나 하나님과의 바른 관계에서 멀리 떠내려 왔는가 하는 것을 깨닫고 눈물을 흘리면서 하나님과 자기 사이를 가로막고 있는 모든 쓸데없는 의식이나 관습들을 버리고, 있는 모습 그대로 하나님 앞으로 나아옵니다. 모든 것을 다 버립니다. 주님의 십자가외에 자랑하고 있던 모든 것을 다 버리고 오직 주님의 십자가만을 자랑하고 붙드는 복음으로 돌아옵니다. 그것이 바로 부흥이며 그렇게 될 때 교회가 다시 영광스러워지고 그리스도인들이 다시 힘을 되찾게 됩니다.

한 번 하나님의 말씀으로 거듭난 자들도 일시적으로는 그의 영혼에 구름이 낄 수 있습니다. 그것인 하나님께서 그 얼굴을 일시적으로 감추시는 것입니다. 왜냐하면 얼마나 하나님의 복음이 영광스럽고 귀한지 깨닫게 하기 위해서입니다. 주리고 목마른 상태에서 하나님의 은혜를 간구하면 구름 사이에서 다시 찬란한 태양이 떠오르기 시작합니다. 그것이 무엇입니까? 바로 능력의 복음입니다. 갈라디아서는 목마른 갈라디아 교인들에게 태양 같은 하나님의 얼굴의 광채였습니다. 이 짧은 한 통의 편지가 다시 노예가 될 뻔한 교회를 자유케 했습니다.

우리는 모든 인간적인 자랑을 버립시다. 우리가 모두 하나님 앞에서 죄인인 것을 고백하며 성령의 능력만을 의지하여 삽시다. 하나님과 우리 사이에 불필요한 찌꺼기가 생기지 않도록 늘 말씀으로 깨어 있어야 합니다. 쓸데없는 의식으로 자기만족을 추구하려고 해서는 안 됩니다. 우리는 아직 싸움에서 이긴 교회가 아닙니다. 예배의 감격이 생활로 연결되지 않으면 결국 더 강한 의식주의가 들어오게 되고 그때부터는 자기도 모르게 예배가 우상이 되게 됩니다. 복음의 능력이 우리의 삶 가운데 살아나게 합시다. 세상에 속한 욕심을 버리십시오. 그렇게 하지 않으면 다시 노예가 될 것입니다.

갈라디아서 강해 17

말씀의 전도자

갈 4:12-16

주님은 하나님의 말씀을 전하는 종들을 여러 가지 모양으로 사용하십니다.

빌리 그레이엄 목사는 전 세계의 여러 곳을 다니면서 복음을 전하는 일을 했습니다. 아마 20세기에서 그레이엄 목사가 차지한 비중은 결코 무시할 수 없을 것입니다. 그러나 그레이엄 목사도 마음속에 부담감은 가지고 있었습니다. 그것은 이런 식으로 해서는 복음을 전한 한 영혼 한 영혼을 책임 있게 양육할 수 없는 것이었습니다. 거기에 비하여 다른 많은 목회자들은 한 교회를 맡아서 지속적으로 양떼들을 돌보며 말씀을 가르치는 일을 해 오고 있습니다.

말씀을 전하는 자와 교인과는 어떤 관계가 있는 것일까요? 즉, 다른 말로 표현해서 말씀을 전하는 종은 아무 상관없이 교인들은 그의 말씀만 듣고 나머지는 각자 자기가 알아서 하면 되는 것일까요? 아니면 진리의 세계는 계속적인 지도와 안내가 필요하기 때문에 한 번이 아니라 계속 가르치고 배우는 관계가 필요한 것일까요? 이것은 바로 오늘 교회가 많은 관심을 가지고 있는 교회 안에서의 평신도 신학과도 관계가 되는 문제입니다.

사도 바울은 자신의 체험을 두고 말씀을 하고 있습니다. 그가 갈라디아 지방에서 복음을 전할 때 그의 형편은 최악의 상태였습니다. 구체적으로 어떤 상태였는지 우리는 알 수 없습니다. 그러나 바울의 형편은 복음을 듣는 사람의 입장에서는 참으로 그를 경멸할 수밖에 없는 비참한 형편이었습니다. 그러나 갈라디아 교인들은 바울의 이런 상태에 영향을 받지 않았습니다. 그들은 오히려 바울을 천사나 더 나아가 예수 그리스도 자신처럼 그를 존귀하게 영접하였습니다. 바울은 갈라디아 교인들의 이런 태도에 깊은 감명을 받았습니다. 그러나 지금은 더 이상 그런 좋은 관계에 있지 않습니다.

바울과 갈라디아 교인들은 원수처럼 생각하는 처지가 되고 말았습니다. 물론 바울이 갈라디아 교인들을 원수로 생각하지 않습니다. 여전히 그들을 사랑하고 그들과의 관계가 회복되기를 원하고 있습니다. 그러나 갈라디아 교인들은 더 이상 바울이 필요하다고 생각하지 않을 뿐 아니라 자기들을 해롭게 하는 자로 생각을 하고 있습니다. 오늘 우리들이 생각하려고 하는 것은 무엇이 갈라디아 교인과 바울의 관계를 이토록 악화시켰으며 이것이 오늘 우리들에게 주는 교훈이 무엇이냐 하는 것입니다.

바울의 외모를 보지 아니한 갈라디아 교인들

바울이 지금 말하는 상황이 구체적으로 어떤 상황을 두고 말하는 지 알 수 없습니다. 그러나 이 편지를 받는 갈라디아 교인들이나 바울은 이 상황이 어떤 상황인지 서로 아주 잘 알고 있습니다.

13, 14절 내가 처음에 육체의 약함을 인하여 너희에게 복음을 전한 것을 너희가 아는 바라. 너희를 시험하는 것이 내 육체에 있으되 이것을 너희가 업신여기지도 아니하며 버리지도 아니하고 오직 나를 하나님의 천사와 같이

또는 그리스도 예수와 같이 영접하였도다.

아마도 바울의 상황은 최악이었던 것 같습니다. 여기서 그의 '육체의 약함'이 무엇을 의미하는 것인지 분명히 알 수 없습니다. 그러나 이것은 전도자에게는 거의 치명적으로 여겨질 수 있는 그런 것이었습니다.

저는 두 가지 중 하나일 것이라는 생각이 듭니다. 하나는 그가 두아디라에서 복음을 전하다가 유대인들에게 돌에 맞아 거의 죽게 된 사건이 생각이 납니다. 복음 전도자가 같은 유대인들로부터도 인정과 환영을 받지 못하고 돌에 맞아 거의 죽을 정도가 된 것은 이방인들의 입장에서 볼 때에는 거의 치명적인 악영향이 될 수 있습니다. 자기 민족도 받아들이지 않는 가르침을 어떤 이방인들이 믿으려고 하겠습니까? 사람들은 바울이 죽은 줄 알고 버렸지만 그는 살아 있었습니다. 물론 그가 하나님의 은혜로 살아났다고 하지만 돌에 맞은 그의 모습은 정말 만신창이였고 또 눈 뜨고 볼 수 없는 지경이었을 것입니다.

이런 바울을 갈라디아 교인들은 아주 소중하게 영접하였고 그의 그런 외모를 보지 않고 마치 천사나 주님 자신처럼 그를 도우면서 말씀을 받아들였을 것입니다. 제가 이런 입장을 취하는 이유는 그렇게 할 때 이 본문의 상황과도 잘 연결이 될 뿐 아니라 특히 그가 최초로 복음을 전한 남부 지방 갈라디아 지방과도 잘 맞아 떨어집니다.

다른 하나의 입장은 그가 복음을 전하는 가운데 어떤 전염병이나 질병으로 원치 않은 상태에서 어느 갈라디아 지방에 가게 되었고 그들의 도움을 받았다는 입장입니다. 그러나 그의 질병은 복음의 능력을 가진 전도자에게는 아주 부끄러운 질병일 수 있습니다. 예를 들면, 본토인들은 잘 걸리지 않는 말라리아라든지 심지어는 간질 같은 치명적인 병일 수도 있습니다. 복음을 전하는 자는 능력이 있어서 다른 사람의 병을 낫게 해야 할 텐데 자기 자신이 병에 걸려 있으면 참으로 이방인들에게는 부끄러운 모습이 아닐까 하는 생각이 듭니다.

저는 이번에 전자의 입장을 취하려고 합니다. 다시 말해서 갈라디아 지방에서 복음을 전할 때의 바울의 모습은 유대인들로 부터 돌에 맞아서 육체가 아주 많이 다친 상태였고 외모만 본다면 도저히 그의 가르침을 받을 수 없을 정도로 많이 다친 모습이었을 것이라고 생각합니다. 그러나 갈라디아 지방의 이방인들은 바울의 이런 모습과는 상관없이 바울의 가르침을 존중했습니다. 그 이유는 그의 가르침이 가지는 엄청난 내용 때문이었습니다.

저는 그들이 바울에게서 두 가지를 보았다고 생각합니다.

하나는 그의 자유스러움입니다. 이방인들은 유대인 선생들의 노예나 마찬가지였습니다. 그들은 이방인들 중에서 회당에 다니는 자들에게 절대적인 존재들이었습니다. 마치 고양이 앞에서 쥐와 같았습니다. 율법이라고 하는 것은 이만큼 무서운 것이었습니다. 한 번 얽혀들어 버리면 거기서 빠져 나온다고 하는 것은 불가능했습니다. 그러나 바울은 이런 자들을 전혀 두려워하지 않았습니다. 유대인 선생들이 얼마나 자신이 없었으면 정정당당하게 교리로 대결하지 못하고 그를 돌로 쳤겠습니까? 이것을 보면서 그들은 이미 바울이 그들의 선생들보다 더 강하다는 것을 알았습니다. 그뿐만 아니라 바울의 경건은 달랐습니다. 유대인 선생들처럼 금욕적이고 극기적인 그런 경건이 아니었습니다. 여러 날 동안 밤에 잠을 자지 않고 기도하거나 지쳐서 쓰러질 때까지 경전을 읽는 그런 경건이 아니었습니다. 그의 경건은 너무나도 따뜻하고 인간적이었습니다. 아주 친밀했습니다. 그러나 아닌 것은 분명히 아니라고 할 수 있는 힘이 있는 경건이었습니다.

두 번째 그들이 바울에게서 본 것은 그의 가르침이 존귀함을 회복시켜 주는 능력이 있다는 것이었습니다. 그들이 바울의 설교를 듣고 있으면 하나님께서 그들을 얼마나 사랑하셨으며 그들이 하나님 앞에서 얼마나 존귀한 자들인지 깨닫게 해 주었습니다. 하나님의 아들이 십자가에 못 박혀 죽을 정도로 하나님께서 자기들을 사랑하셨다면 자기들은 도대체 얼마나 존귀한 자들입니까? 그들은 바울의 비참한 외모를 보지 않았습니다. 오히려 그의 연약한 육체 안에서 빛나고 있는 복음의 능력을 보았고 또 자기들의 존귀함을 되찾게 해준 이 복음 전도자를 진심으로 사랑했습니다.

사도 바울이 무엇이라고 말씀하고 있습니까?

15절 너희의 복이 지금 어디 있느냐 내가 너희에게 증거하노니 너희가 할 수만 있었더면 너희의 눈이라도 빼어 나를 주었으리라

사람들은 이 구절을 보면서 바울의 문제가 눈병이었을 것이라고 생각합니다. 눈이라고 하는 것은 사람에게 있어서 가장 중요한 부분입니다. 따라서 갈라디아 교인들은 복음을 듣고 얼마나 기뻤든지 복음을 위해서라면 자기에게 있어서 가장 귀중한 어떤 것이라고 희생할 자세가 되어 있었습니다. 바로 그것이 눈이라도 빼어서 주었을 것이라는 말의 의미입니다.

이것을 볼 때 갈라디아 교인들은 진정으로 바른 복음을 들었고 이 복음의 소중함에 대하여 진정으로 반응했다는 것을 알 수 있습니다. 그러나 문제는 갈라디아 교인들의 신앙이 지속되지 못했다는 점입니다.

갈라디아 교인들과의 관계의 악화

16절 말씀은 너무나도 가슴이 아픈 말씀입니다.

그런즉 내가 너희에게 참된 말을 하므로 원수가 되었느냐?

지금 갈라디아 교인들과 바울의 관계는 대단히 악화되어 있는 상태에 있습니다. 이것에 대하여 바울은 그 원인이 바울이 그들에게 대하여 바른 소리를 했기 때문이라고 기록하고 있습니다. 무슨 짓을 하든지 가만히 내버려 두었더라면 계속 좋은 관계에 있었을 텐데 바울이 그들을 염려해서 말을 한 것이 그들의 심사를 틀어지게 해서 아주 나쁜 관계가 되어버렸다는 것입니다. 저는 갈라디아 교인들이 갑자기 나쁜 사람들로 변했다고 생각하지 않습니다. 그들은 여전히 착한 사람들이며 하나님을 바로 믿으려고 애쓰고 있습니다.

그러나 바울과의 사이에는 무슨 문제가 생겼습니다. 다른 사람들과는 아무 문제가 생길 것이 없습니다. 그러나 바울과의 사이는 더 이상 옛날의 좋던 관계가 아닙니다. 이것은 무슨 오해가 생긴 것이 아닙니다. 오히려 오해가 생겼다고 하면 쉬운 일일 것입니다. 중요한 부분에 있어서 이들은 더 이상 바울의 가르침이 그들에게 필요 없으며 오히려 바울이 자기들을 간섭하고 자기들이 잘 믿어 보려고 하는 것을 못하게 하고 있다고 생각하고 있는 것입니다.

교인들에 대한 복음 전도자의 입장을 세례 요한은 '신랑을 중매하는 신랑의 친구'(요 3:29)라는 말로 표현했습니다. 다시 말해서 복음을 전하는 자는 신랑의 친구에 불과하기 때문에 자기가 신부를 차지하려고 해서는 안 되며 신랑이 나타나면 빨리 무대에서 사라져서 신랑으로 하여금 모든 것을 하게 해야 한다는 뜻입니다.

사실 바울도 그런 생각을 이렇게 표현하고 있습니다. "나는 심었고 아볼로는 물을 주었으되 오직 하나님은 자라나게 하셨나니"(고전 3:6) 결국 사람은 다른 사람을 자라게 할 수 없습니다. 오직 하나님께서 하실 뿐입니다. 그러나 이것이 전부가 아닙니다. 예수님께서는 부활하신 후 베드로에게 내 어린양을 먹이라고 세 번씩이나 부탁하셨습니다. 이것은 결국 사람이 다른 사람을 키우거나 영적으로 성숙하게 하지는 못하지만 결국 하나님께서는 이것을 당신이 세운 사람을 통하여 하신다는 것입니다.

이미 복음을 들은 개인만이 아니라 교회 자체가 하나님의 진리에서 탈선할 수 있습니다. 이것이 바로 구약 이스라엘 역사가 보여주는 것이며 갈라디아 교회의 예나 히브리서를 받아보는 교회의 예에서도 알 수 있습니다. 우리는 이미 믿었지만 지속적으로 말씀의 가르침을 받지 않으면 바로 어그러진 길로 빠질 수밖에 없는 연약한 자들입니다.

그래서 주님이 교회에 세우신 자들이 누구인가 하면 사도와 선지자와 복음을 전하는 자와 목사와 교사입니다. 목사와 교사라고 하는 것은 어느 한 지역의 목회자를 두고 하는 말입니다.

우리 각 사람은 지속적으로 주님이 세우신 사람들을 통하여 가르침을 받아야 합니다. 그들은 양의 목자와 같은 사람들입니다. 우리 주위에는 항상 우리의 영혼을 훔쳐 가려는 도둑들이 있습니다. 양의 목자는 그들을 지키는 자들입니다.

그러나 교회 자체가 하나님의 말씀에서 벗어날 수 있습니다. 이런 교회 자체의 잘못을 책망하고 바로잡기 위하여 사도가 필요합니다. 사도는 진리의 기준입니다. 아무리 교회가 확신을 하고 있는 문제라고 하더라도 사도가 틀렸다고 하면 틀린 것입니다. 사도는 진리에 대한 최고의 권위로써 주님께서 세운 자들입니다.

갈라디아 교인들은 사도 바울의 이 역할을 이해하지 못하고 있었습니다. 그들은 바울을 단지 한 사람의 복음 전도자로 생각했습니다. 그는 복음을 전함으로 자기의 할 일을 다 했으며 이제 모든 것을 자기들이 알아서 할 수 있다고 생각했습니다. 그러나 바울에는 또 다른 중요한 하나의 직분이 있었는데 그것은 바로 그가 이방인 교회의 사도로 부르심을 받았다는 사실입니다.

갈라디아 교인들은 바울이 늘 자기들에게 우호적이기를 바랬습니다. 처음 자기들에게 왔을 때처럼 연약하게 있기를 바랐습니다. 그래서 복음만 전하고 나머지 부분에는 전혀 상관하지 말고 자기들이 하는 대로 내버려 두기를 바랬습니다. 사람들은 자기가 좋아하는 사람으로부터 늘 지지를 받고 싶어합니다. 내가 그 사람을 좋아하듯이 그도 나를 늘 좋아하기를 바랍니다. 그런데 자기가 좋아하는 사람이 자기가 생각하는 것에 동의를 하지 않고 전적으로 거부할 때 엄청난 충격을 받습니다.

갈라디아 교인들은 바울을 지금까지 무조건 좋아했습니다. 그러나 바울은 자기들이 하려고 하는 것에 대하여 지지를 하지 않습니다. 오히려 분명한 반대 의사를 보이고 있습니다. 이때 그들은 실망이 지나쳐서 바울을 미워하고 아예 원수처럼 생각하게 된 것입니다.

성숙한 그리스도인이 보여 주어야 할 것은 어린 신자들에 대한 격려와 지원입니다. 그러나 너무나도 복음의 울타리 밖으로 넘어갈 때에는 원수가 되는 한이 있어도 분명히 '노'라고 말을 해 주어야 합니다. 이것이 바로 사도 바울로 하여금 고민하게 만들었던 것입니다.

> **갈 1:10** 내가 사람들에게 좋게 하랴 하나님께 좋게 하랴 사람들에게 기쁨을 구하랴 내가 지금까지 사람의 기쁨을 구하는 것이었더면 그리스도의 종이 아니니라

그래서 구약 선지자들에게 있어서 아주 중요한 한 히브리 단어가 있었습니다. 그것은 '리브'라는 단어입니다. 이것은 '다툰다'는 뜻입니다. 하

나님의 선지자나 제사장들에게 있어서 아주 중요한 자격은 바로 자기 민족이나 동족들과 다툴 수 있는 것이었습니다. 다시 말해서 좋은 인간관계보다는 진리 그 자체를 더 중요하게 생각하는 것입니다. 그래서 아무리 사랑하는 사람이라 하더라도 진리에서 떠날 때에는 '노'라고 분명히 말하면서 싸울 수 있는 용기가 있습니다.

하나님의 선지자들의 고통이 바로 이것이었습니다. 진리를 잘 받아들일 때는 그렇게 좋을 수가 없습니다. 그러나 그 사랑하는 자들이 진리에서 떠날 때에는 사정없이 '노'라고 말하고 지금까지 좋았던 그 모든 사람들과 기꺼이 원수가 될 수 있는 결단과 용기가 있어야 합니다.

복음을 전하는 자의 고통은 복음 전하는 그 자체가 어려운 것이 아닙니다. 오히려 복음을 전할 때에는 고통 중에도 기쁨이 있습니다. 진정한 고통은 이미 복음을 받은 자들이 중간에 한 번은 꼭 자기 욕심대로 잘못된 길로 나가려고 합니다. 그때 '아니'라고 말함으로 지금까지의 좋았던 모든 관계를 다 망치고 서로 다시는 보려고도 하지 않는 불편한 관계가 되는 것입니다.

그래서 복음의 열정만으로 복음 전도자가 되려고 하는 것은 너무나도 성급한 생각입니다. 바로 이것입니다. 나의 모든 친구가 적으로 돌변하는 상황에서도 진리만을 붙들 수 있는 용기가 있느냐 하는 것입니다. 만일 사람을 친구로 두기 위하여 진리가 아닌 길로 가고 있음에도 불구하고 아무 소리를 하지 않으면 주님이 나의 적이 되는 것입니다. 그래서 복음을 전하는 자는 교인들과 인간적으로 잘 지내는 것이 좋은 것이 아닙니다. 서로 진리 안에서 사랑하며 진리가 아닌 길로 갈 때에는 언제든지 사이가 나빠질 수 있는 준비를 하고 있어야 합니다. 그래야 나중에 웃을 수 있습니다. 당장은 사이가 나빠지고 불편해지겠지만 몇 년이 흐른 후 혹은 죽기 전에는 과연 누가 진실한 말씀의 종이었는지 깨닫게 될 때가 올 것입니다.

사람들은 모두 죄성을 가지고 있습니다. 그러나 그것을 잘 인정하려고 하지 않습니다. 자기가 하는 것은 나쁜 마음으로 하지 않는 이상 다 옳은 줄 알고 있습니다. 그 사이를 사탄은 타고 들어옵니다. 그래서 누군가가 이런 알지 못하는 것에 대하여 말해 줄 수 있어야 합니다. 그렇게 할 수 있는 사람은 진리를 잘 알고 있는 사람입니다. 그러나 사람들은 그가 자신을 지지해 주지 않은 것으로 마음의 상처를 입게 되고 그래서 더 이상 그와의 관계가 예전과 같지 않고 나빠지게 됩니다.

진리의 통제아래 있는 그리스도인

오늘 많은 그리스도인들의 추세가 더 이상 교회에서 설교나 듣고 가만히 있으려 하지 않습니다. 무엇인가 교회 안에서 보다 적극적인 기여를 하고 싶은 것입니다. 그래서 이제는 교회 안에서 평신도의 위치와 역할이 중요한 문제로 대두되고 있습니다.

지금 많은 비판이 되고 있는 것은 목회자들이 평신도들을 지나치게 '병신도' 로 취급해 왔다는 것입니다. 다시 말해서 일종의 우민정책을 써 왔다는 것입니다. 그것이 사실일지도 모릅니다.

그래서 이제는 평신도들이 교회 안에서 말씀을 가르치는 부분이나 다른 은사 부분에 대단히 적극적인 역할을 시도하고 있는 형편입니다.

우리는 교회 안에서 모든 지체들의 활발한 활동과 동참을 옳다고 생각합니다. 모든 지체가 다 건강하게 자랄 필요가 있습니다. 교인 한 사람 한 사람은 모두 하나님 앞에서 중요합니다.

그러나 우리가 생각해야 할 것은 우리가 그리스도의 몸의 한 부분이지 마음대로 움직여도 되는 부속품이 아니라는 사실입니다. 은사라는 말이 사용될 수 있으려면 각 사람이 서로 떨어질 수 없는 관계로 연합하는 것이 필요합니다. 처음 교회가 세워질 때에는 온전한 지체가 되지 못합니다. 왜냐하면 아직 서로를 잘 알지도 못하고 또 서로에 대하여 그렇게 신뢰하는 마음도 없습니다. 단지 각자의 필요에 따라 모였을 뿐입니다. 그럴때 온전한 은사가 사용되기 어렵다고 생각합니다. 그러나 계속적으로 말씀을 듣는 가운데 진리로 서로 하나 될 때 서로에 대하여 가지고 있는 개성과 사회적인 차이들이 깨어져서 하나의 떡덩이가 되면 그때 각 지체가 활발하게 움직일 수 있다고 생각합니다.

성령이 주시는 가장 중요한 특징 중의 하나가 겸손입니다. 자기에게 있는 것은 남에게 강요하지 않습니다. 그리고 이것은 얼마든지 다른 사람들을 위하여 감추어져 있을 수 있다고 생각하는 것입니다. 내가 가지고 있는 은사가 남에게 강요되어야 하고 다른 모든 사람들이 오직 그것에 의하여 제한되어야 한다고 생각하는 것은 성령의 은사가 아니라 교만입니다. 악한 사탄이 그를 사용하고 있는 것입니다.

많은 사람들이 교회에서 인정받고 싶어 합니다. 그리고 우리는 할 수 있으면 그들의 작은 가능성을 인정해 주고 축복해 주는 것이 필요합니다. 그러나 인간적인 인정이나 축복은 나중에 그가 그리스도의 말씀에서 벗어날 때 나쁜 관계로 결론지어질 수 있습니다. 그가 충분히 다른 사람의 소중함을 깨닫고 자기 자신이 깨어져서 온전한 하나의 지체가 될 때까지 기다리는 것은 사랑하지 않는 것이 아닙니다. 오히려 그렇게 하는 것이 그를 더 사랑하는 것이 됩니다.

저는 오늘 많은 지식인들이 어느 누구의 통제도 받지 않고 진리의 기준을 자신의 이성에 두는 것을 보게 됩니다. 그는 아직 이 지체의 신비를 알지 못하고 있는 것입니다. 따로 떨어져 있는 부속품이지 지체가 아닙니다. 그가 아무리 뛰어난 능력을 가지고 있을지라도 적어도 그 공동체에는 쓸모가 없는 것입니다.

우리는 모두 다 같은 형제입니다. 그러나 주님은 이 세상이 너무나도 악하기 때문에 우리에게 서로 지킬 수 있는 많은 은사들을 주셨습니다. 그 중에 가장 중요한 것이 하나님의 말씀을 듣는 것입니다. 하나님의 말씀을 들을 수 없다면 그는 아직 하나님의 백성이 아닙니다. 그는 주를 위하여 아무것도 할 수 없고 해서도 안 됩니다. 우리는 목회자 개인의 지배를 받을 필요는 없습니다.

그러나 공동체 안에서 하나님의 말씀이 모든 것을 지배해야 합니다. 그리고 그 말씀의 빛 아래서 모든 활동이 이루어져야 합니다. 아무리 목회자의 영향을 받지 않는다 하더라도 그 영향을 받지 않을 수 없습니다. 그러므로 목회자는 가장 겸손한 자를 세워야 합니다.

그뿐만 아니라 저는 모든 것을 교회 안에서 끝장을 내려고 하는 태도에 대하여 문제가 있다고 생각합니다. 주님은 우리로 하여금 이 세상에서의 보다 적극적인 활동이나 역할을 원하셨습니다. 너희는 세상의 빛이요 소금이라고 말씀하셨습니다. 교회 안에서 받은 은혜를 가지고 이 세상에서 아주 힘차게 사는 것이 그리스도인의 바른 모습입니다.

가장 중요한 것은 그리스도인 한 사람 한 사람입니다. 목회자는 그들 각 사람이 이 세상에서 바르게 살도록 하기 위하여 존재하는 코치와 같은 자들입니다. 코치가 좋아야 좋은 선수들이 길러집니다. 그러나 실제로 코치가 게임을 하는 것은 아닙니다. 실제로 뛰는 자들은 선수 한 사람 한 사람입니다.

목회자들은 그리스도인 한 사람 한 사람이 이 세상에서 최상의 컨디션에서 최상의 지혜를 가지고 싸워서 최선의 결과를 가져오게 하기 위하여 존재하는 것입니다. 신실한 평신도가 많은 사회가 건강합니다. 물론 목회자들 중에서도 훌륭한 사람들이 많아야 합니다. 그러나 그들의 유명세가 아주 뛰어난 말솜씨로 많은 교인들을 모이게 하기 때문에 유명한 것이 아니라 그들이 실제로 성경의 지혜로 그들을 가르치고 은혜를 끼침으로 이 세상에서 최선의 결과를 가져오는 평신도들이 있게 하는 것입니다.

이 세상에서 실제로 싸우는 자들은 평신도들입니다. 그들이 세상 사람들과 만나며 이 악한 세대 가운데서 믿음을 가지고 싸와야 합니다. 목회자들은 이들이 이 악한 현실 가운데서 이길 수 있도록 최대한의 지혜와 믿음을 다 발휘하여 그들을 도와주어야 합니다.

그러나 오늘 눈에 나타나는 현실은 세상에서의 적극적인 역할보다는 교회 안에서 인정받고 잘난 체하려는 현상입니다. 세상에서 인정을 받을 수 없으니까 세상에서 믿음으로 싸울 자신이 없으니까 집안에 들어와서 인정받으려고 싸우는 꼴 밖에 되지 않습니다.

목회자는 두 세계를 알아야 합니다. 하나는 이 세상의 세계이고 다른 하나는 성경의 세계입니다. 그래서 성경의 세계와 현실을 연결시켜주는 다리를 놓아 주는 것이 목회자의 사명입니다. 입으로만 잘 믿으라고 하는 것이 무슨 소용이 있습니까? 잘 믿을 수 있도록 다리를 놓아 주어야 하고 자신의 문제를 전혀 다른 각도에서 볼 수 있는 시각을 주어야 하는 것입니다.

혼자서 진리를 독학할 수 없습니다. 독학한 진리는 전혀 현실성이 없기 때문입니다. 책상 위에서 연구한 것은 언제나 현실과 오차가 많은 법입니다. 진리는 누군가로부터 배워야 합니다. 그러나 먼저 믿음 생활을 한 사람은 모두 나의 인도자가 될 수 있습니다.

그래서 교회 안에서 가장 중요한 것은 지혜입니다. 구체적인 지혜입니다. 이것이 없기 때문에 현실에서 판판이 지는 것입니다.

그리고 나중에는 아주 귀중한 동역자가 됩니다. 서로 함께 의논하고 함께 기도하는 귀중한 동역자가 될 것입니다. 디모데는 신앙적으로 바울에게서 아들이었지만 그러나 그는 아주 훌륭한 동역자로 성장했습니다. 그러나 아직 자라지도 않은 상태에서 동역자가 될 수는 없습니다. 더 배워 자신을 부인하는 법을 더 배워야 합니다. 한 몸으로 연합되지 않은 은

사는 아무것도 할 수 없습니다. 결국 자기 기분만 내다가 사탄의 유혹에 빠지고 말 것입니다. 그래서 교회는 그런 기질적인 은사에 대해서는 기회를 주지 않습니다. 본인을 위해서나 다른 사람을 위해서나 결코 좋지 않기 때문입니다.

인간관계와 진정한 관계

사도 바울이 갈라디아 교회 문제를 두고 고민한 것은 진리를 좀 덮어 둔 채로 계속 좋은 관계를 지속하느냐, 아니면 좋은 인간관계가 깨어지는 한이 있더라도 바른 말을 하느냐 하는 것이었습니다. 우리는 이 부분에 있어서 진리에 있어서 주된 부분과 종속적인 부분을 구분할 수 있어야 합니다. 진리에 있어서 결정적이지 않으면서 단지 덕을 위하여 권면하는 사항들이 있습니다. 이런 것은 본인들의 신앙 양심에 따라 어떻게 하든지 상관이 없는 것입니다.

사도 바울은 그런 것에 있어서 고기를 먹는 것이나 날을 지키는 것을 생각했습니다. 그 당시에는 안식일을 지키느냐 주일을 지키느냐 하는 것이 예민한 문제가 될 수 있었습니다. 그러나 바울은 그것은 각자의 신앙 양심에 따라서 지켜도 되는 종속적인 것으로 보았습니다. 그리고 그 당시의 고기는 대체로 우상의 신전에서 나온 것이었습니다. 그러나 사도는 그런 줄 알면서도 자기 자신이 양심에 거리끼는 것이 없어서 하나의 음식으로 먹는다면 구원과는 아무 상관이 없는 것으로 보았습니다. 심지어는 디모데가 할례를 받는 것은 그렇게 큰 문제로 보지 않았습니다. 그러나 때로는 경우에 따라서는 이런 종속적인 것도 신앙의 근본적인 문제가 될 수 있었습니다.

예를 들어, 사도 바울은 신전에 가서 우상의 제물을 먹는 것은 신앙에 중요한 문제가 될 수 있는 것으로 보았고, 또 할례 문제도 디도가 할례를 받는 것이나 갈라디아 교인들이 할례를 받는 것은 구원에 결정적인 영향을 미치는 중요한 문제로 보았습니다.

우리는 그리스도인으로 각자에게 선한 기대들이 있습니다. 예를 들어, 경건을 위하여 신문을 보지 않는다거나, 텔레비전 시청을 삼간다거나, 음식을 먹을 때 어떤 특정 음식은 삼가는 것 중의 기준입니다. 혹은 휴가나 여가 시간 활용에 있어서도 자기 나름대로의 건전한 기준이 있을 수 있습니다. 또 기도하거나 헌금을 하거나 금식을 하거나 성경을 읽는 방법 등에 있어서 아주 좋은 규칙이 있을 수 있습니다. 그러나 그것은 어디까지나 자신의 규칙이지 다른 사람에게 강요할 수 있는 사항이 아닙니다. 나는 이런 식으로 기도하는데 저 사람은 그런 방식을 따르지 않는다고 해서 신앙이 없다고 하거나 비난한다면 무죄한 사람을 정죄하는 죄가 있는 것입니다. 우리는 그런 것으로 다른 사람에게 불필요한 올가미를 씌워서는 안 됩니다.

때로는 교인들이 목회자에게 씌우는 잘못된 올가미들이 있습니다. 예를 들어, 오전 내내 강대상 앞에 엎드려서 기도하면 신령한 목사로 생각하거나, 아니면 몇십일을 기도하면 영력이 있는 목사로 추켜세우는 것입니다. 그리스도인의 경건은 결코 그런 것이 아닙니다. 그런 강박관념으로 하나님을 사랑하려고 몸부림치는 것이 기독교의 경건이 아닙니다. 그러면 목회자도 교인들에게 그래프를 그리게 할 것입니다. 헌금을 낸 것이나 기도한 것을 가지고 체크를 하면 서로가 서로에게 불필요한 올가미를 씌우는 것이 됩니다.

그러나 우리는 구원에 결정적인 영향을 주는 근본적인 문제를 구별할 수 있어야 합니다. 그 중의 하나가 그리스도의 십자가가 축복의 신학으로 둔갑하는 것입니다. 신앙을 가지는 목적이 무조건 복 받는 것이 될 때 거기에는 구원이 없습니다. 물론 하는 말의 거의 대부분은 성경적일 수 있습니다. 그러나 그가 결정적으로 지향하는 목표가 있습니다. 만일 그것이 오직 이 세상에서 축복받는 것이라면 그것은 구원에 관계되는 중요한 문제가 됩니다.

우리가 알아야 할 것은 예수님이 모든 병자들을 다 고치시지 않으셨다는 것입니다. 그 이유가 무엇입니까? 그것은 복음의 능력을 보여 주기 위한 것이지 병을 낫게 하는 것이 목적이 아니었기 때문입니다. 그래서 모든 병이 다 낫는 것이 주님의 뜻인 것처럼 믿게 하는 것은 구원에 관계되는 중요한 문제입니다. 우리가 그냥 넘어가서는 안 됩니다. 그뿐 아니라 교회를 전적으로 부정하거나 부인하는 것은 구원에 관계되는 중요한 문제입니다. 물론 우리는 지상의 교회가 완전하지 않다는 것을 압니다. 그래서 때때로 교회가 잘못하는 것을 비판하기도 합니다. 그러나 지상의 모든 교회를 부인하는 것은 주님의 뜻이 아닙니다. 그 안에는 인간의 교만이 있습니다. 물론 일시적으로 교회에 대하여 부정적인 생각을 가질 수 있습니다.

그러나 그것은 어릴 때 일이고 성장하면 반드시 교회를 중요하게 생각하고 교회를 살리기 위하여 모든 힘을 다하게 됩니다. 그러나 끝까지 교회를 부정하고 바로 그리스도에게로 직행할 수 있는 것처럼 믿고 가르치는 것은 구원에 관계되는 아주 중요한 문제입니다.

우리가 알아야 할 것은 우리는 아직 부분적으로 알며 더 완전한 하나님의 뜻이 나타날 때에는 기꺼이 나의 작은 뜻을 더 큰 하나님의 뜻에 포함시킬 수 있는 열린 자세입니다. 지나치게 자기만을 지키려고 했던 교회들이 역사적으로 보면 거의 이단에 가까울 정도로 기형적인 모습을 가진 것은 이상한 일이 아닙니다.

목회자의 시행착오는 교인들 안에 있는 좋은 기대를 저버리는 부작용을 가져 옵니다. 오늘 교인들 사이에 퍼져 있는 냉소주의는 바로 이러한 목회자들의 욕심에서 시행착오가 가져온 무서운 병리 현상입니다. 그뿐만 아니라 우리가 하나님의 뜻을 분별하는데 있어서 건전한 상식의 사용은 아주 중요합니다. 하나님의 뜻이 건전한 상식과 완전히 대치될 수는 없습니다. 상식적으로 생각해서 말도 되지 않는 비도덕적인 일이라면 아무리 자기는 확신한다 하더라도 하나님의 뜻일 수 없습니다. 그뿐만 아니라 우리는 불신자들을 지나치게 무시해서는 안 됩니다. 그래도 그들 속에 분별력이 있습니다.

때로는 불신자들의 평가가 참으로 정확할 때도 있습니다. 그래서 우리는 늘 겸허하게 다른 사람들의 이야기에 귀를 기울일 수 있는 자세가 되어야 합니다.

갈라디아서 강해 18

유혹하는 사람들

갈 4:17-20

우리나라 초창기 단편 소설 중에 《성황당》이라는 작품이 있습니다. 이 소설은 어느 부자가 남의 젊은 아내를 유혹해서 함께 도망치는 내용입니다. 산에서 나무를 잘라서 숯을 만들어 파는 아주 가난한 숯쟁이가 있었습니다. 그런데 그의 아내는 젊고 아름다웠습니다. 어느 부자가 이 젊은 여자를 예쁜 꽃신으로 유혹해서 도망치자고 합니다. 여자는 꽃신을 받아들고 따라가다가 도저히 안 되겠다고 생각했던지 꽃신을 두고 집으로 도로 도망쳐 옵니다.

아마 옛날에는 이런 식으로 가난한 남의 젊은 아내를 유혹해서 도둑질하는 경우가 많이 있었던 모양입니다. 외국 영화를 보면 이 정도는 약과입니다. 다른 사람과 결혼하기 위하여 웨딩드레스를 입고 입장하는 신부를 낚아채어서 도망을 치는 애인도 있습니다.

물론 사람이 연애를 할 때에는 어느 정도 불이 붙게 되어 있습니다. 때로는 다른 사람이 이해할 수 없는 행동을 할 때도 있습니다. 그러나 이미 다른 사람의 아내가 된 사람을 차지하려고 열심을 내는 것은 잘못된 열심입니다. 이것은 아주 나쁜 열심이요 도둑 중에서도 가장 나쁜 도둑일 것입니다. 이런 경우 대개 남자는 어리숙한데, 유혹하는 사람은 찾아와서 여자의 아름다움을 추켜세우고 저런 남자에게는 당신이 너무 아깝다고 떠들어 댑니다. 여자가 그만 추켜 세워주는 말에 넘어가서 도망을 치는 것입니다.

이것은 신앙에 있어서도 마찬가지입니다. 사람은 알지 못하지만 그들은 원래 만들어질 때부터 하나님께 돌아오게 만들어져 있습니다. 하나님께 돌아오기 전에는 절대로 마음의 평안을 누릴 수 없습니다. 어거스틴은 자신이 하나님께 돌아오기 전까지는 절대로 마음의 평안을 맛보지 못했다고 했습니다.

우리가 하나님께 돌아오는 것은 그리스도를 믿는 것을 통해서 이루어집니다. 하나님께서는 그리스도 외에는 어떤 방법으로도 하나님을 만날 수 없게 하셨습니다. 그래서 그리스도를 믿는 것은 하나님께 돌아오는 것과 같습니다. 우리가 하나님께 돌아올 때 전적으로 하나님께 의존적인 관계가 됩니다. 그래서 성경은 많은 곳에서 신앙을 하나님과 혼인하는 것으로 비유하고 있습니다. 이 세상에는 많은 관계가 있습니다. 부자간의 관계도 있고, 친구 관계도 있고, 그냥 아는 관계도 있고, 직장의 상하관계도 있습니다. 그러나 신앙적으로는 하나의 관계밖에 없습니다. 그것은 모두 그리스도와 결혼하는 관계입니다. 이것이 인간에게 가장 기본적인 것입니다.

그러나 이런 관계를 아주 싫어하고 시기하는 존재가 있습니다. 그것은 바로 마귀요 사탄입니다. 그래서 누군가가 그리스도를 믿고 그를 신뢰하려고 하면 무슨 수를 써서라도 그것을 훼방해서 결국 마귀를 믿게 만들고 맙니다. 그래서 이 세상을 신앙의 눈으로 보면 그리스도께로 돌아오는 사람이 있는가 하면, 이런 그리스도의 신부들을 꾀어서 그리스도와의 관계를 끊으려고 하는 사탄의 노력이 있습니다. 사탄은 이 일을 하는데 있어서 보통 열심이 아닙니다. 사람들의 마음이 그리스도께 집중되는 것을 참지 못합니다. 그래서 무슨 수를 써서라도 사람들의 마음을 그리스도에게서 떼어 놓아서 자기 자신을 바라보게 하거나 인간의 위대함에 도취하게 합니다.

바울은 갈라디아 지방에 있는 많은 이방인들을 그리스도에게로 돌아오게 하였습니다. 그러나 그가 떠난 후에 확인하게 된 것은 이 훼방하는 자들이 쳐들어 와서 순진한 이들의 마음을 모두 빼앗아 그리스도로부터 다른 것을 향하게 만든 것입니다. 누군가가 와서 그리스도인들의 마음을 빼앗아 그리스도로부터 도망치게 한 것입니다.

이들이 얼마나 열성적으로 애를 썼든지 이들의 시도는 거의 성공한 것처럼 보입니다. 한때 그리스도의 신부였던 이들은 모두 이 작은 유혹을 뿌리치지 못하고 모두 그리스도로부터 도망을 쳐서 엉뚱한 사람들의 아내가 되고 말았습니다. 이 참담한 사실에 대하여 사도 바울은 비통해 하면서 다시 이들에게 복음을 전해서 그리스도께 돌아오게 할 의지를 나타내고 있습니다.

유혹하는 자들의 잘못된 열심

사도 바울이 갈라디아 지방을 떠난 후에 갈라디아 교인들의 마음을 그리스도에게서 떠나게 하는 많은 유혹자들이 나타나게 되었습니다.

17절 저희가 너희를 대하여 열심 내는 것이 좋은 뜻이 아니요 오직 너희를 이간 붙여 너희로 저희를 대하여 열심 내게 하려 함이라

바울이 갈라디아 지방을 떠난 후에 이 이방인 기독교인들을 행하여 열심을 내는 자들이 많이 생겨나게 되었습니다. 그들의 열심과 헌신은 대단한 것이었습니다. 그러나 그것은 좋은 열심히 아니었습니다. '좋은 열심'이라고 하는 것은 이미 그리스도인이 된 자들을 더 성숙한 그리스도

인이 되도록 돕는 것입니다. 그러나 이들이 가진 것은 '나쁜 열심'이었습니다. 다시 말해서 잘 믿는 사람들을 뒤흔들어서 그들을 믿음의 길에서 떠나게 하는 열심입니다.

이들은 주로 유대교 선생들이었습니다. 그들은 자기들이 왜 이미 개종한 유대인들에게 이토록 열심을 내어야 하는지 이유를 알지 못했습니다. 전에는 이 이방인들에 대하여 아무 관심이 없었는데 이들이 기독교인들이 되고 난 후에는 이상하게 이들을 신앙에서 떠나게 하는데 열정이 생기게 되었습니다. 비록 이들이 자신은 깨닫지 못했다 하더라도 그 배후에는 반드시 그렇게 하는 영이 있습니다. 그것은 바로 마귀입니다.

마귀는 어떤 사람이 죄에서 떠나 그리스도인이 되는 것을 참지 못합니다. 그래서 누군가가 믿으려고 하면 갑자기 열심을 내어서 못 믿게 만들어 놓습니다.

마귀가 잘 쓰는 방법이 있습니다.

첫째는 세상에 대한 유혹입니다. 만일 내가 예수를 믿으면 이 세상의 모든 영광이나 즐거움을 포기하고 마치 수도승처럼 살아야 할 것이라는 두려움입니다. 누군가가 술을 끊고 예수를 믿으려고 하면 모든 술친구들이 궐기하는 놀라운 현상이 일어납니다. 갑자기 술을 마실 일이 많아지고 교회 가려고 하면 꼭 무슨 일이 기다리고 있습니다.

예수님께서도 이 세상에 오셨을 때 마귀는 이 세상의 영광을 보여 주면서 자기에게 절을 하면 모든 것을 다 주겠다고 하면서 유혹을 했습니다. 하나님의 아들을 이런 식으로 유혹했다면 하물며 우리는 어떻겠습니까? 남의 아내를 유혹하는 나쁜 사람들의 말이 무엇입니까? 이 남자는 고생만 시킬 테니까 나를 따라서 도망을 치면 모든 좋은 것을 다 주겠다는 것입니다.

확실히 이 세상의 영광은 사람의 마음을 흔들리게 할 만합니다.

두 번째는 인간의 무한한 가능성입니다.

예수 믿으면서 가장 힘든 것이 무엇입니까? 아무것도 할 수 없다는 것입니다. 하나님의 뜻이 아니면 아무것도 할 수 없습니다. 그런데 문제는 그 하나님의 뜻이 무엇인지 알지도 못한다는 것입니다. 알지도 못하는 하나님의 뜻 때문에 아무것도 할 수 없습니다. 사람의 가장 무서운 욕망이 무엇입니까? 자기 안에 있는 가능성을 마음껏 실현해 보는 것입니다. 그러나 그리스도 안에서는 할 수 없는 것이 너무나도 많습니다. 무엇보다 많이 훈련받는 것이 자기 마음대로 아무것도 하지 않는 것입니다.

마귀는 우리에게 인간의 위대함을 찬양하게 합니다. 마귀도 예수님께 자기 안에 있는 잠재능력을 사용하게 했습니다. 그것이 무엇입니까? 돌을 떡으로 만들어 먹는 것입니다. 마귀는 예수님께 속삭였습니다. '왜 너는 바보 같이 너 속에 있는 능력을 사용하지 않니?'

인간의 위대함을 찬양하면 사람들은 그리스도를 의지하고 싶지 않습니다. 그리스도를 붙들고 있는 손을 뿌리치고 내 속에 있는 능력을 무한히 발휘하고 싶어집니다.

마귀가 아담과 하와에게 유혹한 것이 무엇입니까? 하나님의 도움을 받지 않고서도 얼마든지 하나님처럼 될 수 있다는 것입니다.

인본주의가 무엇입니까? 인간에게는 무한한 잠재력이 있다는 것입니다. 그리고 인간은 위대하다는 것입니다. 신문에 나는 사람은 어떤 사람입니까? 인간으로서 남을 위하여 위대한 일을 행한 사람입니다. 그러나 신앙은 하나님은 무한히 위대하시고 우리는 그 앞에서 하나의 티끌에 불과하다는 것입니다. 사람들은 이런 것을 좋아하지 않습니다.

세 번째 마귀의 유혹은 고단수이며 좀처럼 바른 신앙과 분간하기 어려운 것입니다.

그것은 나의 구원에 내 자신도 무엇인가 보탬이 될 수 있다는 것입니다. 오직 하나님의 은혜만 의지하는 것은 유치한 것이고 나도 금식이나 기도나 전도 같은 노력을 통하여 구원받는데 일조를 할 수 있다는 것입니다. 갈라디아 교인들이 빠진 문제는 바로 이 세 번째 부분이었습니다. 그들도 구원을 위하여 무엇인가 하고 싶었습니다. 그래서 그들의 구원을 확실하게 해 두고 싶었습니다. 바로 이 고단수의 술책에 걸려드는 바람에 그들은 그리스도의 신부의 자리에서 떠나서 마귀의 신부가 되고 말았습니다. 갈라디아 교인들은 이미 옛날의 그 순수한 갈라디아 교인들이 아니었습니다. 시골의 부끄러움을 타는 새색시가 아니라 이미 대도시의 살롱에서 닳고 닳은 마담처럼 변하고 말았습니다. 어떻게 이들을 돌이킬 수 있습니까? 그것은 불가능한 일이었습니다.

이미 수많은 사람들의 칭찬과 찬사를 맛본 사람은 무명으로 숨어서 사는 것으로 견디지 못합니다. 영화배우나 가수 같은 스타들의 병이 무엇입니까? 사람들의 인기가 없어지는 것을 견디지 못하는 것입니다. 한 번 바람이 나버리면 다시는 그 바람을 잠재울 수가 없습니다.

이 세상에는 그리스도의 신부를 도둑질하려는 도둑들로 우글거립니다. 이단들을 보십시오. 그들은 예수 믿는 사람들은 더 열심히 찾아다니면서 찾습니다. 그렇게 하는 이유가 무엇입니까? 그리스도의 신부들을 타락시키기 위해서입니다.

예수님께서도 말씀하시기를 '나보다 먼저 온 자는 다 절도요 강도니 양들이 듣지 아니하였느니라'(요 10:8)고 말씀하셨습니다.

'모든 길은 로마로'라는 말이 있습니다. 로마 시대에 모든 도로는 따라가다 보면 로마로 가게 되어 있습니다. 이 세상의 바른 진리는 모든 그리스도에게로 가게 되어 있습니다. 그러나 그리스도에게로 가지 못하게 하고 인간을 믿게 만드는 것이 있다면 그것은 모두 도둑이요 강도입니다. 참된 설교자는 자기가 모든 것을 다 하지 않습니다. 오직 사람들의 마음이 그리스도에게로 향하게 도와줍니다. 그가 하는 일은 그리스도에 대한 오해가 없도록 바로 가르쳐 주며 더욱 더 그리스도를 의지하게 합니다.

그리스도는 우리 모두의 왕이요 신랑이십니다. 모든 들러리들은 그 앞에서 비켜나야 합니다. 마치 자기가 무엇인가 줄 수 있는 것처럼 그리스도 앞을 가리고 있으면 그리스도께서 그를 밟아서 터지게 할 것입니다. 모두 비켜야 합니다. 모든 문들은 그 앞에서 머리를 들 것입니다. 왜냐하면 예수님은 모든 영역에서 왕 중의 왕이 되시기 때문입니다. 이 세상이 바라보고 있는 가장 거창한 일은 바로 성도와 그리스도의 결혼식입니다. 성도들이 눈으로 자기 주님을 보며 주님이 그들에게 모든 하늘의 영광으로 옷 입혀 주며 그들을 영광스럽게 하는 일을 기다리고 있습니다. 그때까지 사탄은 단 한 명의 신부라도 도둑질해서 함께 망하려고 온갖 수단을 다 쓰고 있습니다. 그 중에서 가장 무서운 무기가 세 번째 입니다. 구원을 전적으로 하나님의 영광으로 돌리지 않고 인간이 거기에 무엇인가 보탬이 됨으로 구원을 더 확실하게 하려는 욕망입니다.

열심은 좋은 일에 사용해야 한다

갈라디아 교인들의 장점은 열정이 넘치는 것이었습니다. 그러나 사도 바울은 그 열정은 바른 방향으로 나타나야 한다고 말하고 있습니다.

18절 좋은 일에 대하여 열심으로 사모함을 받음은 내가 너희를 대하였을 때뿐 아니라 언제든지 좋으니라

사람에게 있어서 '마음'은 열정이 있는 곳입니다. 그래서 마음으로 하는 일에는 모두 열정이 나타나게 되어 있습니다. 사랑하는 일은 마음으로 하는 것입니다. 그래서 사랑에는 항상 열정이 있어야 합니다. 그리고 신앙도 마음으로 합니다. 그래서 신앙에 있어서 뜨거움의 요소는 가장

중요한 것 중의 하나입니다. 그러나 뜨겁기는 한데 잘못된 방향으로 뜨거운 것은 뜨겁지 않은 것만큼이나 잘못된 것입니다.

대개 처음 신앙 생활하는 사람은 신앙에서 뜨거움을 느낍니다. 이 뜨거움은 순수한 것입니다. 참으로 아름다운 것입니다. 나를 위하여 십자가를 지신 주님을 위하여 무엇인가 하고 싶습니다. 그래서 누군가가 부탁을 하면 거절하지 못하고 다 들어줍니다. 처음 신앙 생활하는 사람의 특징이 바로 이것입니다. 속에 뜨거운 감사가 있기 때문에 무엇이든지 참고 잘합니다. 나오라고 하면 아무리 멀어도 잘 나옵니다.

그런데 이들의 뜨거움을 식게 만드는 것이 있습니다. 그것은 바로 먼저 믿는다고 하면서도 뜨겁지 않은 사람들을 보는 것입니다. 분명히 나보다는 신앙이 더 좋은데 절대로 주님을 위하여 희생적이지 않고 너무나도 타산적일 때 그 속에 있는 열정이 식기 시작합니다.

열정을 식게 만드는 또 다른 하나는 교회 안에서 세상적인 방식으로 사람이 평가될 때입니다. 교회는 세상과 다른 그 무엇이 있어야 합니다.

예수님께서 제자들에게 경고하신 바리새주의는 바로 이런 것입니다. 외모에 의하여 사람을 평가하는 것이기 때문에 속에서 일어나는 조용한 변화는 전혀 인정하지 않습니다. 교회에서 가장 중요한 것이 무엇입니까? 그것은 사람의 중심이 얼마나 변했느냐 하는 것입니다. 하나님에 대한 태도가 변하고 다른 사람에 대한 태도가 변한 것이 주님이 교회에 주신 축복입니다.

물론 교회에서 어떤 사업을 하려고 할 때에는 중심이 변한 것으로는 아무것도 할 수가 없습니다. 사업은 중심으로 하는 것이 아니라 능력으로 하는 것이기 때문입니다. 그래서 사업이 너무 많지 않은 것이 좋습니다.

그러나 우리나라의 많은 신자들 중에서는 말씀을 듣고 변화되기 위하여 교회에 오는 것이 아니라 사람을 만나고 무슨 일을 하기 위해서 오는 사람들을 많이 보게 됩니다. 그 이유는 그들은 사업을 많이 해야 자신들의 능력이 드러나기 때문입니다. 그들은 말씀을 듣고 조용히 변화되는 것을 견디지 못합니다. 이것은 이미 잘못된 열정이지요. 인간의 위대함을 위하여 열심을 내는 것은 이미 잘못된 열심입니다. 결국 이것은 수많은 순수한 열정을 끄는 일을 하게 됩니다.

갈라디아 교인들은 스스로 열심이 많다고 생각합니다. 그러나 실제로 그 열심은 잘못된 열심이었고 그들은 점점 돌이키기 어려운 방향으로 가고 있었습니다.

그리스도의 형상이 이루기까지

사도 바울은 한 번 바람이 나서 그리스도를 버리고 도망친 이 신부들을 어떻게 할 것인지 생각하고 있습니다.

19절 나의 자녀들아 너희 속에 그리스도의 형상이 이루기까지 다시 너희를 위하여 해산하는 수고를 하노니

사도 바울은 참된 신앙을 그리스도의 형상이 이루어지는 것이라고 말하고 있습니다. 이것은 아주 특이한 표현입니다. 사도 바울은 이들이 다시 '순수한 그리스도의 신부로 돌아올 수 있도록'이라고 말하지 않습니다. 그들 속에 '그리스도의 형상이 만들어지도록'이라고 말하고 있습니다. 이것도 의역입니다. 원래 말은 '너희 속에 그리스도가 만들어지도록' 입니다.

이 말은 여러 가지 의미로 해석될 수 있을 것 같습니다.

우선 그들 속에 '그리스도가 계시도록'이라고 표현할 수 있습니다. 다시 말해서 그들의 마음속에는 그리스도가 없습니다. 인간의 욕심만 가득

할 뿐입니다. 이들은 자기 속에 있는 것을 다 버리기 전에는 결코 그리스도를 모실 수 없을 것입니다. 그들은 자신들이 그리스도를 떠난 것을 인정하고 그 잘못된 길에서 돌이켜야 합니다.

그뿐만 아니라 그리스도가 그들 안에 형성되기를 바라고 있습니다. 이것은 마치 인이 새겨지듯이 새겨져서 어떤 것이 들어오더라도 그리스도가 희미해지지 않는 것을 의미합니다.

왜 이들에게 있어서 그리스도가 희미해지게 되었습니까? 신앙의 우선순위가 분명치 않았기 때문입니다. 신앙이라고 하는 것은 자기를 실현하는 것이 아닙니다. 사람들에게 인정받는 것이 아닙니다. 그리스도를 더 아는 것입니다. 하나님의 말씀을 더 깨닫는 것이며 그래서 하나님을 더 닮아가는 것입니다. 그들은 가장 중요한 것을 생각지 않고 아무 것이나 받아들였기 때문에 그리스도에게서 떠나게 되었습니다. 그들 안에 있는 그리스도가 희미해지게 되었습니다.

그뿐만 아니라 그들 안에 그리스도가 충만해지기를 원하고 있습니다. 그리스도는 우리 안에 소극적으로 가만히 계시기만 하시는 분이 아니십니다. 주님께 맡기면 맡길수록 주님은 더 주도적으로 일을 해 나가십니다. 주님은 우리로부터 무엇을 강탈하지 않으십니다. 그러나 주님께 내어 드리면 내어 드릴수록 더 풍성하게 우리의 삶에 간섭하시고 일을 하십니다. 그래서 그리스도께 무엇을 맡긴 사람은 모든 것을 그리스도가 주시는 힘으로 하게 됩니다.

율법으로 산다는 것은 일제시대 구식 발음을 하는 영어 선생님으로부터 영어를 배우는 것과 같습니다. 무지무지하게 터지면서 문법을 배우고 단어를 외웁니다. 그러나 영어를 한마디도 할 수 없습니다. 그러나 아주 뛰어난 외국인 교사와 함께 살면서 영어를 사용한다고 합시다. 그는 화를 내지도 않습니다. 그는 문법을 강요하지도 않습니다. 이런 분은 그냥 백화점이나 대학 같은 데를 데리고 다니면서 친절하게 하나씩 가르쳐 줍니다. 결국 자기도 모르는 사이에 영어를 사용하게 되는 것과 같습니다. 예수님은 천국에서 오신 선생님이십니다. 천국에 대하여 많은 것을 문법적으로 가르쳐 주지 않습니다. 그 대신 직접 바로 천국의 생활을 여기서 하게 하십니다. 천국에 대하여 배우는 것이 아니라 여기서 천국 생활을 사는 것입니다.

물론 공부를 열심히 하는 것은 몽학선생 밑에서 열심히 문법을 배우는 것이겠지요. 그러나 한마디로 써 먹을 수가 없습니다. 우리는 천국에 들어가기 위해서 몸부림치는 것이 아닙니다. 여기서 바로 천국을 맛보며 여기서 바로 천국 생활을 즐기는 것입니다.

사도 바울이 '해산하는 수고를 하겠다'고 하는 것은 무슨 뜻입니까?

그는 이미 해산을 했습니다. 그래서 갈라디아 교인들을 '나의 자녀들아'라고 부르고 있습니다.

그러나 그는 다시 이들에게 복음을 전하겠다는 것입니다. 잘못되었을 때 바로 잡을 수 있는 방법은 처음부터 다시 시작하는 것입니다.

문제는 복음이 충분히 전해지지 못한 것입니다. 우리는 은혜만 너무 강조되어서 책임을 질 줄 모릅니다. 우리가 이 세상에서 빛과 소금의 직분을 감당하는 것은 나에게 주어진 책임을 신실하게 지는 것을 통해서입니다. 너무 은혜를 강조하면 이 세상에서 전혀 쓸모없는 인간이 되고 맙니다. 종교는 일종의 마약이 되고 말 것입니다.

바울은 지금까지 자신이 갈라디아 교인들을 향하여 심하게 질책한 이유를 설명하고 있습니다.

20절 내가 이제라도 너희와 함께 있어 내 음성을 변하려 함은 너희를 대하여 의심이 있음이라 바울이 지금까지 아주 심한 말로 편지를 쓴 것은 사실 그들의 정확한 실상을 알지 못했기 때문이라고 말하고 있습니다.

'너희를 대하여 의심이 있음이라' 고 하는 것은 그들의 상황을 정확하게 잘 알지 못하고 있다는 뜻입니다. 바울은 한편으로는 갈라디아 교인들의 영적인 상태에 대하여 대단히 의심이 됩니다. 그러나 또 다른 한편으로는 직접 가보면 생각보다는 사정이 많이 나을 것 같은 믿음도 있습니다. 그래서 그가 바라는 것은 지금이라도 직접 찾아가서 그들을 만나보고 음성을 변하게 해서 무서운 질책조가 아닌 부드러운 음성으로 그들을 대하고 싶다고 말하고 있습니다.

사실 설교에서는 약한 쪽 보다는 강한 쪽을 말하게 되어 있습니다. 그 이유는 이미 문제가 되고 있다면 강하게 이야기를 해야 알아들을 것이며 약한 쪽도 정신을 차릴 것이기 때문입니다.

그러나 바울은 참으로 자기가 그들이 그리스도를 떠났다고 단정하고 있는 것은 아니라고 말하고 있습니다.

교인들이 죄에 빠지려고 할 때에 설교자는 이미 그들이 죄에 빠져 있는 것처럼 생각하고 설교할 수 있습니다. 그러나 그렇다고 해서 정말 그들을 정죄하고 있는 것은 아닙니다. 잘 모르기 때문에 일단 강하게 표현함으로 그들을 위험에서 지키려고 하는 것입니다.

그러나 사정이 생각보다 낫다면 음성을 얼마든지 부드럽게 할 수 있는 것입니다.

성경은 이런 논리적인 추론으로 가득합니다. 아직 거기까지는 가지 않았습니다. 그러나 그대로 두면 어디로 갈 것인지 분명합니다. 그럴 때에는 이미 거기까지 간 것처럼 강하게 말해서 걸음을 돌이켜 놓습니다.

저는 오늘 말씀을 보면서 한국 교회에 대하여 누가 다시 이들을 위하여 해산하는 수고를 할 것인가 하는 질문을 던지게 됩니다. 사도 바울은 자기 자신이 바로 이 이방인들의 사도로 부르심을 받았기 때문에 자기 자신의 사명이라고 말하고 있습니다. 다시 한 번 더 해산하는 수고를 하겠다고 말합니다. 그러나 우리나라 교회가 다시 한 번 말씀에 굳게 서기 위하여 해산하는 수고를 할 사람은 누구이겠습니까? 그것은 먼저 말씀을 들은 모든 사람들입니다. 나름대로 가까이 있는 사람들에게 바른 복음이 무엇이며 어떻게 살아야 하는지 우리는 우리 나름대로 해산하는 수고를 해야 할 것입니다. 편안하게 믿으려고 하지 마십시오.

주님을 위하여 무엇인가 하시기 바랍니다. 다시 그 뜨거운 열정을 회복하시기 바랍니다.

갈라디아서
강해 19

약속의 자녀

갈 4:21-26

지금 부터 백 년 전만 해도 우리나라에는 양반과 상놈 제도가 있었습니다. 그래서 이 두 계급 사이의 신분은 엄격하게 제한되어 있었습니다. 상놈은 아무리 뛰어나도 양반이 될 수 없었습니다.

비록 같은 아버지 밑에서 태어났다 하더라도 어머니가 누구냐에 따라서 자식의 지위는 완전히 달라졌습니다. 본부인에게 태어난 아들은 양반이요 모든 출세의 길이 열려져 있었습니다. 그러나 기생이나 첩의 자식은 서자라고 해서 많은 설움과 박대를 받아야만 했습니다.

이런 차별은 우리나라에만 국한된 일은 아니었습니다. 전 세계적으로 이루어지고 있던 관행이었습니다. 이러한 차이는 아주 고대의 성경 시대에도 이루어지고 있었습니다. 아브라함에게는 두 아들이 있었습니다. 그런데 그 아들 중에서 한 아들은 본부인에게서 태어났고 다른 한 아들은 계집종에게서 태어났습니다. 그 당시의 법에는 이 두 아들의 신분과 지위에 있어서 분명한 차이가 있었습니다. 계집종의 아들은 재산을 상속할 수 없었습니다. 물론 본부인에게 아들이 없으면 재산을 상속할 수 있지만 만일 늦게라도 본부인에게 아들이 생기면 종의 아들은 유산을 차지할 수 없었습니다. 그 대신 자유인으로 내어 보낼 수 있었습니다.

그래서 어머니가 누구냐 하는 것은 그 아들에게 있어서는 아주 중요한 것이었습니다. 아마 노예의 아들로 태어난 자는 자기 어머니가 그렇게 원망스러울 수가 없었을 것입니다. 똑같은 아들이지만 어머니가 다르기 때문에 아무것도 받을 수가 없고 사회적으로도 엄청난 제약을 받기 때문입니다. 아마도 본부인에게서 태어난 아들이 자기 어머니를 바꾼다고 하는 것은 상상할 수 없는 일일 것입니다. 왜냐하면 어머니가 달라지면 그의 모든 지위가 달라지기 때문입니다.

저는 아주 어렸을 때 어머니를 한 번 바꾸었으면 좋겠다는 생각을 한 적이 있었습니다. 제가 초등학교 3학년 때 학교의 한 반 친구 중에서 일시적으로 가깝게 지내던 아이가 있었습니다. 그 아이의 엄마는 호스티스였습니다. 그 아이는 별로 다른 친구가 없었던 것 같고 제가 주로 그 아이 집에 자주 놀러 갔습니다. 자주 놀러 간 이유는 그 집에는 엄마가 없었고 또 먹을 것이 있었기 때문입니다. 저와 그 아이는 저녁 내내 놀 수 있었습니다. 그리고 밥도 맛있는 것을 먹었습니다. 우리 집은 늘 가난했고 어머니는 엄하셨습니다. 식사는 늘 김치국밥에 새우젓이었습니다. 저는 그 아이가 부러웠습니다. 특히 그 아이의 엄마는 그 아이를 때리고 나서는 꼭 50원을 주셨습니다. 저는 나도 한 번 매를 맞고 50원을 받았으면 좋겠다는 생각을 했습니다. 그 아이는 자기 엄마를 자랑하곤 했습니다. 어느 날 술집에서 남자가 덤벼드는 것을 술병을 깨어서 쫓았다는 것입니다. 저는 그 아이에게 너희 엄마가 이 세상에서 제일 멋진 엄마라고 칭찬했습니다.

저희 집은 가난했고 늘 공부해야 하고 특히 어머니는 우리가 품위 있게 행동할 것을 가르치셨습니다. 저는 한평생 살면서 어머니가 품위를 잃으시거나 약해지는 모습을 본 적이 없었습니다. 어머니는 오직 자존심 하나로 사셨습니다.

어느 하루 저는 제 친구에게 심각하게 이야기를 했습니다. '우리 한 번 엄마를 바꾸면 어떻겠느냐?' 고 말입니다. 그 말을 한 뒤는 어떻게 되었는지 생각이 나지 않습니다.

그러나 저는 철이 들고 난 후 어머니의 가르침이 얼마나 귀한지 감사하고 있습니다. 어머니를 바꾸지 않았던 것이 얼마나 다행이었는지 모릅니다. 요즘은 누구든지 능력만 있으면 잘 살 수 있는 사회가 되어버렸기 때문입니다. 그래서 어머니를 따지고 출신을 따지는 것이 더 이상 의미가 없는 일이 되고 말았습니다. 그뿐만 아니라 이제는 더 이상 종교적인 신분이 그렇게 중요한 사회가 아닙니다. 옛날에는 종교적인 신분이 사회적인 신분을 결정했습니다. 종교적으로 높은 사람이 사회적으로도 높은 사회였습니다. 그러나 이제 종교는 생활의 한 부분이 되었지 삶의 전부라고 생각하지 않는 사회에 살고 있습니다.

그래서 본문을 의미 있게 이해하려면 우리가 이 성경 시대의 사회적인 상황 안으로 들어가 볼 필요가 있습니다. 그렇지 않으면 오늘 본문의 의미를 전혀 이해하지 못하게 되고 맙니다.

교회의 문제점

오늘 우리가 알아야 할 것은 이 당시 교회의 문제가 정확하게 무엇이었기에 사도 바울이 이 말씀을 하느냐 하는 것입니다.

21절 내게 말하라 율법 아래 있고자 하는 자들아 율법을 듣지 못하였느냐?

이 당시 교회의 문제는 바로 이것이었습니다. 그들은 다시 율법 아래 있고자 하였습니다.

다시 말해서 이들은 일단 기독교를 믿은 후 이것으로 더 이상 만족할 수 없어서 유대교로 돌아가려고 한 것입니다.

그들이 그렇게 하려고 한 것에 대하여 우리는 정확하게 잘 알지 못합니다.

단지 이 갈라디아서를 중심으로 해서 추론해 볼 수밖에 없습니다.

갈라디아 교인들이 복음 안에서 느꼈던 부족함이 무엇이었을까요?

아마 몇 가지 생각해볼 수 있을 것입니다.

우선 그 중에서 무엇보다도 사람들은 신앙 안에서 자기 자신을 성취하려고 하는 욕구가 있습니다. 지금은 부족하지만 이런 식으로 계속 훈련을 받다 보면 어느 경지에 이를 것 같은 기대가 있었습니다. 그러나 복음 안에는 그런 목표나 과정이 보이지 않았습니다. 누군가가 자기를 꽉 잡아서 가르쳐 주고 키워주는 것이 없었습니다. 언제나 같이 모여서 기도하고 말씀을 듣고 흩어집니다. 그런데 이제는 그 이상의 무엇을 배우고 싶은 것입니다.

무엇인가 좀 더 지금 보다 나은 사람이 되고 싶은 것입니다. 그러나 복음 안에는 그런 것이 없었습니다. 유대교 안에는 사람을 꽉 잡아서 공부를 시키고 훈련을 시키는 것이 있었습니다. 그런 훈련을 받은 사람과 받지 않은 사람 사이에는 뚜렷한 차이가 있었습니다. 그러나 복음 안에는 무엇인가 전문적인 것을 가르쳐 주는 사람이 없었습니다. 그러니까 아무리 믿어도 성취되는 것 같은 만족감이 없었습니다. 유대교 안에서는 그런 것이 있었습니다. 그 안에는 율법을 전문적으로 가르쳐 주는 사람들이 많이 있었고 교과 과정이 훌륭했습니다.

그리고 또 다른 하나는 복음 안에서 성장하는 것은 사회적으로 전혀 인정을 받지 못했습니다.

유대교는 지위와 신분이 뚜렷했고 이것이 사회에서도 그대로 인정을 받았습니다. 그러나 교회는 교회 자체가 사회적으로 인정을 받지 못하고 있었기 때문에 교회 안에서 집사나 장로라고 해서 사회에서 그대로 인정해 주는 사람이 아무도 없었습니다.

다시 말해서 복음 그 자체는 좋았습니다. 그러나 이 복음은 자신을 개인적으로나 사회적으로 만족시켜 주는 것이 없었습니다. 그래서 그들은 같은 하나님을 섬긴다면 개인적으로도 성취감이 있고 사회적으로도 인정을 받을 수 있는 유대교를 택하기로 결정한 것입니다.

오늘 우리 시대에는 상황이 많이 변했기 때문에 이 시대의 문제를 그대로 우리에게 옮기기는 어려울 것 같습니다. 그러나 중요한 부분은 마찬가지입니다. 우리 사회는 모든 것을 겉으로 나타난 결과를 가지고 평가합니다. 그래서 예수를 잘 믿는 것으로는 소용이 없고 사회적으로 성공을 해야 합니다. 어쩌면 사회적으로 나타난 결과를 가지고 그 사람의 신앙을 평가하는지도 모르겠습니다. 그리스도인이 되고나면 그리스도인으로 살아야 할 길이 있습니다. 그러나 사람들은 그것을 생각할 시간이 없습니다. 왜냐하면 이 세상은 조금이라도 더 뛰어야 인정을 받을 수 있기 때문입니다. 예수를 믿어도 직장이 여의치 않고 예수를 믿어도 사회적으로 인정을 받지 못할 때 믿음으로 사는 것이 무엇인가 생각할 수 없습니다.

그러나 그것보다 더 교묘하고 고차원적인 것이 믿으면서도 그 안에서 내 자신을 성취하고자 하는 끊임없는 욕망입니다. 다른 사람들보다 더 좋은 믿음을 가지고 하나님으로부터 더 사랑받기 위하여 어떤 것을 과외로 더 하는 것입니다. 예를 들면, 과외로 성경을 더 배우고 또 어떤 기관에 가서 특별한 훈련을 더 받는 것입니다. 물론 자신의 발전을 위하여 이렇게 하는 것이 유익할 때도 있습니다. 그러나 깊이 들어가 보면 갈라디아 교인들이 가졌던 문제와 별로 다른 것이 없다는 것을 알 수 있을 것입니다.

아브라함의 두 아들

사도 바울은 먼저 아브라함의 두 아들을 예로 들어서 설명을 합니다.

22, 23절 기록된바 아브라함이 두 아들이 있으니 하나는 계집 종에게서 하나는 자유하는 여자에게서 났다 하였으나 계집 종에게서는 육체를 따라 났고 자유하는 여자에게서는 약속으로 말미암았느니라

아브라함에게는 두 아들이 있었습니다. 그러나 이 두 아들은 같은 아들이 아니었습니다.

우선 사회적으로 한 아들은 계집종에게서 났고 다른 한 아들은 자유인인 본부인에게서 났습니다. 그러면 이 두 아들은 이미 같은 아들이 아닙니다.

이 당시 사회는 같은 아버지의 아들이라고 해서 같은 권리를 주지 않았습니다. 어머니가 누구냐 하는데 따라서 권리가 완전히 다르게 주어졌습니다. 그러나 더 중요한 것은 사회적인 문제가 아니라 영적인 것이었습니다.

하나님께서 아브라함에게 상속자를 주시겠다고 약속하셨습니다. 그런데 한 아들은 아브라함 부부가 인간적인 방법으로 얻으려고 했던 상속자였습니다. 그러나 두 번째 아들은 하나님께서 그에게 하신 약속에 따라 주신 아들이었습니다. 그러면 이것은 단순한 사회적인 관계를 떠나서 하나님 앞에서 의미가 달라지는 것입니다.

사도 바울이 말하려고 하는 것이 무엇입니까? 아브라함의 아들이라고 해서 다 같은 것이 아니라는 것입니다. 다시 말해서 같은 하나님을 믿는다고 해서 결코 같은 것이 아니라는 것입니다. 우리들에게는 같은 하나님을 믿으면 다 같은 것이 아니겠느냐하는 생각이 있습니다.

그러나 성경은 절대로 그렇게 말하고 있지 않습니다.

사회적으로 같은 아버지의 아들이라고 하더라도 서자와 적자 사이에 절대적인 차이가 있었던 것처럼 같은 하나님을 믿는다고 하지만 그가 육체로 말미암았느냐 약속으로 말미암았느냐 하는 것으로 절대적인 차이가 있다는 것입니다.

육체로 말미암는다는 것이 무엇을 의미합니까? 하나님의 의를 자기 열심으로 이루려고 하는 것입니다. 자기가 어떤 경건의 수준을 정해놓고 인간적으로 열심히 그것을 성취하기 위하여 애쓰는 것입니다. 그런 신앙은 같은 아브라함의 아들이라고 하더라도 첩의 아들과 같다는 것입니다.

하나님께서 우리에게 원하시는 것이 무엇입니까? 그것은 우리가 하나님의 말씀으로 먼저 변하여 새사람이 되는 것입니다. 이것이 약속으로 되는 것입니다. 새사람이 되고 난 후 새사람으로 살아가는 것입니다.

그래서 그리스도인에게 있어서 가장 중요한 것은 그의 삶을 끌고 나가는 힘이 무엇이냐 하는 것입니다. 그 사람이 자기가 정해 놓은 어떤 열심으로 신앙생활을 해 나간다면 그는 아직 종의 자식입니다. 그러나 그 사람 안에서 성령이 주시는 힘으로, 자기 자신은 수없이 넘어지고 실수함에도 불구하고 그 안에 성령이 주시는 바른 깨달음으로 살아가고 있다면 그는 본부인이 낳은 아들이라는 것입니다.

결국 신앙 안에서 가장 중요한 문제가 무엇입니까? 하나님이 우리에게 원하시는 뜻이 있습니다.

그 뜻을 누가 성취하느냐 하는 것입니다. 자기의 힘과 자기 노력으로 성취하려고 하는 사람은 아직 계집종의 아들입니다. 그러나 나는 그것을 할 수 없고 오직 하나님만이 하실 수 있다는 것을 인정하고 하나님께서 하시도록 자신을 내어드리는 자는 본부인의 아들이라는 것입니다.

우리는 구원에 있어서 내 자신이 무엇인가 함으로 하나님을 도와드리고 싶은 생각이 있습니다. 그러나 하나님께서는 우리가 할 수 있는 것이 아무것도 없고 하나님께서 원하시는 것은 오직 우리 몸을 빌리시는 것입니다. 우리는 내가 무엇인가 열심을 내어서 해야 만족감도 있고 성취감도 있습니다. 다시 말해서 신앙생활이 할 맛이 나는 것입니다. 가만히 앉아서 주는 것이나 떠먹고 있으면 무슨 할 맛이 있습니까?

그러나 하나님께서 우리에게서 원하시는 것은 내가 하나님을 위하여 많은 것을 하는 것이 아닙니다. 우리는 몸만 빌려 드리고 하나님께서 내 안에서 성령으로 모든 것을 다 하는 것입니다. 그래서 가장 귀한 사람이 누구인가 하면 할 수 있는 대로 자기 생각을 버리고 자기 뜻을 버리고 성령께서 온전히 자신을 사용하게 내어 드리는 자입니다.

같은 하나님을 믿는다고 해서 다 같은 것이 아닙니다. 그 안에서 누가 그 일을 하게 하느냐 하는 것이 결정적으로 중요합니다.

두 개의 언약

사도 바울은 두 여인에게서 두 언약으로 비약을 해서 설명을 합니다.

24, 26절 이것은 비유니 이 여자들은 두 언약이라. 하나는 시내 산으로부터 종을 낳은 자니 곧 하가라. 이 하가는 아라비아에 있는 시내 산으로 지금 있는 예루살렘과 같은 데니 저가 그 자녀들로 더불어 종노릇하고 오직 위에 있는 예루살렘은 자유자니 곧 우리 어머니라

하나님께서는 이스라엘 백성들에게 두 가지 언약을 주셨습니다.

하나는 시내 산 언약입니다. 바울은 이 첩이나 그 아들이 보여 주는 것은 바로 이 시내 산 언약이라고 말하고 있습니다. 시내 산 율법은 은혜가 아닙니다. 진노하시는 하나님을 보여주시는 언약입니다. 이것은 하나님

나라를 바라보면서 어떻게 하든지 인간의 노력으로 하나님의 의를 이루어 보려고 애쓰는 언약입니다.

사도 바울은 시내 산과 지금의 예루살렘은 본질적으로 같은 것이라고 말하고 있습니다. 그 이유는 장소만 옮겨졌지 내용은 변한 것이 아니기 때문입니다. 중요한 것은 하늘에 있는 예루살렘이며, 갈라디아 교인들은 시내 산 언약이나 지금의 예루살렘 성전의 언약의 자식들이 아니고, 하늘의 예루살렘 곧 하나님의 아들의 언약으로 하나님의 백성이 된 자들이라고 말씀하고 있습니다.

무슨 말입니까? 사람의 노력으로는 하나님 앞에서 결코 의로울 수 없다는 것입니다.

하나님께서 인정하시는 것은 하나님의 성령으로 행하시는 것입니다.

하나님의 아들들은 자기만족을 위하여 신앙생활을 하는 사람들이 아닙니다.

신앙생활을 통하여 이 세상에서 인정을 받고 성공하는 것도 아닙니다.

오직 하나님께서 인정하시는 신앙은 하나님께서 그를 사용하실 수 있도록 자신을 전폭적으로 하나님께 내어드리는 사람입니다.

그러므로 신앙생활을 한다고 하면서도 성령의 역사를 알지 못하는 사람은 아무리 경건하고 열심이 있고 많은 업적을 남겼다 하더라도 그는 하갈의 아들입니다.

우리는 우리 마음 안에 분계점이 있다는 것을 압니다. 그 분계점은 처음에는 내가 신앙생활을 하기 위하여 애를 씁니다. 내가 성경을 좀 더 배우고 내가 신앙적인 열심을 냄으로 하나님을 기쁘게 해 드리려고 합니다. 하나님은 가만히 계시고 내가 하나님을 위하여 여러 가지 많은 일을 하는 단계입니다. 어떻게 말하면 하나님을 짝사랑하는 것과 같습니다. 그러나 하나님은 그런 나를 기뻐하시지 않습니다. 그는 자기 마음이 동하지 않으면 얼마든지 하나님을 거부할 수 있기 때문입니다. 그러나 어느 한 순간 성령님은 우리 안을 말씀으로 비추셔서 내가 얼마나 악하고 더러운 존재이며 내가 할 수 있는 것이 아무것도 없다는 것을 깨닫게 하십니다. 그때 나는 전적으로 내가 아무것도 아니며 오직 그리스도께 나의 모든 삶을 맡깁니다.

그때 시내 산으로 부터 하늘의 예루살렘으로 신분이 옮겨지게 되는 것입니다. 우리가 겉으로 보기에는 시내 산에 있는 사람들이 훨씬 더 거룩하고 진실한 것 같습니다. 그들은 참으로 하나님을 기쁘게 하기 위하여 모든 애를 다 쓰는 사람들입니다.

그러나 하나님이 원하시는 것은 그런 것이 아닙니다. 하나님은 우리가 생각하는 것처럼 그렇게 소극적인 분이 아니십니다. 하나님은 대단히 적극적인 분이십니다. 하나님이 원하시는 것은 우리의 모든 것을 사용하시는 것입니다.

마음과 뜻과 정성을 다하여 하나님을 사랑한다고 하는 것은 하나님이 하시고자 하는 일은 절대적으로 옳다는 것을 마음으로 인정하고 그것을 위하여 자신의 모든 삶을 다 드리는 것입니다. 그런 사람은 모든 것을 다 하려고 하지 않습니다. 그런 사람은 가장 중요하게 생각하는 것이 내가 지금 무슨 일을 하고 있느냐 하는 것이 아니라 어떤 상태에 있느냐 하는 것입니다.

하나님의 백성에게 있어서 가장 중요한 것은 신분이나 일이 아닙니다. 자신의 상태입니다. 항상 하나님 앞에서 기뻐하고 성령 충만한 상태를 가지는 것입니다. 하나님의 사람에게 있어서 가장 두려운 것이 성령의 감동이 없어지는 것입니다. 왜냐하면 성령의 감동이 없어지면 그는 바로 죽는 것이나 똑같기 때문입니다.

우리에게는 어떤 두려움이 있습니다. 즉 내가 하나님만 믿고 가만히 있는데 하나님께서 나를 쓰시지 않고 버리시면 나만 망하는 것이 아니냐

하는 생각입니다. 이것은 사실입니다. 하나님께서 우리를 사용하시지 않으면 죽도 밥도 되지 않을 것입니다. 그러나 한 번 생각해 보아야 할 것은 하나님께서 나를 쓰시든지 쓰시지 않든지 그것은 순전히 하나님의 자유입니다. 내가 하나님을 믿고 기다린다고 하는 것이 하나님께 어떤 부채가 될 수는 없습니다. 우리가 하나님을 믿고 기다린다고 해서 하나님께서 나를 반드시 존귀하게 쓰셔야만 하는 의무가 생기는 것은 아닙니다.

단지 우리는 바른 하나님을 알았고 그 하나님과 함께 산다는 그 자체만으로 만족할 수밖에 없습니다. 그러나 하나님은 신실하신 하나님이십니다. 자기를 믿고 기다리는 자들을 절대로 무가치하게 버려두시는 분이 아니십니다. 하나님은 그런 사람을 찾으시면 그가 생각지 못한 방식으로 상을 주실 것입니다.

그리스도인이 율법 아래로 갈 수 있는가?

오늘 우리에게 중요한 질문은 참으로 하나님의 아들이 된 사람이 다시 율법의 아들이 될 수 있느냐 하는 것입니다. 다시 말해서 진정으로 바울의 복음을 듣고 새로 거듭난 갈라디아 교인들이 거짓 교사들에게 속아서 복음을 버리고 다시 율법의 지배 아래로 들어갈 수 있느냐 하는 것입니다. 그것은 불가능합니다.

그 이유는 다음 몇 가지로 생각해볼 수 있습니다.

우선 성령으로 거듭난 자는 이미 그리스도의 소유가 되었기 때문에 율법 아래로 돌아갈 수 없습니다. 그리스도인이 된다고 하는 것은 그 안에 지각이 새로 태어나는 것을 의미합니다. 그가 율법 아래로 들어갔을 때 이미 거기에는 생명이 없다는 것을 금방 알 수 있습니다. 거기에 있는 수많은 의식들과 절차들이 있는 이유는 그 안에 진정한 생명이 없기 때문이라는 것을 압니다.

그래서 더 이상 거기 있을 수 없습니다. 참으로 성령으로 거듭난 자는 하나님의 말씀이 없으면 살지 못합니다. 다른 것으로는 절대로 만족하지 못합니다. 반드시 하나님의 말씀을 들어야 살 수 있습니다. 그러면 사도 바울이 굳이 이들을 막는 이유가 무엇일까요? 가만히 내버려 두면 결국 만족하지 못하고 돌아올 것인데 이렇게 무섭게 책망하는 편지까지 쓰면서 이들의 잘못을 바로 잡으려고 하는 이유가 무엇일까요?

그들은 율법의 지배 아래 서 있지는 않지만 이 말씀을 듣지 못하면 아주 차갑고 냉소적인 신앙에 빠질 가능성이 많기 때문입니다. 복음을 듣고 거듭난 사람은 하나님의 말씀을 듣지 못할 때 병이 들게 됩니다. 그래서 차라리 신앙을 가지지 않은 사람들보다 차갑게 신앙의 열정이 식고 부정적이 되는 것을 많이 볼 수 있습니다.

우리는 이미 우리 사회에서 이런 병리 현상을 보고 있습니다. 바른 복음이 없으니까 많은 사람들이 복음이 아닌 것을 복음으로 알고 믿고 있습니다. 즉 기독교적인 의식과 세상적인 축복을 복음으로 알고 믿고 있습니다. 그래서 교회 안에서 진정한 감동이 별로 없습니다. 그런 반면 복음이 무엇인지 아는 사람은 아주 냉소적이 되어서 더 이상 교회를 신뢰하지 않습니다. 아주 비판적이 되어서 자기 자신의 생각이 아니고서는 아무것도 믿으려고 하지 않습니다. 모든 것을 비판하고 모든 것을 부정하는 자세로 신앙생활을 하고 있습니다. 이것은 병든 신앙이요 결코 주님이 주시는 풍성한 삶은 아닙니다.

그뿐만 아니라 일단 처음 복음을 들은 사람들은 율법의 지배 아래로 가지 않는다 하더라도 교회 안에서 성령의 역사가 중단되면 교회가 죽는 일이 일어나게 됩니다. 일단 복음을 듣고 난 후에도 복음만으로 만족하지 못하고 다른 이유를 댈 때 그는 사실 성령을 소멸시키는 것이며 성령을 근심하게 하는 것입니다. 믿는 자들이 성령을 근심하게 할 때 성령은 더 이상 일하시지 않습니다. 그러면 더 이상 복음을 듣고 회개하는 자들이 없어지며 감동과 역사가 없어지게 됩니다. 그러면 교회는 다시 메마른 사막이 되고 마는 것입니다. 주님이 찾아 오셨지만 그들이 기쁨으로 영접하지 않았기 때문에 그들은 구원을 받을 수 있을지 모르지만 더 이상 살아서 역사하는 능력 있는 그리스도인들은 되지 못하는 것입니다. 주님께서는 그곳에서 촛대를 옮길 것입니다.

뿐만 아니라 진정으로 회개하지 않고 복음만 들은 자들은 율법의 지배 아래에 있으려고 하지 않지만 복음으로도 들어오지 않습니다. 그들은 은혜를 악용해서 주님이 우리 죄를 위하여 죽으셨기 때문에 더 죄짓는 생활을 하자고 하면서 자유방임적으로 살게 됩니다. 그렇게 하는 것을 무율법주의라고 합니다. 니골라당의 교훈과 같은 것입니다. 믿는다고 하면서도 아무런 가르침에도 복종하지 않고 자기 자신만을 위하여 마음대로 사는 것입니다.

그러므로 사도 바울은 이미 이들이 율법 아래 있지 못할 줄 알면서도 가만히 있지 않고 이들을 적극적으로 꾸짖고 바로 잡아서 풍성한 신앙으로 돌아오게 하려는 것입니다.

그러면 우리 그리스도인들은 자라거나 자기 자신을 성취하는 것이 없습니까? 그렇지 않습니다. 다른 어디에서도 볼 수 없는 성장과 자기완성이 있습니다.

그러나 이것은 세상이 생각하는 방식과 완전히 다르기 때문에 우리가 기꺼이 잘하려고 하지 않는 것입니다.

그리스도 안에서 자기 성장이라고 하는 것은 일단 다른 사람을 세워주는 것입니다. 다른 사람을 온전케 하기 위하여 가르치고 그의 어려움을 도와주기 위하여 애를 쓰다보면 자기 자신이 자라게 되어 있고 자기 자신이 완성되게 되어 있습니다. 그러므로 교회 보다 더 우리를 자라게 하는 곳이 없습니다.

교회 안에는 놀라운 스승이 한 분 계십니다. 그분은 학식이 많은 박사님이 아닙니다. 눈에 보이지 않는 성령님이십니다. 성령께서는 교회를 통하여 우리를 자라게 하십니다.

교회 안에서 말씀을 듣고 다른 사람의 형편을 살피며 그들을 위하여 애를 쓸 때 우리 자신이 만들어지게 됩니다. 이것이 바로 우리들이 자라는 법입니다.

그래서 다른 사람을 위하여 사용하는 시간을 아까워 하고 우월감 때문에 다른 사람과 깊이 교제하기를 싫어하는 사람은 아무리 믿어도 자라지 않게 되어 있습니다. 우리가 다른 것은 서로에 대한 이해가 깊어지고 서로에 대한 신뢰가 깊어질 때 자라는 것입니다.

어디서 무슨 특별한 성경 공부를 하고 또 무슨 강좌를 듣는다고 해서 자라는 것이 아닙니다. 지식은 교만하게 할 뿐입니다. 그래서 가장 좋은 성장 프로그램은 교회 안에서 함께 말씀을 들으면서 깊은 신뢰를 다져가는 것입니다. 하나님의 말씀이 바로 가르쳐지고 서로 깊이 사랑하고 신뢰하는 공동체 안에 있다면 그들은 감당하지 못할 일이 없습니다. 단 열 명으로 구성된 교회라 하더라도 그들은 모든 일을 다 해낼 수 있을 것입니다.

그러나 우리는 다른 사람보다는 내 자신이 살고 싶어서 할 수 있는 한 다른 사람과 다른 어떤 특별한 지식이나 능력으로 무장되려고 합니다. 그것은 그러나 성령님의 방법이 아닙니다. 가장 중요한 것은 진리는 모두 평범한 가운데 있습니다. 교회 안에서 다른 사람을 도우려고 애를 쓰면 자기가 살게 되어 있습니다. 그들은 바로 잡기 위하여 성경을 연구하다 보면 대 신학자가 되어 있게 됩니다. 위대한 신학자들은 모두 충실한 목회자들이었습니다.

우리 사회만큼이나 겉모습을 좋아하는 사회도 없을 것입니다. 그러나 그 좋은 겉모습이 할 수 있는 것이라고는 약간의 기분을 좋게 해 주는 것 이상은 아무것도 없습니다. 중요한 것은 실속입니다. 신뢰가 있는 말씀의 공동체, 이것이 이 세상을 변화시키는 주체입니다.

그리스도인에게서 가장 중요한 것은 바른 성령의 역사입니다. 성령의 역사는 두 가지를 통하여 나타납니다. 하나는 말씀이요 다른 하는 신뢰가 있는 공동체입니다.

갈라디아서

강해 20

내어 쫓기는 아들들

갈 4:27-31

우리나라는 예전에 새로운 정부가 들어서면 '개혁'의 칼날 아래 수많은 고위 관료들의 목이 날아가거나 감옥으로 가는 것을 보았습니다. 이런 모습들을 보면서 우리는 한편으로 통쾌하기도 하고 다른 한편으로는 두려운 마음이 들었던 것도 사실입니다. 즉 이런 식으로 목이 잘린 사람들은 예전에 무서운 권력을 휘두르던 사람들이 많았습니다. 이 사람들 중에는 공중에 나는 새도 떨어트린다고 말할 정도로 무서운 권력의 주인공들도 있었습니다. 그러나 권력의 주인공이 바뀌면서 옛날의 권력자들이 죄인이 되어 감옥에 들어가는 것입니다.

그래서 유행하게 된 말이 '토사구팽'兎死狗烹이라는 말이었습니다. 즉 사냥꾼이 사냥개를 데리고 열심히 사냥을 하다가 사냥이 끝난 후에는 그 사냥개를 잡아 먹는다는 뜻입니다. 요즘 우리 사회에 교회가 좀 더 성경적인 모습으로 나아가야 하며 지금 이 모습으로는 안 된다는 생각을 하고 있는 사람들이 많이 있는 것 같습니다.

오늘 읽은 이 말씀은 얼핏 보면 가장 평범한 말씀인 것 같습니다. 그러나 실제로는 가장 무서운 말씀 중 하나입니다. 사도 바울은 그리스도인이라고 해서 다 같은 그리스도인이 아니라고 말씀하고 있습니다. 즉 그리스도인 중에는 참된 그리스도인도 있고 거짓된 그리스도인도 있다는 것입니다. 사실 이 문제는 그렇게 새로운 문제가 될 수 없습니다. 그 이유는 어느 집단이든지 마찬가지이기 때문입니다. 특히 신앙이라고 해서 모두 다 참된 신앙을 가질 수는 없는 것 아닙니까? 그러나 사도 바울의 말은 거기서 그치는 것이 아닙니다. 육으로 좇아난 자가 성령으로 좇아난 자를 핍박한다는 것입니다. 그리고 육으로 좇아난 자는 하나님의 나라를 유업으로 받을 수 없기 때문에 내어 쫓으라고 말씀하시는 것입니다.

여러분, 교회가 정상적인 상태에 있을 때에는 육으로 난 자가 성령으로 난 자를 핍박할 수 없습니다. 왜냐하면 거의 대부분이 성령으로 좇아난 자이고 일부가 아직 변화되지 못한 자일 때 소수가 다수를 핍박할 수 없기 때문입니다. 육으로 좇아난 자가 성령으로 좇아난 자를 핍박할 때에는 교회가 이미 비정상적인 상태에 있을 때입니다. 다시 말해서 육으로 좇아난 자가 다수이거나 아니면 교회에서 아주 중요한 자리를 차지하고 있고, 성령으로 좇아난 자가 적거나 힘이 없을 때를 이야기하는 것입니다.

사도 바울이 말씀하고 있는 것은 개혁의 필요성이 있는 교회의 상태를 두고 말하는 것입니다. 바울은 갈라디아 교회가 지금 개혁이 필요하다는 식으로 말하고 있는 것입니다. 물론 바울은 교회 개혁의 모든 것을 다 말씀하고 있지 않습니다. 그러나 우리는 오늘 본문을 통하여 교회가 어떻게 하면 보다 성경적인 모습으로 한 걸음 다가갈 수 있을지 살펴보기를 원합니다.

두 종류의 아들들

사도 바울은 오늘 본문에서 이사야 54:1절 말씀을 인용하고 있습니다.

27절 기록된바 잉태치 못한 자여 즐거워하라 구로치 못한 자여 소리질러 외치라 이는 홀로 사는 자의 자녀가 남편 있는 자의 자녀보다 많음이라 하였으니

이사야 선지의 이 예언은 이스라엘 나라가 포로되어 간 후 새롭게 만들어졌을 때 포로되기 전보다 더 많은 자녀를 가지게 될 것이라는 의미입니다. 이것은 단순히 사람의 숫자를 두고 하는 말이 아닙니다. 이스라엘 백성들이 포로되기 전에도 그들은 이미 많은 아들들을 데리고 있었습니다.

그러나 진정한 하나님의 백성들은 결코 많지 않았습니다. 숫자만 많았지 그들은 대부분 참된 하나님의 아들들이 아니었습니다. 참된 하나님의 아들들이 많아지게 된 것은 오히려 이스라엘 백성들이 포로로 잡혀 가서 고생을 하면서 철저하게 마음이 가난하게 되었을 때 입니다. 그러면 포로라는 경험은 무엇을 의미합니까? 바로 이 거짓된 아들들을 내어 쫓는 하나님의 개혁이었던 것입니다. 구약의 역사를 보면 '언약의 갱신'이라는 말이 나오는 것을 볼 수 있습니다.

우리는 이스라엘 백성들이 한 번 하나님과 언약을 맺었으면 되었지 무슨 언약을 그렇게 자주 맺는가 하고 생각할지 모릅니다. 그러나 이스라엘 백성들이 자기도 모르는 사이에 다른 것에 빠져서 하나님의 말씀을 지키는 삶에서 떠났을 때 그들은 다시 하나님의 말씀으로 돌아오는 언약을 새롭게 했던 것입니다. 그 대표적인 것이 사무엘 때 미스바의 회개입니다. 그러나 그것 외에도 많은 언약의 갱신이 있었습니다. 이것은 모두 성령 운동입니다. 성령은 우리들을 하나님의 말씀으로 돌아오게 하고 그 때 이스라엘 백성들은 모두 하나님의 큰 은혜와 능력을 체험했던 것입니다. 오늘 부흥이라고 하는 것은 단순히 말씀을 듣고 위로 받는 것으로 생각하기 쉬운데 기독교는 철저하게 하나님의 말씀을 지키는 삶입니다. 하

나님의 말씀을 떠나서 자기 욕심대로 살다가 하나님의 말씀을 지키기로 교회적으로 결단을 할 때 그때 하나님의 크신 능력을 체험할 수 있습니다. 그러면 바벨론 포로라고 하는 사건은 무엇을 의미합니까?

이스라엘 백성들이 스스로를 개혁하지 않을 때 하나님께서는 그들을 그 편안하고 안일한 삶에서 내어 쫓아서 그들로 하여금 자신들의 교만과 욕심을 철저하게 회개하고 다시 하나님의 말씀을 붙드는 삶으로 돌아오게 하시는, 하나님 자신의 교회 개혁 운동이었던 것입니다. 그러므로 우리가 알아야 할 것은 교회가 스스로 개혁하려고 하지 않을 때 하나님께서는 다른 물리적인 방법을 통하여 교회를 개혁하신다는 사실입니다. 그때에는 교회만 어려움을 겪는 것이 아닙니다. 그 교회와 함께 있는 모든 사회가 전쟁의 소용돌이에 빠지게 됩니다.

겉으로 보기에는 멸망한 이스라엘이 훨씬 더 불쌍하고 비참한 것 같습니다. 그러나 하나님의 입장에서 보면 그 포로 되어 간 교회가 편안하게 잘 사는 교회보다 훨씬 더 많은 하나님의 자식을 데리고 있는 것입니다.

우리가 알아야 할 것은 믿는 사람과 믿지 않는 사람을 구별하는 것보다 믿는 사람 안에서 참된 신자와 거짓된 신자를 구별하기가 더 어렵습니다. 우리는 이런 이야기를 들을 때 이렇게 질문을 할지 모르겠습니다.

"굳이 지금 이 형편에 참 신자와 거짓된 신자를 구별할 필요가 있습니까? 처음에는 다 잘 알지 못하고 믿지만 말씀을 듣다 보면 참된 신앙을 가질 수 있는 것이 아닙니까?"라고 말입니다. 그 말은 아주 중요한 진리입니다. 그래서 예수님께서는 가라지 비유를 들어서 말씀하셨습니다. 밭에 곡식을 심었는데 원수가 와서 가라지를 뿌리고 갔습니다. 그때 밭주인은 추수 때까지 가라지를 뽑지 말고 그대로 두라고 했습니다. 왜냐하면 혹시 가라지를 뽑으려고 하다가 알곡까지 뽑을 수 있기 때문이라고 했습니다. 그 이유는 아직 완전하지 못한 신자라 하더라도 알곡일 수 있기 때문에 아직 때가 되기 전에 거짓 선지라고 단정해서는 안 된다 것입니다.

지금 여기서 성경이 말하는 것은 그런 것이 아닙니다. 아직 어린 신자에 대하여 참 신자니 거짓 신자니 함으로서 그들을 실망케 하고 낙심하게 하려는 것이 아닙니다. 성경이 말씀하는 것은 거짓된 신자가 참 신자를 핍박하는 경우입니다.

육체로 난 자가 성령으로 난 자를 핍박함

우리는 어떤 경우에 거짓 신자가 참 신자를 핍박하게 된다고 생각합니까? 본문은 이렇게 말씀하고 있습니다.

28, 29절 형제들아 너희는 이삭과 같이 약속의 자녀라. 그러나 그때에 육체를 따라 난 자가 성령을 따라 난 자를 핍박한 것 같이 이제도 그러하도다

무슨 말입니까? 사도 바울은 이삭과 이스마엘의 관계를 예로 들어서 설명하고 있습니다.

이삭이 젖을 떼던 날 이삭의 어머니 사라는 이스마엘이 이삭을 괴롭히고 있는 것을 보았습니다. 이것은 단순한 장난 수준이 아니었습니다. 자신의 힘을 믿고 이삭을 지속적으로 아주 심하게 괴롭히는 것이었습니다.

이스마엘이 이삭을 이렇게 괴롭혔던 이유가 무엇입니까? 자기는 참 아들이 아니었기 때문입니다. 이삭이 태어나는 바람에 아버지의 모든 재산의 상속을 놓쳐 버렸기 때문입니다.

사도 바울은 '이제도 그러하도다'라고 말하고 있습니다. 이것은 갈라디아 이방의 여러 교회에서 이런 일이 일어나고 있었다는 것입니다. 무슨 말입니까? 이것은 단순히 교회 안에 아직 회심하지 못한 어린 신자나

기독교에 관심을 가지고 있는 자가 많이 있다는 뜻이 아닙니다. 새로 믿는 분들은 성령으로 난 자들을 핍박하지 못합니다. 중요한 것은 아직 거듭난 경험이 없는 자들이 교회 안에 중요한 자리를 차지하고 있을 뿐만 아니라 그 자리를 계속 유지하기 위하여 하나님의 말씀을 거스르는 악의 세력을 형성하고 있다는 뜻입니다. 이것은 굳이 악하게 될려고 해서 악한 것이 아닙니다. 교회에서 가장 중요한 일을 세상적인 방법으로 하려고 하기 때문에 자신도 모르는 사이에 진정한 많은 그리스도인들의 마음에 고통을 안겨다 주고 교회에 대한 신뢰를 떨어트리며 자기도 모르는 사이에 하나님의 말씀을 교회 안에서 막아버리는 일을 하게 되는 것입니다.

여기서 육으로 난 자가 성령으로 난 자를 핍박한다고 하는 것은 반드시 물리적으로 그들을 탄압하는 것이 아닐 수도 있습니다. 단지 하나님의 말씀을 모르니까 하나님의 말씀을 교인들이 듣지 못하게 막아버리고, 또 하나님의 방법을 알지 못하니까 세상적인 방법으로 일을 하다가 진정한 성령의 사람의 마음속에 엄청난 답답함과 절망을 초래하게 되는 것을 의미합니다. 물론 거기서 더 나아가 종교 탄압으로 나갈 수도 있습니다. 그러나 그럴 때에는 종교 자체의 힘만으로는 부족하고 반드시 정종일치 즉, 정치와 종교가 한 통속이 되는 경우에만 물리적인 핍박까지 가능한 것입니다. 그러나 갈라디아 교회에는 아직 정치와 종교가 일치되었다는 증거는 없습니다. 로마는 아직 교회의 권세를 인정하고 있지 않습니다. 단지 눈에 보이지 않게 진리의 빛을 가리움으로 겉으로는 보이지 않지만 실제로는 진정한 그리스도인들의 믿음에 많은 고통을 주고 있었던 것입니다. 그러면 어떻게 이런 일이 가능하게 될까요?

우리는 신앙에 두 부분이 있다는 것을 생각할 필요가 있습니다. 하나는 속 알맹이라면, 다른 하나는 알맹이를 싸고 있는 껍질이라고 말할 수 있습니다. 컴퓨터를 예를 들어 설명한다면 하나는 소프트웨어이고, 다른 하나는 하드웨어입니다. 다른 식으로 표현하면 하나는 신앙 인격이라고 말할 수 있고, 다른 하나는 교회 제도 또는 기독교 문화라고 말할 수 있습니다.

예를 들어, 신앙 인격이 사람이라면 제도나 문화는 옷이라고 표현할 수 있습니다. 물론 사람은 몸이 있어야 합니다. 그러나 옷이 없으면 너무나도 모든 것이 불편하고 어렵습니다.

문화라고 하는 것은 삶의 양식입니다. 예를 들면, 그리스도인이면 그리스도인의 결혼 방식이 있어야 합니다. 신앙은 기독교인데 결혼 방식은 무속적으로 한다면 얼마나 불편하겠습니까?

우리는 때로는 기독교 문화가 없어서 불편할 때가 참으로 많습니다. 그리스도인들이 신앙적인 노래가 없어서 허망한 세상적인 노래를 불러야 한다면 그것보다 더 한심한 일은 없을 것입니다.

그러나 이 둘 중에서 더 중요한 것이 있습니다. 그것은 바로 신앙 인격입니다. 제도나 문화가 신앙을 만들어내지 못합니다. 이것은 이미 그리스도인이 된 자들을 더 풍성하게 할 뿐입니다.

그러나 기독교가 많이 발달하면 참으로 신앙 인격이 없는 자 중에서도 하나님의 은혜를 많이 체험한 사람들이 있게 됩니다. 참으로 중생하지 못한 자들 중에도 성령의 은사가 나타나거나 때로는 문화적인 사명 때문에 기독교에 헌신하는 자들이 많이 생기게 됩니다. 그리고 신앙 인격이라고 하는 것은 눈에 보이는 것이 아니기 때문에 사람들은 이들의 초기의 순수한 열정을 신앙이라고 믿어버리게 됩니다. 그러나 이 초기 열정은 오래 가지 않습니다.

그 이유는 교회의 생명은 끊임없이 솟아나는 성령의 능력에 있기 때문입니다. 순수한 열정이라고 하는 것은 그들이 바로 높은 자리에 올라가자 마자 없어지고 맙니다.

사람들은 이들에게 끊임없는 겸손과 풍성한 은혜를 요구합니다. 그러나 성령으로 나지 않은 자들은 그런 것에 대하여 알지 못합니다. 그저 순수한 열정을 가졌을 뿐이지 끝없이 솟아나는 성령의 은혜를 알지 못합니다. 그래서 그때부터 이들은 자기의 권위를 가지고 자기 자리를 지키려고 합니다. 의식적인 행사로 만족하고 자신들의 권위를 지키기 위하여 여러 인간적인 사업들을 생각해냅니다. 무엇보다 중요한 것은 하나님의 말씀을 틀어막는 것입니다.

성령으로 난 사람에게 줄 수 있는 가장 큰 고통은 그들로 하여금 하나님의 말씀을 듣지 못하게 하는 것입니다. 만일 진정으로 거듭난 형제나 자매에게 강제로 여러 주일 말씀을 듣지 못하게 하거나 예배를 드리지 못하게 하면 아마도 이들은 몽둥이로 여러 대를 맞은 이상의 고통을 느끼게 될 것입니다.

그러면 교회가 이런 상태에 빠지게 된 것이 누구의 책임일까요? 교회를 제대로 돌보시지 않은 주님의 책임일까요?, 아니면 아직 거듭나지 못했으면서도 교역자로 헌신한 사람의 책임일까요?, 아니면 교회 전체의 책임일까요? 저는 이것이 교회 전체의 책임이라고 생각합니다. 그 이유는 교회가 이미 교만에 빠져서 하나님의 말씀과 성령의 감동을 소홀히 했기 때문에 이런 일이 일어난 것입니다. 교회에 대한 주님의 가장 무서운 징계가 육으로 난 사람을 교회의 중요한 자리에 있게 허용하신 것입니다. 그래서 교회는 항상 깨어 있어야 합니다. 언제나 문화나 제도가 하나님의 말씀을 우선하지 않도록 주의를 해야 합니다. 그리고 늘 깨어 있어서 하나님의 말씀이 인간적인 제도나 열심에 의하여 막히지 않도록 주의를 해야 합니다.

교회가 한 번 이런 식으로 그 생명줄이 막혀 버리면 좀처럼 고치기가 어렵습니다. 세상은 개혁하기가 쉬워도 교회는 개혁하기가 너무나도 어렵습니다. 그 이유는 진정한 신앙이라고 하는 것이 눈에 보이지 않기 때문입니다. 그리고 바른 말씀을 듣지 못해도 당장 먹고 사는 데는 지장이 없기 때문입니다.

교회 개혁을 위하여 해야 할 일

우리가 알아야 할 것은 육으로 난 자가 교회의 모든 중요한 자리를 다 차지해서 하나님의 말씀이 제대로 비춰지 못하게 막는 것은 바로 악이라는 사실입니다. '악'이라고 하는 것은 죄가 구조화된 것이며 스스로의 결정으로는 없어지지 않는 것을 의미합니다. 이미 조직을 가지고 있는 자기 자신을 지키는 힘이나 이론이 있기 때문에 그냥은 없어지지 않습니다.

우리는 어떤 악의 실제를 보았을 때 사도 바울의 이 말을 기억해야 합니다.

엡 6:12 우리의 씨름은 혈과 육에 대한 것이 아니요 정사와 권세와 이 어두움의 세상 주관자들과 하늘에 있는 악의 영들에게 대함이라

우리의 싸움은 눈에 보이는 사람과의 싸움이 아닙니다. 그 뒤에서 권세를 쥐고 조종하는 악한 영과의 싸움입니다.

예수님께서는 높은 산에서 변화되신 후 세상에 내려 오셔서 귀신 들린 자의 아들을 보셨을 때 제자들에게 어떻게 말씀하셨습니까?

막 9:29 기도 외에 다른 것으로는 이런 유가 나갈 수 없느니라

악의 역사를 이길 수 있는 분은 오직 예수 그리스도 밖에 없습니다.

그래서 예수님께서는 우리들의 힘으로는 이런 악한 세력을 이길 수 없는 것을 분명히 보여 주셨습니다. 어떤 좋지 않은 일이 일어났을 때 그것이 그 사람의 실수가 아니고 의도적이며 조직적인 성격을 보여 줄 때 나의 혈기나 의지로는 해결할 수가 없습니다. 그런 것은 모두 최고의 두뇌를 가진 사탄의 머리에서 나온 것입니다. 그러므로 일단 그런 일을 닥쳤

을 때에는 내 힘으로 해결하려고 해서는 안 됩니다. 무엇보다 기도해야 합니다.

그리고 나서 생각해 보아야 할 일이 무엇입니까?

도대체 왜 이런 일이 일어나게 되었느냐 하는 것입니다. 그것은 한 두 사람의 잘못 때문이 아닙니다. 이것은 교회 전체가 하나님의 말씀을 등한히 하고 자기 욕심으로 달려갔기 때문입니다. 교회가 마땅히 주님의 십자가를 붙들어야 함에도 불구하고 사람의 수나 재력 또는 세상적인 자랑들을 붙들었기 때문에 그런 것이 들러오게 된 것입니다.

그러므로 교회 전체가 다시 하나님의 말씀을 사모하며 하나님께서 그들에게 긍휼을 베풀어 주시기를 간구해야 합니다. 말씀의 역사는 성령의 역사입니다. 어떤 사람이 유학 가서 성경 연구를 많이 하고 설교한다고 해서 말씀의 역사가 나타나는 것이 아닙니다.

우리는 주님이 우리에게 말씀하시는 것이 어떤 것인지 알 필요가 있습니다.

주님은 사람을 사용하십니다. 그의 인격이나 지성을 사용하십니다. 그러나 그것이 전부가 아닙니다. 주님이 교회에 말씀을 주십니다. 그래서 교회 전체가 하나님의 말씀을 간절히 바라는 갈급함이 있어야 합니다. 그래서 항상 부흥의 전야에는 죄를 자복하며 하나님의 말씀에 갈급해 하는 움직임이 나타납니다.

조지 휫필드의 전기를 보면 그가 노천에서 설교할 때 비가 내렸습니다. 그러나 교인들은 모두 비를 맞으면서 설교를 들었고 설교가 끝난 후에도 집으로 돌아가지 않고 밤새 울면서 기도한 이야기를 들을 수 있습니다. 바로 주님께서는 교회를 회복시키기 전에 교인들의 마음 가운데 말씀을 사모하는 영을 주십니다. 애통의 영을 허락하여 주십니다.

교회는 진리의 기둥입니다. 하나님의 말씀이 역사하기 시작하면 이미 교회는 회복되기 시작한 것입니다. 물론 제도적인 교회에서 그런 설교자들에게 설교할 권리를 박탈할 때에는 야외에서 설교를 하면 됩니다. 그 때 설교자는 자기가 설교하는 것이 아니라는 것을 깨닫습니다. 자신은 완전히 주님의 사용하시는 도구라는 것을 알게 될 것입니다. 자기가 생각하지 못했던 말이 나오고 자기가 기대하지 않았던 엄청난 반응이 일어납니다. 그리고 한 곳이 끝나면 다른 곳으로 불리어 갑니다. 그리고 그곳이 끝나면 다른 곳으로 옮겨 갑니다. 자기 의지와는 아무 상관없이 말입니다. 설교자는 설교할 수 있는 필드만 주어지면 그것이상 가는 축복이 없습니다. 설교할 수 있는 기회와 설교를 들을 수 있는 청중들만 있으면 어디든지 찾아 갑니다. 이것은 자기가 가는 것이 아닙니다. 주님이 그 사람을 통하여 친히 자기 백성들을 찾아 가시는 것입니다. 마치 신랑이 신부를 찾아 가는 것과 같습니다.

주님은 검을 사용하지 말라고 하셨습니다. 검을 사용하는 자는 검으로 망할 것이라고 말씀하셨습니다. 그리스도인들은 폭력은 금물입니다. 다시 말해서 덜 중요한 것은 다 양보해도 된다는 것입니다. 그러나 무슨 일이 있어도 목숨을 걸고 양보해서는 안 되는 것이 하나 있습니다. 그것은 하나님의 말씀을 바로 설교하고 또 들을 수 있는 권리입니다. 그러나 이것은 우리가 정신만 제대로 차리고 있으면 빼앗기지 않을 것입니다. 왜냐하면 거듭나지 않은 자는 말씀의 가치를 썩은 호박만큼도 생각하지 않을 것이기 때문입니다.

우리가 알아야 할 것은 교회가 생명을 잃었다고 해서 교회 자체를 부정하거나 모든 직분을 부인하는 자리까지 나아가서는 안 된다는 것입니다. 왜냐하면 교회를 세우신 분은 우리 주님이시며 교회의 직분을 세우신 분도 우리 주님이시기 때문입니다. 자기가 조금 성경을 안다고 해서 교회 자체를 부정하거나 교회의 모든 직분을 부인하면 그 운동은 오래가지 못합니다.

우리는 진리의 싸움에 있어서 본질적인 문제와 주변적인 문제를 구별할 수 있어야 합니다. 그렇지 않으면 참된 신앙의 동역자를 사소한 문제로 원수나 적으로 돌릴 가능성이 많습니다.

교회를 개혁하는 것은 사람의 일이 아닙니다. 이것은 바로 주님의 일이요 성령의 역사입니다. 그래서 세상이 교회를 개혁하지 못하는 것입니다. 그러나 교회가 스스로 개혁하지 않으면 세상도 온전하지 못합니다. 이때 교회는 하나님의 맏아들과 같습니다. 만일 부모로부터 맏아들이 매를 맞을 때에는 둘째 아들, 셋째 아들도 온전할 수 없습니다. 하나님께서 교회를 개혁하기 위하여 칼을 사용하실 때에는 세상 전체가 전쟁의 소용돌이에 빠지게 되어 있습니다. 그래서 제도적인 교회가 완전히 깨어지고 교회가 다시 광야 교회가 되었을 때, 정식 교회의 형태를 갖추지 못하고 가정 교회처럼 되었을 때 오히려 더 많은 하나님의 아들들을 가지게 되는 것입니다.

교회가 이 세상을 도울 수 있는 가장 좋은 길이 무엇입니까? 그것은 자선 사업을 하거나 부설 학교를 세우는 것이 아닙니다. 교회가 스스로 자신을 개혁하여 교회가 교회다운 모습을 되찾는 것입니다. 교회는 그리스도의 신부입니다. 신부는 다른 사람에 대하여 직접적으로 책임을 지지 않습니다. 언제나 신부는 신랑을 통해서 책임을 지게 되어 있습니다. 세상에 대하여 바로 뛰어 들지 않습니다. 단지 주님이 시키시는 작은 일에 대하여 책임을 질뿐입니다.

오늘 본문은 단호하게 이렇게 말씀하고 있습니다.

30절 그러나 성경이 무엇을 말하느뇨 계집 종과 그 아들을 내어 쫓으라. 계집 종의 아들이 자유하는 여자의 아들로 더불어 유업을 얻지 못하리라 하였느니라 여기서 계집종의 아들을 내어쫓으라고 말씀하고 있습니다. 이것은 교회 안에서 각 사람의 신앙을 검토하여 참으로 중생한 경험이 없는 자는 추방하라는 뜻이 아닙니다. 교회 안에는 믿지 않는 자들이 자꾸 들어와야 합니다. 그렇지 않으면 누가 예수를 믿겠습니까?

여기서 내어쫓으라고 하는 것은 분명한 자세를 취하라는 것입니다. 다시 말해서 말씀 외에 다른 모든 것은 다 희생하고 말씀을 움켜쥐라는 뜻입니다. 그렇게 하기 위해서 눈에 보이는 교회에서 어쩌면 쫓겨날 수도 있을 것입니다. 그러나 그렇게 해서라도 분명한 신앙의 자유를 지키는 것이 더 낫습니다.

31절 그런즉 형제들아 우리는 계집 종의 자녀가 아니요 자유하는 여자의 자녀니라

이제 갈라디아 교인들은 또 다시 옳지 못한 모임으로 부터 떨어져 나와 더 작은 무리들이 될 수밖에 없습니다. 그러나 사도 바울은 그들이 바로 자유하는 자녀라고 말씀하고 있습니다. 우리가 교회의 규모로 모든 것을 판단해서는 안 되겠습니다. 중요한 것은 하나님의 말씀이 바로 선포되고 있으며 그들 가운데 성령의 역사가 일어나고 있느냐 하는 것입니다.

갈라디아서 강해 21

다시는 종의 멍에를 메지 말라

갈 5:1

영화 '쇼생크의 탈출'을 보면

자기 부인을 권총으로 쏘아 죽였다는 혐의로 감옥에 갇혀서 종신형을 살게 된 듀프레인이라는 은행가는 수년간에 걸쳐 감옥의 벽을 뚫어서 악명 높은 쇼생크 감옥을 탈출하는데 성공합니다. 그런데 그 뒤에 보니까 '프리즌 브레이크'라는 영화는 동생이 형을 감옥에서 빼내기 위해서 일부러 감옥에 들어가서 여러 명의 죄수들이 감옥을 탈출해서 도망 다니는 드라마가 인기를 끌었습니다. 우리나라에서도 실제로 최아무개라는 죄수가 감옥 창살을 뚫고 나와서 도망을 다니다가 경찰에 도로 붙들려 간 적이 있습니다. 아마 사람이나 동물들이나 모두 갇혀 있는 것은 견디기 어려워 합니다.

감옥에 갇혀 있는 사람들에게 있어서 자유라고 하는 것은 목숨을 걸고서라도 한 번 누리고 싶은 소중한 것입니다. 아마 탈출의 성공 가능성만 있으면 목숨을 걸고서라도 탈출을 시도해 볼 것입니다. 감옥 안에는 햇빛이 비취지 않습니다. 그리고 사랑하는 사람과 함께 있을 수도 없습니다. 그래서 감옥 안에 있는 사람들에게 가장 그리운 것은 자유입니다.

옛날에는 빚을 갚지 못하거나 도둑질 하다가 잡힌 사람들은 노예로 잡혀갔습니다. 이 노예들은 석방이라는 것이 없었습니다. 대신 가족들 중에서 누군가가 돈을 주고 그 노예를 빼내지 않는 이상 그에게 자유라고 하는 것은 주어지지 않았습니다.

어느 한 노예가 있었습니다. 그는 노름을 하다가 빚을 갚지 못해서 노예로 팔려 왔습니다. 그런데 가족들이 어렵게 돈을 구해가지고 와서 그를 빼내었습니다. 그러면 그는 그 후에 어떻게 살아야 하겠습니까? 아마도 그 가족들의 은혜를 갚기 위해서 더 열심히 일을 해야 할 것입니다. 그러나 만일 그가 다시 노름에 손을 대어서 빚을 지게 되어 노예로 팔려가게 되었다면 아마도 그를 다시 동정하는 사람은 아무도 없을 것입니다.

이중적인 죄의 속박

우리는 이 세상에서 많은 속박을 보고 있습니다. 눈에 가장 분명히 보이는 것이 신체적인 속박입니다. 죄수들을 감옥에 가두는 것입니다. 그러나 눈에 보이지 않는 속박이 있습니다. 그것은 정치적인 속박입니다. 나라 전체가 다른 사람의 독재아래 있는 것입니다. 일제시대의 우리나라가 그랬습니다. 우리나라 사람들은 감옥에 갇혀 있는 것은 아니지만 결코 자유롭지 못했습니다.

마음대로 자신의 생각을 표현하지 못했습니다. 일제를 비난하는 말을 하면 바로 잡아 갔습니다. 우리나라 군사 독재 때도 그랬습니다. 국민 모두가 눈에 보이지 않는 감옥 안에 있는 것과 같았습니다. 그러나 이보다 더 무서운 속박이 있습니다. 그것은 인류 전체를 가두어 놓는 죄의 속박입니다. 죄의 속박이라고 하는 것이 무엇입니까? 사람들은 이것이 무엇인지 알지 못합니다.

죄의 속박이라고 하는 것은 하나님을 알지 못하면 전혀 느끼지 못하는 속박입니다. 그 이유는 하나님을 알지 못하면 죄가 무엇인지 알지 못하기 때문입니다. 그래서 하나님을 모르는 사람은 죄를 모르고 죄의 속박이 무엇인지 알지 못합니다.

죄는 하나님의 뜻대로 살지 못하는 것입니다. 하나님의 뜻을 알든지 모르든지 상관이 없습니다. 하나님의 뜻과 상관없이 사는 것입니다. 이것은 그냥 그렇게 사는 것이 아니고 두 가지 거대한 사슬에 의하여 이루어집니다. 이 죄의 사슬은 안팎으로 감겨져 있습니다. 하나는 우리 마음속에 절대로 하나님의 뜻대로 하기 싫어하는 자물쇠가 있습니다. 우리 속이 비틀릴 대로 비틀어져서 도저히 하나님의 뜻을 순종하지 못하는 것입니다. 그리고 다른 하나는 사회적인 속박입니다. 이 세상이 하나님의 뜻대로 사는 것을 그냥 두지 않습니다. 마치 중죄수가 있으면 감옥 밖에서 쇠사슬로 잠그고 감옥 안에서 간수들이 지키는 것처럼 이중 삼중으로 착고를 채워 놓은 것입니다.

우리는 날 때부터 이런 상태에서 태어나기 때문에 자신이 죄인인 줄 알지 못합니다.

그러나 하나님의 말씀이 한 번 비취면 그때 비로소 얼마나 내가 답답한 자리에 처해 있는지 알게 됩니다. 우리는 자기가 마음을 먹지 않아서 그렇지 한 번 마음만 먹으면 얼마든지 신앙생활도 잘하고 착한 일도 많이 할 것 같습니다. 그러나 한 번 그렇게 마음을 먹은 순간 얼마나 속에서 그것을 싫어하는지 엄청난 세력이 나를 덮쳐서 신앙생활을 못하게 합니다. 그리고 가족들도 가만히 있지 않고 회사나 이 세상도 가만히 있지 않습니다.

하나님을 알기 전까지는 죄의 노예라는 사실을 알지 못합니다. 그러나 하나님을 알고 하나님의 뜻대로 순종을 해보려고 했을 때 얼마나 더러운 욕망이 자기 안에 있는지 알게 됩니다.

이것은 마치 어떤 맹수와 같습니다. 도저히 통제할 수 없는 짐승이 자기 안에 있다는 것을 알게 됩니다. 그때 우리 입에서 어떤 신음소리가 나오게 되어 있습니까?

오호라, 나는 곤고한 자로다. 누가 이 사망의 몸에서 나를 구원하랴?

자기 몸을 사망의 몸이라고 부르고 있습니다. 아무것도 할 수가 없습니다. 한 번 이 짐승이 화를 내면 아무것도 할 수가 없습니다. 상식도, 주위 사람의 권면도, 사회적인 지위도 다 소용이 없습니다. 이 욕망을 채우기 전까지는 이 짐승은 우리를 가만히 내버려 두지 않을 것입니다.

오늘 본문 말씀이 무엇을 말씀하고 있습니까?

1절 그리스도께서 우리로 자유케 하려고 자유를 주셨으니 그러므로 굳세게 서서 다시는 종의 멍에를 메지 말라

여기서 성경은 옛날 노예 제도를 예를 들어서 우리에게 설명을 하고 있습니다. 사람들은 모두 죄의 노예들입니다. 안팎으로 사슬에 매여 있는 죄의 노예들이었습니다. 무슨 뜻입니까?

우리는 하나님 앞에서 결코 자유롭지 못합니다. 하나님을 보면서도 하나님을 위하여 아무것도 할 수가 없습니다.

예를 들어 한 번 생각해 봅시다. 어떤 기사에게 사랑하는 약혼자가 있었습니다. 그러나 그는 죄수로 묶여 있습니다. 그는 자기 약혼자를 보았습니다. 그러나 아무것도 할 수 없었습니다. 왜냐하면 손과 발이 다 묶여 있었기 때문입니다. 입에도 재갈이 매여 있어서 아무 소리도 낼 수 없었습니다. 그것이 바로 죄수의 심정입니다. 손을 내밀지만 손이 나가지 않습니다. 그 이름을 부르지만 입 밖으로 아무 소리도 나가지 않습니다. 발을 내밀지만 한발도 가까이 갈 수 없습니다. 왜냐하면 묶여 있기 때문입니다. 이 세상에서 가장 아름다운 것이 무엇입니까? 그것은 하나님을 아

는 것이며, 하나님께 나아가는 것이며, 하나님을 위하여 무엇인가 하는 것입니다.

그러나 사람들의 비극은 하나님을 알지도 못합니다. 그러니까 하나님이 얼마나 아름다우시며 그의 뜻이 얼마나 선한지 전혀 알지 못합니다. 그뿐만 아니라 이 세상은 우리가 하나님을 위하여 무엇인가 하는 것을 절대로 용납하지 않습니다. 그 이유는 이 세상 뒤에는 거대한 어떤 세력이 있기 때문입니다. 마치 노예 상인과 같은 지배자가 있습니다. 그는 바로 사탄입니다.

우리에게 있어서 가장 아름다운 것은 하나님의 뜻대로 무엇인가 하는 것입니다. 이것보다 더 아름다운 것이 없고 이것보다 더 귀한 것이 없습니다. 그런데 사람들은 이중으로 쇠고랑을 차고 있기 때문에 하나님을 알지도 못하고 그렇게 할 수 있는 능력도 없습니다. 사탄은 우리의 마음을 굳어지게 했고 우리의 힘을 다 빼버렸기 때문에 하나님을 알지도 못하고 하나님의 뜻대로 행할 아무런 능력이 없게 만들었습니다. 단순한 죄수가 아니라 식물인간을 만들어 놓은 것입니다.

사탄은 모든 사람들을 노예로 만들어 놓았는데 그냥 노예로 만든 것이 아니라 의식을 식물인간으로 만들어서 노예로 만들어 놓았습니다. 그래서 사람 스스로의 힘으로는 이 노예 상태에서 해방될 가능성이 전혀 없습니다. 자기 힘으로 탈출하는 것은 불가능합니다.

그런데 하나님의 작전이 시작되었습니다. 어떻게 시작되었습니까? 하나님께서는 계속 계시의 말씀을 보내어 주셔서 하나님에 대하여 의식하게 하셨습니다. 희미하게 생각되던 하나님에 대하여 좀 더 생생하게 알도록 계속 말씀을 보내어 주셨습니다. 말씀을 들으면 어떻게 됩니까? 자기가 묶여 있다는 것을 발견하게 됩니다. 한 번도 말씀을 듣지 못한 자는 자기가 묶여 있는 노예라는 사실을 알지 못합니다. 풀어 주어도 도망도 치지 않습니다. 말씀이 없으면 죄의 노예라는 사실 조차 알지 못합니다.

그러나 말씀을 통하여 자기 안에 무서운 죄의 세력이 있으며 또 사회적으로도 하나님을 거역하는 거대한 세력이 있다는 것을 알게 되었을 때 그 삶은 신음하기 시작합니다. 고민하기 시작하고 몸부림치기 시작합니다.

그리스도께서 하신 일

그러면 그리스도는 무슨 일을 하셨습니까? 우리의 속박을 근본적으로 해결하셨습니다.

사람들의 문제는 사탄의 세력이 문제가 아닙니다. 더 중요한 것이 있습니다. 그것은 하나님의 용서입니다. 하나님께서 용서하시지 않는 이상 사탄이 아무리 풀어 주어도 소용이 없습니다.

그리스도께서 십자가 위에서 못 박히신 것은 사탄에게 우리의 몸값을 준 것이 아니라 하나님의 용서를 구한 것입니다. 하나님께서는 예수 그리스도의 피를 보시고 우리의 죄를 용서하셨습니다. 그래서 사탄으로 하여금 모든 죄인들을 놓아주라고 명령하셨습니다. 물론 사탄은 아무나 놓아주지 않습니다. 반드시 예수의 피를 보고 놓아 줍니다. 누구든지 예수의 십자가 보혈을 믿는 사람은 사탄이 더 이상 붙들어 둘 수가 없습니다. 만약 그렇게 하다가는 당장 하나님께서 그들을 심판하실 것입니다. 그리스도의 십자가는 우리를 이 무서운 죄의 속박에서 우리를 해방시켰습니다.

그래서 우리의 굳었던 마음이 조금씩 녹아져서 하나님의 사랑을 알게 되고 또 우리의 근육에 조금씩 힘이 생겨서 하나님을 위하여 힘은 없지만 무엇인가 하려고 하게 되었습니다.

우리 인간들의 비극은 하나님이 얼마나 아름다운지 전혀 모르는데 있습니다. 하나님은 너무나도 아름다운 분이십니다. 우리가 그분은 한 번이라도 보기만 하면 아마 정신을 다 잃어버리고 말 것입니다. 하나님을 최고의 미인에 소개한다면 좋은 예가 이닐 것입니다. 그러나 우리가 너무나도 하나님을 모르기 때문에 이런 예라도 들어야 할 것 같습니다.

이 세상에서 가장 아름다운 미인이 있다고 합시다. 그분을 만나서 알게 된 것이 얼마나 큰 기쁨이 되겠습니까? 만약 그가 나를 향하여 한 번 웃어 준다면 내가 가진 모든 것을 다 주어도 아깝지 않을 것입니다. 만약 그 미인의 표정이 어둡다면 그를 다시 기쁘게 하기 위하여 내가 할 수 있는 모든 것을 다 할 것입니다. 만약 우리가 하나님을 천분의 일, 만분의 일이라도 보게 된다면 아마 이 세상에 있는 모든 것들을 다 포기하고 오직 하나님만 섬기려고 할 것입니다.

그리스도가 행하신 것이 무엇입니까? 우리를 하나님 앞에서 자유롭게 하신 것입니다. 다시 말해서 우리로 하여금 하나님을 마음껏 알고 이 존귀하신 하나님을 위하여 마음껏 무엇인가 할 수 있는 자유를 주셨습니다. 우리가 하나님이 어떤 분이신지 조금이라도 알기만 한다면 그분의 선하신 뜻을 위하여 우리의 모든 것을 다 기울여서 그 일을 할 것입니다.

그리스도의 십자가가 우리에게 주신 것이 무엇입니까? 무한히 하나님을 알고 그 하나님의 뜻을 이룰 수 있는 자유입니다.

우리가 택할 수 있는 길

그리스도께서 주신 자유라고 하는 것은 일단 그리스도를 알고 그의 십자가 보혈로 죄 용서함을 받은 사람들에게 해당이 되는 것입니다. 그리스도의 보혈을 믿지 않는 사람에게는 더 이상 자유라고 하는 것이 해당되지 않습니다. 왜냐하면 그는 여전히 식물인간 노예이기 때문입니다.

그러면 죄 가운데 빠져 있다가 예수를 믿음으로 하나님 앞에 자유롭게 된 우리들에게 어떤 길이 놓여 있습니까? 물론 이론적으로는 천사처럼 마음껏 하나님을 기쁘시게 하는 일이 남아 있는 것 같습니다. 그러나 실제로는 그렇지 않습니다.

우리에게는 몇 가지 길이 놓여 있습니다. 그 중의 하나가 죄용서 받은 것은 잊어버리고 다시 세상의 욕망에 얽매어서 모든 정력을 다 낭비하는 것입니다. 이것보다 더 가슴 아픈 일이 없습니다. 사실 사람은 말씀만으로 살지 못합니다. 말씀도 필요하지만 빵도 있어야 합니다. 아무리 은혜가 크다 하여도 매일 굶고 있으면 우리는 비참한 느낌이 들 것입니다. 아무리 구원의 기쁨이 커도 육체가 병들어 있으면 우리는 염려가 될 것입니다. 그래서 우리의 해방은 단순한 죄에서의 해방만이 아닙니다. 죄에서의 해방은 마치 묶여 있는 실타래 끝을 푸는 것과 같습니다. 죄에서의 해방은 다른 모든 해방을 가져 옵니다. 빈곤에서의 해방, 비인간적인 취급에서의 해방, 질병에서의 해방, 두려움에서부터의 해방, 폭력으로부터의 해방 등등 걷잡을 수 없는 해방이 뒤따라옵니다. 그러나 반드시 알아야 할 것은 이런 후속적인 해방이 죄에서의 해방은 아니라는 것입니다.

어떤 사람은 질병에서부터 해방되고 가난으로부터는 해방되었지만, 죄에서는 해방되지 못했기 때문에 멸망을 받습니다. 대표적인 케이스가 소돔과 고모라였습니다. 그들은 그돌라오멜과의 전쟁에 져서 포로가 되었습니다. 그러나 아브라함은 그들을 해방시켰습니다. 그들은 육체적인 포로 상태에서 부터 해방이 되었습니다. 그러나 죄에서 부터 해방되지 못했기 때문에 모두 유황불로 멸망하고 말았습니다. 예수님 당시의 예루살렘은 가난으로 부터는 해방되었습니다. 에루살렘에 사는 사람들은 빈곤하지 않았습니다. 그들은 갈릴리 사람들을 볼 때 유대인이라고 부르지 않고 꼭 갈릴리인들이라고 불렀습니다. 왜냐하면 그들은 가난했기 때문입니다. 그러나 죄에서부터 해방되지 못했기 때문에 로마 디도 장군의 공격으로 모두 멸망하고 말았습니다.

우리는 죄에서 해방된 것으로 만족하지 못합니다. 더 추가적인 해방을 원합니다. 가난한 자는 가난으로부터, 질병에 매여 있는 자는 질병으로

부터, 그리고 압제 아래 있는 자는 그 압제로부터 추가적인 해방을 원합니다. 우리가 알아야 할 것은 이런 추가적인 해방은 하나님이 주시는 선물이라는 사실입니다. 선물을 자기 힘으로 받아 낼 수 없습니다. 만일 이런 부수적인 해방이 죄에서의 해방보다 더 우선순위를 가질 때 죄에서의 해방은 취소될 수 있습니다. 사실 이것은 말이 취소이지 이 사람은 실제로 죄에서 해방되지 못한 사람입니다. 진정으로 죄에서 해방된 사람은 이것 앞에 감히 다른 것을 갖다 놓지 않습니다. 왜냐하면 하나님 보다 더 아름답고 귀한 분은 없기 때문입니다. 다른 것들은 모두 하나님께서 주시는 선물입니다. 주시면 감사하고 주시지 않아도 좋습니다. 그러나 반드시 알아야 할 것은 추가적인 해방은 이 세상에서는 완전히 이루어지지 않는다는 사실입니다. 왜냐하면 이 세상은 완전하지 않기 때문입니다.

그러나 또 다른 하나의 경향이 있습니다. 그것은 죄에서의 해방을 더 분명히 하기 위하여 더욱 더 종교적인 규율 안으로 들어가는 것입니다. 갈라디아 교인들이 당면한 문제는 바로 이 문제였습니다. 이것은 죄에서 해방된 것을 다 잊어버리고 세상으로 달려가는 자들에 비해서는 너무나 아름답고 귀한 생각을 가진 자들입니다. 이들은 더 하나님을 믿고 싶고 더 하나님을 기쁘게 해드리기 위하여 더욱 더 종교적인 규율에 자신을 속박하기를 원하는 자들입니다. 다른 말로 표현하면 종교적인 열정이 대단한 사람들입니다. 그러나 이 사람들의 의도는 좋지만 그들의 생각 안에는 아주 무서운 욕망이 들어 있습니다. 그것은 그리스도께서 우리를 해방시키신 것은 자유케 하기 위해서라고 말씀하고 있습니다. 다시 말해서 그리스도께서 십자가 위에서 죽으신 것은 우리로 하여금 더 종교적으로 완전한 상태에 들어가도록 하기 위해서가 아니라 하나님을 바로 알고 하나님을 위하여 기쁨으로 무엇인가를 하게 하기 위해서라고 말씀하고 있습니다.

갈라디아 교인들은 오로지 해방된 것만으로는 만족할 수가 없었습니다. 그래서 자신을 더 강하게 묶어 봄으로 자신의 능력을 확인받고 싶었던 것입니다.

예를 들어, 어떤 죄수가 감옥에서 해방되었습니다. 그는 단지 해방된 것만으로는 만족할 수가 없었습니다. 그래서 다시 감옥 안에 들어가서 그 안에서 자기 힘으로 많은 선행을 해서 순수하게 자기 힘으로 해방되려고 하는 것과 같습니다. 다른 예를 들면 어떤 노예가 가족들의 도움으로 해방이 되었습니다. 그는 가족들의 도움으로 해방된 것이 별로 마음에 들지 않았습니다. 그래서 그는 그 자유를 취소하고 다시 노예가 되었습니다. 그래서 전보다 더 열심히 일을 해서 주인의 마음에 들고 또 거기서 번 돈으로 스스로 다시 해방되겠다고 떼를 쓰는 것입니다. 이런 사람은 한 번 자유를 맛보고 나서는 여유가 생긴 것입니다. 그런데 상당히 악취미가 생겼습니다. 그것은 노예 상태를 좀 더 경험하고 자기 스스로의 힘으로 거기서 나오겠다는 것입니다. 감옥에서 나온 자는 다시 감옥에 들어가지 말고 자유인으로서 주위에 있는 사람들을 위하여 열심히 살면 되는 것이지, 왜 자꾸 감옥을 들락날락 거리는 것입니까?

그리스도께서 우리를 위하여 십자가를 지신 것은 한 번 죄 용서받은 자들은 더 이상 종교적인 행위로 자기만족을 구하지 말고 이 세상에서 하나님을 기쁘시게 할 일을 찾아서 그 뜻을 열심히 이루어 드리라는 것입니다. 지금까지 자기 아내를 기쁘게 하지 못한 사람은 자기 아내를 사랑하고 행복하게 해주는 것이 하나님을 기쁘게 하는 것입니다. 지금까지 자기만을 위하여 달려왔기 때문에 부모님을 전혀 기쁘게 해 드리지 못했다면 부모님을 기쁘게 해드리는 것이 자유입니다. 내가 며칠을 금식했고 내가 얼마나 기도를 오래했는지 자랑하기에 앞서 내가 그 동안 얼마나 인간답지 못하게 살아 왔으며 얼마나 나 중심으로 살아왔는지 깨닫고 진정으로 사랑으로 행하는 것이 자유인 것입니다.

많은 사람들이 자기 멋대로 사는 것이 자유라고 합니다. 그러나 자기 멋대로 행동하는 것은 자유가 아니고 미친 짓입니다. 사람은 어느 누구로부터도 강요되지 않은 마음으로 하나님과 사람을 기쁘게 하는 것이 자유인 것입니다.

죄에서 해방된 후 종교적인 행위에 집착하는 것은 다시 종의 멍에를 메는 것입니다. 이것은 악취미일 뿐 아니라 아무 유익이 없습니다. 시간 낭비에 불과할 뿐입니다. 그리고 혹시 잘못하면 이미 얻은 구원까지 취소될 수도 있습니다.

이미 얻은 구원이 취소될 수 있는가?

우리 하나님의 종교는 하나가 아닙니다. 이 안에는 두 개의 신앙이 있습니다.

하나는 노예의 신앙이요 다른 하나는 자유인의 신앙입니다. 이것은 비단 율법과 복음의 구별에만 해당되는 것이 아닙니다. 누구든지 성령으로 그 양심이 해방되기 전까지는 복음이든 율법이든 모두 노예처럼 믿을 수 밖에 없습니다.

구약의 율법이라고 해서 다 노예의 신앙을 가졌던 것은 아닙니다. 그렇다면 구약 시대에는 구원을 얻을 수 있는 사람은 아무도 없게 됩니다. 또한 복음이 자유케 한다고 해서 신약 시대에는 모두가 다 자유인의 신앙을 가지고 있는 것은 아닙니다. 중요한 것은 자신의 상태입니다.

우리의 신앙 안에는 분명한 한 경계선이 있습니다. 그것은 단지 하나님을 알기 시작했을 때가 아니라 참으로 하나님께 나의 모든 죄성을 고백하고 나의 삶을 맡긴 분기점이 있습니다.

이 단계를 넘어보지 않은 사람은 이해가 되지 않습니다. 그 전까지는 내가 하나님을 믿습니다. 내가 하나님을 알기 위하여 애를 씁니다. 다시 말해서 하나님을 짝사랑하는 단계입니다. 열심히 종교 생활을 합니다. 성경도 읽고 기도도 해 보려고 합니다. 그러나 모든 것이 답답하고 진정한 자유로움이 없습니다. 신앙생활을 열심히 하는 이유는 그나마 이것마저 붙들지 않으면 완전히 타락해 버릴 것 같기 때문입니다. 그래도 내 자신을 버리는 것이 무엇인지 모릅니다.

이때 자신을 부인하는 설교를 들으면 '목사님, 자기를 부인하는 것이 도대체 무엇입니까?' 라고 질문을 하는 사람들이 많습니다. 아주 신실하게 신앙생활을 합니다. 그래서 다른 사람들은 그가 모두 완전한 그리스도인인 것처럼 생각합니다. 물론 너무나도 신실한 신앙인입니다. 그러나 무엇인가 신앙의 자유가 없습니다. 하나님은 가만히 계시고 내가 하나님을 위하여 봉사도 하고 종교생활도 합니다.

그러나 어느 날 엄청난 위기가 그에게 찾아 올 것입니다. 지금까지 쌓아 올린 그 신앙의 탑이 아주 작은 유혹으로 인하여 하루아침에 무너지고 마는 것입니다. 어느 친구의 유혹으로 술을 마셨다든지 아니면 보지 못할 음란한 영화를 보았다든지 아니면 거짓말을 했다든지 하면 그의 신앙의 탑은 걷잡을 수 없이 허물어지고 맙니다. 그리고 여전히 하나님을 미워하고 있는 자기 자신을 보게 되는 것입니다. 엄청난 욕망의 샘이 속에서 솟구쳐 오르고 있습니다. 이미 거룩한 것은 무엇인지 알았기 때문에 그런 자기 자신을 용납할 수 없습니다. 그는 완전히 자포자기 상태가 되어 주님의 십자가 앞에 쓰러지면서 울부짖습니다. '주여, 제발 이 무서운 욕망에서 나를 건져 주소서'

그때 이 사람은 자기 자신은 십자가에 완전히 파묻고 주님이 그 사람 안에서 살기 시작하는 것입니다.

어느 자매는 저에게 이렇게 말을 했습니다.

'목사님, 저는 제 안에 어떤 짐승이 있는지 모르겠어요. 그것이 저를 답답하게 해요'

사람의 욕망은 제자 훈련이나 다른 훈련으로 잠재우기에는 너무나도 강력합니다. 인간의 죄성은 그 강한 율법도 꺾지 못했습니다. 그래서 복음이 우리 안에 있는 죄성을 비추고 그래서 십자가 앞에 거꾸러지기 전까지 우리 안에 있는 죄의 본성은 절대로 죽지 않습니다. 그리고 그는 진정한 자유인이 될 수 없습니다.

한 번 복음을 통하여 자기 죄를 고백한 사람은 다시 죄의 종이 될 수 없습니다. 그러나 진정으로 자유를 맛보지 못하고 거저 착실한 신앙인으로 남아있던 자는 율법의 멍에를 메면 무섭게 율법의 노예가 되고 맙니다. 그래서 무서운 것입니다. 실컷 복음으로 다 준비시켜 놓았는데 그저 한 순간의 유혹으로 자유를 빼앗기고 다시 노예가 되는 것입니다. 이런 사람은 가석방되었다가 다시 구속되는 것과 같습니다.

기독교는 더 많은 진리를 배우고 아는데 있지 않습니다. 하나님을 기쁘시게 해 드리기 위하여 무엇인가 자발적으로 하는 것입니다. 이것이 없으면 다시 종의 멍에를 메는 것입니다.

사도 바울은 한 번 해방되어서 참된 자유를 얻은 후에는 다시 노예가 되지 않기 위하여 굳게 서라고 권면하고 있습니다.

우리가 여기서 알 수 있는 것은 일단 해방된 자도 다시 노예가 될 수 있다는 것입니다. 그러나 이것은 모두 자신의 무지와 자발적인 의사에 의하여 되어지는 것입니다. 강제로는 노예가 되지 못합니다. 스스로 깨닫지 못해서 종의 멍에를 뒤집어 쓰는 것입니다.

여기서 멍에라고 하는 것은 책임을 의미합니다. 그럴 필요가 없는데 자기 스스로 어떤 약속을 함으로 그 의무에서 벗어나지 못하는 것입니다.

사도 바울은 믿지 않는 자와 멍에를 같이 하지 말라고 했는데 이것은 결혼을 두고 하는 말입니다. 믿지 않는 사람과 결혼을 하면 신앙의 많은 자유를 빼앗기게 됩니다. 그들은 남을 위하여 시간이나 돈이나 노력을 사용하는 것을 너무나도 싫어하기 때문입니다. 그래서 이런 결혼은 주님을 기쁘게 하기 보다는 자기만족을 위한 결혼이 될 것입니다. 물론 누구든지 자기가 원하는 사람과 결혼을 할 수 있습니다. 그러나 어떤 때에는 결혼에 매여서 전혀 주님을 기쁘게 하지 못할 때도 있습니다. 그럴 때에는 독신도 아주 좋은 은사라고 생각합니다.

사도 바울은 우리의 세월이 얼마 남지 않았는데 몇 년은 이것을 시도하고 또 몇 년은 다른 것을 해 볼 시간은 없다는 것입니다. 한 번 주어진 기회를 최선을 다하여 주님을 기쁘게 할 때 주님은 우리에게 존귀한 영광으로 상을 주실 것입니다.

갈라디아서 강해 22

참된 그리스도인의 표지

갈 5:2-6

직장 생활을 하다보면

직장의 동료나 상사 중에서 분명히 자기 입으로는 자기가 그리스도인이라고 하는데 술을 마시거나 담배를 피우는데 전혀 거리낌 없이 하는 사람들을 볼 때 마음속으로 저런 사람도 그리스도인으로 보아야 하는가 하는 의문이 생길 것입니다.

그뿐만 아니라 교회 생활을 열심히 하다 보면 어떤 직분자는 참으로 경건하고 교회 일에 열심이 있기는 한데 전혀 융통성이나 사랑 같은 것을 느낄 수 없을 때, 다시 말해서 고집불통이고 자기 말 외에 다른 사람의 말은 전혀 인정하지 않으려고 할 때 마음속으로 저런 사람도 천국에 갈 수 있을까 하는 의문이 생기는 때가 있을 것입니다.

다시 말해서 이런 질문은 한마디로 말해 바른 그리스도인의 표지라고 하는 것은 무엇이며 신앙이 깊어진다고 하는 것은 도대체 어떻게 되는 것을 의미하느냐 하는 것입니다.

우리는 갈라디아서를 읽으면서 이 문제를 갈라디아 교회의 특별한 문제였다고 치부할 수만은 없습니다. 물론 갈라디아 교회가 당면한 문제는 그리스도인이 할례를 받아야 하느냐 받지 말아야 하느냐 하는 문제였습니다. 오늘 우리들에게는 어느 누구도 할례 받을 것을 요구하는 사람도 없고 할례를 받는 사람도 없습니다. 그래서 우리는 더 이상 할례 문제를 가지고 골머리를 썩어야 하는 시대에 있지는 않습니다. 그러나 그리스도인들이 많아지면 정말 어떤 사람이 진정한 그리스도인이냐 하는 문제가 반드시 대두되게 됩니다.

예를 들어, 어떤 사람에게는 다른 것은 문제가 없는데 담배를 피우거나 술을 마시고 있을 때 그 사람을 진정으로 그리스도인으로 보아야 하느냐 하는 문제가 대두될 수 있습니다. 혹은 어떤 사람을 전도하고 싶고 또 그 사람도 신앙에 관심은 가지고 있는데 신앙이 들어가지 않을 때 어떻게 해야 하느냐 하는 문제가 생길 수도 있습니다. 아무리 애를 써도 신앙이 생기지 않는 것을 어떻게 하겠습니까?

우리나라도 이미 이런 문제가 한바탕 지나갔습니다. 그 중 하나가 거듭남의 표지로 방언을 중요시 하는 교파가 있었습니다. 예수 믿는 사람은 성령의 세례를 받아야 하며 그것은 방언으로 나타나야 한다는 것입니다. 그것이 방언을 하지 못하는 사람들에게는 아주 심각한 문제가 아닐 수 없습니다. 그러면 방언을 하지 못한 사람은 구원을 받지 못했느냐 하는 질문이 생기는 것입니다.

그리스도인이라고 하는 것은 그리스도를 주님으로 모시고 매사를 그의 뜻에 순종하여 사는 자이어야 한다는 의미가 들어 있습니다.

이 모든 질문이 제기되는 이유는 모두 다 한 가지 전제에서 나온 것입니다. 그것은 모든 신자가 다 참된 신자가 아니라는 것입니다. 그래서 어떤 신자가 참 구원을 받은 신자인가 하는 질문이 됩니다. 이것은 나타난 양상만 다르지 사실은 갈라디아 교인들에게 주어졌던 문제와 같은 것입니다. 갈라디아 교인들에게 주어졌던 질문은 어떤 신자가 참으로 구원을 얻은 신자이며 어떤 신자가 더 신앙이 깊은 신자냐 하는 것입니다. 그것에 대한 답은 갈라디아 교인들이 내린 것이 아니고 유대교에서 온 이단들이 내렸습니다. 참 신자는 할례를 받은 신자이며 더 잘 믿는 신자는 율법을 지키는 신자라는 것입니다.

우리가 알아야 할 것은 어떤 사람이 참 신자냐 하는 질문은 그냥 제기되는 것이 아니라는 것입니다. 그 뒤에는 반드시 어떤 엄청난 신앙의 체계를 가지고 그런 질문을 던집니다.

예를 들어, 참 신자는 방언을 하는 신자라고 할 때 그러면 더 깊은 신앙을 가진 신자는 어떤 사람이겠습니까? 더 많은 종교적인 체험을 하는 사람이겠지요. 그러면 그 질문은 바로 체험적인 종교적인 신비주의로 가는 질문인 것입니다.

예를 들어, '그리스도를 영접했습니까?' 하는 질문은 두 가지 길로 들어갈 수 있습니다. 하나는 그리스도를 내 삶의 주인으로 고백하는 실천적인 신앙이나, 아니면 그리스도를 더욱 더 지적으로 동의하는 지적인 성경 공부로 들어가게 될 것입니다. 사실 선교 단체의 영향은 지적인 성경 공부의 붐을 많이 일으킨 쪽으로 간 것 같습니다. 사실 이 질문은 실천 쪽으로 가야 하는 질문인데 지적인 공부로 가는 길목이 되고 만 것 같습니다.

우리는 모든 명목상의 그리스도인이 다 참된 신자는 아니라는 것을 알고 있습니다. 우리는 여기서 참된 신자가 된다고 하는 것은 어떤 것이며 신앙이 깊어지면 어떤 모습이 되는지 살펴볼 필요가 있습니다. 그렇지 않으면 여러 길 중에서 잘못된 길로 들어서게 될 지도 모릅니다.

참된 그리스도인의 표지

어떤 사람이 참된 그리스도인입니까? 교회에 출석하며 자기 자신이 신앙을 가지고 있다고 생각하면 누구든지 그리스도인이라고 말할 수 있습니까? 아니면 우리는 진정한 그리스도인에 대한 분명한 기준을 가지고 있어야 합니까? 아니면 누가 진정한 그리스도인이냐 하는 것은 결국 그리스도의 심판대 앞에 설 때까지 어느 누구도 알 수 없는 비밀에 속하는 것일까요?

여기서 우리는 어떤 사람의 구원 여부에 대하여 말을 할 때 꼭 기억해야 할 것이 있습니다.

그것은 주님의 가라지 비유입니다. 주님은 분명히 가라지가 있다는 것을 말씀하셨습니다. 그러나 마지막 추수 때까지 뽑지 말고 그대로 두라고 하셨습니다. 그 이유는 가라지를 뽑으려고 하다가 알곡까지 다치게 되기 때문이라고 하셨습니다. 이것은 가라지와 아직 영글지 않은 곡식은 외모로는 구분이 잘되지 않는다는 것입니다. 다시 말해서 참으로 구원을 받을 수 없는 사람과 아직 거듭나지 못했지만 앞으로 거듭날 사람과는 구분이 되지 않는다는 것입니다.

그래서 우리가 할 수 있는 것은 어떤 사람 개개인에 대하여 '당신은 구원을 받았습니다. 혹은 당신은 아직 구원을 받지 못했습니다'라고 말할 것이 아니라 참으로 구원받은 사람의 표지를 보여 줌으로 그 자신이 '나는 부족하지만 참된 그리스도의 길에 들어섰구나'라고 생각하든지 아니면 '나는 잘 믿는다고 생각했는데 아직 거듭난 사람의 삶을 살지 못하고 있구나'라고 분별해서 각자가 하나님께 나아가도록 해야 할 것입니다.

오늘 본문은 참된 그리스도인의 표지에 대하여 무엇이라고 말씀하고 있습니까?

6절 그리스도 예수 안에서는 할례나 무할례가 효력이 없되 사랑으로써 역사하는 믿음 뿐이니라

아마 이 한 구절의 말씀보다 더 참된 그리스도인의 모습을 보여주는 말씀이 없을 것입니다.

그리스도인들은 어떤 사람들입니까? 그는 믿음을 가진 사람입니다.

어떤 믿음을 가지고 있습니까? 나는 하나님을 기쁘시게 할 수 없지만 예수 그리스도께서 십자가 위에서 행하신 일은 하나님을 온전하게 만족시키셨다는 믿음입니다.

나는 하나님 앞에 죄인입니다. 하나님을 기쁘게 하기 위하여 할 수 있는 것이 아무것도 없습니다. 그런데 그리스도께서 십자가 위에서 죽으심으로 나에 대한 하나님의 진노를 완전히 해결하셨습니다. 나는 아무 공로 없이 하나님께 나아갈 수 있습니다. 나에 대한 모든 정죄와 심판은 그리스도의 단번의 행위로 없어져 버렸습니다. 나는 아무 자격이 없지만 예수 그리스도의 공로로 마음껏 하나님께 나아갈 수 있습니다.

그렇다면 나는 예수님께 무엇을 느껴야 합니까? 예수님께 대하여 말할 수 없는 고마움을 느낍니다. 예수님에 대하여 말할 수 없는 사랑을 느낍니다. 나의 삶 전체는 무엇입니까? 빚입니다.

나의 삶 전체를 다 드려도 하나님의 진노의 불에 더 기름을 붓는 것 밖에 되지 않을 텐데 예수님의 십자가가 그 진노의 불을 모두 다 꺼버렸습니다. 그러면 나의 삶은 나의 것이 아니고 예수님에 대한 빚입니다. 사랑의 빚입니다. 그래서 어떻게 삽니까? 이 세상을 사는데 있어서 그 사랑을 조금이라도 보답하기 위하여 삽니다. 예수님께서 나를 위하여 죽으셨기 때문에 나도 예수님을 위하여 무엇인가 조금 하고 싶습니다. 예수님에 대한 고마움과 사랑은 가만히 있지 못하게 합니다. 어떻게 예수님의 사랑을 조금이라도 갚을 수 있습니까? 다른 사람과 바르게 살려고 애를 쓰고 그 다음에는 거기서 한 걸음 더 나아가서 사랑을 하려고 애쓰는 것입니다.

얼마 전에 어느 부인이 병원에서 자궁암에 걸린 것 같다는 진단을 받았습니다. 그는 매우 상심했습니다. 그래서 다른 병원에 가서 한 달에 걸쳐 정밀 진단을 받았습니다. 그곳의 의사는 진찰을 다 해보고 나서 암이 아니고 건강하니까 집으로 돌아가라고 했습니다. 이 사람은 너무 기뻐서 참을 수가 없었습니다. 그래서 그 병원에 천만 원을 기탁했습니다.

그 부인은 너무 기뻐서 의대생들 공부하는데 도움을 주라고 기부를 한 것입니다. 그래서 아무조건 없이 천만 원을 주었습니다. 이 부인은 암이 아니라는 것을 알고 너무나도 고마워서 그냥 넘어갈 수 없었던 것입니다.

이 부인은 암이 아니라는 판정을 받고 '아, 암이 아니구나. 이제 집에 가서 실컷 먹고 싶은 것을 먹고, 텔레비전 보고 싶은 것 실컷 보자' 라고 넘어갈 수도 있었을 것입니다. 그러나 그는 자신의 생명이 너무 소중했기 때문에 그냥 넘어갈 수가 없었던 것입니다.

구원받은 사람의 특징이 바로 이런 것입니다. 그는 예수님이 십자가에서 나의 모든 죄를 용서하셨다는 것을 깨닫는 순간 그냥 집으로 돌아가지 못합니다. 왜냐하면 그는 자신의 운명이 무엇인지 알기 때문입니다. 그는 자기가 하나님을 얼마나 미워했으며 하나님을 얼마나 업신여겼는지 잘 알고 있습니다. 그는 자기가 받아야 할 것이 전혀 에누리 없는 하나님의 진노의 심판이라는 것을 알고 있습니다. 그것을 피할 길이 없습니다. 그런데 예수님이 자기 죄를 위하여 십자가 위에서 죽으셨습니다. 그는 이제 하나님의 은혜의 대상이 되었습니다. 어떻게 그냥 넘어갈 수 있습니까? 사람이라면 그냥 넘어가지 못합니다. 너무나도 고마워서 무엇인가 감사를 표해야 합니다.

진정으로 구원받은 사람의 특징이 무엇입니까? 자기의 육신의 삶 전체를 드려서 예수님께 바치는 것입니다. 예수님이 원하신다면 무엇이든지 하고 싶습니다. 그런 마음으로 사는 사람이 구원받은 사람의 특징입니다. 이런 마음이 전혀 들지 않고 자기 자신은 참으로 이성적이며 신실하기 때문에 구원받기에 적합하다고 생각하는 사람은 아직 전혀 구원이 무엇인지 모르는 사람입니다.

물론 그리스도인들도 살다가 보면 이 감격이 줄어 들 수 있습니다. 그러나 주님의 십자가를 보면 이 감격이 다시 살아납니다. 그의 마음에는 자신의 죄성과 그리스도의 놀라운 은혜가 또 솟아오릅니다. 그래서 진정으로 구원받은 사람은 예수님이 너무나 고마워서 가만히 있지 못합니다.

그런데 우리가 주님을 위해서 무엇을 할 수 있습니까? 주님은 하늘에 계시니까 주님께 무엇을 드릴 수 없습니다. 그래서 어떻게 합니까? 열심히 주님의 말씀을 순종합니다. 왜냐하면 그렇게 해야 주님이 기뻐하시기 때문입니다. 다른 사람과의 관계에서 바르게 살려고 애를 씁니다. 왜냐하면 바르게 살지 않고 욕심으로 살면 주님이 싫어하시기 때문입니다. 그리고 주님의 복음을 위하여 애쓰는 사람을 보면 그렇게 고마울 수가 없습니다. "내가 저 사람을 따라 다니면서 도와주어야 할 텐데 그렇게 할 수는 없고,. 저 사람이 필요로 하는 것이 무엇일까? 어떻게 하면 저 사람을 좀 격려할 수 있을까? 어떻게 하면 저 사람에게 식사라도 한 끼 대접할까?" 하는 식의 생각을 합니다. 주님에 대해서라면 무엇이든지 열려 있습니다.

물론 주님께서 우리에게 요구하시는 것이 무엇입니까? 이 세상을 분노로 살지 말고 사랑으로 살라는 것입니다. 좀 잘못한 사람이 있어도 용서하고 덮어 주라는 것입니다. 왜냐하면 내 자신이 하나님으로 부터 엄청난 용서를 받은 자이기 때문입니다.

구원받은 사람은 사랑의 빚을 진자 입니다. 모든 사람에게 주어야 할 것 밖에 없습니다. 아무도 다른 사람에게 큰 소리를 칠 수가 없습니다. 누가 사랑으로 나를 도와주면 참으로 고맙지요. 그러나 도와주지 않아도 불평할 수 없습니다. 왜냐하면 나는 당연히 할 일을 하는 것뿐이니까요.

"나는 주님을 위하여 이만큼 애를 쓰는데 당신은 하는 것이 무엇이요?" 하는 식으로 말하는 사람은 아직 아무것도 모르는 사람입니다.

그러면 어떤 사람이 그리스도에 대하여 이런 엄청난 사랑과 은혜를 느끼고 있는 것을 어떻게 겉으로 알 수 있을까요? 이것이 어려운 문제입니다. 왜냐하면 같은 구원받은 성도라 하더라도 자신의 영적인 상태에 따라서 느끼는 정도가 다르기 때문입니다. 그리고 우리는 너무나도 미련해서 자꾸만 잊어버립니다. 또한 아무리 주님의 은혜가 고마워도 육신의 정욕 때문에 아직 까지 죄스러운 습관을 청산하지 못하고 있을 수도 있습니다.

그래서 자기가 참으로 구원받은 백성인지 여부는 성도가 하나님의 말씀을 들을 때 자기 스스로 알 수 있습니다. 다른 사람은 옆에서 나타난 행동만 보고 이 사람이 구원받았구나, 혹은 구원받지 않았구나 단정할 수 없습니다. 뿐만 아니라 '당신은 주님을 영접했습니까?' 하는 유도 심문 같은 질문으로도 확정할 수 없는 깊은 내면적인 문제입니다.

구원을 모르고 믿는 사람

이미 구원을 받은 사람은 구원에 대한 감격이 있습니다. 그러나 그리스도인들 중에는 이런 구원의 감격이 전혀 없이 신앙생활을 하는 사람들이 많습니다. 이런 사람들이 신앙생활을 하는 이유는 어려서 부터 신앙생활을 해 왔거나 아니면 성인이 되어서 기독교가 가지는 고도의 윤리성 또는 인격적인 신에 대한 신뢰 등으로 신앙생활을 해 오고 있는 사람들입니다.

아주 도덕적이기 때문에 다른 사람에게 해를 끼치는 법이 없습니다. 그러나 자기 자신은 그렇게 악한 죄인으로 생각하지는 않습니다. 그리스도에 대한 구원의 감격이 없는 사람들은 아직 구원을 받은 것이 아닙니다. 문제는 바로 이런 사람들에게 있습니다. 자기 자신은 전혀 자기가 그리스도인이 아니라고 생각하지 못합니다. 왜냐하면 하나님을 믿지요, 또 그렇게 비양심적이거나 나쁜 짓을 하면서 살지 않습니다. 항상 모든 일에 모범적이며 신실합니다.

그러나 문제는 그 속에 '사랑으로 역사하는 믿음'이 없는 것입니다. 어떤 일을 하는 이유는 마땅히 해야 하기 때문입니다. 그는 교인된 의무로 혹은 도의적인 책임으로 하는 것이 옳기 때문에 합니다. 그러나 그의 마음속에는 그리스도의 십자가 은혜에 대한 감격 같은 것은 찾아 볼 수 없습니다. 그는 모든 것을 대단히 이성적으로 합니다. 물론 열심이 있기도 합니다. 그러나 구원받은 감격으로 그렇게 하는 것이 아닙니다. 혹시 그는 그렇게 애를 쓰면 하나님께서 나를 기뻐하실까 하는 마음으로 하는 것입니다. 다시 말해서 그는 구원받은 감격 때문이 아니라 구원받기 위하여 하는 것입니다.

구원받은 감격으로 선행을 하는 것과 구원받기 위하여 선행을 하는 것 사이에는 차이가 있습니다. 어떤 차이가 있습니까? 이미 구원받은 사람은 자기가 한 것을 기억하려고 하지 않습니다. 왜냐하면 그것이 하나님의 사랑에 비해서는 얼마나 보잘 것 없는 것인지 알기 때문입니다. 그러나 구원받기 위하여 선행을 하는 사람은 자기가 한 것 하나 하나가 중요하며 기억을 하고 있습니다. 물론 기억력이 나빠서 기억을 다 하지 못할 수도 있지만 할 수 있는 대로 다른 사람이 알아주기를 바랍니다. 그리고 또 다른 것이 있습니다. 이미 구원받은 사람이 하는 선행은 오래 갑니다. 왜냐하면 자기 힘으로 하는 것이 아니라 주님이 주시는 힘으로 하기 때문입니다. 그리고 자기가 할 수 없는 것까지 무리해서 하려고 하지 않습니다. 그러나 자기 힘으로 하는 선행은 오래 가지 않습니다. 그 이유는 힘이 빨리 빠져 버리기 때문입니다.

저는 어렸을 때부터 신앙생활을 해 왔습니다. 저는 그리스도인이 아니라고 한 번도 생각해 보지 않았습니다. 열심히 교회에 다녔고 또 나중에는 주일학교도 열심히 봉사했습니다. 그러나 제 안에는 구원의 감격 같은 것이 없었습니다. 그냥 하나님은 살아계시며 예수님이 나를 위하여 죽으셨다는 것을 알았습니다. 그러나 여전히 내가 하나님을 믿으려고 애를 썼습니다. 주님이 내 안에 계신다는 것을 알지 못했습니다. 그리고 내가 그렇게 악한 자라는 사실도 알지 못했습니다. 저는 제 안에 있는 죄성을 심각하게 발견한 것은 대학생 때의 일입니다. 물론 그 전에도 완전하다고 말할 수는 없었지만 수양이 부족해서 그럴 것이라고 생각을 했습니다. 그러나 나중에 깨닫게 된 것은 수양의 문제가 전혀 아니라는 것이었습니다. 이것은 본성에 속하는 문제였습니다. 저는 제가 하나님을 아주 미워하고 있다는 것을 알게 되었습니다. 그리고 저는 제 자신의 죄성에 지쳤고 그리스도의 십자가 앞에 무릎을 꿇었습니다.

그러면 이런 죄성의 깨달음이 없이 열심히 신앙생활을 하고 있는 사람은 그리스도인이 아닙니까? 그렇지 않습니다. 그는 분명히 그리스도인입니다. 왜냐하면 그는 아직 분명히 그리스도인의 공동체 안에 있기 때문입니다. 그는 아직 완전히 거듭나지는 않았지만 언약의 공동체 안에 있습니다. 그러나 그는 현재 자신의 신앙으로 만족해서는 안 됩니다. 왜냐하면 주님께서 말씀하시기를 물과 성령으로 거듭나지 않으면 하나님 나라를 볼 수도 없다고 말씀하셨기 때문입니다. 전에 저는 어떤 학생을 만났습니다. 그는 구원의 감격이 없었습니다. 그래서 자기는 한 번 타락해 보겠다는 것입니다. 실컷 타락해 보고 그래도 하나님께서 택하신 자라면 하나님께서 자기를 이 은혜의 울타리 안으로 들어오게 할 것이라고 말을 했습니다. 그렇게 하는 것은 하나님을 시험하는 것입니다. 이런 구원의 감격 없이 언약의 공동체 안에 들어와 있는 것도 귀한 일입니다. 어느 누구도 함부로 그를 쫓아낼 수 없습니다.

우리는 구원의 감격을 얻기 위하여 실컷 타락해야 한다고 생각하지 않습니다. 구원을 얻는 것은 극적인 과정에 의해서가 아닙니다. 말씀에 의해서입니다.

베드로 사도는 이렇게 말씀하고 있습니다.

벧전 1:23 너희가 거듭난 것이 썩어질 씨로 된 것이 아니요 썩지 아니할 씨로 된 것이니 하나님의 살아 있고 항상 있는 말씀으로 되었느니라

우리는 구원의 감격을 누리기 위하여 일부러 타락해서는 안 됩니다. 하나님의 말씀의 능력을 믿어야 합니다. 하나님의 말씀이 우리 안에서 모든 것을 다 합니다. 하나님의 말씀이 우리 안에 있는 죄성을 비추어 주시며 하나님의 말씀이 내 속에 하나님을 깨닫지 못하는 부분을 치료하셔서 어느 한 순간부터 깨닫게 하십니다. 그래서 자기가 참으로 구원의 감격 없이 신앙생활하고 있다면 조급해 할 것이 아니라 진심으로 하나님의 말씀에 귀를 기울이십시오.

전에 제가 어렸을 때 명절이 되면 방앗간에 떡을 하러 가곤 했습니다. 그런데 워낙 구식 방앗간이라 기계가 고장날 때가 많았습니다. 발동기가 꺼지면 기술자가 올 때까지 기다려야 합니다. 기술자가 와서 무엇을 어떻게 하는지 모르겠지만 어느 순간부터 털털 거리면서 모터가 돌기 시작합니다. 우리는 알지 못하지만 기술자들은 고칠 수 있었습니다. 우리가 구원의 감격이 없다고 해서 우리 마음대로 몸부림친다고 해서 고쳐지는 것이 아닙니다. 이것은 성령께서 말씀으로 고치십니다. 그래서 말씀이 전파되고 있는 곳에 지속적으로 참석하는 것이 중요합니다. 그러면 누구든지 이 하나님의 은혜를 체험할 수 있습니다. 왜냐하면 말씀이 호감을 가지고 있다는 사실 자체가 이미 하나님께서 그 마음을 부르시고 있는 증거이기 때문입니다.

그러면 저는 왜 그토록 오래 교회를 다녔는데 그렇게 늦게 주님을 영접했느냐 하는 질문이 제기될 수 있습니다. 그 이유는 잘 모르겠습니다. 혹시 교회에서 들은 말씀이 너무 행위적인 것이 아니었던가 하는 생각이 듭니다. 그때의 신학은 교인은 다 그리스도인이고 교회에 다니지 않는 사람은 불신자라는 공식이 너무 강했던 것 같기도 합니다. 그래서 교회 안에

있는 사람은 다시 복음을 들을 필요가 없고 교회생활만 잘하면 된다는 신학이어서 한 번도 복음적인 도전을 받지 못했기 때문인지도 모르겠습니다. 그러나 주님을 붙들 수 있었던 것은 옛날에 읽었던 성경 말씀이 생각이 났기 때문입니다. 저에게 있어서 중요한 것은 내가 어떤 과정으로 그리스도인이 되었느냐 하는 것이 아닙니다. 그런 것은 아무래도 상관이 없습니다. 중요한 것은 지금 내가 그리스도 안에 있다는 사실입니다.

하나님의 은혜가 얼마나 놀랍고 신기한지 날마다 느끼고 있습니다. 신기한 것이 나 같은 죄인이 어떻게 이 놀라운 하나님의 은혜 안에 들어와 있게 되었느냐 하는 것입니다. 어쩌면 의지적으로는 옛날에 내 힘으로 하나님을 믿으려고 할 때 보다 훨씬 부족한 것 같습니다. 그러나 나에게 역사하시는 하나님의 은혜는 나의 의지와 비교할 수 없이 강하십니다. 아무리 넘어져도 주님 앞에 고백하기만 하면 바로 성령의 은혜를 회복시켜 주십니다. 감당할 수 없는 시험이 오려고 하면 미리 막아 주십니다. 주님이 기뻐하시지 않는 길은 아예 열리지 않습니다. 그리고 주님의 말씀을 거역하면 미리 마음이 답답해지기 시작합니다. 아무리 작은 것이라 하더라도 진실하지 못하면 마음에 있는 모든 기쁨을 다 빼앗아 가기에 충분합니다. 주님 앞에 나의 부족을 인정하기만 하면 아무리 침체되어 있어도 금방 다시 살아납니다.

우리는 주님의 은혜를 체험하기 위하여 죄를 지으려고 해서는 안 됩니다. 하나님을 시험하면 죽습니다. 하나님의 말씀의 능력을 믿어야 합니다. 사람이 할 수 없는 것을 하나님의 말씀은 합니다. 그래서 '나는 왜 이토록 구원의 감격이 없는가?' 하면서 답답해하는 형제들을 인내하면서 말씀을 듣는 자리로 나아오게 하고 또 들은 것을 함께 나눈다면 틀림없이 하나님의 구원의 역사가 그에게도 나타날 것입니다. 왜냐하면 하나님은 할 수 있는 대로 모든 사람들이 구원받는 자리에 나아오기를 원하시기 때문입니다.

할례를 받게 될 경우

사도 바울이 분명하게 지적하고 있는 것은 참된 그리스도인의 표지를 가지기 위하여 할례를 받으면 어떻게 되느냐 하는 것입니다. 만약 그리스도인들이 더 신앙을 분명히 하기 위하여 할례를 받는다면 그리스도가 그에게 아무 유익이 되지 못할 것이라고 말씀합니다.

2절 보라 나 바울은 너희에게 말하노니 너희가 만일 할례를 받으면 그리스도께서 너희에게 아무 유익이 없으리라

그리스도께서 그들에게 아무 유익이 없을 것이라고 말씀합니다. 다시 말해서 그리스도께서 십자가 위에서 죽으신 것이 그들에게 아무 도움이 되지 못할 것이라는 뜻입니다.

사실 그리스도인들에게 있어서 이것보다 더 무서운 말씀이 없습니다. 그리스도의 십자가가 아무 도움이 되지 않는다면 그러면 구원은 어떻게 되는 것입니까? 구원을 받지 못한다는 뜻입니다. 그 이유가 무엇입니까?

할례라고 하는 것은 이전 시대에 하나님께서 자기 백성들을 인치실 때 사용하신 방식입니다.

다시 말해서 구약 시대는 옛 시대입니다. 하나님께서 아직 성령이 오시기 전에 하나님의 백성들을 율법과 할례로 인치셨습니다. 그리고 그 언약의 보증으로 가나안 땅을 주셨습니다.

하나님께서는 모세와 함께 집단적으로 이스라엘 백성들과 언약을 맺으셨습니다. 그리고 그들이 계속 하나님의 백성으로 남는 조건으로 율법을 주시고 그 몸에 할례로 표시하셨습니다. 그러나 이스라엘 백성들은 율법을 지키지 않았습니다. 그래서 그 언약은 깨어지고 그들은 가나안 땅에서 쫓겨났습니다. 옛 언약이 파기된 지금 할례는 아무 의미가 없습

니다. 한때 그들이 하나님의 백성이었다는 것을 의미하는 것 외에는 아무 것도 아닙니다. 이제 하나님께서 그 백성들에게 주시는 언약의 표시가 무엇입니까? 그것은 성령을 주시는 것입니다. 성령을 주셔서 우리의 마음을 새롭게 하시고 구원의 감격으로 모든 것을 실천하게 하십니다.

그런데 갈라디아 교인들은 보다 분명한 표지를 원해서 할례를 받고 율법을 지니려고 합니다. 이것은 예수님의 십자가를 부인하는 것 밖에 되지 않습니다. 할례나 율법은 그리스도가 오시기 전에 하나님께서 그 백성들을 붙드시는 방식이었습니다. 그러나 율법이나 할례가 사람의 중심을 변화시키지 못했기 때문에 이들은 버림을 받은 것입니다.

물론 이들이 할례나 율법을 선택하려고 한 이유는 이해가 됩니다. 왜냐하면 믿음이라고 하는 것이 눈에 보이는 것이 아니기 때문에 믿는다고 하면서도 엉터리로 믿는 이방인들이 너무 많았던 것 같습니다. 또는 믿는다고 하면서도 아직 옛 습관을 버리지 못한 교인들도 많았을 것입니다.

어떻게 보면 그런 사람들과 같은 그리스도인으로 취급당하는 것이 부끄러울 수도 있습니다. 그런데 유대교인들을 보십시오. 적어도 겉으로는 너무나도 종교적이고 경건하게 보였습니다.

그러나 사람은 외모를 보지만 하나님은 중심을 보십니다. 하나님은 비록 더디 믿고 변화된다고 해서 옛날의 방법을 다시 사용하시지 않습니다. 끝까지 말씀과 성령으로 우리를 변화시키십니다.

할례를 받으면 어떻게 됩니까?

3, 4절 내가 할례를 받는 각 사람에게 다시 증거하노니 그는 율법 전체를 행할 의무를 가진 자라. 율법 안에서 의롭다 함을 얻으려 하는 너희는 그리스도에게서 끊어지고 은혜에서 떨어진 자로다

이 사람들이 알지 못하는 것은 그냥 이방인으로 유대교를 신봉하는 것과 할례를 받는 것 사이에는 엄청난 차이가 있다는 것입니다. 그냥 이방인으로 유대교를 신봉하면 간단한 규정만 지키면 됩니다. 그러나 할례를 받으면 유대교의 모든 의무를 다 이행해야 할 의무를 지게 됩니다.

성령은 기계적인 규칙 안에서 일하시지 않습니다. 성령은 바람이십니다. 어느 누구도 성령을 잡을 수가 없습니다. 성령은 그런 기계적인 계율 안에서 일하시지 않습니다. 바울이 말하는 것이 무엇입니까? 그들은 무지한 가운데 엄청나게 큰 오류에 빠지게 된 것이며 지금이라도 거기서 나오지 않으면 결코 구원을 받지 못할 것이라고 경고하고 있습니다.

참된 신앙이 어디에 있습니까?

5절 우리가 성령으로 믿음을 좇아 의의 소망을 기다리노니

참 신앙은 두 가지에 있습니다. 하나는 성령으로 하는 것이요 다른 하나는 믿음입니다.

믿음으로 한다는 것은 내가 모든 것을 다 하려고 하지 않는 것입니다. 우리는 이 세상에 있는 모든 것을 다 하려고 하지 않습니다. 성령께서 내 마음에 주시는 감동이 있습니다. 그것을 기쁨으로 하는 것입니다. 우리는 어려운 자를 모두 다 돕지 못합니다. 그러나 어떤 때에는 꼭 도와야 할 것 같은 마음이 생길 때가 있습니다. 그럴 때 그에게 작은 도움을 줍니다. 주님께서는 우리에게 이 세상에 있는 모든 어려운 자들을 다 돕지 않았다고 책망하시지 않으십니다. 그 작은 성령으로 하는 믿음의 순종을 기뻐하십니다. 인본주의자들이 하는 것이 무엇입니까? 모든 어려운 자들을 다 도와야 하는 것입니다. 이 세상에 조금이라도 불공평한 것이 있으면 참지 못합니다. 이 세상에 있는 굶주리는 모든 자들에 대하여 책임을 느낍니다. 그러나 우리는 우리가 할 수 있는 것이 너무나도 적다는 것을

압니다. 그래서 감히 모든 사람을 도울 수 있다고 생각하지 않습니다. 그러나 성령께서 나에게 하라고 하시는 강한 음성에 대해서는 순종을 합니다. 이것이 바로 그리스도가 하신 삶입니다. 그리스도는 모든 병자를 다 고치지 않으셨습니다. 주님은 그때그때 하나님의 뜻에 따라 일하셨습니다. 그러나 그가 하실 일은 마치 다이너마이트의 뇌관을 때리는 것과 같았습니다. 그의 한 번의 순종은 인류의 운명의 흐름을 바꾸었습니다.

인본주의자들은 거대한 바위가 있으면 그 바위 전체를 정으로 쪼아내려고 하는 것과 같습니다. 모든 사람들의 모든 불행을 상대로 싸웁니다. 그러나 그리스도인들은 감히 그렇게 하지 못합니다. 성령께서 하라고 하시는 작은 일을 기쁨으로 합니다. 그러면 자기도 모르는 열매를 맺기 시작합니다. 겉으로 나타나지는 않지만 많은 사람들에게 깊은 감격을 주고 그들의 일생에 큰 결단을 내리는 계기가 되게 합니다.

청소년들을 만나보면 그들에게 모든 것을 다 주는 것이 그들을 진정으로 돕는 것이 아니라는 것을 깨달을 때가 많습니다. 어느 한 순간의 만남이 그의 운명을 바꿀 때가 많습니다. 단 한 번 그를 인격적으로 대해주었거나 아니면 단 한번 그를 사랑으로 매질을 했는데 그가 완전히 변하는 일이 나타날 수 있습니다. 그리스도인들의 삶이라고 하는 것이 바로 그런 것입니다.

그리스도인들은 감히 자기가 모든 일을 다 하거나 다른 사람들의 모든 어려움을 책임질 수 있다고 생각하지 않습니다. 사실 모든 사람은 자기 힘으로 일어서야 합니다. 그런데 그리스도인들의 진실한 사랑이 그들의 마음속에 어떤 불을 던져주는 것입니다. 그들로 하여금 자신의 참된 가치를 깨닫게 합니다. 물론 여기서 의의 소망이라고 하는 것은 그리스도를 통하여 모든 것이 완전해지는 것을 의미합니다. 그것은 죄가 완전히 없어져야 완전한 의가 이루어집니다. 그러나 우리는 우리의 범위 안에서 작은 의를 이루어가는 것입니다.

갈라디아서 강해 23

그리스도 안에서 소중한 것

갈 5:5-12

어떤 사람이 어느 집단에 속했느냐 하는데 따라서 그 집단에서 가장 중요하게 생각하는 것이 모두 다른 법입니다. 예를 들어서 어떤 사람이 군인이라고 합시다. 그에게 중요하게 요구되는 것은 용기나 충성심일 것입니다. 또한 어떤 사람이 교수라고 하면 그에게 중요하게 요구되는 것은 학벌이나 연구실적일 것입니다.

지금까지 갈라디아 교인들은 율법의 세계 안에 있었습니다. 그들에게 가장 중요하게 요구되는 것은 철저함이었습니다. 얼마나 많은 율법을 가장 철저하게 지키느냐 하는 것입니다. 그러나 복음 안에서 가장 중요한 것은 그런 철저함이 아닙니다. 복음 안에서 가장 중요한 것은 믿음으로 행하는 것입니다. 어떤 엄청난 일을 감당하는 것이 아닙니다. 하루하루의 삶을 성령에 민감하게 반응하면서 내 몸을 바르게 사용해서 사는 것입니다. 그래서 복음에는 이 몸을 사용하는 것이 아주 중요합니다.

갈라디아 교인들은 지금까지 이런 바른 신앙생활을 잘 해오고 있었습니다. 그런데 어느 한 순간부터 그들은 주저앉아 있습니다. 그 원인이 어디에 있습니까? 힘이 빠진 것이 아니었습니다.

잘못된 가르침이 그들을 오염시켜 놓았기 때문입니다. 잘못된 가르침이 그 지방 전체에 퍼져서 그들의 신앙을 마비시켜 놓고 있었습니다. 오늘 우리가 본문을 통하여 살펴보려고 하는 것은 그리스도의 복음 안에서 가장 중요한 것이 무엇이며, 어떤 병에 걸리면 이것이 꼼짝하지 못하고 마비되는가 하는 것입니다.

복음의 이중구조

이 세상 사람들이 사는 방식은 평면적입니다.

우선 하나님을 모르는 사람들은 어떻게 이 세상을 살아가고 있습니까?

그들은 일단 자신의 형편에서 할 수 있는 모든 가능성을 다 생각해 봅니다. 그리고 그 많은 가능성 중에서 자기에게 최선의 방법이라고 생각되는 것을 찾아서 전력투구를 합니다. 만일 최선의 방법이 안 되면 그 다음으로 차선의 방법을 취합니다. 그래서 어떤 가능성이 많으면 많을수록 좋습니다. 그런 의미에서 평면적입니다.

그 다음에 율법적인 사람들은 어떤 방식으로 삽니까? 그들은 일단 종교적인 것과 비종교적인 것을 구분합니다. 그리고 나서는 종교적이지 않은 것은 속된 것이라고 해서 전혀 가치를 부여하지 않습니다. 그들이 비종교적인 일에 관계를 하는 것은 먹고 살기 위해서 어쩔 수 없어서 하는 것이 참으로 가치가 있기 때문에 하는 것이 아닙니다. 그들이 하려고 하는 것은 할 수 있는 대로 자신의 모든 정력을 종교적인 일에 쏟아 부어서 최선을 다하여 철저하게 그 일을 해내는 것입니다. 그러나 오늘 성경은 그리스도의 삶을 어떻게 설명하고 있습니까?

5절 우리가 성령으로 믿음을 좇아 의의 소망을 기다리노니 그리스도인들은 성령으로 믿음을 쫓아 하는 것이 그 특징입니다. 다시 말해서 그리스도인의 삶은 이중적인 구조를 가지고 있습니다. 일단 우리들은 믿음으로 합니다. 그런데 하나님께서는 성령으로 그 일을 완수시키십니다. 우리는 이 말을 이해하기가 어렵습니다. 믿음으로 하는 것은 또 무엇이며 성령으로 하는 일은 무엇인가 하는 것입니다. 그래서 처음에 신앙생활을 하는 형제들은 어디서 어디까지가 하나님의 영역이며, 어디서부터가 내가 해야 할 영역인지 고민을 많이 합니다. 그러나 이것은 나의 노력 반, 하나님의 노력 반으로 무엇을 해내는 것이 아닙니다.

사실 우리는 땅에 발을 딛고 살고 있기 때문에 어디에 무엇이 있는지 알지 못합니다. 복잡한 미로가 얽혀 있는 곳에 있다고 생각해 보십시오. 아무리 이 길 저 길을 설치고 다녀도 결국은 원래 그 장소로 돌아오고 맙니다. 중요한 것은 위에서 볼 수 있어야 합니다. 누군가가 위에서 아래로 내려다보면 어디로 가야 빠져 나갈 수 있는지 길이 보일 것입니다. 성령으로 믿음을 좇아 행한다고 하는 것은 바로 이런 이중적인 구조로 사는 것을 말합니다. 예를 들어서 누군가가 헬리콥터를 타고 위에서 아래를 내다보면서 무전기로 지시를 해 주면 비록 아무것도 보이지 않지만 그 지시만 따라 가면 미로를 빠져 나올 수 있습니다.

우리는 사실 너무나도 많은 것을 모르고 있습니다. 우리 눈에 보이는 것은 실제로 존재하는 것의 지극히 작은 일부분에 불과합니다. 거의 대부분은 우리 눈에 보이지 않습니다. 우리 눈에는 경제라고 하는 것이 보이지 않습니다. 물가도 보이지 않습니다. 미국도 보이지 않습니다. 적군도 보이지 않습니다. 그런데 어떻게 이런 것들이 있다는 것을 압니까? 누군가가 보다 고차원적인 입장에서 이런 것들을 보고 정보를 알려주기 때문입니다.

마찬가지입니다. 그리스도인들은 자기가 모든 것들을 다 알고 다 할 수 있다고 생각하지 않습니다. 오히려 그는 자기 힘으로는 이 길을 빠져 나가는 것조차 할 수 없다는 것을 인정합니다. 그런데 그에게 가장 중요한 것이 하나 있습니다. 그것은 성령의 무전 통신입니다. 성령께서는 끊임없이 우리가 어디로 나아가야 할지 알려 주십니다. 우리는 모든 것을 다 알지 못합니다. 다만 이 길을 따라 한걸음 한 걸음씩 걸어 나가는 것입니다.

예를 들어, 앞을 보지 못하는 소경과 앉은뱅이가 있다고 합시다. 한 사람은 앞을 보지 못하고 다른 한 사람은 걸을 수가 없습니다. 그러면 어떻게 합니까? 소경이 앉은뱅이를 업고 그가 하는 지시에 따라서 계속 나아가면 비록 자기 자신은 보지 못하지만 안전하게 길을 갈 수 있을 것입니다. 물론 성령님은 앉은뱅이가 아니십니다. 성령님은 지시만 하시고 가만히 계신 것이 아니라 우리가 믿음으로 나아갈 때에 많은 일을 함께 하십니다.

그리스도인들은 모든 것을 다 알지 못합니다. 이 세상에 있는 모든 가능성을 다 열거하지도 않습니다. 또는 종교적인 일과 비종교적인 일도 구별하지 않습니다. 이 세상에서 마치 눈 먼 소경이 앉은뱅이의 말만 믿고 계속 나아가는 것처럼 내 속에 성령이 하시는 음성에 민감하게 한 걸음 한 걸음 사는 것입니다. 다시 말해서 내가 무엇을 하려고 하는 것이 아니라, 하나님께서 나를 사용하시도록 내 자신을 빌려 드리는 것입니다. 여기서 무엇이라고 말씀하고 있습니까?

'우리가 성령으로 믿음으로 좇아 의의 소망을 기다린다'고 말씀하고 있습니다. 다시 말해서 우리는 다 된 자들이 아니라, 더 완전해질 것으로 기다리는 자들이라는 말입니다.

어떻게 말입니까? 우리의 삶은 매우 불완전하지만 성령님의 뜻에 순종해서 살 때 모든 것이 더 완전한 관계로 나타나게 될 것을 소망하는 것입니다. 여기서 '의'라고 하는 것은 '바른 관계'를 의미합니다. 우리가 성령님의 뜻에 따라서 가다보면 다른 사람들과 관계가 틀어지기도 하고 불편하게 될 때도 있습니다. 그러나 성령께서는 그것을 그대로 두지 아니하시고 더 바른 관계로 회복하게 하신다는 것입니다. 물론 그리스도가 오시면 모든 것이 바르게 되겠지요. 그러나 그리스도가 오시기 전에도 우리가 성령의 뜻에 따라 순종한 것에 대해서는 보다 더 바른 관계를 회복시키십니다.

우리는 때때로 일시적으로 제사문제로 가족들과 불편한 관계에 있을 수 있습니다. 때로는 직장에서 정직하게 하려고 하기 때문에 상사와 불편하게 지낼 수도 있습니다. 그러나 마음이 소망하는 것이 무엇입니까? 나는 모든 것을 알지 못하지만 성령님은 위에서 모든 것을 알고 계시며 분명히 나를 더 바른 길로 인도하시더라는 것입니다. 우리는 일시적으로 내 뜻대로 모든 것이 되지 않을 때 몹시 섭섭하게 생각합니다. 그러나 우리는 보지 못하지만 성령님은 위에서 모든 것을 다 보고 계시기 때문에 우리가 알지 못하는 가운데 우리를 더 의롭고 바른 길로 인도하시는 것입니다. 우리는 완전한 사람들이 아닙니다. 그러나 마음이 성령님의 뜻에 따라 행해 왔다면 우리는 내가 알지 못하는 많은 부분에 성령께서 도우시고 간섭하셔서 결국 모든 것이 합력하여 선을 이루실 줄을 믿습니다.

요셉은 형제들과 바른 관계를 원했습니다. 그 결과 그는 애굽에 노예로 팔려갔습니다. 요셉이 형들을 만났을 때 얼마나 반가왔겠습니까? 그러나 그는 그들의 진실을 확인해 보았습니다. 그 이유는 옛날과 같은 방식으로 만나는 것은 의미가 없다는 것을 알았기 때문입니다. 그는 바른 관계에서 그들과 만나기를 원했습니다. 그리스도인들은 모든 것을 다 알지 못합니다. 그러나 내가 성령님의 뜻에 따라 믿음으로 살고 있다면 이 모든 것이 일시적으로는 불편할 수도 있고 잘못된 것처럼 보일 수도 있겠지만 결국 더 나은 바른 관계로 이어질 것이라 믿습니다.

우리는 자신의 모든 삶의 가능성을 다 추구하지 않습니다. 가능성이 줄어든다고 불안해하지 않습니다. 왜냐하면 나는 모든 것을 보지 못하지만 성령님은 모든 것을 다 알고 계시기 때문입니다. 우리는 앞을 보지 못하지만 그것을 믿고 나아갑니다. 처음에는 성령님의 뜻을 잘 듣지 못해서 실수도 많이 합니다. 그러나 점점 더 뚜렷하게 듣게 됩니다. 그때부터 우리의 걸음은 더 빨라지게 될 것입니다. 그래서 우리는 성령님과 함께 길을 걷는데 걸음마 연습을 많이 해야 합니다.

나의 고집을 버려야 하며 불안과 싸워야 합니다. 아무것도 보이지 않는데서 성령님의 지시 하나로 걷는 법을 배워야 합니다. 이 세상은 사망의 음침한 골짜기로 가득합니다. 그러나 우리는 두려워하지 않습니다. 그 이유는 일곱 눈이신 성령께서 나의 길을 인도하시기 때문입니다.

그리스도 안에서 가장 중요한 것

6절 그리스도 예수 안에서는 할례나 무할례가 효력이 없되 사랑으로써 역사하는 믿음뿐이니라

여기서 '그리스도 안'이라고 하는 것은 무엇을 의미합니까? 우선 두 가지 의미로 생각할 수 있습니다.

하나는 율법의 영역과 비교되는 의미에서의 그리스도 안입니다.

4절에 보면 '율법 안에서'라는 말이 나옵니다. 다시 말해서 율법의 지배 아래서는 모든 것을 철저히 하는 것이 가장 중요했습니다. 할 수 있는 한 많은 종교적인 행위를 아무 실수 없이 열정적으로 하는 것이 가장 중요했습니다. 그러나 그리스도를 믿는 사람들에게 있어서 중요한 것은 그런 것이 아닙니다. 할례나 무할례가 아무 의미가 없습니다. 어떤 효력을 발휘하지 못합니다. 오직 사랑으로써 역사하는 믿음뿐입니다.

여기서 우리가 주의를 해야 할 것이 있습니다. 그것은 할례나 무할례라고 하는 것은 그 사람의 신분이나 위치를 말합니다. 그리스도 안에서

중요한 것은 그 사람의 지위나 신분이 아닙니다. 중요한 것은 그가 얼마나 사랑으로 어떤 일을 하느냐 하는 것입니다.

다시 말해서 신앙이라고 하는 것은 어떤 지위를 얻는 것이 아닙니다. 신자라는 지위를 얻음으로 아무 일 없이 죽으면 구원을 얻는 것을 말하지 않습니다. 신앙은 어떤 기회를 얻는 것입니다.

지금까지는 내 안에 있는 죄성 때문에 하나님의 뜻대로 살고 싶어도 살지 못했습니다. 그런데 예수를 믿음으로 어떻게 되었습니까? 하나님께서 우리를 의롭다 하심으로 거룩하게 살 수 있는 기회를 주셨습니다. 믿음은 어떤 완전한 경지에 들어가는 것이 아닙니다. 이것은 하나님의 뜻대로 살 수 있는 기회를 얻는 것입니다. 그런 의미에서 우리의 신앙은 이중성을 가지고 있습니다.

일단 진정한 기회를 얻은 것은 진실합니다. 우리는 하나님으로부터 의롭게 살 수 있는 자격을 얻었습니다. 그러나 아직 우리 안에는 죄인의 본성이 그대로 남아 있습니다. 우리가 정말 의인이 되었다고 믿는 자 보다 더 어리석은 자는 없을 것입니다. 우리가 해야 할 것은 우리 안에 있는 죄성을 누르고 사랑의 동기에 따라 사는 것입니다.

우리는 완전해져야 무엇을 하는 사람들이 아닙니다. 불완전하지만 지금 주어진 이 환경에서 주님을 위하여 무엇인가 하는 것입니다. 이웃에게 사랑을 실천하는 것입니다. 지금 하지 못하는 삶은 완전한 환경이 주어지면 더 못할 것입니다. 만일 우리가 하나님 앞에서 의롭다 함을 받았다고 해 놓고 의로운 일을 전혀 하지 못하고 죽는다면 그 사람의 의는 거짓된 것으로 판명날 것입니다.

많은 사람들이 방언을 체험하거나 성령을 체험하려고 애를 썼습니다. 왜냐하면 그렇게 해야 자신이 진정으로 구원을 받은 것을 확인받을 수 있다고 생각했기 때문입니다. 성령의 체험은 우리가 하나님의 아들인 것을 인쳐주는 증거입니다. 그러나 중요한 것은 그 인침을 어떻게 몇 번 받았느냐 하는 것이 중요한 것이 아니라 하나님의 아들이면 하나님의 마음으로 실제로 이 세상에서 사는 것이 더 중요합니다. 만일 순종하여 사는 삶이 없다면 아무리 그 체험이 강력하고 영광스러운 것이라 하더라도 그의 의는 하나님의 심판대 앞에서 부도가 나고 말 것입니다.

갈라디아 교회에 찾아 온 위기

갈라디아 교인들은 지금까지 진리에 따라서 신앙생활을 잘 해오고 있었습니다. 그러나 어느 한 순간 부터 그들은 바른 길에서 이탈되어 더 이상 바른 길을 가지 않고 있습니다.

7절 너희가 달음질을 잘 하더니 누가 너희를 막아 진리를 순종치 않게 하더냐

사도 바울은 신앙을 달음질이라고 표현하고 있습니다. 무엇인가 완전한 의를 붙들고 가만히 있는 것이 아닙니다. 하나님께서 나와 함께 하심을 믿고 앞으로 계속 달려가는 것입니다.

신앙은 달음질입니다. 우리는 이 세상에 있는 동안에는 아무도 완전하지 않습니다. 하나님의 뜻에 더 일치하기 위하여 하나님께 더 온전히 사용되기 위하여 달리는 것이 신앙입니다. 그런데 갈라디아 교인들에게 어떤 일이 일어났습니까? 이들은 이제 더 이상 달리지 않습니다. 이들은 아예 주저앉아 있습니다.

그 이유가 무엇입니까? 누군가가 그들을 속여서 더 이상 진리에 순종치 못하게 하려고 했기 때문이라고 말씀하고 있습니다.

8, 9절 그 권면이 너희를 부르신 이에게서 난 것이 아니라. 적은 누룩이 온 덩이에 퍼지느니라

갈라디아 교인들을 주저앉게 만든 것은 주님의 권면이 아닌 사람의 생각이 그들에게 흘러들어 왔기 때문입니다. 주님의 권면과 사람의 권면이 무엇이 다를까요? 주님은 우리를 하나님 앞에 서 있게 합니다. 우리가 하나님 앞에 서게 되면 어떻게 됩니까? 개인의 차이는 완전히 없어지게 됩니다. 그저 한 사람 한 사람이 하나님 앞에서 독특하고 의미가 있을 뿐입니다. 모두 한 사람 한 사람이 다 의미가 있고 나름대로 아름답습니다. 그러나 사람의 권면은 어떻습니까? 우리를 다른 사람들과 비교하게 만듭니다. 물론 사람의 권면이라고 해서 다 틀린 것이 아닙니다. 그 중에는 유익한 것도 많습니다. 우리는 학문적인 것을 완전히 배제하지 않습니다.

예를 들어, 상담을 할 때에 심리학을 무조건 거부하지 않습니다. 혹은 선교를 할 때에 인류학적인 지식을 무조건 거부하지 않습니다. 그 대신 이 모든 것을 하나님의 바른 진리의 빛 아래서 바르게 사용합니다. 그 이유는 하나님의 진리의 일부는 인간의 지혜안에서도 간접적으로 빛난다는 것을 믿기 때문입니다. 그러나 사람의 지혜를 절대적인 위치에 올려놓지는 않습니다. 그러나 여기서 말하는 인간의 권면이라고 하는 것은 인간의 의나 공로를 절대적인 위치에 올려놓는 것입니다. 그래서 하나님의 백성들로 하여금 자신의 부족한 부분에 열등감을 느끼게 하고 전에는 그 부분을 하나님께 맡길 수 있었는데 이제 다시 갑자기 그것을 스스로 책임지기 위하여 다시 인간의 방법으로 돌아가게 하는 것을 말합니다.

하나님께서 우리에게 약한 부분을 허락하신 이유가 무엇입니까? 우리로 하여금 자고하지 않게 하기 위해서 입니다. 우리로 하여금 스스로 부족함을 깨닫고 온전히 하나님만 의지하게 하기 위해서입니다. 우리가 우리의 치명적인 약한 부분을 하나님께 맡기고 나아갈 때 그렇게 아름다울 수가 없습니다. 사실 우리가 그토록 아름다울 수 있는 것은 그 약한 부분을 스스로 채우려 하지 않고 하나님께 맡길 수 있기 때문입니다. 성도가 그렇게 할 때 사실은 천사보다 더 아름답습니다.

그러나 이 인간의 의를 자랑하는 권면은 그 부끄러운 부분은 스스로의 노력으로 없애게 합니다. 그래서 하나님 앞에서 약한 부분이 없어지게 합니다. 우리를 하나님과 대등한 자리로 올라가게 합니다. 하나님 앞에서 '나도 할 만큼 했습니다'라는 소리가 나게 합니다. 진정한 그리스도인은 자기가 한 것이 아무것도 없습니다. 왜냐하면 주님이 자기를 사용하신 것이지 자기가 스스로 한 것은 아무것도 없습니다. 그래서 언제나 겸손합니다. 그러나 부족한 것이 없는 사람은 자기가 한 것으로 생각합니다. 이것이 바로 악한 누룩입니다.

그리스도인들에게 가장 위험한 것은 자기에게 있는 능력을 붙들고 하나님 앞에 겸손하지 못하게 만드는 것입니다. 마치 인간이 스스로 무슨 능력이 있어서 어떤 일을 한 것처럼 나타나게 하는 것은 모두 악한 누룩입니다.

예를 들어, 밀가루 반죽을 했는데 아주 작은 부분에 곰팡이가 생겼습니다. 그것을 그대로 두면 어떻게 됩니까? 밀가루 전체에 곰팡이가 생기게 됩니다.

누군가가 인간적인 자랑을 하면 그런 것은 너무나도 빨리 전파되게 되어 있습니다. 우리도 교회 안에서 어떤 것이 유행하기 시작하면 너무나도 빨리 전체에 퍼지는 것을 볼 수 있습니다. 그러나 우리는 아무리 훌륭한 사람이 한 말이라고 하더라도 그 안에는 누룩이 들어 있을 수가 있다는 것을 생각해야 합니다.

그런데 우리가 전혀 여과 없이 모든 말을 다 받아들인다면 좋지 않은 것이 들어올 수 있습니다.

예를 들어, 아무리 의사의 손이 깨끗하다 하여도 그 손에는 세균이 득실득실합니다. 그래서 겉으로 보기에는 깨끗하게 보여도 수술을 하기 전에는 다시 비누로 깨끗하게 씻어야 합니다. 그렇게 하지 않으면 수술이 아니라 환자의 몸에 병균을 심는 것밖에 되지 않습니다. 전에 어떤 분이 수술을 했는데 그 수술한데가 곪아서 아주 큰 고통을 받는 것을 보았습니다. 그가 한 말이 수술 받을 때 받은 고통은 아무것도 아니라는 것입니다. 그 곪은 부분을 짜내는데 완전히 죽는 줄 알았다는 것입니다. 아무리 그럴듯해도 사람의 말은 참고 사항 이상이 되어서는 안 됩니다. 특히 영혼을 다루는데 있어서는 더욱 더 살균 소독을 해야 합니다. 유명한 사람의 말이라고 해서 여과 없이 다 받아들이면 믿음의 경주를 할 힘이 갑자기 빠져 버립니다.

인간의 권면은 하나님을 바라보게 하는 것이 아니라 자기 자신을 바라보게 합니다. 자신의 부족한 부분을 바라보게 하고 그 열등감 때문에 하나님께 전적으로 맡기지 못하게 합니다.

여러분, 한 번 시간이 흘러가버리면 다시 돌아오지 않습니다. 이미 그 시간은 놓쳐 버린 것입니다. 물론 우리는 더 나은 섬김을 위하여 어떤 것을 선택해서 해야 할 때도 있고 일시적으로 다른 사람을 위해 일을 쉬어야 할 때도 있습니다. 그러나 우리는 어떠한 이유로도 다른 영혼에 대한 부담에서 벗어날 수 없습니다. 죽을 때까지 달려야 합니다. 만일 더 공부가 필요하면 하나님께서 공부를 시키십니다. 대학 공부가 필요하면 하나님께서 하게 하십니다. 그러나 내가 모든 것에 완전해 지려고 할 때 믿음은 있을 곳이 없게 됩니다.

사도 바울은 갈라디아 교인들 안에 무슨 다른 마음이 있어서 이렇게 된 것은 아닐 것이라고 판단을 합니다. 다시 말해서 이들의 교훈을 받아들인 것은 순수한 열정으로 하나님을 더 잘 섬기기 위하여 무턱대고 받아들이다 보니까 이렇게 되었다는 뜻입니다.

어떤 한 여학생은 주님을 더 기쁘게 하기 위하여 기독교 학과를 택했습니다. 그러나 입학하고 보니까 그 대학은 자유주의 신학을 가르치는 곳이었습니다. 그 여학생이 신앙의 회의를 품고 신앙의 열정이 식은 것은 원래 자신의 교만한 생각이나 욕구 때문이 아니라 주님을 기쁘게 하려고 했는데 너무 순진해서 분별력이 없어서 그렇게 된 것입니다.

사도 바울도 갈라디아 교인들이 이렇게 된 것이 근본적으로 주님의 십자가를 의심하거나 아니면 자기들의 욕구 때문에 이렇게 된 것이 아니라, 더 배우려 하고 신앙생활을 더 잘하려고 하다가 이렇게 되었다는 것을 인정하고 있습니다. 그러나 그것이 모든 것의 변명이 될 수 없습니다. 이제 그들이 해야 할 일이 있습니다. 그것은 할례의 자랑을 버리고 다시 주님의 십자가를 붙드는 것입니다.

사도 바울은 이 부분에서 가장 과격한 표현을 사용하고 있습니다.

10-12절 나는 너희가 아무 다른 마음도 품지 아니할 줄을 주 안에서 확신하노라. 그러나 너희를 요동케 하는 자는 누구든지 심판을 받으리라. 형제들아 내가 지금까지 할례를 전하면 어찌하여 지금까지 핍박을 받으리요 그리하였으면 십자가의 거치는 것이 그쳤으리니. 너희를 어지럽게 하는 자들이 스스로 베어 버리기를 원하노라

여기서 사도 바울은 이런 인간적인 사상을 의도적으로 교회 안에 불어넣어서 그들의 신앙을 요동케 한 자들이 저주를 받을 것이라고 말을 했습니다. 여기서 저주라고 하는 것은 그들이 하나님의 영역을 침범했기 때문에 더 이상 용서받을 수 없는 것을 말합니다.

시내 산에서 하나님께서는 아무나 산으로 올라오지 말라고 명령을 하셨습니다. 그 이유는 그곳은 하나님의 거룩한 곳이기 때문입니다. 만일 하나님의 영역을 침범하면 누구든지 돌에 맞아 죽거나 활에 쏘여 죽을 것이라고 하셨습니다. 하나님께서는 여리고 성에서도 아무것도 손을 대지 못하게 하셨습니다. 만일 거기 있는 것에 손을 대면 그도 저주를 받아

죽을 것이라고 하셨습니다. 특히 하나님께서는 사람의 영혼과 구원에 대하여 기름을 바르셔서 어느 인간도 침범하지 못하게 하셨습니다.

그러나 오늘날 영혼을 소재로 한 많은 영화와 만화, 소설들이 팔리고 있습니다. 영혼이 환생을 한다든지 아니면 남자의 영혼이 여자의 몸에 들어간다든지 하는 것은 하나님께서 인간에게 손을 대지 못하게 하신 영역입니다. 정신병을 치료하기 위하여 전생의 기억을 되살린다고 하는 것도 마치 전생이 있는 것처럼 믿게 하는 것인데 그것은 인간이 손을 대지 말아야 하는 것입니다. 마치 의사들이 자기가 사람을 살릴 수도 있고 죽일 수도 있는 것처럼 판단하는 것도 거룩한 영역을 손대는 것입니다. 특히 구원의 방법에 있어서 하나님께서는 그리스도의 십자가 위에는 어떤 길도 허락하시지 않으셨습니다. 그러나 사람의 종교적인 본성을 자극해서 나오는 모든 감동이 예배이며 하나님을 기쁘시게 할 수 있는 것처럼 가르치는 교훈도 하나님의 거룩한 영역을 침범하는 것입니다. 모르면 그냥 모른다고 하면 될 것이지 하나님의 영역을 손을 댈 때 그들에게는 다시 회개하는 기회가 주어지지 않습니다.

사도 바울은 십자가의 거치는 것이라 말을 하고 있습니다. 그는 구원의 방법에 있어서 예수 그리스도의 십자가 외에 어떤 것도 인정하지 않았습니다. 그로인해 그는 많은 사람들로부터 핍박을 받았습니다.

사도 바울은 그들을 어지럽히는 자들이 스스로 베어버리기를 원한다고 말을 합니다. 그것은 그들이 할례만 받을 것이 아니라 거세를 해버려서 고자가 되었으면 좋겠다는 뜻입니다. 다른 말로 표현하면 병신짓하려면 자기들 끼리나 하게 내버려 두고 너희는 관계하지 말라는 뜻입니다. 다른 의미로는 그들과의 관계를 완전히 끊어버리라는 뜻으로 생각해 볼 수 있습니다.

저주받은 자들은 거세를 하든 할례를 받든 상관하지 말고 너희들은 신앙의 경주를 다시 계속하라고 권면을 하고 있습니다. 이들은 아직 그리스도를 떠나지는 않았기 때문에 다시 일어서기만 하면 되는 것입니다.

오늘 우리들은 신앙생활에 있어서 이 달음질을 중단하고 있지 않습니까? 그 이유가 어디에 있다고 생각합니까? 어디서 또 썩은 곰팡이가 들어와서 우리의 달리기를 중단시키고 있습니까?

다시 일어나서 달려야 합니다. 베어버릴 것은 베어 버리십시오. 아직까지 미련을 가지고 있는 것이 무엇입니까? 완전히 잘라 버리십시오. 그리고 다시 달리기를 시작해야 합니다.

갈라디아서 강해 24

베어야 할 것들

갈 5:7-12

어느 과일 상인이 과일을 박스 안에 가득 넣어서 창고 안에 보관을 했습니다. 그런데 얼마 지나서 박스를 열어 보니까 박스 안에 들어 있는 과일이 거의 다 썩어 있었습니다. 그 원인은 그가 그 박스 안에 부주의하게 조금 썩은 과일을 함께 넣어 두었기 때문이었습니다. 아주 작은 부분이 썩어 있었습니다. 그런데도 가만히 두었더니 그것이 박스 안에 있는 과일 전체를 썩게 만들었습니다.

아이를 키우는 부모가 늘 관심을 가져야 할 것이 하나 있습니다. 그것은 그 아이가 사귀고 어울리는 친구가 누구냐 하는 것입니다. 아무리 자기 집 아이가 착하고 순진하다 하더라도 나쁜 아이와 어울리기 시작하면 변질되는 것은 시간문제입니다. 또 착하고 성실한 아이들과 사귄다고 해서 그 착하고 성실한 것을 배우지는 않습니다. 그러나 질이 좋지 않고 나쁜 짓을 하는 친구들과 사귀면 반드시 그것도 빠른 시간 안에 그 나쁜 짓들을 배우게 되어 있습니다. 처음에는 호기심으로 시작할 것입니다. 그러나 조금 지나면 그 나쁜 짓이 습관이 되고 그 다음에는 또 다른 아이들을 그 환경에 끌어들이게 되는 것입니다.

신앙이라고 하는 것은 단순히 하나님을 믿지 않다가 새로 하나님을 믿게 되는 것만을 의미하지 않습니다. 신앙이라고 하는 것은 하나님의 백성으로서 이전까지와는 다른 방식으로 사는 것을 의미합니다. 삶의 가치관이 달라지고 사는 방식이 달라지는 것이 신앙생활을 하는 것입니다.

예를 들어, 어떤 도둑질을 하던 사람이 하나님을 믿게 되었다고 해서 그리스도인이 되는 것은 아닙니다. 만일 그가 진정으로 그리스도인이 되었다면 그는 도둑질을 그만두어야 합니다. 그리고 그는 정당한 직업을 가져야 하며 그 수입을 바르게 사용해야 제대로 된 그리스도인이 된 것입니다. 또 어떤 사람이 도박의 습관이 심하다고 합시다. 그런데 그가 교회에 다니게 되었습니다. 예배를 빠지지 않고 열심히 성경을 읽는다고 합시다. 그래도 그가 여전히 도박을 하고 있다면 그는 아직 그리스도인이 된 것이 아닙니다. 도박을 하는 그리스도인이라고는 존재하지가 않습니다. 그것은 정의 자체가 잘못된 것입니다.

그래서 어떤 사람이 온전한 그리스도인이 되기 위해서는 그의 삶의 방식이 변해야 하고 그렇게 하기 위해서는 바른 그리스도인들과의 사귐이 있어야 합니다.

그래서 그리스도인 상담과 일반 상담 사이에는 엄청난 차이가 있습니다. 그리스도인 상담은 대개 깊은 내면적인 갈등이나 죄 문제 같은 것들이 상담의 대상이 됩니다. 그러나 일반인들은 그런 것들이 문제라고 생각하지 않습니다. 그들이 문제를 가지고 오는 것은 이미 곪아 터질 대로 터져서 도저히 스스로의 힘으로는 해결할 수 없습니다. 그러나 어떤 것이든 상담이 종료하게 되는 것은 그가 그리스도인 공동체 안에서 자유롭게 교제를 나누는 가운데 새로운 삶을 살고 있을 때 그때 문제가 완전히 해결된 것으로 봅니다. 그렇지 않고 자신이 고민하는 문제만 일시적으로 해결되었다고 해서 완전히 해결된 것은 아닙니다. 왜냐하면 또 다시 그 문제가 재발될 수 있기 때문입니다. 다시 그런 동일한 문제에 빠지지 않도록 완전히 생활방식 자체가 바뀌었을 때에야 그 문제가 해결된 것으로 보는 것입니다.

그러나 그리스도인 공동체는 이런 긍정적인 기능만 가지고 있는 것이 아닙니다. 역시 이곳도 부패하기 쉬운 사람들의 모임이기 때문에 좋은 영향도 받지만 나쁜 영향도 받기 쉽습니다. 세상과 마찬가지로 순진하던 사람들이 교회 안에서 잘못된 교제를 통하여 더 나빠지고 나중에는 거기에 있는 사람들이 전부 다 그런 좋지 않는 영향을 받을 수 있는 것입니다.

그래서 사도 바울은 '적은 누룩이 온 덩이에 퍼진다'고 말씀하고 있습니다. 아주 작게 시작된 것이지만 그것이 그들이 관심을 갖는 문제와 맞아 떨어질 때에는 말씀의 영향을 받기 보다는 그런 인간적인 생각에 쉽게 영향을 받을 가능성이 많습니다.

사도 바울은 갈라디아 교인들을 향하여 처음에는 그들이 달음질을 아주 잘했다고 인정을 하고 있습니다. 처음 그들이 복음을 받았을 때는 그렇지 않았습니다. 그러나 시간이 많이 지난 후 바울이 이들의 신앙을 진단해볼 때 그들 거의 전부가 좋지 않은 사상에 오염되어 있고 그들의 거의 대부분의 신앙이 부패해 있다는 진단을 내리고 있는 것입니다.

그것은 물론 율법주의 영향 때문이었습니다. 처음에는 분명히 한두 사람에 거기에 관계되었습니다. 한 두 사람이 할례를 받고 한 두 사람이 그런 영향을 받았습니다. 그러나 그것이 바로 이들의 공통된 관심사였기 때문에 마치 들불이 퍼지듯이 그 문제가 확산되어서 온 교회가 그것으로 인하여 어지러워지고 대단히 요동하게 되었다고 말씀하고 있습니다. 교회가 요동한다는 말이 무슨 뜻입니까? 교회 전체가 그것으로 인하여 교리적인 혼동을 겪을 뿐 아니라 어떤 사람은 이런 쪽을 편들고 또 어떤 사람들은 저쪽을 편들어서 엉망이 되고 말았다는 뜻입니다.

사도 바울은 이제 교인들로 하여금 스스로 정신을 차려서 그들을 혼란케 한 자들이 스스로를 베어 버릴 수밖에 없도록 그들과의 관계를 단절하라고 권면하고 있습니다. 다시 말해서 그들과의 관계를 단절해 이 문제를 수습하고 다시 아름다운 신앙을 회복하라고 권면하고 있습니다.

공통의 관심사

적은 누룩이 온 덩이에 빨리 퍼지는 이유는 모두 같은 재질로 되어 있기 때문입니다. 예를 들어, 서로 다른 것들로 구성되어 있다면 그렇게 빨리 썩지는 않습니다. 마찬가지로 어떤 좋지 않은 영향이 빨리 퍼지는 것은 모두 다 같은 처지에 있고 같은 문제를 가지고 있기 때문입니다. 암에 대한 새로운 약이 개발되었다고 하면 암에 걸린 사람들 사이에는 그 소문이 급속하게 퍼질 것입니다. 그러나 암에 걸리지 않은 건강한 사람에게는 암에 대한 약이 새로 개발된 것에 별 관심이 없습니다.

예를 들어, 공부하는 자녀를 두고 있는 부모들에게는 진학에 관한 문제가 관심의 대상이 될 수밖에 없습니다. 그런 부모들이 모여 있는 곳에서 누군가가 확실하게 진학할 수 있는 방법이나 학원에 대해서 이야기를 한다면 그 이야기에 귀가 솔깃하지 않을 수 없습니다.

그러나 이미 자녀들이 다 출가한 부모들에게 있어서는 진학에 대한 정보가 더 이상 관심의 대상이 될 수 없습니다. 뿐만 아니라 젊은 대학생들이 모여 있는 성경 공부 모임에서 주로 공통된 관심이 되는 것이 무엇입니까? 최근에는 가장 중요한 것이 취직이고 그 다음에는 이성 문제라고 합니다. 남자들이 많은데 아주 뛰어난 미모를 가진 여성이 나타났다고 하면, 또 그 여성이 가만히 있는 것이 아니라 적극적으로 이 남자 저 남자와 만나고 있다면 그것은 금방 그 모임 안에 어떤 영향을 주지 않을 수 없습니다. 물론 하나님의 말씀이 아주 강하게 살아서 활동하고 있을 때에는 이런 경향이 억제 됩니다. 감히 다른 생각을 할 수가 없습니다. 그러나 사람들의 욕구는 너무나도 강해서 말씀이 조금이라도 약해지거나 아니면 이런 유혹이 조금만 더 강해지면 그 모임 전체에 큰 타격을 줄 수 있는 것입니다.

무슨 말입니까? 교회는 비슷비슷한 처지에 있는 사람들이 모여서 신앙생활을 하고 있습니다. 그들은 비슷하기 때문에 서로 붙들어 주기도 하고 도움을 주기도 합니다. 그런데 어떤 좋지 않은 사상이 파고 들어오면 다들 비슷하기 때문에 그 좋지 않은 사상이 그들 전체에게 아주 치명적인 타격을 줄 수 있다는 것입니다. 한 사람이 영향을 받으면 그 사람이 바로 옆에 있는 사람에게 영향을 주고 그 다음에는 또 다른 사람에게 영향을 줄 수 있습니다.

갈라디아 교회의 문제는 무엇이었습니까? 그것은 고맙게도 누가 더 완전한 성도가 되느냐 하는 것이었습니다. 사람들은 마음속에 모두 공통된 답답함을 느끼고 있었습니다. 그것은 이미 복음을 듣고 그리스도인이 되었지만 그들은 아직 너무나도 부족하고 실망적인 삶을 살고 있다는 것입니다. 이것은 한 두 사람의 문제가 아니고 갈라디아 지방 거의 대부분의 교인들의 문제였습니다.

그들에게는 영적인 갈급함이 있었습니다. 그들은 보다 완전한 성도가 되고 싶었습니다.

그들의 거의 대부분은 이방인으로 살다가 기독교로 개종한 사람들이었습니다. 그들의 주된 관심은 경건에 있었습니다. 교회 안에 있는 지도자라고 해 봐야 다 자기들과 같은 처지였습니다. 그때 그들은 경건에 있어서 자기들과 도무지 비교가 되지 않는 사람들을 만나게 되었습니다. 그들은 바로 유대교 지도자들이었습니다.

교회 안에 있는 성도들은 아직 그리스도인적인 삶의 방식에 익숙하지 않았습니다. 그리고 그리스도인들은 이렇게 살아야 한다는 정해진 규율이 있는 것도 아니었습니다. 이제 하나 둘 사도 바울 같은 지도자에 의하여 밝혀지고 있는 중이었습니다. 그런데 유대인 지도자들은 어떠했습니까?

이들의 경건은 완벽했습니다. 그들은 이미 수백 년 동안 지켜 오던 계율이 있었고 윤리가 있었습니다. 이방인에게서 개종한 기독교인들이 보기에 유대인들은 천사 같은 경건을 가지고 있었습니다. 처음에는 감히 이들을 본받으려고 생각하지 못했습니다. 그러나 한두 사람들이 이들의 가르침을 받고 할례를 받고 난 후 양상은 달라지기 시작했습니다. 모두 다 몰려가서 이들로 부터 할례를 받고 율법을 지키기로 약속을 했습니다. 그들은 교회에 돌아와서 지도자들에게도 할례를 받을 것을 권했습니다. 이제는 갈라디아 교회 전체가 할례판이 되고 말았습니다. 의도는 참으로 좋았습니다. 그러나 나타난 결과는 너무나도 파괴적이었습니다.

누구든지 공통된 관심거리는 있는 법입니다. 그러나 거기에 작은 누룩이 떨어지면 그 전체가 변질되는 것은 순식간입니다. 그것은 은혜 받고자 하는 욕망이든지 더 많은 진리를 알고 싶은 욕구이든지 갈라디아 교인들처럼 경건에 관한 문제이든지 상관이 없습니다.

무엇이 문제인가?

우리가 그리스도인이 되면 모든 문제가 다 해결되어야 하는 것이 아닙니까?

그럼에도 불구하고 왜 이런 문제가 생기는 것일까요?

우리가 반드시 기억해야 할 것은 교회가 가지는 이중성입니다. 교회는 하나님의 백성들의 모임입니다. 그러나 몸과 죄성을 가지고 있는 인간들입니다. 이 세상에서 다른 사람들과 똑같은 생활을 하고 있습니다. 그러면서도 하나님의 백성입니다. 마치 강과 바다가 만나는 곳과 같습니다. 강이 넘쳐나면 바다까지 강물이 흘러가고 바닷물을 희석시킵니다. 그러나 강물이 부족하게 되면 바닷물이 강안으로 흘러 들어와서 만일 그 물로 농사를 지으면 농사를 망치게 됩니다.

교회는 바로 그런 곳입니다. 하나님의 말씀과 세상의 사상이 힘겨루기를 하는 곳입니다.

하나님의 말씀이 더 강하면 세상의 사상은 물러가게 되어 있습니다. 그러나 하나님의 말씀이 약해지면 세상은 교회 안으로 흘러 들어오게 되어 있습니다.

갈라디아 교회의 문제는 바로 말씀에 문제가 있었습니다. 그들은 어느 한 순간 부터 사도들의 가르침에 힘을 쓰지 않았습니다. 그들은 다른 교훈에 관심을 가지기 시작했습니다. 물론 그것이 나쁜 의도에서 비롯된 것은 아니었습니다. 그러나 결과적으로는 하나님의 말씀의 약화를 가져 왔고 결국 세상이 교회 안으로 밀려 들어와서 교회가 영혼을 살리는 역할을 하지 못하고 도리어 영혼을 죽이는 역할을 하게 되었습니다.

한 번은 예수님께서 제자들과 함께 배를 타고 갈릴리 호수를 건너가시면서 제자들에게 바리새인들의 누룩을 조심하라고 말씀하셨습니다. 그때 제자들은 예수님의 그 말씀의 의미를 알아듣지 못하고 예수님께서 먹는 문제를 두고 걱정하시는 줄 알았습니다.

예수님께서 말씀하신 의미는 바리새인들의 외식주의가 너희 안에 들어오지 못하게 주의하라는 말씀이었는데 그들은 늘 떡을 미리 준비해서 바리새인들에게 떡을 빌리는 일이 없도록 하라는 식으로 받아 들였습니다.

왜 우리는 이런 좋지 않은 누룩들을 주의해야 합니까? 그 이유는 우리 안에는 누구나 다 다른 사람들로 부터 인정을 받고 싶은 욕구가 있기 때문입니다. 바리새주의라고 하는 것이 무엇입니까? 그것은 신앙을 모두 겉으로 나타난 열심이나 결과를 가지고 판단하는 것입니다.

사람들은 누구나 다 다른 사람들로 부터 인정을 받고 싶어 합니다. 그래서 한 두 사람이 그런 외적인 경건으로 인정을 받기 시작하면 모든 사람들이 다 그런 경향에 빠지게 되어 있습니다. 교회에서 윤리적인 설교로는 교인들의 영성을 모두 지킬 수가 없습니다. 윤리 설교라고 하는 것은 설교 듣는 사람들을 일단 모두 교인으로 간주하고 하나님의 백성으로 어떻게 살아야 하는가 하는 것을 설교하는 것입니다. 때로는 그런 설교도 필요합니다. 그러나 참으로 교회는 지키는 것은 복음 설교입니다.

복음 설교는 모든 사람들을 일단 죄인으로 간주합니다. 그러면서 하나님께서 예수 그리스도 안에서 우리를 위하여 어떤 일을 하셨는가 하는 것을 선포하는 것입니다. 이런 복음 설교가 가지는 힘은 우리를 하나님 앞에서 더욱 더 순수하게 합니다. 복음 아닌 것은 모두 힘을 잃게 합니다.

저는 교회에서 설교를 할 때 대개 주일 오전에는 복음적인 설교를 합니다. 이 복음적 설교를 통해서 교회가 안전해지는 것을 느낄 수 있습니다. 예를 들어, 지금까지 대문이 열려 누구든지 들락거릴 수가 있었다면 이제는 육중한 문이 닫혀서 안전해지는 것입니다. 즉 요즘 맹렬하게 날뛰는 이단으로부터 교회를 지키는 방법도 복음 설교입니다. 이때 우리는 복음이라고 하는 것은 위대하다는 것을 깨닫게 됩니다.

갈라디아 교회는 주님에게서 오지 않은 권면을 듣고 있었습니다. 그렇게 된 이유가 무엇인지 모르겠습니다. 혹시 더 많은 하늘의 비밀을 알고 싶은 욕구에서 비롯되었는지 아니면 복음에 식상해서 다른 말씀을 듣기 시작했는지 알 수 없습니다. 그러나 그들은 복음을 소홀히 하기 시작했고 그 결과 그들의 신앙 전체가 자기들도 모르는 사이에 썩어 들어가게 되었습니다. 신앙이 변질 되면 나타나는 현상이 무엇입니까? 혼동과 요동입니다.

하나님의 영이 계신 곳은 평안과 기쁨이 있습니다. 그러나 하나님의 영이 떠나시면 바로 나타나는 현상이 요동과 분쟁입니다.

10절에 '너희를 요동케 하는 자들은 누구든지 심판을 받을지어다'라고 말씀하고 있습니다.

그들에게 있어서 복음이 소홀해지게 되었을 때 그들은 요동하게 되었습니다. 다시 말해서 그들의 신앙에는 평안과 기쁨이 없었습니다.

여러분, 복음이 무엇인지 알고 계시지요? 복음이라고 하는 것은 우리를 구원하기 위하여 하나님께서 행하신 것입니다. 우리들의 믿음이라고 하는 것은 그 하나님이 행하신 것에 대한 반응입니다. 그래서 하나님께서 무엇을 행하셨는가 하는 것을 듣지 않은 상태에서 믿음은 생길 수가 없습니다.

교회가 변질되는 것은 하나님의 능력의 자리에 인간의 의가 대신 그 자리를 차지하고 있기 때문입니다. 그래서 교회가 힘을 다시 얻기 위해서는 제도적인 개혁으로는 안 됩니다. 제도를 바꾸는 것으로는 구석구석에 스며들어 있는 인본주의의 누룩을 다 제거할 수가 없습니다.

그러나 하나님께서 그리스도 안에서 행하신 것을 목숨을 다하여 선포하면 더 이상 곰팡이는 숨어 있을 곳을 찾지 못합니다. 결국 곰팡이는 사라지게 되어 있습니다.

할례의 참된 의미

원래 할례가 가진 참된 의미가 무엇입니까? 그것은 잘라버리는 것입니다.

남자의 성기 표피는 그렇게 꼭 필요한 것이 아닙니다. 오히려 많은 이물질이 끼기 때문에 위생에 좋지 못합니다. 그래서 할례는 마치 이 불필요하고 더러운 부분을 잘라내는 것과 마찬가지로 우리 안에 있는 거역하는 본성을 잘라내어서 온전히 하나님의 뜻에 복종하는 자가 된다는 의미가 들어 있습니다. 그러나 나중에 이 할례의 의미는 바뀌어서 마치 거룩한 백성이 된 자격을 얻는 것처럼 통용되게 되었습니다. 하나님께서는 할례가 자기 자랑이 되지 못하도록 은밀한 곳에 표시하게 하셨습니다. 만일 겉으로 보이는데 할례의 표시를 하게 하셨더라면 사람들마다 그 부분을 장식하고 그것을 뽐내었을 것입니다. 그러나 남자 성기에 할례를 표시했기 때문에 다른 사람들에게 보여 줄 수도 없고 자기 스스로 내면적으로 확인할 수밖에 없는 것입니다.

다시 말해서 스스로 연약하여 질 때 마다 자기 안 깊은 곳에 새겨진 하나님의 백성의 표시를 기억하고 믿음이 흔들리지 않게 하는 것입니다.

그래서 사도 바울은 갈라디아 교인들에게 할례의 참된 의미를 살려서 그들을 베어버리라고 말씀하고 있습니다. 이런 잘못된 가르침들을 사정없이 베어버리라고 말씀하고 있습니다. 하나님 앞에 나아가는데 작은 걸림돌이 될 만한 것이라고 있으면 사정없이 베어버리라는 뜻입니다.

우리가 이 잘못된 누룩을 베는데는 두 가지 방법이 있습니다.

하나는 자신의 개인적인 좋지 못한 습관입니다. 이런 습관들을 베어버리지 않으면 하나님 앞에서 더 풍성한 은혜를 누릴 수 없습니다. 그러나 그런 악한 습관들은 쉽게 베어지지 않습니다.

우리는 결심을 많이 하는 것보다는 습관 자체를 다른 것으로 바꾸는 구체적인 계획을 가져야 합니다. 예를 들어서 누군가가 텔레비전 시청을 삼가려고 할 때 무조건 텔레비전 수상기를 보자기로 싼다고 해서 되지 않습니다. 오히려 그것을 대체할 수 있는 유익한 독서를 시작해야 할 것입니다. 또 어떤 분이 술을 마시지 않기로 결심을 했다면 술을 대신할만한 다른 유익한 만남이 있어야 할 것입니다. 사람이 거짓말하지 않기로 결심했다면 진실한 말을 하는 사람들과 교제를 가져야 할 것입니다. 사람은 만나는 사람들을 바꾸지 않고는 악한 습관들이 베어지지 않습니다. 그러나 더 베기 어려운 것이 있습니다. 그것은 어떤 소문이나 사상입니다. 좋지 않은 소문은 들불처럼 입에서 입으로 퍼지는 성격이 있습니다. 그럴 때 어떻게 해야 합니까? 누군가가 그런 악한 말이나 소문을 퍼드리는 사람을 책망해서 중간에서 불을 꺼야 합니다. 그리고 그런 좋지 않은 모임을 기도하는 모임이나 성경 묵상 모임 같은 것으로 유익하게 바꾸어야 합니다.

전에 어떤 한 젊은이는 타락을 해서 야간업소 같은 곳에서 기타를 쳤습니다. 그는 술을 많이 마셨습니다. 그러나 주님을 믿고서 거기에 있던 친구들을 전도해서 함께 찬양을 하기 시작했습니다. 그는 삶의 방식을 바꾸었습니다. 그러나 어떤 교회에서는 청년부 안에서 술을 마시는 것이 공공연하게 퍼지는 경우도 있습니다. 그런 것은 세상이 교회 안으로 밀려들어 온 것입니다.

저는 오래 전에 교회 밖에서 청년들의 모임이 있다고 해서 찾아 갔습니다. 그런데 거기서는 예사롭게 술을 꺼내왔습니다. 예를 들어, 누군가가 믿는 사람들끼리 계모임을 만들어서 무슨 일을 하려고 하면 누군가가 그런 일은 책망해서 스스로 포기하도록 해야 합니다. 누군가가 거기에 동조를 하면 좋지 않은 누룩이 퍼지듯 퍼지게 되어 있습니다. 교회 안에서 계모임 같은 것을 하거나 돈을 빌려주고 이자 받는 일이 일어나게 되면 결국 끝에 가서 아주 큰 시험에 빠지게 되어 있습니다.

누군가 그런 좋지 않은 것을 시작하려고 하면 그 중에 깨어 있는 사람이 한 사람이라도 있어서 스스로 그런 말을 취소하게 만들어야 하는 것입니다.

오늘 본문 12절에 "너희를 어지럽게 하는 자들이 스스로 베어버리기를 원하노라"고 말씀하고 있습니다.

결국 교회는 예수 그리스도 외에는 아무것도 중요한 것이 되지 말아야 합니다. 그것 외에 다른 것을 붙들고 자랑하게 되면 결국 바닷물이 밀고 들어와서 교회는 완전히 세상이 되고 맙니다.

교회가 어떻게 하든지 복음의 빛을 비추어서 사람이 바뀌고 그들이 새로운 삶을 시작하도록 가르쳐야지 그렇지 않으면 인간끼리 교제하는 집단이 되면 세상과 다를 것이 아무것도 없게 되어버립니다.

오늘 우리는 하나님 앞에서 한 번 자신들의 모습을 생각해 봅시다. 내 안에서 과연 사정없이 베어버려야 할 것이 무엇인가 생각해 봅시다. 아직 세상에 깊이 빠져 있어서 헤어 나오지 못하고 있는 부분이 무엇입니까? 겉으로 보이는 것과 진정한 모습 중에서 다른 부분이 무엇입니까?

그러나 참으로 중요한 것은 우리 앞에 복음의 광채가 끊임없이 우리를 밝히는 것입니다. 조금 이상한 길로 빠지려고 하면 말씀이 우리를 바로 잡아야 합니다. 우리 주위에는 사망의 음침한 골짜기가 너무나 많습니다. 조심하지 않으면 엄청난 영혼의 손해를 보게 되어 있습니다.

원래 이 세상에서 가장 팽창하는 성향을 가지고 있는 것이 복음입니다. 주님은 복음을 가루 서말 속에 들어 있는 누룩(눅 13:21)이라고 말씀하셨습니다. 원래부터 복음은 전 세계적인 확산을 사명으로 하고 있습니다. 그래서 나 혼자 잘 믿겠다고 하는 소극적인 신앙관은 병든 것입니다. 그러나 반드시 교회의 세력 확산이 복음의 전파는 아니라는 것을 기억할 필요가 있습니다.

의사는 모든 것을 다하지 않습니다. 의사는 사람을 살려놓고 그들로 하여금 바르게 살게 하면 됩니다. 그러나 자본주의의 원리가 교회 안에 들어오게 되면 사람의 수는 바로 세력을 의미하게 됩니다. 교회에 있어서 사람의 수가 많은 것은 아주 중요합니다. 그러나 변화되지 않은 사람이 많아지는 것은 참된 부흥이 아니라 바로 교회가 누룩으로 들뜨는 현상이 되는 것입니다. 삶이 바뀌는 것이 가장 중요합니다. 그리고 변화된 삶이 지속되며 더 많은 부분을 주님께 내어드릴 수 있도록 권면을 해야 합니다.

다시 되찾아야 할 주님의 십자가

교회가 그 능력을 잃어버린 것은 겉으로 나타나지 않습니다. 그러나 중요한 것은 그 안에 죄를 이길 수 있는 능력이 없다는 것입니다. 경건이라는 것은 외모로 알 수 없습니다. 유혹이 왔을 때 얼마나 죄를 거부하고 바른 길로 갈 수 있느냐 하는 것이 바른 경건입니다.

교회가 병들었을 때 죄를 이길 수 있는 힘이 없습니다. 경건의 능력이 없고 변화되는 삶이 없습니다. 이때 교회를 살릴 수 있는 것은 십자가 밖에 없습니다.

십자가가 무엇입니까? 인간의 모든 자랑을 거부하는 것입니다. 인간의 모든 공로를 거부하는 것입니다. 병든 교회에 십자가가 설교되어지면 어떤 일이 일어날까요? 인간의 달콤한 꿈에 젖어 있는 교인들은 정신을 번쩍 차리게 됩니다. 무엇인가 가장 중요한 것이 다시 가슴 속에서 살아나는 것을 느끼게 됩니다. 그 대신 진정으로 거듭난 경험이 없는 자들은 너무나도 재수 없어 합니다. 그들에게는 십자가 보다 더 재미없고 재수 없는 것이 없습니다. 그 이유는 십자가는 인간적인 모든 자랑을 거부하기 때문입니다.

사도 바울이 말하는 것이 무엇입니까?

11절 형제들아 내가 지금까지 할례를 전하면 어찌하여 지금까지 핍박을 받으리요 그리하였으면 십자가의 거치는 것이 그쳤으리니

우리는 사도 바울이 그 당시에도 지금처럼 인기 있는 설교자였다고 생각해서는 안 됩니다. 아마도 그 당시에는 그는 가장 인기 없는 설교자였을지도 모릅니다. 여러 곳에서 그런 흔적이 나타나 있습니다. 그는 유대인들에게 지독한 미움을 받았을 뿐 아니라 교회로부터도 오해와 미움을

받았습니다. 특히 고린도후서에 보면 그가 복음 때문에 얼마나 고린도 교인들로 부터 무시를 당하고 미움을 받았는지 잘 알 수 있습니다. 그 이유가 무엇입니까? 그는 인간적인 노력을 인정하지 않았기 때문입니다. 그는 인간의 여러 가지 재미있고 유익한 학식으로 사람들을 가르치지 않았습니다. 오직 십자가였습니다. 그는 사람을 기쁘게 하려고 하지 않았습니다. 오직 하나님의 구원의 유일한 방법은 십자가 그리고 그 십자가에 대한 믿음이었습니다. 사실 바울의 생명이 이토록 긴 이유는 그가 타협을 하지 않았기 때문입니다.

그는 인간들을 구원하는 것은 인간의 노력이 아니라 오직 하나님의 능력이라고 주장했기 때문입니다. 그는 인간의 공로는 높이지 않았습니다. 그는 오직 예수 그리스도의 십자가만을 붙들었습니다. 구원이 사람의 결정에 있다는 사상을 배격했습니다. 오직 하나님의 능력에 있고 우리는 오직 그것을 믿음으로 붙들 뿐이라고 했습니다.

인간의 유행은 자꾸 변합니다. 그러나 하나님의 진리는 변하지 않고 유행을 타지 않습니다. 건축자의 버린 돌이 모퉁이의 머릿돌이 되었다고 하는 것은 성경의 진리에도 해당되는 것입니다. 성경 말씀은 평범합니다. 그 안에 무슨 새로운 것이 없을 것 같습니다. 그래서 사람들은 미국의 새로운 경향들, 그리고 새로 유행하고 있는 사상들에 관심을 많이 가집니다. 그런 것들은 사람을 똑똑하게 만들고 유식하게 합니다. 그러나 그런 것으로는 사람을 바꿀 수 없습니다. 사람을 변화시키는 것은 오직 하나님의 진리입니다. 진리를 꾸준히 증거하면 교회는 반드시 살게 되어 있습니다. 거듭난 자는 그 말씀으로 다시 힘을 얻게 되고, 아직 거듭나지 않는 자는 그 말씀으로 거듭나게 되고, 진리에 복종하지 않는 자는 그 말씀을 버리고 떠나기 때문입니다.

자기를 죄인 취급하는 교리를 들으면 화가 나서 조금 견디다가 결국 자리를 박차고 나가버립니다.

여러분, 사람의 모든 영광은 풀과 같고 그 풀의 꽃과 같지만 하나님의 말씀은 영원하다는 말씀을 기억하십시오. 병든 교회를 살릴 수 있는 것은 십자가입니다. 십자가는 거치는 것입니다. 진리를 복종치 않는 자가 들으면 기분이 나쁜 것입니다. 이 십자가가 선포되면 요란케 하는 자들은 기분이 나빠서 떠나게 되어 있습니다. 자기 자랑에 가득 찬 자들이 떠나는 것을 염려하면 안 됩니다. 그들은 떠나야 합니다. 아주 기분 나쁜 표정을 지으면서 떠나지 않으면 교회는 살아나지 않습니다.

갈라디아서 강해 25

자유를 위한 부르심

갈 5:13-15

십수 년 전만 해도

우리나라 중·고등학생들은 지금의 관점에서 보면 죄수에 가까운 외모를 하고 다녔습니다. 남학생의 머리는 스포츠 아니면 빡빡 깎은 머리이고 교복은 목까지 올라오는 호크를 채우는 중국 인민복 같은 것이었습니다. 여학생들도 몽실언니 같은 머리를 하고 칼라가 넓은 교복을 입어야 했습니다. 머리를 그렇게 하고 그런 옷을 입힌 이유는 그렇게 해야 딴 생각을 하지 않는다는 것입니다.

사실 정부에서의 바람은 청소년들이 아무 일없이 가만히 있어주는 것이었습니다. 그 후 정권이 바뀌면서 두발 및 교복의 자율화가 시행이 되었습니다. 중·고등학생들이 너무나도 억눌려 있기 때문에 그들을 미국식으로 풀어주어야 한다는 것입니다. 그때 사람들이 우려 했던 것이 무엇입니까? 두발이나 교복이 자율화되면 청소년들이 야간업소나 좋지 않은 곳에 출입하는 것을 도저히 통제할 수 없을 거라 생각했습니다. 또 아이들의 부모는 교복이 없으니까 아이들의 옷값이 너무 많이 든다고 불평을 했습니다. 그래서 다시 교복이 생기고 두발을 통제하게 되었습니다. 물론 예전과 같은 방식은 아니지만 그럼에도 불구하고 전혀 통제를 하지 않을 수가 없었습니다.

요즘 청소년 문제가 심각합니다. 청소년들의 성 문제는 이미 안전지대가 아닙니다. 또 밤에 오토바이를 타고 몰려다니는 오토바이 폭주족들도 새로운 문제는 아닙니다. 사실 그 동안 말썽을 부리지 않고 가만히 있어서 준 것이 고마울 뿐입니다. 이제 우리 사회는 마땅히 치루어야 할 것을 치루고 있는 것입니다.

복음이 가져온 놀라운 결과가 무엇입니까? 그것은 자유였습니다. 이미 해방을 맛본 사람들에게는 자유라고 하는 것이 새삼 새로운 것은 아닐지도 모릅니다. 그러나 이 당시 개인의 자유나 가치가 전혀 인정이 되지 않던 시대에 자유라고 하는 것은 참으로 두려운 것이 아닐 수 없었습니다. 옛날 우리 사회는 여인들에게 공부를 시키지 못하게 했습니다. 그 이유는 여자들이 공부를 해서 똑똑하게 되면 사회가 어떻게 변할지 아무도 자신을 할 수 없었기 때문입니다. 사실 그 동안 여자들이 아무 말 없이 시집을 가서 아이를 낳아주고 일을 해 준 것이 그 사회의 입장에서 보면 얼마나 다행스러운 일이었는지 모릅니다. 그러나 여성들이 자신들의 가치를 깨닫기 시작해서 더 이상 가정에 매이려고 하지 않고 새로운 자신의 위치를 요구하고 자기 발전을 위하여 가정을 뛰쳐나가려고 할 때 사회 전체가 어떻게 될지는 아무도 장담할 수가 없었습니다.

이것이 지금으로 부터 백 년 전 우리 사회의 모습이었습니다.

우리나라에서 처음에 복음이 증거되었을 때 사람들은 단순히 반가운 정도가 아니었습니다. 이것은 사실 두려운 것이었습니다. 왜냐하면 이 복음은 지금까지 사회가 가두어 놓은 개인의 가치를 완전히 회복시키는 것이었기 때문입니다.

이 당시 사람들은 노예는 처음부터 만들어지기를 노예로 만들어졌다고 믿게 만들었습니다. 그래서 노예로 하여금 영원히 자신의 가치를 되찾지 못하게 했습니다. 여자들로 하여금 영원히 자신의 존귀함을 되찾지 못하게 했습니다. 그들이 늘 입버릇처럼 말하는 것이 있습니다.

'노예인 주제에' 아니면 '여자인 주제에'라는 말입니다.

그러나 복음은 사람은 모두 다 하나님 앞에서 똑같은 죄인이며 여기에는 노예나 자유인이나 남자나 여자나 어른이나 아이나 아무 차이가 없다는 것이었습니다. 물론 복음 그 자체가 갑자기 가난한 사람으로 하여금 부자가 되게 하거나 병든 사람으로 하여금 건강하게 하는 것은 아니었습니다. 그러나 사람들은 복음을 듣고 난 후부터 무엇인가 근본적으로 달라지기 시작했습니다. 그것은 자기 자신을 되찾는 것이었습니다. 사람들은 복음을 들으면서 무엇을 생각했습니까?

'이것은 엄청나게 두려운 것이야. 만일 사람들이 모두 다 이 복음적인 사고방식을 가지고 살게 된다면 이 사회가 앞으로 어떻게 될 것인가?' 하는 두려움이 생겼습니다. 노예가 자신의 존엄성을 되찾는다면, 여자가 자신의 존귀함을 회복한다면 노예나 여자들의 희생 위에서 존속하고 있는 이 사회는 어떻게 될 것인가 하는 것이 복음을 아는 사람들의 두려움이었습니다.

복음이 가지는 위험성

누구든지 복음을 들었을 때에는 참으로 이 복음이 위험한 것이구나 하는 것을 느끼게 됩니다.

그 이유는 두 가지입니다.

하나는 복음은 그 대상에 있어서 사람을 차별하지 않습니다. 인간 사회의 특징이 무엇입니까? 사람을 모두 다르게 대우하는 것입니다. 자유인은 자유인으로 대해야 하고 노예는 노예로 대해야 합니다. 지식인은 지식인으로 대해야 하며 무식한 자는 무식한 자로 대해야 합니다. 그러나 복음은 그 대상에 있어서 사람을 전혀 차별하지 않습니다. 모든 사람을 다 똑같이 대합니다. 귀족이나 평민이나 자유인이나 노예나 남자나 여자나 전혀 차별하지 않습니다. 그러니까 이 세상에서는 모두 다른 사람들이 복음 안에서는 다 같은 취급을 받는 것입니다. 사람들이 복음을 들으면서 두려워하는 것은 과연 이 복음이 그대로 인정된다면 이 세상이 그대로 유지가 되겠느냐 하는 것입니다.

두 번째는 이 복음이 사람을 완전히 자유케 한다는 것입니다.

오늘 본문은 이렇게 말씀하고 있습니다.

13절 상반절에, '형제들아 너희가 자유를 위하여 부르심을 입었으나' 라고 말씀하고 있습니다.

복음은 무엇입니까? 복음은 바로 자유케 하는 부르심입니다. 지금까지 사람들이 자신감 없이 살아왔던 근본적인 이유가 무엇입니까? 이 세상에 사는 사람들은 언제나 자신들은 신의 진노 아래서 살고 있다는 것입니다. 그래서 무엇을 하든지 자유롭게 할 수가 없었습니다. 모든 사람들은 미신의 노예였습니다. 심지어는 왕이라 할지라도 흉년이 들거나 전염병이 돌면 신의 진노를 두려워해서 조금은 겸손해지곤 했습니다. 그러나 복음이 말하는 것이 무엇입니까? 하나님의 사랑입니다. 그리고 누구든지 예수를 믿기만 하면 그가 지금까지 어떤 삶을 살아 왔든지 간에 새로운 삶을 얻을 수 있다는 것입니다. 이것보다 더 위험한 것이 어디 있습니까?

복음이 주는 것은 두 가지 자유입니다. 하나는 신의 진노로 부터 자유입니다. 사람들은 신이 누구인지 모르고 또 신이 자기들에게 어떤 생각과 어떤 감정을 가지고 있는지 몰라서 두려워 했습니다. 그런데 복음이 이야기하는 것이 무엇입니까? 하나님은 우리를 사랑하신다는 것입니다.

하나님은 우리를 사랑하십니다. 그러나 그것만이 아닙니다. 누구든지 예수를 믿기만 하면 그는 과거의 그 모든 죄로 부터 깨끗이 씻음을 받는다고 말씀하십니다. 사람들은 자기 인생을 망치지 않으려고 조심조심하면서 살아오고 있는데 어떻게 살든지 다 용서를 받는다면 기왕 용서를 받는 것 '좀 더 죄를 짓자' 라고 생각하지 않을까요?

사실 사람들이 복음을 들으면 "아, 이것은 대단히 위험한 것이구먼. 이 복음이 인정된다면 사람들은 더욱 더 자기 방종을 하게 될 것 같아"라는 우려가 나오게 되어 있습니다. 사실 복음이라고 하는 것은 참으로 위험한 것입니다. 그것은 아직 까지 철이 제대로 들지 않은 중·고등학생들에게 교복이나 두발을 자유화시키는 것과 비교되지 않는 것입니다.

사실 오늘날 사람들은 마음껏 자유를 누리고 있습니다. 사람들이 방종하는 이 자유가 어디서 온 것일까요? 이것은 놀랍게도 복음이 가져온 여파중의 하나입니다. 복음이 오기까지 사람들은 자유라고 하는 것을 몰랐습니다. 그 전까지 사람들은 개인이 가치가 있다는 사실을 알지 못했습니다.

개인은 모두 전체의 희생물이었습니다. 옛날에 누가 어린아이들을 소중하게 생각했습니까? 그러나 예수님은 어린아이들이 내게 오는 것을 금하지 말라고 하시면서 천국은 이런 어린아이들의 것이라고 말씀하셨습니다. 옛날에 여자의 인격이 중요하다고 생각한 사람이 누가 있었습니까?

많은 사람들은 여자는 종족의 보존을 위하여 존재하는 것이라고 생각했습니다.

그러나 예수님은 이혼한 연고 외에 아내를 버리는 자는 간음하였다고 말씀하셨습니다. 그리고 사도 바울은 주님이 교회를 위하여 모든 것을 버리신 것처럼 남자들도 아내를 위하여 희생하라고 말씀하셨고 베드로 사도는 지식에 따라 아내와 동거하라고 하면서 특히 여자는 약한 그릇이라고 말씀하고 있습니다.

초대 교회 성도들이 가장 위험하게 생각한 것은 현장에서 간음하던 여자를 예수님께서 용서해 주신 것입니다. 이것보다 더 위험한 것이 어디 있습니까? 그래서 고대 사본들 중에는 이 부분을 삭제한 것도 있다고 합니다. 왜냐하면 아무리 사도들의 기록이지만 이 부분까지 기록하면 도대체 교회의 성질서가 얼마나 문란해질 것인가를 두려워한 것입니다. 어떻게 보면 너무 거룩했다고 말할 수 있을 것입니다.

복음은 무엇입니까? 개인의 가치를 돌려주는 것입니다. 각 사람이 하나님 앞에서 소중하며 사람들은 누구든지 자신의 의사에 따라서 하나님을 경배하며 하나님의 뜻대로 살 권리가 있다는 것입니다. 복음은 엄청난 자유입니다. 엄청난 해방입니다. 그런데 만일 이런 자유와 해방을 맛보고서 그 자유를 바른데 사용하지 않고 죄짓는데 사용하면 어떻게 됩니까?

그런 위험 부담이 있음에도 불구하고 하나님께서는 복음으로 인간을 해방하셨습니다. 오늘 사람들이 누리는 엄청난 방종도 모두 복음의 여파로 생긴 것입니다. 복음이 생기기 전에는 모든 것이 운명이고 모든 것이 출생에 의하여 결정되기 때문에 방종할 여지가 없었습니다.

그러나 하나님께서는 복음으로 우리들을 부르셨습니다. 그리고 우리에게 자유를 주셨습니다. 어떤 사람들은 분명히 이 자유를 남용합니다. 하나님은 사랑이라고 하니까 더 죄를 짓습니다. 사람들은 하나님이 과거의 모든 죄를 용서해 주신다고 하니까 빨리 죄를 청산하지 않고 죄를 더 짓는 사람도 생기고 일부러 한 번 타락을 해 보는 사람들도 생깁니다. 그럼에도 불구하고 하나님께서는 우리에게 자유를 주셨습니다.

자유를 주신 이유

여러분, 자유에는 많은 종류가 있습니다. 그러나 그 모든 자유가 다 같은 것이 아닙니다.

우리는 '무엇 무엇으로 부터의 자유'라는 표현을 많이 봅니다. 가난으로부터의 자유, 무지로부터의 자유, 억압으로부터의 자유, 질병으로부터의 자유 등등 많은 자유를 보고 있습니다. 그러나 그 중에서 가장 중요한 것은 양심이 죄책감으로 부터 해방되는 자유입니다. 양심이 얽매여 있으면 그는 아무것도 할 수가 없습니다.

예를 들어, 상당한 빚을 지고 있는 사람이 있다고 합시다. 그는 당장 굶어 죽는 것도 아닙니다. 그는 지금 병으로 자리에 누워 있는 것도 아닙니다. 누가 때리는 것도 아닙니다. 그러나 그의 마음은 천근만근이나 되는 것처럼 무겁습니다. 그 이유는 마음에 자유가 없기 때문입니다. 하나님께서 예수 그리스도를 통하여 우리에게 주신 것은 가장 중요한 자유입니다. 이 지유가 있어야 사람이 사람구실을 할 수 있는 자유입니다. 그것은 우리의 양심이 모든 죄책감으로 부터 해방되는 자유입니다.

예를 들어, 어떤 사람이 마음껏 술을 마시고 닥치는 대로 사람을 때리고 벌거벗고 거리를 돌아다니면서 이것을 자유라고 생각한다면 그 자유는 미친 자유일 것입니다. 어느 누구도 그렇게 하는 것을 자유라고 말하지 않습니다. 그것은 방종입니다. 그런 사람을 경찰이 단속을 한다고 해서 자유를 제한한다고 말할 사람은 아무도 없을 것입니다.

자유라고 하는 것은 책임이 동반되는 것입니다. 그는 자기가 한 일에 대하여 책임을 질 수 있습니다. 어떤 일을 하더라도 다른 사람의 강요에 의하여 하는 것이 아니고 자신의 자유로운 의사에 따라서 하고 그 책임을 자기가 질 수 있는 것이 자유입니다.

그래서 자유의 반대되는 개념은 노예 상태입니다. 노예는 자신의 의사로 아무것도 하지 못합니다. 자기 입은 자기의 입이 아닙니다. 그것은 주인의 입입니다. 자신의 손이나 발도 자기 것이 아닙니다. 주인의 것입니다. 자기가 한 행동 중에서 자기가 책임질 수 있는 것이 아무것도 없습니다. 노예가 누구를 사랑한다고 합시다. 그 사랑은 책임을 질 수 없는 사랑입니다. 왜냐하면 주인이 그 노예를 다른 곳에 팔아 버리면 그는 팔려가야 하기 때문입니다.

그러나 자유인이 사랑을 하면 그는 책임을 질 수 있습니다. 그의 사랑의 고백을 믿을 수 있습니다. 왜냐하면 그는 모든 것을 자신의 의사에 따라서 결정하기 때문입니다.

주님이 우리에게 말씀하시는 것이 무엇입니까?

13절 너희가 자유를 위하여 부르심을 입었으나 그러나 그 자유로 육체의 기회를 삼지 말고 오직 사랑으로 종노릇하라

하나님께서 우리에게 자유를 주신 이유가 무엇입니까? 그것은 자유로 자기 정욕을 채우고, 자신의 능력을 개발하고, 하고 싶은 것을 다 하기 위하여 자유를 주신 것이 아니라는 것입니다.

하나님께서 우리에게 자유를 주신 것은 우리에게 주어진 이 자유가 얼마나 귀한 것인지 깨닫고 이 자유를 자기 마음대로 쓰지 않고 자유를 포기하고 스스로 다른 사람을 위하여 이 자유를 바치도록 하기 위해서 입니다.

진정한 자유인은 자유를 함부로 사용하지 않습니다. 어떤 군인에게 외출을 할 수 있는 기회가 1년에 단 한 번만 있다고 합시다. 그는 길거리를 돌아다니기 위하여 그 단 한 번 있는 외출의 기회를 사용하지 않을 것입니다. 그런 사람이 있다면 그는 자유의 가치를 모르는 사람입니다. 진정으로 그 자유로운 시간의 가치를 아는 사람은 계획을 세울 것입니다. 우선 가장 중요한 일이 무엇인지 생각할 것입니다. 그리고 그 중요한 일을 중심으로 할 수 있는 최대한의 일을 계획할 것입니다. 그래서 일분일초라도 시간을 헛되게 사용하지 않을 것입니다.

만일 여러분들에게 이 세상에서 살 수 있는 시간이 딱 한 달만 주어진다면 어떻게 그 기간을 사용하겠습니까? 아마도 술이나 마시고 잠이나 자는 사람은 이 생명의 가치를 전혀 알지 못하는 사람일 것입니다. 그는

짐승과 다를 바가 없는 사람이지요.

우리가 한 달 할 수 있는 것이 무엇이겠습니까? 영어를 배우기에는 너무 기간이 짧습니다. 만일 우리가 대학원에 들어간다 해도 공부를 마치지 못할 것입니다. 영화나 드라마를 보면서 보내기에는 너무 시간이 아깝습니다. 아마 그는 깊이 생각할 것입니다. 그리고 무엇보다 먼저 가장 사랑하는 사람들을 만나볼 것입니다. 그리고 자기가 만남으로 도움이 될 만한 사람이 있으면 그들을 찾아가서 위로해줄 것입니다. 그리고 아직 화해하지 않은 사람이 있으면 화해하려고 할 것입니다. 그러고도 시간이 남는다면 자기가 죽고 난 후에 다른 사람들로 부터 전혀 무익한 사람이었다는 소리를 듣지 않기 위하여 힘을 다하여 무슨 일이든 선한 일을 하려고 할 것입니다.

성경이 이야기 하는 것이 바로 이것입니다. 우리에게 주어진 자유가 얼마나 소중한지 안다면 우리는 이 자유를 자기 욕망을 채우는 기회로 사용해서는 안 된다는 것입니다.

우리는 자신의 가치를 되찾았다면 자신의 삶을 어떻게 사용할 것인지 아주 깊이 생각을 해 보아야 합니다. 사실 젊은 그리스도인들이 가장 고민하는 문제가 바로 이것입니다. 주님을 위하여 살고 싶습니다. 그리고 누군가를 위하여 유익한 존재가 되고 싶습니다. 그러나 그렇게 할 수 있는 구체적인 방법이 무엇인지 길이 무엇인지 알지 못하는 것입니다. 바로 이 고민이야말로 우리가 당연히 해야 하는 것이며 우리가 고민해야 할 것 중에서 가장 중요한 것입니다.

오늘 본문은 '자유로 육체의 기회를 삼지 말라'고 말씀하고 있습니다. 이것은 다른 말로 표현하면 저급한 정욕을 채우기 위하여 자유를 낭비하지 말라는 뜻입니다.

참된 그리스도인은 자기만을 위하여 살지 못합니다. 그렇게 하기에는 하나님께서 주신 자유가 얼마나 귀중한지 알기 때문입니다. 어떤 사람은 자유가 주어지자 자기 계발을 위한 기회로 삼습니다. 이것도 배우고 저것도 배웁니다. 그러면 자기가 좀 달라질 것처럼 생각합니다. 그러나 중요한 것은 무엇을 얼마나 많이 배우느냐 하는 것이 아니라 그것을 배워서 다른 사람을 위하여 어떤 유익을 끼치느냐 하는 것이 더 중요합니다.

어떤 사람은 기회가 주어지면 열심히 돈을 벌기 위하여 달려갑니다. 닥치는 대로 돈을 법니다. 그러나 돈을 버는 것보다 더 중요한 것은 그 돈을 어떻게 쓰느냐 하는 것입니다. 가장 어리석은 사람이 누구인가 하면 돈을 억척같이 벌어 넣고 제대로 써보지도 못하고 죽는 사람들입니다. 그러면 자식들은 모여서 그 남긴 것을 서로 차지하기 위하여 으르렁거리게 됩니다.

그리스도인들은 모두 두 번째 인생을 사는 사람들입니다. 첫 번째 삶은 철저하게 자기 자신만을 위하여 살았습니다. 그런데 그 결과가 무엇입니까? 아무것도 없습니다. 주님은 십자가 보혈로 우리를 사셔서 두 번째 인생을 주셨습니다. 이제 이 두 번째 삶조차도 자기만을 위하여 낭비하는 사람이 있다면 그는 주님의 그 귀한 피를 헛되게 하는 것입니다. 그리스도인들은 절대로 자기 자신을 위하여 살지 못합니다. 왜냐하면 이 두 번째 기회가 자기만을 위하여 쓰기에는 너무나도 아깝기 때문입니다.

모든 율법의 완성

오늘 본문은 우리가 우리에게 주어진 이 기회를 어떻게 사용하면 좋을지 그 지침을 보여 주고 있습니다.

14절 온 율법은 네 이웃 사랑하기를 네 몸 같이 하라 하신 한 말씀에 이루었나니 성경의 모든 율법은 하나의 요구 안에 완성되고 있습니다. 그것은 이웃을 내 몸처럼 사랑하는 것입니다. 주님은 우리에게 주어진 기회를 이웃을 참으로 사랑하는 이 한 가지 일로 열매 맺기를 원하십니다.

우리는 먼저 이웃을 내 몸처럼 사랑하는 것이 무엇인지 알아야 합니다. 이웃을 내 몸처럼 사랑한다고 하는 것은 하나의 이념이나 이상이 아닙니다. 왜냐하면 '몸'이라고 말씀하고 있기 때문입니다. 성경은 이웃의 영혼을 사랑하라고 말씀하고 있지 않습니다.

지나치게 이념적인 사람들의 특징중 하나는 이웃의 행복을 너무나 무가치하게 생각합니다. 여러분, 사람 중에서 스스로 행복하기를 원치 않는 사람은 아무도 없습니다. 우리들 가운데 다른 사람으로 부터 무시당해도 되고 언제나 다른 사람의 희생만 되어야 하는 사람은 아무도 없을 것입니다. 우리는 모두 행복할 권리가 있습니다.

그래서 영웅주의는 좋지 못합니다. 한 사람의 영웅이 만들어지기 위해서는 수많은 사람의 행복이 희생되어야 합니다. 전쟁 영웅 한 사람이 만들어지기 위하여 얼마나 많은 병사들이 총탄에 스러져야 하는지 모릅니다. 그런데도 사람들은 모두 자기 환상과 자기 착각에 빠져서 살고 있습니다. 사람은 모두 자기가 최고라고 생각하며 자신의 행복을 위해서는 다른 사람의 행복쯤은 얼마든지 희생될 수도 있다고 생각합니다.

그러나 하나님의 백성들은 모든 사람들이 하나님 앞에서 다 소중하며 누구든지 다 아름답고 소중한 삶을 살 권리가 있다는 것을 인정합니다. 그래서 그들은 자신을 다른 사람보다 더 우월하게 생각하지 않습니다. 모두 다 똑같이 소중하다고 생각합니다. 그래서 어떻게 합니까?

어떻게 하면 내 주위에 있는 사람들이 자신의 삶을 가장 아름답고 풍성하게 살 수 있을지 연구를 합니다. 어떻게 하면 그들이 가장 행복하게 살 수 있습니까?

물론 굶고 있는 사람에게는 빵이 필요할 것입니다. 그리고 병들어 있는 사람들에게는 의사가 필요할 것입니다. 불법에 눌려 있는 사람들에게는 정의가 필요할 것입니다. 그러나 그들을 가장 풍성하게 할 수 있는 것은 무엇일까요? 그것은 역시 우리에게 찾아 온 그 일이 그들에게도 일어나는 것입니다. 그들이 진정으로 죄로부터 자유로워지는 것입니다. 하나님 앞에서 자신의 가치를 되찾는 것입니다. 우리는 너무나도 영적인 나머지 다른 사람들의 다른 필요들을 전혀 외면하고 무조건 예수만 믿으라고 할 수는 없습니다. 우리는 그들의 필요를 채워줄 수 있습니다. 그러나 그 모든 것들이 근본적인 곤경을 깨닫게 하기 위한 징검다리가 되어야 합니다.

우리는 영적인 필요와 육적인 필요를 정확하게 구별하기 어렵습니다. 어디서부터 어디까지가 영적인 필요이며 어디서부터 어디까지가 육적인 필요인지 잘 모릅니다. 단지 도움을 필요로 하는 자들을 돕는 것은 모두 다 선한 일입니다. 그러나 더 중요한 것은 역시 하나님의 말씀에 갈급해 하는 자들입니다. 우리의 선한 일을 보고 하나님의 선하심을 깨닫고 사람들로 하여금 하나님께 나아오게 하는 것입니다. 물론 선한 일이라고 하는 것이 모두 다 영적인 열매로 맞아 떨어질 수 없습니다. 많은 선한 일이 영적인 열매를 맺지 못하고 육적인 필요를 채워주는 것으로 끝날 가능성이 많습니다. 그러나 그 선한 일도 그만두어서는 안 됩니다.

그러나 우리가 반드시 기억해야 하는 것은 우리의 이웃이 어떤 특정 사람들만 의미하는 것이 아니라는 사실입니다. 유대인들이 가지고 있는 이웃의 개념은 같은 유대인들이었습니다. 그 중에서도 율법을 잘 지키며 잘 사는 사람들이었습니다. 그러나 예수님은 여리고로 가다가 강도 만난 사람의 비유를 통하여 이웃이 우리가 생각하는 것보다 훨씬 그 범위가 넓다는 것을 보여 주셨습니다. 누가 우리의 이웃입니까? 나의 도움을 필요로 하는 모든 사람입니다. 어떻게 해서 알게 되었든지 간에 나의 도움이 필요한 사람은 누구든지 나의 이웃입니다. 길을 가다가 우연히 만났던 아니면 다른 사람으로 부터 이야기를 들었건 나의 도움이 필요한 사람은 모두 나의 이웃입니다.

그 사람의 피부색이 어떻든, 그 사람의 신분이나 지위가 어떻든, 그 사람과 나의 평소의 관계가 어떻든 그 사람이 지금까지 어떻게 살아 왔든, 나의 도움이 필요한 사람은 모두 나의 이웃입니다. 그러나 더 중요한 것이 있습니다. 그리스도인들은 소극적으로 자기가 알게 되었거나 자기가 만난 사람만 이웃으로 생각하는 것이 아니라 미지의 이웃을 향하여 찾아 나선다는 사실입니다.

아직 내가 한 번도 만난 적이 없고 내가 전혀 모르는 사람이지만 나의 도움을 필요로 하는 사람은 모두 나의 이웃입니다. 그 사람을 찾아 가야 합니다. 지금 내가 누리고 있는 모든 편한 생활과 모든 기득권을 버리고 그 이웃이 있는 곳으로 가야 합니다.

지금 갈라디아 교회는 어떤 형편에 있습니까? 15절 말씀이 너무나도 잘 보여 주고 있습니다.

만일 서로 물고 먹으면 피차 멸망할까 조심하라

지금 갈라디아 교인들은 하나님의 용서를 진정으로 누리지 못하고 있습니다. 그들은 아직 자기 안에 평화와 용서가 없는 상태입니다. 그러니까 어떻게 합니까? 자기 자신을 지키기 위하여 모든 노력을 다하고 있습니다. 무슨 말입니까? 그들은 지금 분노로 종교적인 일을 추구하고 있습니다. 그들은 참으로 선한 일을 하고 있습니다. 그런데 분노로 그 일을 하고 있는 것입니다. 그들은 아직 하나님께서 무조건 나를 사랑하신다는 것을 믿지 못합니다. 그들은 하나님의 사랑을 받기 위하여 열심히 노력을 하고 있습니다. 무슨 힘으로 그렇게 하고 있습니까?

일종의 분노입니다. 분노로 자기 자신을 몰아가고 있는 것입니다.

사실 사람이 어떤 어려운 일을 성취하려고 하면 막대한 에너지가 필요합니다. 사람들은 대개 그 에너지를 어디서 가져 옵니까? 분노에서 가져옵니다.

가난해서 설움을 받는 사람은 그 설움을 설욕하기 위하여 밤을 새워 가면서 공부를 합니다. 조금이라도 마음이 나태해지려고 하면 나를 무시했던 사람들의 얼굴을 되새기면서 자기 자신을 채찍질합니다. 그러니까 공부가 되는 것입니다.

이 갈라디아 교인들은 이런식으로 신앙생활을 하고 있습니다. 마치 복수라도 하려는 것처럼 열심을 내어서 율법을 지키고 있습니다. 사도 바울이 하는 말이 무엇입니까? 모든 율법은 이웃을 내 몸처럼 사랑하라는 계명 속에 들어 있는데 그들은 자기 자신도 사랑할 줄 모르며, 다른 사람들도 사랑할 줄 모릅니다.

갈라디아 교인들의 상태는 어떻습니까? 어떤 고지를 점령하기 위하여 돌진하는 군인들 같습니다. 그들은 약한 형제들은 인정도하지 않습니다. 오직 전우의 시체를 넘고 넘어서 앞으로 돌진할 뿐입니다.

"절대 엄살을 부리지 말라. 뒤로 처지는 자들은 일체 용서하지 않는다"는 식입니다. 그들은 한 가지 목표가 달성되면 또 다른 목표를 찾아서 돌진을 합니다.

"우리의 목표는 오직 돌진이다. 반대는 용서하지 않는다. 질문 없나? 이상!" 이런 식입니다. 목표 지향적인 그리스도인들은 목표를 달성합니다. 그러나 그는 그 과정에서 모든 가치 있는 것을 다 잃어버릴 것입니다.

진정으로 하나님의 용서를 경험한 사람은 이런 식으로 일을 하지 않습니다. 자기 자신을 방어해야 할 필요를 느끼지 않습니다. 그는 무방비 상태에 있어서 두렵지 않습니다.

아직도 상처가 아물지 않은 사람은 그 상처를 노출시키지 않으려고 합니다. 누군가가 그 상처를 보려고 하면 기겁을 하고 달아납니다. 그러나 이미 상처가 아문 사람은 기꺼이 그 부분을 보여 줍니다. 왜냐하면 이미 다 나았기 때문입니다.

사도 바울은 갈라디아 교회 안에서의 분열에 대하여 대단히 가슴 아파하고 있습니다. 그들이 공격하고 물고 뜯는 사람이 누구입니까? 바로 자기를 위하여 기도해줄 수 있는 믿음의 형제요 자매들입니다. 그들을 판단해 보아야 자기 자신을 판단하는 것 밖에 되지 않습니다.

우리가 주 안에서 한 형제요 자매라면 서로를 괴롭게 해봐야 자기 손해 입니다. 결국 누구 좋은 일 시켜주는 것입니까? 마귀만 좋게 되는 것입니다. 누군가가 분노의 불로 공격해 올 때 그가 신앙의 형제나 자매라면 불로 응수하면 안 됩니다. 우리는 침묵을 하든지 아니면 그 위기를 지혜롭게 넘겨야 합니다.

그러나 불을 불로 응수하면 둘 다 큰 화상을 입든지 아니면 타 죽게 됩니다. 그래서 부부가 기질이 서로 다르면 유익할 때가 많습니다. 하나가 불같이 덤벼도 상대방은 아무렇지도 않습니다. 다른 쪽에서 화가 날 때가 되면 장본인은 이미 화가 지나간 상태입니다.

교회 안에도 여러 가지 기질을 가진 사람들이 필요합니다. 그래야 불을 물로 응수하고 물을 불로 응수해서 서로가 다치지 않게 되는 것입니다.

우리가 분노해야 할 대상은 사람이 아닙니다. 사람을 향하여 불을 뿜으면 죄를 짓는 것입니다. 우리의 화는 마귀를 향하여 뿜어야 합니다. 마귀는 아무리 욕을 해도 죄가 되지 않습니다. 그뿐만 아니라 아직도 속고 있는 우리의 무지에 대하여 화를 내십시오. 또한 우리를 속이고 있는 더러운 사상에 대하여 화를 내십시오. 그러나 형제나 자매에 대하여 분노를 발산하지 마십시오. 그렇게 하면 서로가 다치게 됩니다.

우리는 이미 상처를 입은 적이 있기 때문에 자신을 지키기 위하여 화를 냅니다. 그러나 주님은 이미 우리의 상처를 치료해 주셨습니다. 더 이상 상처 받는 것을 두려워 할 필요가 없습니다.

왜냐하면 예전처럼 그렇게 어리석지 않기 때문입니다. 믿는 도끼에 발등 찍힐까 두렵다는 속담처럼 우리는 믿는 사람으로부터 배신을 당할까 두려워합니다. 그러나 성령으로 사귀면 두려워 할 것이 없습니다. 인간적으로 끼리끼리 사귀기 때문에 사랑이 변하고 배신을 당하는 것입니다. 절제된 사랑을 하십시오. 그러면 배신을 두려워 할 필요가 없습니다. 절제된 사랑이라고 하는 것은 그 사람을 사랑하는 것이 아니라 그 안에 있는 주님을 사랑하는 것이기 때문입니다. 그 사람을 믿는 것이 아니라 그 안에 있는 성령을 믿는 것이기 때문입니다.

갈라디아서 강해 26

두 가지 소욕

갈 5:16-17

요즘 많은 부부들이 이혼을 하고 있습니다. 아마 그들이 이혼을 하는 데는 이유가 있을 것입니다. 그러나 가장 중요한 이유는 둘이 함께 사는데 실패했기 때문에 나누어지는 것입니다.

처음에 결혼을 할 때에는 모든 것이 좋을 줄 알았습니다. 그런데 막상 결혼을 해 보니까 서로 다른 것이 너무나 많습니다. 생각하는 것이 틀리고 살아가는 방식이 틀립니다.

물론 처음에는 그 다른 부분을 맞추어 보려고 서로 노력을 많이 할 것입니다. 그러나 전혀 그런 차이를 좁힐 수 없을 때, 상대방이 너무나도 완강하게 자기 자신의 방법만을 고집할 때 결국은 갈라서게 되는 것입니다. 거의 대개의 경우는 이런 차이를 극복하면서 삽니다. 그러나 아무리 애를 써도 극복이 되지 않을 때 다른 도리가 없는 것입니다.

결혼을 한다고 하는 것은 엄청난 결단입니다. 이것은 자신의 삶 안에 다른 사람을 집어넣어서 함께 사는 것입니다. 이제까지는 모든 것을 혼자서 해 왔습니다. 모든 결정을 자기 혼자서 해 왔습니다. 그러나 이제부터는 매사를 함께 의논해서 합니다. 만일 의사가 일치되지 않으면 포기할 수밖에 없습니다. 모든 부분에 의견이 틀리면 아무것도 하지 못하는 것입니다.

예를 들어, 어떤 부부가 있었습니다. 그런데 이 부부는 토요일 마다 둘 다 집구석에 쳐 박혀서 시간을 보냅니다. 그 이유는 이 부부의 의견이 맞지 않기 때문입니다. 남편은 야구광입니다. 그는 토요일마다 야구 경기를 보러가고 싶어 합니다. 그러나 아내는 야구를 전혀 알지 못합니다. 사람들이 왜 비싼 돈을 내면서 그 복잡한 야구장에 가서 소리를 지르는지 이해를 할 수 없습니다. 부인은 야구의 룰을 전혀 알지 못합니다. 그 대신 부인은 애정 영화를 좋아합니다. 서로 사랑하다가 헤어지는 영화를 보면 혼자서 훌쩍 훌쩍 울면서 그 영화를 봅니다. 그러나 남편은 이 세상에서 가장 이해할 수 없는 것이 비싼 돈을 들여가면서 그런 재미없는 영화를 보는 것입니다. 이 부부는 서로 생각하는 것이 달랐습니다. 그러나 이제 혼자서는 어디 갈 수도 없습니다. 그래서 그들은 토요일 마다 집구석에 쳐 박혀서 영화도 보지 못하고 야구장에도 가지 못하고 시간을 보내는 것입니다.

그러나 이것이 단지 취미 생활일 때에는 문제가 간단합니다. 그러나 신앙생활은 문제가 이보다 훨씬 더 복잡합니다. 신앙생활이라고 하는 것은 삶 전체에 관여합니다. 신앙이라고 하는 것은 마치 예수님과 결혼하는 것과 같습니다. 신앙을 가진 후 예수님과 생각이 맞지 않으면 아무것도 할 수 없습니다. 직장이라든지 결혼이라든지 공부라든지 아무것도 할 수가 없습니다.

결국 내가 하고 싶은 것은 주님의 마음에 들지 않습니다. 또 주님이 원하시는 것은 내가 하고 싶지 않습니다. 그래서 결국 아무것도 할 수 없습니다. 사도 바울이 말씀하는 것이 무엇입니까? 우리가 예수를 믿는다고 해서 모든 것이 기계적으로 잘되는 것은 아니라는 것입니다. 아무것도 내 뜻대로 되지 않을 때가 있습니다. 그러나 그것은 신앙이 나빠서 그렇다거나 이 세상에 적응을 하지 못하는 문제가 아닙니다. 이것은 우리가 신앙생활을 하는데 있어서 반드시 나타나는 현상이며 이때 우리는 자신의 생각만 고집할 것이 아니라 주님의 뜻에 자신의 생각을 겸허하게 맞추는 연습을 해야 하는 때인 것입니다.

오늘 본문이 우리에게 말씀하고 있는 것이 무엇입니까? 그것은 신앙이라고 하는 것은 단순히 어떤 새로운 진리를 받아들이거나 공부하는 것이 아니라는 것입니다. 신앙은 실제로 우리 몸을 움직여서 어떤 삶을 사는 것입니다. 그런데 우리 몸이라고 하는 것이 얼마나 철저하게 죄에 매여 있는지 아무리 하나님의 말씀을 들어도 우리의 몸은 움직여지지 않습니다. 아무리 들어도 우리 몸은 말을 듣지 않습니다. 그러나 주님은 이 우리 몸을 설득해서 하나님의 뜻을 실천할 수 있도록 만들어 가십니다. 그 과정에서 얼마나 많은 갈등이 주님과 우리 사이에 이루어지는지 모릅니다.

사실 이 과정을 성화라고 부릅니다. 많은 경우 우리는 예수 믿으면 천국 가는 것만 생각합니다.

하나님께 있어서 중요한 것은 우리가 천국 가는 것이 아닙니다. 예수를 믿고 난 후 우리 몸을 하나님의 뜻에 굴복을 시켜서 그가 원하시는 방향대로 몸을 사용하는 것입니다. 그러나 이것은 단숨에 되지 않습니다. 우리 안에서 지속적으로 우리의 고집과 욕심을 성령님의 뜻에 굴복시키는 과정을 통하여 이루어집니다. 하나님께서는 우리가 천사보다 더 나은 삶을 살기를 원하십니다.

그것은 우리 몸속에 있는 여러 가지 악하고 이기적인 생각에도 불구하고 주님의 말씀에 복종시킬 때 일어납니다. 사실 천사는 몸이 없습니다. 그러나 우리는 몸을 가지고 있기 때문에 수많은 제약을 받습니다. 이런 제약에도 불구하고 우리 몸을 하나님의 뜻대로 사용할 때 하나님께서 우리를 구원하신 목적이 드러나는 것입니다.

육신의 엄청난 힘

그리스도를 알지 못하는 사람은 우리 안에 있는 생각이나 기질이나 삶의 방식이 얼마나 하나님을 싫어하고 하나님의 뜻에 복종하기 싫어하는지 알지 못합니다. 이것에 대하여 참으로 깨닫는 사람은 하나님의 말씀이 그 마음에 한 번 비춰어지고 그 말씀대로 살아보려고 한 사람에게 일어납니다. 우리는 로마서 7장에서 엄청나게 고민하는 한 사람을 발견하게 됩니다.

그 사람은 하나님의 선한 뜻을 깨닫고 그것을 실천하려고 합니다. 그러나 그렇게 하려고 했을 때 그 안에는 자기 힘으로 어떻게 할 수 없는 엄청난 죄의 세력이 들고 일어나서 하나님의 뜻을 이루지 못하게 할 뿐만 아니라 오히려 한 걸음 더 나아가 하나님이 가장 싫어하는 일을 하게 하는 것을 보고 절망을 합니다. "오호라 나는 곤고한 자로다 누가 이 사망의 몸에서 나를 건져내랴?"(24절)

중요한 것은 바로 이렇게 절규하면서 소리 지르는 사람이 과연 누구냐 하는 것입니다.

어떤 사람은 아직 예수를 믿기 전 율법의 상태에 있는 사람이라고 말을 합니다. 어떤 사람은 이미 예수를 믿은 사람이 과거 자신이 하나님께 불순종하던 것을 회상할 때 이전에 자신의 이런 끔찍한 상태를 돌이켜 발견하게 된다는 것입니다. 그러나 어떤 분은 말씀을 듣기는 했지만 아직 그리스도를 전적으로 믿지 않는 상태, 다시 말해서 말씀을 통해서 죄는 알지만 아직 성령의 능력을 알지 못한 사람의 상태라고 말하기도 합니다.

로마서 7장에 나타나고 있는 사람의 상태가 어떤 상태이든 간에 여기 갈라디아서 5장 본문의 상태와는 근본적으로 차이가 있다는 것을 말씀드리고 싶습니다. 로마서 7장의 상태는 분명히 예수 그리스도를 영접하지 못한 상태입니다. 이 사람은 전혀 하나님의 말씀을 듣지 못한 사람은 아닙니다. 하나님의 말씀을 전혀 듣지 못한 사람이라면 이런 엄청난 죄의 세력을 알지도 못합니다. 그는 하나님의 말씀을 들었습니다. 그러나 그것을 자기 힘으로 행하려고 합니다. 자기 자신을 더 철저하게 훈련을 시킴으로 하나님의 뜻을 완전히 이행하려고 하는 것입니다. 그는 철저히 시간을 정해서 기도를 합니다. 한 순간이라도 나쁜 생각을 하지 않기 위하여 몸부림을 칩니다. 그는 차라리 할 수만 있으면 자신의 성기를 자르는 한이 있어도 악한 생각에서 해방되고 싶어 합니다.

우리는 참으로 존 웨슬레가 그런 사람이었다는 것을 알게 됩니다. 그는 홀리 클럽이라는 것을 만들어서 철저하게 하나님을 섬기려고 했습니다. 그는 하나님의 말씀을 어려서부터 들었습니다. 그는 철저하게 자신의 노력으로 하나님의 뜻대로 살려고 했습니다. 시간을 정해놓고 기도를 했습니다. 그는 많은 시간 금식을 했습니다. 그는 정기적으로 감옥을 방문해서 복음을 전했습니다. 그러나 그의 마음에는 기쁨이 없었습니다. 그는 늘 괴로웠고 마음의 평안이 없었습니다. 그래서 그가 한 것이 무엇입니까? 식민지에 있는 인디언들에게 전도하러 가는 것이었습니다. 그러나 그는 마음의 평안을 얻지 못했습니다. 그는 철저히 실패했습니다. 그는 그의 마음이 뜨거워지는 것을 언제 느꼈습니까? 예수께서 십자가 위에서 내 죄를 위하여 죽으셨다는 것을 믿을 때였습니다. 그 이전까지 웨슬레는 그리스도를 알기는 알았지만 그와 결혼한 사이는 아니었습니다. 그가 자신의 노력으로는 절대로 하나님의 의에 도달할 수 없다는 것을 깨닫고 전적으로 그리스도의 십자가를 붙들게 됩니다.

우리가 로마서 7장을 보면 엄청나게 고민하는 한 사람을 보게 됩니다. 그는 자기 안에 무시무시한 죄의 세력을 느끼고 어찌할 바를 몰라 하고 있습니다. 이 사람은 오랜 기간 말씀을 들었고 경건하게 살려고 노력해 온 자였습니다. 그러나 그는 그렇게 노력하면 할수록 죄의 세력에서 풀려 날 수가 없습니다. 그러나 이렇게 그리스도의 십자가를 붙든다고 해서 모든 것이 다 끝나는 것이 아닙니다.

이제부터는 매사에 주님의 뜻과 내 생각이 달라서 트러블이 일어나게 시작합니다. 이것이 무엇입니까? 갈라디아서 5장에서 우리 안에 아직도 남아 있는 육신의 생각과 성령의 생각이 충돌을 일으켜서 아무것도 하지 못하게 하는 일이 일어나는 것입니다. 이것이 보여주는 것이 무엇입니까? 그것은 죄와 그리스도는 결코 하나가 될 수 없다는 것입니다.

죄라고 하는 것은 우리 인격 전체를 지배하고 있는 것입니다. 이것은 단순한 기질이 아닙니다. 우리 전체입니다. 우리의 생각과 우리의 몸과 우리의 기질과 우리의 생활 습관 모두 다 죄에 절어 있는 것입니다. 예수를 믿는다고 하는 것은 전혀 길들여지지 않은 말괄량이 하나를 예수님이 책임지시는 것과 같습니다.

세익스피어 작품 중에 《말괄량이 길들이기》라는 작품이 있습니다. 우리의 신앙도 이와 비슷합니다. 신앙은 아무도 상대할 수 없는 말괄량이를 믿음 하나로 예수님께서 책임지시는 것입니다. 결혼은 대단한 결단입니다. 그러나 그것이 전부가 아닙니다. 그리스도께서는 이런 말괄량이 같은 우리들을 길들여 가시는 것입니다.

사실 그리스도를 믿지 않는 사람에게 있어서는 죄를 다룬다고 하는 것이 불가능합니다. 왜냐하면 죄가 그 사람을 놓아주지 않기 때문입니다. 생각과 기질과 생활 습관이 모두 죄에 절어 있는데 그런 사람을 무슨 재주로 다스려 나갑니까? 죄가 다스려지기 위해서는 그리스도를 믿어야 합니다. 죄는 사람들에게 있어서 절대적입니다. 하나님의 말씀을 모를 때에는 죄가 죄인 줄조차 알지 못합니다. 왜냐하면 그의 생각이나 기질이나 습관이나 모든 것이 죄로 충만하기 때문입니다.

그러나 그리스도를 믿으면 그때부터 우리 안에 있는 죄와 성령 사이의 싸움이 시작됩니다. 이것보다 더 치열한 싸움이 없습니다. 그러나 이것은 로마서 7장의 부르짖음은 아닙니다.

이미 결혼한 부부는 서로의 뜻을 맞추어 가기 위해서 싸우는 것입니다. 부부는 서로의 의견을 절충해 나가야 합니다. 왜냐하면 어느 한 편도 절대적으로 옳은 편이 없기 때문입니다. 그러나 예수님과 우리 사이에는 우리가 예수님께 맞추어야 합니다. 그 이유는 예수님의 생각이 옳고 우리는 죄성에 젖어 있던 말괄량이와 같기 때문입니다. 그러나 예수님은 눈에 보이지 않습니다. 단지 성령께서 우리 안에서 말씀을 하십니다. 어떤 때에는 성령께서 아무 말씀도 하시지 않고 가만히 침묵하시기도 합니다. 그래서 우리는 아주 힘들어 하는 것입니다. 부부 사이에도 서로 아무 말도 하지 않고 있을 때가 가장 어렵습니다.

어떤 형제는 이렇게 말씀을 합니다. 주님이 육성으로 분명하게 말씀을 하시면 순종을 하겠다고 말입니다. 아무 말씀도 하시지 않고 그렇다고 해서 길을 열어 주시지도 않으니까 미치는 것이지요.

성령이 하시는 놀라운 일

오늘 본문이 우리에게 말씀하고 있는 놀라운 한 가지 사실은 우리 안에 하나님의 성령이 계신다는 사실입니다. 성령이 도대체 어떤 분이십니까? 성령은 하나님의 영이시며 온 세상의 모든 것을 창조하시고 모든 것을 회복하시는 하나님의 능력이십니다.

그런데 이 성령이 우리 한 사람 한 사람 안에 모두 계십니다. 더 놀라운 것은 이 성령께서 우리 안에서 하시는 일입니다.

17절 육체의 소욕은 성령을 거스리고 성령의 소욕은 육체를 거스리나니 이 둘이 서로 대적함으로 너희의 원하는 것을 하지 못하게 하려 함이니라

가끔 보면 아주 작은 아이와 부모가 서로 다툴 때가 있습니다. 사실 부모와 아이는 서로 다툼이 되지 않습니다. 부모님께서 완력으로 누른다면 모든 것을 당신의 뜻대로 할 수 있습니다. 그러나 부모는 그렇게 하지 않습니다. 그래야 아이가 다치지 않기 때문입니다. 아이의 인격을 존중하기 때문입니다. 아이가 모든 것을 자발적으로 깨닫고 스스로 알아서 하기를 바라기 때문에 아이와 싸우는 것입니다.

성령은 어떤 분이십니까? 우리가 상상할 수 없는 능력을 가지신 분이십니다. 그는 신성을 가지신 제이위 하나님의 육신을 입고 이 세상에 오시게 한 분이십니다. 그는 그가 이 세상에 계실 때 그 모든 능력을 행하게 하셨습니다. 그가 죽으셨을 때 그를 다시 살리신 분이십니다.

그런데 그 놀라운 분이 우리 안에서 하시는 것이 무엇입니까? 우리와 싸우시는 것입니다. 그분은 우리와 다투십니다. 때로는 침묵을 지키기도 하시고 때로는 우리 안에 갈등을 일으키기도 하십니다. 때로는 우리 안에 기쁨을 다 거두어 가심으로 우리로 하여금 고민하게 하기도 하십니다. 다른 말로 표현해서 성령님은 우리와 싸우십니다. 그렇게 하시는 이유가 무엇입니까?

우리가 다치기를 원하지 않기 때문입니다. 우리의 인격이 완전히 죽어버리기를 원치 않기 때문입니다. 성령이 자신이 감당할 수 있는 분량을 넘어서 역사하시는 것을 체험한 사람들의 공통된 간증이 무엇입니까? 자신들은 죽는 줄 알았다는 것입니다. 그들은 자기들의 육신이 찢어지는 것 같은 체험을 했다는 것입니다. 완전히 정신을 잃고 숨을 쉴 수조차 없었으며 너무나도 불안해서 죽는 줄 알았다는 것입니다.

성전에서 그리스도의 환상을 본 이사야의 경험이 무엇입니까?

그는 자신이 죽는 것 같은 경험이었습니다. 밧모 섬에서 성령으로 하나님의 말씀을 받은 요한의 체험이 무엇입니까? 그가 거의 죽을 뻔했습니다. 사도 요한은 정신을 차릴 수가 없었습니다. 사실 성령이 우리에게 넘치게 역사하시면 우리는 견디지 못합니다. 우리는 정신을 잃을 것이며 우리의 육신은 그것을 감당하지 못할 것입니다. 그래서 성령은 어떻게 하십니까?

우리 안에서 참으로 우리와 같은 수준에서 일하십니다. 참으로 온유한 상태로 우리 안에 계십니다. 성령은 비둘기 같은 형상으로 임하셨는데 사실 그런 상태로 우리 안에서 일하십니다. 성령님은 우리가 죄를 지을 때 우리와 다투십니다. 우리가 정욕으로 행할 때 성령님은 그 정욕을 거부하십니다.

어떻게 거부하십니까? 성령님은 우리 안에 기쁨을 빼앗아 가십니다. 하나님의 뜻에 맞지 않는 일을 할 때 기쁨이 없습니다. 물론 기쁨이 있느냐 마음이 평안한가 하는 여부가 하나님의 뜻인 기준은 될 수 없습니다. 그러나 분명히 하나님이 기뻐하시지 않는 일을 하면 절대로 마음이 기쁘지 않습니다. 그뿐만 아니라 외부적으로도 그 일을 할 수 없도록 막으십니다. 옛날에 그리스도를 알지 못할 때에는 그렇게 하는 것이 기쁨이었습니다. 음란한 것을 보거나 나쁜 일에 동참하는 것이 스릴도 있고 스트레스가 해소되는 것 같았습니다. 그러나 이제는 더 이상 그것이 기쁨이 되지 못합니다. 그 대신에 그 더러운 것이 내 머리 속에 있는 한 성령께서는 철저하게 싸우십니다.

아주 작은 죄라도 토하여 내기 전까지는 절대로 마음의 안식이 없습니다. 완전히 청소가 되어야 마음에 기쁨이 회복됩니다. 그래서 구약의 성도가 무엇이라고 고백을 합니까?

"나를 주님 앞에서 멀리 하지 마시고 주의 성신을 내게서 거두지 마옵소서. 그리고 그 구원의 기쁨을 내게 회복시키소서"

성도들에게 있어서 가장 두려운 것은 주님이 성신을 거두어 가시는 것입니다. 물론 우리 안에 계신 성령이 나를 떠나실 수 있느냐 하는 것에 대해서는 많은 논쟁이 있습니다. 그러나 성령이 새롭게 우리에게 임하시지 않으면 우리 안에는 성령이 고갈됩니다. 성령은 아버지로 부터 항상 우리에게 새롭게 임하십니다.

처음에는 옛날의 습관을 버리지 못해서 죄를 지었습니다. 아직도 죄에 대한 미련이 남아서 죄에 빠집니다. 그러나 결국 성령의 감동이 나를 떠나는 것이 얼마나 고통스러운가 하는 것을 깨닫습니다. 죄를 짓는 쾌락은 잠깐입니다. 그러나 죄를 짓고 난 후 성령의 감동이 소멸되며 다시 그 구원의 기쁨이 회복되기까지 너무나도 고통스러운 것입니다. 그래서 결국 어떻게 하게 됩니까? 회개하는 것이 두려워서 죄짓는 것을 두려워하게 됩니다. 그뿐이 아닙니다. 죄가 얼마나 하나님을 가슴 아프게 하는가 하는 것을 깨닫게 하십니다.

죄라고 하는 것은 나를 사랑하시는 하나님을 부정하는 것입니다. 하나님께서는 내가 참으로 존귀한 자가 되기를 원하십니다. 그러나 나는 여전히 더럽고 추한 자리에 남아 있고 싶어 합니다.

우리는 계속 자신의 변화된 모습을 인정하지 않습니다. 왜냐하면 옛날 그 방식 그대로 사는 것이 더 편하기 때문입니다. 그러나 내가 그런 상태로 있는 것이 참으로 하나님을 가슴 아프게 한다는 것을 깨닫게 하십니다.

결국 성령께서 하시는 것이 무엇입니까? 우리에게 모범답안을 가르쳐 주시지 않습니다. 왜냐하면 모범답안을 가르쳐 주면 더 이상 생각을 하려고 하지 않기 때문입니다. 성령님은 우리로 하여금 스스로 생각하게 하십니다. 길은 열어 주지 않으면서 스스로 어떻게 하는 것이 하나님의 뜻대로 사는 것인지 생각하게 하십니다. 그 과정에서 나타나는 것이 바로 아무것도 하지 못하는 것입니다. 내가 하려고 하는 것에 대하여 성령은 반대를 하십니다. 그리고 주님의 뜻은 내 마음에 들지 않습니다. 물론 우리는 그것이 주님의 뜻이라는 사실을 알지 못합니다. 단지 그럴 가능성도 있다는 식으로 생각합니다.

그러나 성령님은 우리에게 분명한 하나님의 뜻을 말씀하시지 않습니다. 단지 길을 열어주지 않으면서 우리로 하여금 생각하게 하십니다. 결국 우리는 생각하고 또 생각하는 수밖에 없습니다.

그 동안에 우리는 어떻게 됩니까? 아무것도 되지 않습니다. 우리가 원했던 것은 아무것도 되는 것이 없습니다. 마치 인생에 실패한 사람 같습니다. 다른 친구들은 이런 고민을 하지 않기 때문에 그나마 건지는 것이 있는데 나는 하나님의 뜻을 생각하느라고 되는 일이 없습니다.

그 결과 얻어지는 것이 무엇입니까? 엄청난 사고력입니다.

결국 중요한 것은 사고할 수 있는 능력입니다. 오늘날 우리가 보게 되는 거의 대부분의 사람들은 자기 이야기만 합니다. 가만히 듣고 있으면 모두 자기 이야기이고 자기 기준에서 모든 것을 보고 있습니다. 다른 사람의 이야기를 하는데도 결국 들어 보면 자기 이야기이고 남의 말을 들을 줄 모릅니다. 다른 사람이 무슨 의도로 이런 이야기를 하는지 알지 못합니다. 단지 자기 방식으로 엉뚱하게 만들어서 생각을 할 뿐입니다.

항상 중요한 것은 겉으로 나타나지 않습니다. 진심은 깊이깊이 감추어져 있는 법입니다. 속에 있는 것을 꿰뚫어 보지 못하면 결국 다른 사람의 말에 속을 수밖에 없습니다. 세상적으로 성공을 했지만 결국 그들의 거짓말에 놀아날 수밖에 없는 것입니다.

성령께서는 우리의 정신을 훈련시키십니다. 그래서 사탄의 모든 계략을 꿰뚫어보고 하나님의 온전한 뜻을 자기 스스로 분별하게 합니다. 결국 성령님과 우리의 시각 차이를 좁히는 데는 많은 고통과 방황이 필요합니다. 많은 시간의 낭비가 있습니다. 그러나 일단 성령의 생각으로 생각하기 시작하면 그는 대단히 무서운 주님의 병기가 됩니다. 자기 고집대로 행하지 않고 성령의 생각에 민감한 사람은 불필요한 시행착오를 거듭할 필요가 없습니다. 그리고 그가 행하는 일에 성령의 능력이 나타나기 시작합니다. 그 능력은 말로 표현할 수 없는 능력입니다.

주님께서는 우리가 그런 사람이 되기를 바라십니다. 그러나 우리가 그 뜻을 가부하고 끝까지 자기 마음대로 살려고 할 때 성령은 우리를 치십니다.

롬 8:13 너희가 육신대로 살면 반드시 죽을 것이로되 영으로써 몸의 행실을 죽이면 살리니

성령님이 기뻐하시지 않은 줄 알면서 의도적으로 자꾸 고집을 부리고 죄를 지을 때 성령님은 그 육신을 치십니다. 그래서 믿는 사람이 감사하지 않고 의심하면서 살면 우울증에 걸릴 가능성이 그렇지 않은 사람들보다 훨씬 더 높습니다. 그 이유는 성령께서 그에게서 일반적인 은혜도 거두어 가시기 때문입니다. 하나님의 백성으로서 성적으로 방종하고 절제하지 않는 생활을 하면 병에 걸릴 확률이 훨씬 더 높다는 것을 기억해야 합니다. 그리스도인으로서 분노하는 이유가 무엇입니까? 내가 그것을 갚으려고 하기 때문입니다. 그 문제를 하나님께 맡기고 기뻐하고 감사하기보다는 내 힘으로 그것을 해결하려고 하기 때문입니다. 나는 절대적으로 옳고 저 사람은 절대적으로 틀렸다고 생각하기 때문에 성령께서 그 안에서 기쁨을 주시지 않는 것입니다.

우리가 두려운 것이 바로 이것입니다. 하나님의 말씀에 빨리 순종하지 않으면 기다리시다가 결국 치시는 것입니다. 절대로 그냥 넘어가시지 않습니다. 택한 백성은 반드시 치시는데 하나님께서 치시면 너무나 아파서 입에서 소리도 나오지 않습니다. 하나님께서 치시는 것은 사람을 통해서 치시든지 건강을 치시든지 너무나도 아픕니다. 그것을 본인이 느낄 수 있습니다.

그래서 어떤 분은 자기 아들을 위하여 이렇게 기도한다고 합니다.

"하나님, 저 아들이 너무 아프게 맞지 않고 돌아오게 해 주십시오"

아마 그분은 하나님의 매를 한 번 맞아 본 사람 같습니다. 하나님께서 한 번 치시면 너무나도 아프게 치십니다. 건강을 한 번 치시면 완전히 병신이 되어버립니다. 그래서 하나님께서 기다리실 때에 자발적으로 돌아오는 것이 가장 아름다운 것입니다.

적극적인 자세가 필요

사도 바울은 우리가 성령님께 대하여 대단히 적극적인 자세가 필요하다고 말씀하고 있습니다.

16절 내가 이르노니 너희는 성령을 좇아 행하라 그리하면 육체의 욕심을 이루지 아니하리라

여기서 사도 바울이 말씀하고 있는 것이 무엇입니까?

우리 안에서 성령님은 계속 말씀을 하십니다. 선한 감동을 주십니다. 그것을 소멸시키지 말라는 것입니다. 우리 안에는 이기적인 본성 때문에 혹은 지금까지 살아 온 방식을 바꾸기 싫어하는 강한 고집 같은 것이 있습니다. 그래서 성령께서 우리 안에 주시는 감동을 소멸시키려는 경향이 있습니다. 그러나 그렇게 하지 말고 적극적으로 자기 자신을 성령께 내어드리라고 말씀하고 있습니다. 물리학의 법칙 중에 관성의 법칙이라는 것이 있습니다. 이것은 물체가 움직일 때 지금까지 온 방향으로 그대로 움직이려고 하는 것을 의미합니다.

그런데 우리의 삶에 있어서 이 관성의 법칙이라고 하는 것은 그대로 나타납니다. 지금까지 살아 온 죄의 습관을 버리는 것이 너무나도 어렵습니다. 왜냐하면 그것은 우리 안에 인이 박혀 있기 때문입니다. 이미 들어 간 것이 계속적으로 옛날의 방식을 요구하고 있고 그것이 채워지지

않을 때 아주 불안한 증세가 나타납니다. 우리 안에는 균형을 잡으려고 하는 강한 욕구가 있습니다. 예를 들어, 너무 영적으로 치우쳤을 때 그만큼 육적인 일에 몰두함으로 균형을 이루려고 하는 것입니다. 그래서 영적으로 성숙하지 않은 상태에서 너무나도 큰 영적인 체험을 했을 때는 그만큼 육적인 일에 빠짐으로 자신의 균형을 잡습니다.

그래서 영광 뒤에 더 큰 실패가 찾아오는 것입니다.

오늘 우리는 어떻게 성령께 민감할 수 있습니까?

우선 우리 안에 성령께서 말씀을 비추실 때에 그 속에 병든 부분을 성령님께 내어드리는데 주저하지 말아야 하겠습니다. 예를 들어서 우리가 예수를 믿는다고 해서 우리 안에 있는 모든 병든 부분이 다 치료된 것은 아닙니다. 우리 안에는 아직도 치료가 필요한 많은 부분들이 있습니다. 그러나 우리는 그것이 상처라고 생각하지 못합니다. 왜냐하면 지금까지는 그런 상태에 있었기 때문입니다. 그러나 성령님은 우리가 무엇 때문에 풍성한 삶을 누리지 못하는 지 잘 알고 계십니다. 그 부분은 성령님과 우리가 협력해야 할 부분입니다. 그 부분을 감추고 그대로 두면 절대로 풍성한 삶을 살 수가 없습니다. 성령께서 말씀으로 지적하는 병든 부분을 주님 앞에 내어 놓는데 아주 적극적이어야 합니다.

그뿐만 아니라 우리는 아직 완전하지 않다는 것을 생각해야 합니다. 이 세상에 있는 동안에는 육신의 생각에서 완전히 자유로울 수 있는 사람은 아무도 없습니다. 우리는 죽기 전까지 아무도 완전하지 않습니다. 그래서 언제든지 자기가 부족할 수 있고 잘못을 저지를 수 있다는 것을 늘 생각하고 있어야 합니다. 그래서 잘못을 저질렀을 때 주님 앞에 가지고 나아가는데 주저해서는 안 됩니다. 주저하고 있는 것은 그만큼 시간을 낭비하고 있는 것입니다.

우리 가운데 완전한 사람은 아무도 없습니다. 그럼에도 불구하고 영적인 침체가 오래 가는 사람은 자기감정에 충실한 사람들입니다. 그는 자신의 가정이 얼마나 더럽게 타락해 있으면 그 안에 정직한 부분이 전혀 없다는 것을 인정하지 않으려고 합니다.

하나님께서 우리를 구원하시되 약한 부분을 남겨 놓으신 것은 신비에 속합니다. 그렇게 하심으로 아무도 교만하지 못하게 하셨습니다. 우리는 신앙이 깊어지면 깊어질수록 자신의 부족을 느낍니다. 신앙이 어린 사람은 큰 소리를 칩니다. 기도하지 않고서도 얼마든지 잘 살 수 있습니다. 그러나 신앙이 자라면 자랄수록 자기 안에 선한 것이 아무것도 없다는 것을 깨닫습니다. 내 안에 있는 생각들을 다른 사람들이 미쳐 다 알지 못하는 것이 얼마나 큰 다행인가 생각될 때가 많습니다. 그래서 오직 그리스도입니다. 주님만이 선할 일을 하실 수 있는 유일한 분이라는 것을 알기 때문에 그 앞에서 감히 자기의 것을 가지고 고집하려고 하지 않습니다.

결국 중요한 것이 무엇입니까? 마음입니다. 성경 보다 더 사람의 마음에 관심을 가지고 있는 책도 없습니다. 율법은 마음은 다룰 수가 없었습니다. 그러나 복음은 마음에 관심을 둡니다. 결국 죄라고 하는 것은 마음에서 시작되는 것이며 마음이 하나님의 뜻에 기꺼이 복종하지 않을 때 죄라고 하는 것은 원초적으로 막을 수가 없는 것입니다.

주님이 우리에게 원하시는 것은 마음을 무방비 상태로 두지 말라는 것입니다. 하나님을 사랑하는 마음으로 철저하게 무장시키라는 것입니다. 마음이 중립의 상태에 있으면 안 됩니다. 이것도 좋고 저것도 좋다는 식이 되어서는 안 됩니다. 오직 주님이어야 합니다. 선도 좋고 악도 좋아서는 안 됩니다. 적극적으로 악을 미워하고 선을 사랑해야 합니다.

그렇게 하면 우리에게 어떤 일이 일어납니까? 하나님은 사람을 사용하셔서 하시지 못할 일이 없습니다. 수백 명의 사람들이 백년에 걸쳐서 할 수 없는 일을 하나님은 그 한 사람을 사용하셔서 아주 짧은 순간에 하십니다. 교회의 소망이 무엇입니까? 반드시 하나님의 일이 점진적으로 이루어지는 것만이 아닙니다. 하나님은 어떤 사람을 사용하셔서 한 순간에 백년에 걸쳐서 되어질 일을 하십니다. 그렇게 사용되는 사람이 누구입니까? 성령의 사람입니다.

주님은 당신을 전적으로 사랑하는 사람을 알고 계십니다. 그를 사용하십니다.

갈라디아서

강해 27

육체의 소욕들

갈 5:18-21

요즘 일본과 중국 그리고 대만은 지도에도 나오지 않는 아주 작은 한 섬의 소유권 문제로 다투고 있습니다. 그 섬은 바로 조어도(일본어로는 생가쿠 열도)라고 하는 작은 섬입니다. 이 섬은 사람이 살 수 없는 돌섬이며 거기서는 배추 한 포기 심을 수 없는 쓸모없는 땅으로 되어 있습니다. 사람이 살 수 없는 것은 물론이고 발을 대고 설 수 조차 없는 돌섬입니다. 이 섬 자체로는 아무 가치가 없습니다. 그러나 이 섬의 소유권 문제는 바로 그 섬 주위에 있는 엄청난 바다의 조업권과 이 바다 밑에 묻혀 있는 엄청난 자원의 소유권 문제와 직결이 됩니다. 그래서 이 섬의 소유권은 어느 나라도 쉽게 포기할 수 없는 중요한 문제가 되는 것입니다.

이것과 비슷한 문제가 우리 사람들에게도 있습니다. 그것은 바로 인간의 몸입니다. 우리 사람의 몸이라고 하는 것은 그 자체로는 아무 소용이 없습니다. 예를 들어, 소나 돼지는 고기의 양을 가지고 팔 수가 있지만 사람의 몸은 그런 가치도 갖고 있지 않습니다. 사람은 덩치가 크다고 해서 더 비싼 것도 아니고 약하다고 해서 더 싼 것도 아닙니다. 또한 술이나 퍼마시고 소란이나 피우는 사람의 가치는 정말 없는 것만도 못한 것입니다. 그래서 우리는 엉망진창으로 살고 있는 사람을 보고 짐승만도 못한 인간이라고 말하기도 하고 차라리 죽는 것이 사는 것보다 낫다고 말하기도 합니다.

이것이 사람의 몸입니다. 사람의 몸이라고 하는 것은 잘못 사용되어지면 고기값도 하지 못합니다. 그러나 사람의 몸은 결코 포기할 수 없는 것입니다. 왜냐하면 사람의 몸이 제대로 움직여지기만 하면 천사도 하지 못하는 일들을 하기 때문입니다. 사람의 몸에는 무한한 가능성이 있습니다. 그래서 결국 성령과 우리 안에 있는 부패한 본성은 결국 사람의 몸의 소유권을 두고 다투는 것입니다. 우리 안에 있는 본성은 우리 몸을 여전히 자기 마음대로 방종하게 하려고 합니다. 그러나 성령은 우리 안에는 이런 성향과 싸워서 결국 몸을 하나님의 최고의 도구로 만드는 것입니다.

예를 들어, 어느 집에 쓰지 않는 악기가 있었습니다. 그 악기는 너무 오랫동안 사용하지 않아서 녹이 슬고 또 고장이 나서 쓸 수가 없었습니다. 그것은 고물로 판다고 해도 아무도 가져가지 않는 그런 것이었습니다. 그런데 바로 그 고장 난 악기가 어느 대가의 눈에 뜨이게 되었습니다. 그 대가는 그 고물을 갈고 닦고 고장 난 부분은 고쳐서 다시 그 악기를 길들이기 시작했습니다. 처음에는 제대로 소리가 나지 않았습니다. 그러나 수없이 갈고 닦고 길들였을 때 다시 엄청난 음악이 거기서 흘러나오기 시작했습니다.

하나님께서는 우리 사람들의 몸이 얼마나 가치가 있는지 알고 계십니다. 왜냐하면 하나님께서 친히 만드셨기 때문입니다. 지금은 술이나 퍼마시고 싸움질이나 하고 있습니다. 그러나 이것을 고치기만 한다면 어느 천사도 흉내낼 수 없는 최고의 악기가 될 수 있다는 것을 하나님은 알고 계십니다. 하나님께서 복음을 통하여 하시는 일이 무엇입니까? 이 고장 난 악기들을 다시 고쳐서 최고의 악기로 만들어서 연주하시는 것입니다.

그리스도인의 삶은 사는 것이 아닙니다. 우리들의 삶은 연주가 되어야 합니다.

성령의 인도하심

사도 바울은 먼저 우리에게 이런 말씀을 하고 있습니다.

18절 너희가 만일 성령의 인도하시는 바가 되면 율법 아래 있지 아니하리라

아마 이 한마디 말씀보다 더 내용이 심오하고 난해한 말씀은 없을 것이라고 생각됩니다. 여기서 사도 바울은 성령의 인도하시는 바와 율법 아래 있는 것을 대조해서 말씀하고 있습니다.

그러면 율법 아래 있는 것이라고 하는 것은 어떤 것을 말합니까?

그냥 종교 생활을 하고 있는 것입니다. 기독교라는 울타리 안에서 종교 생활을 하고 있는 것입니다. 다시 말해서 그는 아직 성령의 능력을 알지 못합니다. 단지 하나님을 알았고 하나님을 섬기기 위하여 열심히 종교 생활을 하고 있는 것을 말합니다.

사도 바울은 이런 종교 생활이라고 하는 것은 참된 기독교가 아닐 뿐 아니라 오히려 이것과 대조되고 대립되는 어떤 것이라고 말씀하고 있는 것입니다.

오늘 우리 식으로 설명을 드리겠습니다. 어떤 사람이 기독교를 전도 받았습니다. 그는 기독교가 참으로 선한 종교라는 것을 깨달았습니다. 그리고 기독교를 통하여 인격적인 하나님을 알게 되었습니다. 그리고 죄가 무엇인지 알게 되었습니다. 그러나 그는 자기가 하나님 앞에서 그토록 무서운 죄성을 가지고 있으며 자기 힘으로는 하나님을 기쁘시게 할 수 있는 것이 아무것도 없다는 것을 알지 못합니다. 그 사람의 특징이 무

엇입니까? 자기 힘으로 열심히 종교 생활을 하고 있는 것입니다. 기도도 많이 하려고 애를 쓰고 선한 봉사를 하려고도 노력을 합니다. 그는 너무나도 선하고 정직하기 때문에 감히 이런 사람을 신앙인이 아니라고 말할 사람은 아무도 없을 것입니다. 만일 이런 사람이 신앙이 아니라면 이 세상에 신앙은 아무도 없을 것입니다. 그럴 정도로 그는 신실한 신자입니다. 그러나 그것으로는 육체 안에 있는 죄성을 이길 수 없습니다. 이것은 단지 속에 있는 죄성을 간신히 누르고 있을 뿐입니다. 그러나 한 번 폭발해 버리면 지금까지 믿어 온 모든 것을 다 날려 버리고 맙니다.

자기 힘으로 종교적인 열심을 쌓는 사람의 문제가 무엇인가 하면 한 가지에서 실패하면 그 다음부터는 완전히 무너지고 마는 것입니다. 이것이 율법의 한계입니다. 마치 가스가 폭발하지 못하도록 여기저기를 임시로 때워 놓는 것과 같습니다. 그러나 한 번 폭발해 버리면 지금까지 그렇게 잘 믿었던 것을 모두 다 날려버리는 것입니다.

우리는 주위에서 신앙생활을 잘 하다가 한 순간에 무너지는 사람들을 많이 볼 수 있습니다. 그 사람이 신자가 아니라면 과연 누가 신자라고 할 수 있을까 싶을 정도로 착실한 사람입니다. 그러나 어느 한 순간에 신앙의 길을 포기하고 완전히 정반대의 타락된 길로 가는 것입니다. 이 훌륭한 신자가 그런 식으로 하루 아침에 무너지는 이유가 무엇입니까? 지금까지 자기 힘으로 종교 생활을 해 왔기 때문입니다. 마치 파계승과 같습니다. 지금까지 억지로 참아 왔던 것입니다. 그러나 어느 한 순간에 실패해 버리면 그때부터는 마치 봇물이 터지는 것 같아서 수습이 불가능한 것입니다.

그러나 성령의 인도함을 받는 다는 것은 그런 것이 아닙니다. 성령의 인도함을 받는다는 것은 일단 자기가 하나님 앞에서 죄인이며 자기 힘으로 할 수 있는 것이 아무것도 없다는 것을 인정하는데서 부터 시작합니다. 성령은 무엇보다 우리 안에 선을 행할 수 있는 작은 능력을 심어 놓습니다.

물론 우리 힘이 너무 약하여 그것은 차라리 없는 것과 같습니다.

종교적으로 믿는 사람에 비하여 전혀 경건하지 않는 것 같습니다. 그러나 성령님은 그 안에 있는 이 새로운 성향을 끊임없이 설득하십니다. 물론 처음부터 잘하지는 못합니다. 그러나 어린아이가 걸음마를 배울 때처럼 계속 연습을 하면 전에 하지 못하던 것을 하게 됩니다.

성령의 인도하심이라고 하는 것은 단순히 이처럼 속에 있는 새로운 하나님의 성품을 격려할 뿐만 아니라 우리를 교회로 모이게 합니다. 그래서 교회 안에서 보호 받고 교회 안에서 다른 사람의 도움으로 힘을 얻게 하십니다. 내가 할 수 있는 것은 아주 작은 부분 밖에 없습니다. 하나님은 나에게 필요한 것을 다른 사람을 통하여 넘치도록 채워주십니다. 때로는 누군가가 꼭 필요한 위로를 해 주기도 하고 어떤 분은 나를 위하여 기도를 해주기도 합니다. 어떤 분은 어려울 때 물질적인 필요를 채워주기도 합니다. 물론 완전하지 않습니다. 수없이 넘어지기도 합니다. 그러나 주님 앞에 용서를 빌고 일어서면 어느새 새로운 힘이 생깁니다. 과거에 실패한 것이 더 이상 마음을 짓누르지 않습니다. 사도 바울이 말씀하는 것은 바로 이 방법이 아니면 절대로 육체를 이길 수 없다는 것입니다.

우리들은 종교적인 훈련을 잘 받으면 아주 훌륭한 신앙인이 될 것 같습니다. 그러나 그 훈련은 어느 한 순간에 허물어질 수 있습니다. 한 순간에 허물어져 버리면 이제는 수습이 되지 않습니다. 시작하려면 아예 처음부터 다시 시작을 해야 합니다.

우리 안에 있는 육체의 일

이제 우리는 이 세상에 어느 심리학 보다 더욱 심오한 심리학의 한 부분을 보게 됩니다. 바울은 육체의 일이라고 하면서 성령의 인도하심이 없을 때 우리 안에 있는 성향이 끊임없이 흘러가려고 하는 강한 경향이 어떤 것인지 보여 주고 있습니다.

오늘 말씀없이 우리 스스로 한 번 생각해 봅시다.

우리 안에 끊임없이 강하게 흐르고 있는 육체의 성향은 어떤 것이 있습니까?

그 중의 하나가 끝없이 최고가 되려고 하는 욕망이라고 생각합니다.

사람들은 누구나 다 자기 안에 있는 모든 가능성을 다 개발해 보고 싶어 합니다. 어떤 사람은 자기 안에 있는 자질을 다 개발하기를 원하며 어떤 사람은 자기 안에 있는 언어 능력을 모두 다 개발하기를 원합니다. 또 어떤 사람은 물리학의 분야에서 최고의 권위자가 되고 싶어 합니다. 또 어떤 사람은 어느 누구도 올라가 보지 못한 높은 산봉우리를 점령해 보고 싶어 합니다. 학자들은 노벨상을 타고 싶어 합니다. 이 모든 것이 무엇을 말합니까? 사람들은 모두 최고가 되고 싶은 것입니다. 신의 경지에 도달해서 절대적인 자리에 있고 싶어 합니다.

또 사람들은 끊임없이 성적으로 방종하고 싶은 것입니다. 사람은 서로가 다 똑같은 인격을 가지고 있습니다. 그러나 성적으로 다른 성을 가진 자를 지배할 때 혹은 마음껏 농락할 수 있을 때 그는 절대적인 존재가 되는 것입니다. 그뿐만 아니라 자기 마음에 들지 않은 사람과는 끊임없이 분리되고 쪼개어지는 경향이 있습니다. 조금만 나를 알아주지 않으면 끝장을 내어 버립니다. 사귀다가도 조금만 마음에 들지 않으면 관계를 단절해 버립니다. 또 혼자서 전체의 의견을 휘어잡을 수 없으면 몇몇 사람이 의기투합해 영향력을 행사하려고 합니다.

그뿐아니라 사람들은 누군가가 간섭하지 않으면 자기 멋대로 하면서 살려고 합니다. 마음대로 먹고 마음껏 술 취하고 자고 싶으면 자고 토하고 싶으면 토하고 자기 멋대로 하려는 경향이 있습니다.

사도 바울은 육체의 일을 어떻게 표현하고 있습니까?

19-21절 육체의 일은 현저하니 곧 음행과 더러운 것과 호색과. 우상 숭배와 술수와 원수를 맺는 것과 분쟁과 시기와 분냄과 당 짓는 것과 분리함과 이단과. 투기와 술 취함과 방탕함과 또 그와 같은 것들이라 전에 너희에게 경계한 것 같이 경계하노니 이런 일을 하는 자들은 하나님의 나라를 유업으로 받지 못할 것이요

무려 열다섯 가지 항목의 육체적인 성향이 기록되어 있습니다. 그런데 이런 성향들은 몇 가지 분야로 나눌 수 있습니다.

첫째는 성적인 타락입니다. 음행과 더러운 것과 호색입니다. 그리고 두 번째는 미신적인 것입니다. 우상숭배와 술수입니다. 그리고 세 번째가 가장 긴 항목을 가지고 있는데 대인관계에서 일어나는 것입니다. 원수 맺는 것과 분쟁과 시기와 분냄과 당 짓는 것과 분리함과 이단과 투기입니다. 그리고 네 번째는 개인적인 방종인데 술 취함과 방탕함입니다.

순서로 보면 가장 앞에 나오는 것이 성적인 타락입니다. 그리고 항목으로 가장 긴 것은 역시 대인관계에서 오는 분노와 시기 질투 같은 것들입니다.

우리 안에는 두 가지 불이 있습니다. 하나는 성적인 불입니다. 그리고 다른 하나는 다른 사람에 대한 분노의 불입니다. 우리 안에 있는 성욕은 결코 쉽게 끌 수 없는 불입니다. 이것은 마치 휘발유와 같아서 한 번 기회가 닿기만 하면 걷잡을 수 없이 타오릅니다. 남자의 경우 이 성욕의 불을 통제할 수 있는 사람은 거의 없을 것입니다. 역시 종교 생활을 하는 사람에게 있어서 성욕은 가장 무서운 적입니다. 억지로 눌러 놓습니다. 그러나 한 번 폭발을 해버리면 모든 것을 다 날려 버리고 맙니다.

그뿐만 아니라 우리에게는 분노의 불도 있습니다. 사람들은 자기 자신이 정당하게 인정받지 못한다고 생각될 때에는 어떻게 해서든지 복수하려는 경향이 있습니다. 방법은 수없이 많습니다. 그러나 가장 중요한 것

은 끊임없이 인정받고 싶은 것입니다. 인정받지 못하면 좋지 않은 방향으로 나가거나 반대하는 당을 만들거나 시기하거나 질투하거나 방법은 수없이 많습니다.

또한 사람은 두 가지 포기하려는 경향이 있습니다. 하나는 정당한 분별력의 포기입니다. 우상숭배를 하거나 주술에 의지하는 자들의 특징이 무엇입니까? 그들은 자신의 정상적인 분별력 사용하기를 포기하는 것입니다. 그 대신 막연한 운명에 자기 자신을 던져버립니다.

그리고 또 다른 하나의 포기는 술이나 노름이나 도박에 자신을 던져버림으로 자신을 생각하지 않으려는 것입니다. 자기 자신에 대하여 생각을 해 봐야 감당할 자신이 없으니까 아예 생각을 하려고 하지 않는 것입니다. 이 모든 것이 이 육체의 일에 모두 포함됩니다.

여기 맨 먼저 나오는 성적인 타락이 음행입니다. '음행'은 헬라어로 '포르네이아' 입니다. 여기서 포르노라는 말이 나왔습니다. 음행과 더러운 것과 호색의 차이가 무엇인지 분명치가 않습니다. 아마 이 갈라디아서를 읽는 독자들에게는 이런 것들의 차이가 인식이 되었던 것 같습니다.

그러나 오늘 우리들에게도 성적인 타락은 한 세 가지 정도로 구별할 수 있습니다. 하나는 혼외정사입니다. 그리고 다른 하나는 다른 매개체를 통한 성욕구의 충족입니다. 예를 들어, 음란한 영화나 도색잡지 같은 것을 통한 대리만족이 될 수 있을 것입니다. 그리고 다른 하나는 동성애 문제입니다. 제가 생각하기에 본문에 나오는 음행과 더러운 것과 호색이 이 세 가지와 대충 맞아 떨어지지 않을까 하는 생각이 듭니다. 성 문제의 중요성이 어디에 있습니까? 사람의 다른 죄들은 모두 몸을 사용하여 죄를 짓는 것입니다. 그러나 성은 자기 몸을 수단으로 사용해서 자기 몸을 더럽히는 것입니다. 그래서 죄가 자기 몸 안에 남아 있게 됩니다. 성적인 범죄의 문제가 어디에 있는가 하면 그것이 바로 그의 영혼을 더럽히는데 있습니다. 성이 문란한 사람은 정신이 절대로 온전치 않습니다.

그리고 자기 자신에 대한 자아상이 너무나도 처참할 정도로 파괴되어 있는 것을 알 수 있습니다. 성적으로 타락한 자는 쉽게 자살을 하거나 쉽게 귀신 들릴 가능성도 많습니다. 그러나 성령으로 치료될 수 있습니다. 아무리 타락한 자라 하더라도 성령은 그를 새롭게 할 수 있습니다. 성령은 어떻게 치료하십니까? 그로 하여금 자신을 그런 식으로 방치한 것이 자신을 얼마나 학대한 것인지 깨닫게 하십니다. 자신의 과거의 삶에 대하여 치를 떨게 하십니다.

설사 그런 상태까지는 가지 않았다 하더라도 그런 유혹에 빠질 뻔한 것이 얼마나 위험천만하였는가 하는 것을 깨닫게 하십니다. 그전까지는 절대로 자신의 가치를 되찾지 못합니다. 그리고는 생활을 바꾸십니다. 그리고 거룩한 사귐을 사모하게 하십니다. 마음이 타락하려고 할 때 마다 그 길을 막으시고 내가 하나님 앞에서 얼마나 존귀한 자인지 깨닫게 하십니다.

또 다른 하나가 자신의 건전한 이성理性을 사용하기를 포기하고 우상숭배와 술수에 빠지는 것입니다. 어떤 사람들은 심심해서 점을 쳐 본다고 하는데 점치는 것은 인간의 모든 이성적인 판단을 포기하는 것입니다. 우상숭배하는 것은 인간의 존엄성을 스스로 포기하는 것입니다. 그러나 우리 안에는 이런 충동이 끊임없이 있습니다.

그리고 사람은 끊임없이 자기를 주장하고 인정받으려 하며 그것이 잘되지 않을 때에는 수없이 분열하여 당을 짓고 서로 물고 뜯고 하면서 싸웁니다. 그리고 혹시라도 약한 자가 있으면 그를 희생양으로 삼아서 자기 자신을 즐깁니다. 일본에서 일어났던 '이지매'가 바로 그런 것입니다.

그리고 어려운 일이 오면 어떤 일에 스스로를 몰두시킴으로 자신을 잊으려고 합니다. 술에 취하거나 도박에 빠지거나 오락에 빠집니다. 그러면 그런 일을 피할 수 있을 것으로 생각합니다.

사도 바울이 열거하고 있는 이 모든 일이 어떤 의미를 가지고 있습니까? 우리의 육체가 끊임없이 흘러가려고 하는 아주 강한 경향입니다. 마치 좌석과 같습니다. 사람은 가만히 두면 반드시 이런 방향으로 흘러가려고 합니다. 물론 사람이 늘 이러는 것은 아닐 것입니다. 때로는 정신을 차려서 일을 하기도 하고 무엇인가 건전한 일도 할 것입니다. 그러나 속에는 이런 강한 전류가 흐르고 있습니다. 그래서 기회가 주어지기만 하면 끝없이 타락하고 방종하며 자기 자신을 포기하려는 모습을 가지고 있습니다.

성령께서 하려고 하시는 것이 무엇입니까? 바로 이런 쓸모없는 우리 몸을 설득시키고 훈련시켜서 하나님이 원하시는 아름다운 일을 하게 하시는 것입니다.

성경이 증거하는 것

성경이 증거하고 있는 것이 무엇입니까?

21절 중간에 "전에 너희에게 경계한 것 같이 경계하노니 이런 일을 하는 자들은 하나님의 나라를 유업으로 받지 못할 것이요"라고 말씀하고 있습니다. 무슨 말입니까? 이런 식으로 육체가 원하는대로 사는 사람은 구원을 받지 못한다는 것입니다. 참으로 무서운 말씀입니다.

그러면 이런 죄에 한 번이라고 빠진 적이 있는 사람은 다시 회개할 수도 없고 아무리 예수를 믿어도 소용이 없다는 뜻입니까? 결코 그렇지 않습니다. 예수 앞에 나오면 어떤 죄든지 다 용서받을 수 있고 새로운 삶을 시작할 수 있습니다. 그러나 일단 예수 믿는 것과 이런 삶은 조화가 될 수 없는 것입니다. 누구든지 예수를 믿는다고 하면서 지속적으로 이런 삶을 사는 사람이 있다면 그는 참으로 예수를 믿는 것이 아닙니다. 둘 중의 하나를 포기해야 합니다.

무슨 말인가 하면 우리 안에 있는 성령님은 우리로 하여금 절대로 이런 삶을 계속하지 못하도록 막으십니다. 물론 우리 안에는 관성의 법칙이 있습니다. 예수를 믿는다고 하면서도 옛날의 죄스러운 습관을 한꺼번에 청산하기는 어렵습니다. 그러나 성령께서는 우리가 이런 잘못된 생활을 완전히 청산하기까지 절대로 우리를 그냥 두시지 않습니다. 우리 안에 괴로움을 주시고 갈등을 주셔서 어떻게 해서든지 옛 생활을 청산하고 새로운 생활을 하게 하십니다. 그러므로 누구든지 참으로 예수를 믿는 사람은 지속적으로 이런 생활을 할 수가 없습니다.

그럼에도 불구하고 성령님은 우리 안에 엄청난 괴로움을 주셔서 결국 이 모든 죄를 다 토해내게 하십니다. 성령의 사람은 자기가 이런 생활들을 토해내지 않으면 견디지 못합니다. 죄가 더 이상 쾌락이 아니라 고통이 됩니다.

성령께서는 어떤 과정을 통하여 이렇게 하십니까? 우리의 지각을 새롭게 하셔서 죄가 얼마나 더럽고 추하고 악한 것인지 보게 하십니다. 이전에는 죄가 당연한 줄 알았습니다. 죄짓는 것이 즐거움인 줄 알았습니다. 누군가가 죄를 지으면 그럴 수도 있다고 생각합니다. 그러나 성령께서 그 마음에 새로운 깨달음을 주시면 죄가 얼마나 추악하고 더러우며 뻔뻔스러운지 깨닫습니다. 이것은 변명할 여지가 없는 더럽고 추악한 것입니다. 그러나 그것으로 죄는 우리에게서 떨어지지 않습니다. 성령께서는 우리 안에 새로운 감정을 주십니다. 그래서 지금까지 그런 죄를 즐기면서 살아 온 자기를 미워하게 하십니다. 우리는 죄가 감정적으로 밉습니다. 우리는 견딜 수 없는 수치심과 구역질 날 정도로 역겨운 감정이 일어납니다. 이러한 감정적인 혐오 없이는 죄는 떨어지지 않습니다. 단순히 옳지 않다는 생각만으로는 죄가 청산되지 않습니다. 죄를 볼 때 구역질이 나야 합니다. 그리고 그런 더러운 짓을 해가면서까지 자기 욕심을 채우려고 하는 자신의 옛 기질에 대하여 혐오감이 생겨야 합니다.

그뿐만 아니라 이제는 이웃을 전적으로 새로운 눈으로 보는 의지가 생겨야 합니다. 이때는 다른 사람 한 사람 한 사람이 얼마나 귀중하며 모두 행복하게 살 권리가 있다는 것을 알아야 합니다. 나의 일시적인 욕구가 다른 사람의 행복을 얼마나 영구적으로 파괴할 수 있는가 하는 것을 생각하기 전까지는 죄는 청산되지 않습니다. 다른 사람들의 행복을 나의 노리갯감으로 생각할 때 그는 아직 죄지을 생각이 가득한 것입니다.

다른 사람 한 사람의 행복이 얼마나 귀중한가 하는 것을 깨닫고 그들을 위하여 나의 어떤 것을 희생하고 싶을 때 그때 더럽고 추한 죄는 청산되는 것입니다. 그래서 성령께서는 어떻게 우리를 인도하십니까? 내 안에서 시작된 새로운 깨달음을 다른 사람과의 관계에서 회복하게 하십니다. 그래서 성령의 사역은 반드시 공동체적으로 발전하게 되어 있고 이것은 또 새로운 사회를 건설하는 것으로 나아가게 되어 있습니다. 사람 속에 있는 새로운 변화는 반드시 다른 사람과의 관계를 통하여 확인됩니다. 그래서 혼자서 율법의 계율을 지키려고 애쓰는 것이 얼마나 얄팍한 자기만족에 불과한가 하는 것을 보여 줍니다. 그것으로는 아무것도 되지 않습니다. 자기 혼자 결심했다가 스스로 포기하는 반복에 불과합니다.

새로운 관계의 발전으로 나가야 합니다. 혼자 어떤 특별한 깨달음을 얻었다고 해서 생활이 변하는 것이 아닙니다. 혹은 어떤 특별한 체험을 했다고 해서 사람이 달라지는 것이 아닙니다. 관계가 새로워져야 합니다. 다른 사람을 보는 눈이 근본적으로 변해야 합니다.

결국 오늘 본문이 말씀하고자 하는 것이 무엇입니까? 사람의 몸을 사용하는 것이 하나님 나라에서는 결정적으로 중요하다는 것입니다. 기독교는 단지 새로운 깨달음이 아닙니다. 어떤 종교적인 훈련이 아닙니다. 기독교는 성령을 통하여 내 속에 있는 지각과 감정과 의지 전체가 새로워지는 것이며 이것은 다른 사람들과의 바른 관계를 통하여 이루어지고 또 확인되어진다는 것입니다.

우리는 얼마나 잘 속습니까? 어떤 좋은 설교를 듣거나 어떤 좋은 책을 읽으면 바로 나의 상태가 그렇게 된 줄로 생각합니다. 그러나 그것은 아무것도 아닙니다. 속에 있는 감정까지 새로워져야 하고 새로운 의지가 생겨야 합니다. 우리는 한꺼번에 무슨 특별한 종교적인 체험을 함으로 어떤 경지에 들어갈 수 있을 것으로 생각합니다. 그러나 그것으로 동기는 될 수 있을지 몰라도 결정적으로 변하는 것은 아닙니다. 다른 사람을 새로운 눈으로 보고 관계가 변하기 전까지는 아무것도 변한 것이 없습니다. 우리는 자신의 특별한 종교적인 체험으로 얼마나 다른 사람들을 무시하기 쉽습니까? 그것은 분명히 성령의 일이 아닙니다. 관계가 새로워지기 전까지 우리는 생각만으로 몸을 바르게 움직일 수 없습니다. 그러므로 교회가 얼마나 중요하며 아무것도 없는 것 같은 교회가 새로운 삶을 살게 하는데 얼마나 결정적인 기여를 합니까?

우리 속에 있는 성령을 소멸하면 안 됩니다. 성령이 하지 말라고 하는 것을 과감하게 버리십시다. 우리가 혼자의 의지로 잘되지 않으면 주위에 있는 신실한 신앙의 친구들에게 기도를 요청하십시오. 나 혼자만 잘 믿는 것이 결코 잘 믿는 것이 아닙니다. 함께 자라고 함께 만들어 가는 것이 하나님의 나라입니다. 만일 이 세상에서 관계가 회복되지 않으면 저 천국에서 어떻게 서로 얼굴을 보면서 영원히 살 수 있겠습니까?

그리스도인은 훈련으로 만들어지지 않습니다. 속에 성령의 깨달음으로 감정까지 새로워져야 합니다. 예배를 드리면서 우리의 감정이 새로워져야 하며 옆에 있는 사람을 새로운 눈으로 볼 수 있어야 합니다.

갈라디아서 강해 28

성령의 열매

갈 5:22-24

학교 다닐 때 체육 대회를 하면 꼭 줄다리기를 하곤 했습니다. 아주 굵은 동아줄을 펴 놓고 양 쪽에서 같은 숫자의 선수들이 나옵니다. 동아줄 가운데에는 빨간 리본을 매어 놓고 심판의 총소리와 함께 양쪽에서 사력을 다하여 줄을 당깁니다. 처음에는 빨간 리본이 중앙에서 어느 쪽으로 가야할지 모릅니다. 그러다가 시간이 지남에 따라 결국 한쪽으로 쏠리기 시작합니다. 한 번 쏠리기 시작하면 이미 승부는 결정된 것이나 마찬가지입니다. 급격하게 그 쪽으로 움직이더니 결국 완전히 한쪽으로 넘어가고 맙니다.

또 다른 예를 들어 봅시다. 의지가 약한 한 친구가 있었습니다. 그 사람에게는 서로 이질적인 두 친구가 있었습니다. 한쪽은 이쪽으로 그 친구를 데려 가려고 하고 다른 한 친구는 반대쪽으로 그 친구를 데려가려고 했습니다. 이 친구는 그 중간에 끼어서 아무것도 할 수가 없습니다. 이쪽으로 가자니까 저 친구가 가만히 두지 않습니다. 그렇다고 해서 저 친구를 따라 가자니까 이 친구가 가만히 있지 않습니다. 그래서 처음에는 무척이나 망설여집니다. 이쪽으로 갈 것인가 저쪽으로 갈 것인가 고민을 많이 합니다. 그러나 어느 한쪽이 강하게 끌면 결국 그 방향으로 따라가게 되어 있습니다.

바로 이런 현상이 우리 몸 안에서도 일어나고 있습니다.

우리 몸 안에는 강한 힘이 있습니다. 그 힘은 죄짓는 방향으로 나타나고 있습니다. 그래서 사람은 이런 강한 충동이 일어날 때마다 죄를 짓지 않을 수 없습니다. 왜냐하면 이 충동이 너무나도 강하기 때문입니다. 그래서 우리는 몸의 가치를 알지 못했습니다. 왜냐하면 몸으로는 항상 죄만 지었기 때문입니다. 어떤 철학자들은 육신은 영혼의 감옥이라고 불렀습니다. 그것은 영혼은 그렇지 않는데 언제나 육신의 정욕 때문에 모든 것을 다 망쳐버리고 말기 때문입니다. 어떤 사람은 자살을 찬양하기도 했습니다. 왜냐하면 빨리 죽으면 이 정욕의 지배에서 벗어날 수 있다고 생각했기 때문입니다. 참으로 이 육신의 정욕은 악덕 노예 주인과 같습니다. 사람이 완전히 지칠 때까지 절대로 그를 그냥 놓아두는 법이 없습니다.

자기가 폐인이 되는 줄 알면서도 정욕은 사람들을 호령하여 죄짓게 합니다. 완전히 죽을 때까지 내버려 두는 법이 없습니다. 여러분 알코올 중독자들을 보십시오. 중독이 되었다고 해서 봐주는 법이 있습니까? 그러면 그럴수록 더 비참하게 술에 빠지게 만듭니다. 약물 중독이 너무 심하게 중독이 되었다고 해서 봐주는 것은 없습니다. 약물은 그를 더 심하게 강요하여 더 비참한 약물 중독에 빠지게 할 뿐입니다.

그래서 지금까지 좀 의식이 있는 도덕가나 철학자들은 철저하게 인간의 육체에 대하여 적대적이었습니다. 인간의 몸이라고 하는 것은 죄 덩어리이며 이것은 전혀 쓸모가 없으며 철저하게 학대하고 굶기고 괴롭힐수록 아름다운 것이라고 생각을 해 왔습니다. 사실 교회 초기의 신학자들 중에 오리겐이라고 하는 자는 스스로 거세를 해 버렸습니다. 물론 자세한 사정은 알 수가 없지만 얼마나 그가 성욕으로 고통을 받았으며 그것을 이길 수 없었으면 그렇게까지 했을까 하는 생각이 듭니다.

그러나 참으로 우리의 육체를 아름답게 본 것이 있습니다. 그것은 놀랍게도 누드 화가가 아닙니다. 하나님의 말씀인 성경입니다. 우리의 몸 안에 무서운 죄성이 있는 것은 사실입니다. 그러나 이 죄성을 누르고 육체를 바르게 사용하기만 하면 천사보다 더 존귀하고 아름다운 섬김과 사랑이 나타날 수 있음을 말씀하고 있습니다. 우리의 문제는 육체가 나쁜 것이 아닙니다. 중요한 것은 어떻게 이 육체를 고쳐서 바르게 사용할 수 있느냐 하는 것입니다. 만일 이 육신을 고쳐서 바르게 사용하기만 한다면 이 육체는 최고의 가치를 가진 피조물이며 천사보다 월등하게 나은 수단으로 사용될 수 있습니다.

문제의 발단은 갈라디아 교인들이 더 나은 신앙생활을 위하여 복음을 포기하고 율법으로 돌아간데 있습니다. 그들은 복음이 너무나도 어설프고 엉성하기 때문에 좀 더 철저하게 가르쳐 주고 훈련시켜주는 율법이 더 경건에 도움이 된다고 생각을 했습니다. 사실 유대교의 훈련을 받다가 교회에 들어온 사람들의 실망은 바로 이것이었습니다. 교회의 복음은 좋습니다. 무거운 짐을 다 벗겨 주는 것은 좋습니다. 그러나 무엇인가 확실하게 훈련시켜 주는 것이 없는 것입니다. 눈에 보이는 명확한 규정도 없습니다. 하라고 강요하는 것도 없고 하지 않는다고 처벌하지도 않습니다. 모두가 각자의 양심에 따라서 할 뿐입니다. 그래서 되는 것도 없고 되지 않는 것도 없는 것 같습니다. 그들은 율법적인 훈련이 경건에 더 확실한 도움이 된다고 믿었습니다. 사도 바울은 율법의 유익을 부정하지 않습니다. 왜냐하면 율법은 죄를 억누르는 기능을 하기 때문입니다. 그러나 이것은 겉으로 병의 뚜껑을 막아 놓은 것과 같습니다. 임시로는 병의 마개만 막아 놓아도 도움이 될 것입니다. 그러나 이것은 근본적인 문제의 해결은 되지 못합니다. 한번 터져버리면 그때에는 아무 대책이 없습니다. 잘 참아 오다가 한 번 터져버리면 마치 댐이 무너진 것 같습니다. 지금까지 죄짓지 못하던 것을 한꺼번에 다 짓고 거기서 더 나아가서 하지 못할 짓을 전부 다 하고야 맙니다.

무엇인가 근본적인 대책이 있어야 합니다. 성경은 바로 그 부분에 대하여 말씀하고 있는 것입니다.

육신, 율법, 성령의 삼파전

이 세상에서 가장 중요한 가치를 갖고 있는 것이 있다면 그것은 사람의 육체입니다. 물론 죄를 짓고 자기 마음대로 할 때의 육체는 고기값도 하지 못합니다.

그러나 육체가 한 번 바로 사용되어지기만 하면 사람의 육체만한 것이 이 세상에 다시 없습니다. 최고의 걸작품이 되는 것입니다.

그런데 우리의 육체는 한쪽 방향으로 계속 끌리고 있습니다. 마치 자석과 같습니다. 그것을 사도 바울은 육체의 일이라고 해서 무려 열다섯 가지나 나열을 하고 있습니다. 그러나 이것은 네 가지로 크게 분류할 수 있습니다. 처음 두 가지는 불입니다. 하나는 성욕의 불이고 다른 하나는 분노의 불입니다. 이 두 가지 불을 끌 수 있는 사람이 있다면 그는 사람이 아닙니다. 사람 속에 불타는 성욕은 아주 무서운 불입니다. 이 불을 끌 수 있는 사람이 없습니다. 남자는 성욕을 이길 수 없습니다. 남자가 성욕을 해결할 수 있는 길은 빨리 결혼을 하는 것입니다. 여자의 경우에도 마찬가지입니다. 아주 무서운 불입니다. 정상적인 결혼의 방법으로 해결되지 않으면 다른 방법으로 채워주어야 이 불이 약간 수그러듭니다. 다른 방법이 무엇입니까? 음행과 더러운 것과 호색입니다.

그리고 다른 하나는 분노의 불입니다. 다른 사람들이 나를 정당하게 대우해주지 않을 때 속에서 보복하려는 불이 타오릅니다. 사도 바울은 그것에 대하여 가장 강한 항목을 열거하고 있습니다. 원수 맺는 것과 분쟁과 시기와 분냄과 당 짓는 것과 분리함과 이단과 투기라고 말하고 있습니다. 여기서 '이단'은 종교적인 이단을 말하는 것은 아니라고 생각합니다. 사회의 여러 가지 제도들은 바로 이런 두 가지 불을 억제하기 위하여 있는 것입니다. 결혼 제도나 사법 제도는 바로 이 성욕과 분노를 다스리기 위하여 있습니다. 사람의 제도는 이 불을 누그러뜨릴 수는 있지만 결코 끌 수는 없습니다.

그리고 두 가지 포기가 있습니다. 하나는 운명이나 위기 앞에서 인간의 정당한 분별력과 사고를 포기하는 것입니다. 이것은 우상숭배와 술수입니다. 미신에 빠지는 것은 인간의 사고력을 포기하는 것입니다. 그리고 다른 하나의 포기가 있습니다. 그것은 게으름입니다. 여기서는 술 취함과 방탕이라고 했는데 이것은 게으름이요 책임을 지지 않으려고 하는 것입니다. 사람들은 어떻게 해서든지 가정에서나 직장에서 책임을 지지 않으려고 합니다. 게으름이나 무책임은 눈에 보이지 않는 죄입니다.

두 가지는 적극적인 것입니다. 그리고 다른 두 가지는 소극적인 포기입니다. 이것을 사람의 지혜로는 다룰 수가 없습니다. 율법이 하는 것이 무엇입니까? 우리는 이런 육체의 성향을 어느 범위 안에 가두어 놓습니다. 우리 인간은 성욕이나 분노나 미신적인 생각이나 게으름을 어느 범위 안에 가두어 놓을 수는 있습니다. 그러나 이렇게 한다고 해서 욕구를 완전히 해결할 수 있는 것은 아닙니다. 때때로 이런 육체의 본능이 폭발할 때 율법이 수습할 수가 없습니다. 율법의 한계는 바로 여기에 있습니다. 사람을 훈련시켜서 어느 정도 죄성을 억제시킬 수 있지만 이것은 마치 병의 마개를 막아 놓는 것과 같아서 완전한 해결책이 되지 못합니다. 마치 댐에 물을 가두어 놓는 것과 같습니다. 물을 어떻게 사용해야 할지 모릅니다. 물을 가지고 농사를 지을 수도 없고 발전도 하지 못하고 그냥 댐 안에 가두어 놓는 것뿐입니다. 그러다가 한 번 비가 많이 와서 댐이 터져 버리면 그때에는 대책이 없습니다. 지금까지 막아 놓은 것이 오히려 더 큰 손해를 끼칩니다. 걷잡을 수 없는 홍수가 되어서 모든 것을 다

쓸어버립니다. 우리는 종교적이었던 사람이 한 번 탈선하면 그렇지 않은 사람들보다 더 훨씬 비양심적이 되고 더 심하게 악에 사로잡히는 것을 볼 때가 있습니다. 바로 그런 것입니다. 율법은 단지 사람의 정욕을 억제시킬 뿐이지 바른 방향으로 나아가게 하지 못합니다.

그래서 사람으로서는 육체를 길들여서 바르게 살게 할 방법이 없습니다. 죄를 억제할 수는 있지만 바른 방향으로 길들일 수 있는 방법이 없습니다. 그러나 하나님께는 방법이 있습니다. 그것이 무엇입니까? 하나님의 성령이 하시는 일입니다.

성령의 열매

하나님께서 사람들에게 주신 선물들이 많습니다. 사실 우리가 가지고 있는 모든 것은 하나님이 주신 선물입니다. 우리가 가지고 있는 생명도 하나님이 주신 선물입니다. 우리의 건강도 선물이며 자연도 선물입니다. 재능이나 지식도 하나님께서 우리들에게 주신 선물입니다. 그러나 이런 것은 누구든지 가질 수 있는 것이기 때문에 우리는 일반 은총이라고 부릅니다. 인간들이 가지고 있는 의리나 정의감도 일반 은총에 속합니다. 하나님께서 주시는 이런 일반 은총의 선물이 없으면 이 세상은 절대로 아름다울 수가 없습니다. 한 순간에 폐허가 되고 말 것입니다.

이 세상이 계속 아름다울 수 있는 것은 하나님께서 우리들에게 계속 이런 은혜를 주시기 때문입니다. 그러나 하나님께서 우리 인간들에게 주시는 최대의 선물이 있습니다. 그것은 모든 사람들에게 주시는 것이 아니기 때문에 특별 은총이라고 부르고 있습니다. 이것은 하나님께서 우리에게 하나님의 영을 나누어 주시는 것입니다. 이 하나님의 영은 단지 하나님의 영일 뿐 아니라 하나님과 똑같은 능력과 신성을 가지신 하나님이십니다. 하나님께서는 이 귀한 영을 오직 그리스도를 믿는 사람들에게만 주십니다. 이 성령이 하시는 것이 무엇인가 하면 바로 우리의 육체를 고치셔서 하나님이 원하시는 방향으로 움직이게 하는 것입니다.

이것은 마치 줄다리기와 같습니다. 우리 안에는 자기 멋대로 하려는 아주 강한 성향이 있습니다. 율법이 할 수 있는 것은 이런 강한 성향을 약간 억제할 수 있을 뿐입니다. 교양이나 학식이 할 수 있는 것도 이런 성향을 약간 억제할 수 있을 뿐입니다. 그러나 성령은 우리 안에서 정반대되는 방향으로 우리를 잡아당기기 시작합니다. 그래서 처음에는 아주 팽팽하게 줄다리기를 하다가 결국은 성령이 의도하시는 대로 우리 몸이 따라가게 됩니다.

성령께서는 우리를 억지로 당기시지 않습니다. 그렇게 하면 우리 몸은 부서져 버리고 말 것입니다. 그래서 우리는 성령이 어떤 식으로 우리 안에서 우리를 당기시는지 이미 살펴보았습니다. 그것은 먼저 우리로 하여금 지각을 새롭게 하셔서 죄를 깨닫게 하시는 것입니다. 죄의 추악성을 보지 않는 이상 절대로 죄는 우리를 떠나지 않습니다. 이 세상은 우리 안에 있는 죄성을 아름답게 그리고 있습니다. 그렇게 하고 있는 동안 죄는 절대로 우리를 떠나지 않습니다. 남편을 가진 여자가 다른 남자를 사랑하는 것을 아름답게 여기는 이상 죄가 떠날 수가 없습니다. 성령은 우리 안에 있는 죄성이 얼마나 더럽고 추악한지 깨닫게 하십니다. 그리고 하나님이 우리를 얼마나 사랑하시며 얼마나 우리를 존귀하게 생각하시는지 깨닫게 하십니다.

죄는 우리를 자꾸 비참하게 만들려고 하고 자포자기하게 하려고 합니다. '기왕 버린 몸'이라고 하면서 더 죄짓게 하려고 합니다. 그러나 성령은 우리가 그러기에는 너무나도 존귀한 자라고 말씀하십니다. 처음에는 그것이 믿어지지 않습니다. 그냥 듣기 좋으라고 하는 말 같습니다. 그러나 성령님은 거기서 그치지 않고 우리 안에 있는 감정까지 새롭게 하십니다. 그리스도인들에게 있어서 감정이 새로워진다는 것은 아주 중요한 것입니다. 감정까지 새로워지지 않으면 우리는 죄를 이길 수 없습니다. 결국 서로에 대하여 새로운 관계를 맺게 하십니다. 성령께서 우리 안에서 작용하셔서 최종적으로 나타나는 결과를 열매라고 말씀하고 있습니다.

오늘 본문은 '오직 성령의 열매는'이라고 하면서 말씀을 시작하고 있습니다.

성령의 열매라고 하는 것은 우리가 그토록 성령을 거역하고 자기 멋대로 행하려고 함에도 불구하고 성령이 만들어내는 결과를 의미합니다. 성경은 그것을 아홉 가지의 열매로 나타내고 있습니다.

우리가 알아야 할 것은 여기에 열거되어 있는 아홉 가지는 사람의 자연적인 성향이 결코 아니라는 사실입니다. 사람의 자연적인 성향에 이와 비슷한 것이 없는 것은 아닙니다. 사랑도 있고, 인내도 있고, 충성도 있을 것입니다. 그러나 이런 것들은 누구든지 다 가지고 있는 일반적인 성향들입니다. 여기서 열거하고 있는 것들은 우리의 본성이 그토록 반대하고 거부함에도 불구하고 끝내 성령이 만들어 내시는 결과입니다. 이것이 아홉 가지로 열거되고 있습니다. 그런데 이것은 다시 세 그룹씩 묶어서 생각해 볼 수 있습니다.

그 첫 번째는 사랑입니다. 여기서 사랑이라고 하는 것은 단순히 다른 사람에 대하여 느끼는 좋은 감정을 말하지 않습니다. 우리는 보통 사랑이라고 하는 것을 다른 이성에 대하여 느끼는 좋은 감정을 두고 생각할 때가 많습니다. 이성의 사랑의 특징이 무엇입니까? 그것은 소유하려는 욕망입니다. 그래서 이성간에 사랑은 소유하지 못할 때 분노를 가집니다. 사람의 성관계라고 하는 것은 서로를 완전히 소유하는 것입니다. 그러나 이성의 사랑은 배타적이며 이기적이기도 합니다. 왜냐하면 소유하기 위한 사랑이기 때문입니다. 그러나 여기서 사랑이라고 하는 것은 소유하기 위한 사랑이 아닙니다. 다른 사람을 나와의 관계에서 보지 않는 것입니다. 나와 상관없이 그 사람 독자적으로의 가치와 인격과 소중함을 인정하는 것입니다. 성령은 우리로 하여금 소유하지 않고서도 아름다움을 깨닫게 하십니다.

만일 우리가 산에 올라갔다가 아주 아름다운 새를 발견했다면 그 새를 잡아서 집에 가져 오려고 합니다. 왜냐하면 우리는 좋은 것을 보면 내 것으로 소유하고 싶기 때문입니다. 그러나 그 새의 입장에서 생각해 보면 그 새는 아름다운 자연에 있지 못하고 사람에게 잡혀서 새장에 갇혀 있어야 한다는 것은 큰 불행이 아닐 수 없습니다.

우리는 성령이 새 마음을 주시기 전에 나의 행복이 다른 사람에게는 불행이 될 수 있다는 것을 전혀 인정하지 않습니다. 모든 것이 나와 관계가 있어야 합니다. 어떤 모임에 갔을 때에도 내가 그 대화의 중심이 되어야 행복을 느낍니다. 말을 할 때에도 항상 자기 말만 하고 다른 사람들이 자기 말만 들어주어야 한다고 생각합니다. 그것이 다른 사람에게 얼마나 고역인지 생각지 않습니다. 그 새를 보십시오. 내가 그 새를 잡지 않아도 그런 새가 있다는 것 자체가 얼마나 다행이며 또 그런 새를 소유하지는 못했지만 한 번 보았다는 것 자체가 얼마나 다행입니까? 우리는 모든 좋은 것을 보면 자기가 가지고 싶어 합니다.

강대국들은 모든 문화재를 자기 나라에 있어야 한다고 생각해서 빼앗아 왔습니다. 그러나 모든 사람들은 자기 방식으로 살 권리가 있습니다. 인디언은 인디언으로서 아름다운 생활이 있고 흑인은 흑인 나름대로 자기 방식으로 사랑하며 자기 방식으로 살아갈 권리가 있습니다. 그것을 깨닫고 인정하는 것이 사랑입니다.

공부를 잘하는 사람만 행복할 권리가 있는 것이 아닙니다. 공부를 못하는 사람도 얼마든지 행복하게 살 권리가 있습니다. 예쁘게 생긴 사람만 행복할 권리가 있는 것이 아닙니다. 우리 생각에 예쁘게 생기지 않은 사람이라도 그 인격이 귀하며 얼마든지 행복하게 살 권리가 있습니다.

날씬하게 생긴 사람만 행복할 권리를 가진 것이 아닙니다. 뚱뚱한 사람도 소중한 인격체입니다. 신체적으로 불편하신 분들도 그 영혼은 얼마나 귀한 존재들인지 모릅니다. 처녀들만 귀한 것이 아닙니다. 할머니 한 분 한 분이 귀하며 그 자녀들에게는 그렇게 소중할 수 없는 분들입니다. 이것이 깨달아 질 때 사랑이라는 말이 성립됩니다. 나와 상관없이 그 사람 자체로 소중하며 존귀한 인격체임이 깨달아 질 때 사랑에 눈이 떠지는 것입니다.

그래서 저는 사람을 개인으로 볼 것이 아니라 가족사진을 보면 좋다고 생각합니다. 한 사람이 있으면 한 사람만이 아닙니다. 그에게는 그를 너무나도 귀하게 생각하는 가족들이 있습니다. 직장 상관이 자기 부하의 가족사진을 본다면 함부로 목을 날리지는 못할 것입니다. 왜냐하면 그는 그 한 사람이 아닙니다. 그만 믿고 있는 아내가 있고 전적으로 그를 의지하고 사는 노모가 있고 아이들이 있습니다. 어떤 한 사람이 죄를 짓고 감옥에 들어가면 그 한 사람만 죄를 지은 것이 아닙니다. 그는 자기 가족들 모두에게 죄를 짓는 것입니다. 성령이 우리에게 주시는 것은 사랑의 지각이 열리는 것입니다.

그러나 이것만으로 충분하지 않습니다. 그래서 두 번째 열매는 기쁨입니다.

기쁨이라고 하는 것은 영광입니다. 이것은 어떤 기쁜 일이 있어서 기쁜 것이 아닙니다. 하나님의 영이 내 안을 가득 채울 때 온 인격 안에 기쁨이 충만해지는 것입니다. 이 기쁨은 다른 사람을 사랑할 수 있는 힘을 줍니다. 우리에게 필요한 것은 힘입니다. 힘이 없으면 알기는 하지만 사랑할 수가 없습니다. 성령께서는 우리 안에서 각 사람의 소중함을 깨닫게 할 뿐 아니라 그를 향하여 사랑할 수 있는 힘을 주십니다. 만일 그에게 필요한 것이 나에게 있으면 기쁩니다. 그에게 다가갈 수 있는 용기가 생깁니다. 무엇인가 주고 싶습니다. 다른 사람을 기쁘게 하고 싶습니다.

이 기쁨이라고 하는 것은 감정적인 흥분입니다.

그래서 그리스도인들에게 있어서 가장 귀중한 상급이 있다면 그것은 당연히 기쁨의 상급일 것입니다. 하나님께서 우리들에게 많은 상급을 주십니다.

어떤 사람은 맡은 일을 잘해낼 수 있는 힘을 주시고 어떤 사람은 오래 참을 수 있는 인내도 주십니다. 이 모든 것은 다 귀한 것입니다. 그러나 하나님께서 우리에게 주시는 상급이 있다면 그것은 기쁨의 상급입니다. 이 기쁨은 온 마음으로 하나님을 사랑할 때 주시는 상급입니다.

여러분, 우리에게서 얼마나 기쁨이 쉽게 없어지든가요? 얼마나 별 것 아닌 것에 기쁨이 없어져 버리고 말든가요?

기쁨은 온 마음으로 끝까지 하나님을 사랑할 때 주시는 것입니다. 마치 마라톤에서 끝까지 달릴 때 얻는 금메달과 같습니다. 기쁨은 영광입니다. 다른 사람을 사랑할 수 있는 힘이요 내가 얼마나 하나님 앞에서 존귀한 자인지 감정적으로 깨달을 수 있는 체험입니다. 우리에게 필요한 것은 힘입니다. 이 힘은 모두 기쁨에서 나옵니다. 아내가 기쁨에 충만할 때 남편을 위하여 무엇인가 하고 싶습니다. 남편의 마음에 기쁨이 가득할 때 아내를 위하여 무엇인가 하지 않고는 견디지 못합니다. 이것은 하나님께서 우리에게 주시는 상급 중에서 가장 귀한 것입니다. 우리의 마음을 지키고 생각을 지키고 끝까지 하나님의 뜻에 순종할 때 이 금메달을 주십니다. 우리는 많은 경우 마당히 해야 하는지 알지만 하기 싫어서 그만 두는 경우가 많습니다. 그 이유가 무엇입니까? 기쁨이 없기 때문입니다.

신앙은 규칙이 아닙니다. 어느 선을 정해 놓고 그 선까지 열심히 충성 봉사하는 것이 신앙이 아닙니다. 신앙은 사랑이 흘러넘치는 것입니다. 사랑이 흘러넘치는 이유가 무엇입니까? 그 안에 영광이 있기 때문이며 그것은 바로 우리의 기쁨입니다. 기쁨이 없으면 어떻게 됩니까? 자기 자신이 밉고 다른 사람들도 귀찮습니다. 그저 자기 혼자 고독을 씹고 싶은 것입니다. 기쁨은 영광이요 힘입니다.

그리고 세 번째는 화평입니다. 화평이라고 하는 것은 영원히 다른 사람과의 적대 관계를 포기하는 것입니다. 칼을 쳐서 삽을 만들고 창을 쳐서 낫을 만드는 것입니다. 영원히 다른 사람들과 원수 관계를 가지기 않기로 선언을 하는 것입니다. 그 이유가 무엇입니까? 마음속에 다른 사람을 향한 분노가 없어졌기 때문입니다. 사실 사랑이 있고 기쁨이 있으면 이미 더 이상 다툴 이유가 없습니다. 그래도 여기에 화평이 나오는 것은 이런 관계를 더 분명히 하고 구체화하는 것입니다. 속으로만 미워하지 않는 것이 아니라 아예 노골적으로 모든 사람을 향하여 영원히 적대관계를 포기하는 선언을 하고 더 이상 자기 자신을 방어하려는 어떤 노력도 포기하는 것입니다. 다시 말해서 어느 누구에 대해서도 무방비 상태가 되는 것입니다. 다른 사람을 자기 목적을 달성하기 위한 수단으로 사용하려고 하는 시도를 영원히 포기하는 것입니다. 영원히 어느 누구와도 싸우기를 포기하는 것입니다.

사실 모든 사람들은 마음속에 칼을 하나씩 품고 살아가고 있습니다. 그 칼은 분노의 칼입니다. 자기를 무시하고 자기에게 고통을 준 사람에게 언젠가는 복수하겠다는 분노의 칼입니다. 그러나 이것이 반드시 자기에게 고통을 준 사람에게만 향하는 것이 아니라 그와 비슷한 아무 상관없는 사람에게도 칼이 날아가게 됩니다. 어떤 여인이 어떤 남자를 매우 싫어했습니다. 그 이유는 다른 이유가 아니었습니다. 자기가 처음에 실연당한 남자와 너무 비슷하게 생겼기 때문입니다.

사람은 이런 식으로 다른 사람을 미워하고 복수를 가합니다. 어떤 부인은 자기 아들이 미워하는 남편과 너무 닮았다는 한 가지 이유로 그 아이를 미워했습니다. 자기에게 상처를 준 사람과 비슷한 헤어스타일을 한 사람을 보면 기분이 나빠지는 것입니다. 사실 이것은 과잉 반응입니다. 다시 상처를 입지 않으려고 미리 선제공격을 하는 것입니다. 사람들이 가지고 있는 생각이 무엇입니까? 공격이 최선의 방어라는 것이지요. 그러나 성령은 각 사람은 이해와 동정이 필요하며 사실 알고 보면 다 불쌍한 사람이라는 것을 깨닫게 하십니다. 오히려 과잉 방어해서라도 자신을 지키려고 하는 자기가 얼마나 어리석은지 깨닫게 하십니다. 자신이 있는 사람은 남을 공격할 필요가 없습니다. 항상 자신이 없기 때문에 남을 공격하는 것입니다. 공격의 영원한 포기, 이것이 바로 화평입니다.

우리는 사랑과 기쁨과 화평 이 세 가지만 생각해도 성령이 우리 안에서 얼마나 엄청난 일을 행하셨으며 이것만으로도 충분하다는 것을 깨달을 수 있습니다.

그러나 성령이 하시는 일은 여기서 그치지 않습니다. 여기서 더 나아가게 하십니다. 이것이 다음에 열거되고 있는 세 가지입니다.

첫째는 오래 참음입니다. 아니 사랑과 기쁨과 화평만 있으면 되는 것이지 오래 참음이 왜 필요합니까? 나는 괜찮지만 이 세상의 죄성은 모든 것을 한 순간에 바꾸어 놓지 못하게 합니다. 나는 좋지만 나의 좋은 감정이 상대방에게 전달이 되려면 상당한 시간이 걸립니다. 만일 그 동안에 마음이 변해버린다면 좋았던 것이 아무 소용이 없게 됩니다. 그래서 인간의 죄성 때문에 그 다음 세 가지 열매가 필요한 것입니다. 오래 참음이라고 하는 것은 상대방도 나와 같은 깨달음이나 감정을 가질 때까지 기다리는 것입니다. 아무리 좋은 것도 강요하거나 서두를 때 가치가 파괴되는 경우가 많습니다. 우리가 다른 사람들도 나와 같은 생각을 가지고 있겠지 라고 생각하는 것만큼 큰 오해도 없습니다. 백 사람이 있으면 백 사람의 생각이 틀리며 그것이 하나의 생각이 되려면 끊임없는 인내와 설득이 필요합니다. 성령께서는 사람의 마음이 그렇게 쉽게 변하지 않는다는 것을 아십니다. 그래서 다른 사람들의 마음이 자연스럽게 움직일 때까지 기다리게 하십니다.

이것은 단순한 무관심이 아닙니다. 이것은 포기가 아닙니다. 이것은 일단 기대에 비하여 훨씬 좋지 않은 반응에도 불구하고 실망하지 않고 소망을 가지고 마음들이 모두 모아지도록 기다리고, 혹시 걸림돌 되는 것이 있으면 그것을 제거하고, 혹시 설명이 필요한 부분이 있으면 충분히 다시 설명하는 것입니다.

우리는 다른 사람에 대하여 오래 기다리지 못합니다. 그러나 성령님은 우리 안에 계속 다른 사람에 대하여 마음에 부담감을 주셔서 자꾸 생각나게 하십니다. 기도하게 하시고 찾아 가게 하시고 편지 쓰게 하십니다.

자비는 무엇입니까? 신사적인 것입니다. 우리는 상대방에서 호의를 베풀었는데도 불구하고 반응이 좋지 않으면 그 좋은 태도를 접어 버리고 대신 좋지 않은 태도를 보이기 쉽습니다. 처음에는 신사가 찾아 갔는데 반응이 좋지 못하면 그만 야만인으로 변해서 그의 약점을 들추어내고 그를 비난하기 시작하는 것입니다.

사실 신앙이 어린 많은 사람들이 신앙적으로 존경하던 사람들로 부터 실망을 하고 깊은 상처를 입는 것은 바로 이런 태도의 변화입니다. 잘 나가다가 생각이 다를 때 자비를 거두어 버리는 것입니다. 더 이상 너에 대해서는 신사적이지 않겠다는 식의 태도를 볼 때 정죄 당하는 느낌이 들면서 억울하다는 생각이 드는 것입니다. 그래서 그리스도인들은 신앙이 어린 사람들보다는 신앙이 좋은 사람들로 부터 상처를 입을 때가 더 많습니다. 그것은 너무나도 빨리 자비를 거두어 버리는 것입니다. 신사적이고 좋았는데 한 두 가지 점에 실망하거나 마음에 맞지 않는 것이 있을 때 더 이상 자비를 베풀어 주지 않는 것입니다.

사실 사람은 빨리 변하지 않는 죄성이 있습니다. 신앙이 좋은 사람들도 이렇게 되기까지는 수없는 시행착오와 실패가 있었을 것입니다. 그러나 다른 사람에 대해서는 오랜 시간을 주지 못하고 당장 천사나 성자의 모습을 기대하는 것입니다.

어떻게 하면 상대방이 실망스러운 반응을 보임에도 불구하고 계속 신사적인 모습을 보여 줄 수 있을까요? 참으로 어려운 이야기인 것 같습니다. 여기서 많은 친구들을 잃게 됩니다. 사실 천사가 아닌 다음에는 그러기 어렵습니다. 차라리 솔직하게 자신의 부덕함을 인정하고 사과를 하는 것이 그런 분노를 가라앉힐 수 있을 것입니다. 사람들은 영적인 지도자들로 부터 천사와 같은 인내와 자비를 기대합니다. 그러나 영적인 지도자들이야말로 이해가 필요하고 도움이 필요한 자들입니다. 그래서 서로가 서로에 대하여 실망하는 것입니다. 우리가 화를 내지 않는다는 것은 불가능하고 할 수 있으면 직접 부딪치지 않는 것이 지혜일 것입니다.

그리고 양선이라고 하는 것은 자비에서 한걸음 더 나아가는 것입니다. 원래 양선은 남의 물질적인 부족을 채워주는 것입니다. 예를 들면, 구제하는 것과 같습니다. 그러나 여기서는 단순히 남의 부족한 부분을 이해할 뿐 아니라 그것을 자신의 것으로 채워주는 것입니다. 남이 하지 않는 부분을 말없이 자기가 가서 해버리는 것입니다. 남이 청소를 하지 않으려고 서로 다투고 있을 때 말없이 몇 사람이 가서 해 버린다면 그것이 바로 양선입니다. 이때부터는 거의 천사에 가까운 모습이 나타나는 것입니다. 양선의 미덕이 있을 때 말이 필요가 없습니다. 어느 누구도 하기 싫어하는 것은 내가 가서 말없이 해버리는데 누가 무슨 말을 하겠습니까? 대개 시끄러운 것은 하기 싫은 일을 해야 하기 때문입니다.

그런데 이 천사들은 말이 없습니다. 단지 남들이 하기 싫어하는 것을 아무 소리 없이 해낼 뿐입니다. 이런 천사들이 가까이 있다는 것은 얼마나 귀한 일인지 모릅니다. 교회는 천사들이 많아야 합니다. 그래야 소리없이 모든 것이 아름답게 공급이 됩니다. 이것은 다른 사람의 태도에 구애받지 않습니다. 남이 욕을 하던 칭찬을 하던 상관이 없습니다. 그저 마음에 우러나서 하는 것입니다. 천사가 아니면 하지 못하는 것들입니다. 우리 교회는 처녀 천사들이 많았습니다. 부인 천사들도 있습니다. 할머니 천사들도 있습니다. 이 분들은 모두 양선의 미덕을 갖춘 자들입니다. 자기의 필요보다는 다른 사람의 필요에 더 민감한 자들입니다. 그리고 우리 남자들에게도 더 이상 자기 문제에만 빠져 있지 말고 천사의 날개를 달고 한 번 날아 보라고 말씀드리고 싶습니다. 저는 다른 사람의 필요에 민감한 형제나 자매들을 볼 때 너무나도 귀하다는 생각이 듭니다. 이것은 자기의 희생이 없이는 불가능합니다.

그러면 이제 우리는 모든 것이 다 끝난 것이 아닐까요? 우리는 사랑도 알았고, 기쁨도 알았으며, 화평도 알았습니다. 그리고 다른 사람의 반대에도 불구하고 지속적으로 일관되게 사랑하는 오래 참음이나 자비나 양선을 알았습니다.

그런데 무엇이 더 필요할까요? 이제는 더욱 더 자신의 목표에 충실한 것입니다. 반대를 무릅쓰고 사랑을 실천하는 것만으로는 부족합니다. 이제는 더욱 더 주님의 그 원하는 뜻을 향하여 일관되게 날아갈 필요가 있습니다. 화살을 쏘는 것만으로는 부족합니다. 아주 힘차게 그 목표를 향하여 날아가서 적중하는 것이 필요합니다. 그래서 더욱 더 주님의 뜻을 이루어 드리기 위하여 이 세 가지가 필요합니다. 그것은 충성과 온유와 절제입니다. 이 세 가지는 더욱 온전한 하나님의 뜻을 이루어 드리기 위하여 필요한 것입니다.

충성은 목표에 일관된 것입니다. 하나님이 자신에게 원하시는 뜻이 무엇인지 깨닫고 거기에 일관되게 충성하는 것입니다. 이것저것을 건드리지 않습니다. 많은 일들을 벌리지 않습니다. 주님이 원하시는 목표 한 가지에 최선을 다하여 질주하는 것입니다. 마치 화살이 날아가는 것과 같습니다. 꾸불꾸불 날아가지 않습니다. 불필요한 일에 눈을 돌리지 않습니다. 오직 주님이 원하시는 한 가지만을 위하여 달려갑니다. 전문가는 여러 가지를 손대지 않습니다. 그는 항상 한 가지 기술로 극치를 이루어서 그것으로 다른 사람들을 돕습니다. 의사들도 이제는 더욱 더 전문화되어 가는 것 같습니다. 옛날에는 외과 내과 하는 식이었는데 이제는 심장전문, 비자 전문, 위 전문, 간 전문 하는 식으로 세분화 되고 있습니다.

하나님의 백성들도 모든 일을 다 잘하려고 하지 않습니다. 그러면 아무것도 하지 못하기 때문입니다. 오직 하나입니다.

온유라고 하는 것은 시기와 관계되는 것입니다. 세상일도 다 때가 있습니다. 하물며 하나님의 일은 더욱 더 그렇습니다. 아무리 의욕이 있어도 하나님께서 길을 열어 주시지 않으시면 아무 소용이 없습니다. 어떤 사람은 길이 열리지 않을 때에는 기를 쓰고 있다가 막상 기회가 주어지면 너무나도 신중한 것처럼 하면서 아무것도 하지 않는 사람들이 있습니다. 그런 사람은 때를 볼 수 있는 눈이 없는 것입니다. 그는 시기에 있어서 소경과 같습니다. 예수님은 진리의 밤과 낮을 구별하고 계셨습니다. 제자들에게 이제 밤이 오리니 그때는 아무것도 일할 수 없느니라고 말씀하셨습니다. 예수님은 하나님의 때를 조용히 기다리셨습니다. 그러다가 때가 되었을 때 도저히 어느 책에도 기록할 수 없을 정도의 일을 해 내셨습니다. 이것이 온유한 것입니다.

하나님께서는 서서히 강도를 높이시지 않으십니다. 어떤 때에는 아무 일도 주시지 않습니다. 그러다가 때가 갑자기 되면 정신 차릴 수 없을 정도로 많은 일들이 주어집니다. 그래서 현명한 사람은 아무 일이 없을 때 자기 자신을 잘 훈련시켜 놓습니다. 특히 말씀과 인격의 준비가 잘되어야 합니다. 밤에 훈련을 잘 받은 사람이 낮에 많은 일을 감당할 수 있습니다. 밤에 놀기만 하고 아무것도 하지 않은 사람은 갑자기 낮이 오면 실패하고 맙니다. 특히 경건에 있어서 실패하거나 겸손에 있어서 실패하거나 윤리적인 부분에서 넘어지기 쉽습니다. 사람들이 나를 알아주지 않는다고 불평할 것 없습니다. 일은 주님이 주시는 것입니다. 알아주지 않을 때 경건에 힘쓰고, 기도에 힘쓰고, 말씀으로 잘 무장해야 합니다.

마지막은 절제입니다. 이것은 주님의 뜻을 성취하는 방법과 관계가 되는 것입니다. 하나님의 일은 하나님의 방법으로 해야 합니다. 아무리 좋은 것이 있다 하여도 사람의 방법으로 하면 하나님의 온전한 뜻을 이루지 못합니다. 특히 하나님의 뜻을 이루는 가장 중요한 재료는 그 사람 자신입니다. 그래서 언제나 자신의 삶을 절제해서 언제든지 주님이 쓰실 수 있는 최선의 병기로 갈고 닦아 놓아야 합니다. 늘 최상의 컨디션을 유지해야 하며 영적으로 항상 성령 충만해야 합니다. 주님이 요구하시기만 하면 언제든지 달려갈 수 있어야 합니다. 마치 오 분 대기조처럼 자신을 준비시켜 놓아야 합니다. 불필요한 것을 잔뜩 가지고 있으면 주님의 요구에 긴급하게 달려갈 수가 없습니다. 어떤 사람은 일을 시켜 놓으면 얼마나 오래 걸리는지 결국 시킨 사람이 해야 하는 경우도 있습니다. 그 사람은 일단 편한지는 모르지만 아마 중요한 일은 항상 다른 사람에게 돌아갈 것입니다. 왜냐하면 그는 늘 준비되어 있지 않은 게으른 사람이기 때문입니다.

사도 바울이 이런 말씀을 하시는 이유가 무엇입니까? 율법으로는 이런 적극적인 삶이 나올 수가 없다는 것입니다.

바울이 무엇이라고 말씀하고 있습니까?

"이같은 것을 금지할 법이 없느니라" 다시 말해서 율법은 이런 것을 흉내조차 낼 수 없기 때문에 이렇게 하라 말라 할 자격조차 없다는 것입니다.

저는 복음이 너무나도 엉성하기 때문에 다른 많은 훈련이 필요하다고 생각하는 사람들에게 말씀드리고 싶습니다. 그것은 약간의 만족은 줄 수 있습니다. 또 어떤 훈련은 죄를 어느 정도 억제시킬 수도 있다는 것을 인정합니다. 그러나 이런 적극적인 삶이 이루어지는 것은 교회 안에서 함께 말씀을 듣고 사랑을 실천하는 가운데 이루어지는 것입니다. 신앙은 자기만족을 위한 것이 아닙니다. 죄에 찌들어 있는 우리의 육신을 잡아당겨서 하나님이 원하시는 뜻대로 사용되게 하는 것입니다. 물론 이것이 한 순간에 되지는 않습니다. 성령께서 계속 당겨 주셔야 합니다. 지속적으로 말씀이 공급되고 깨달아지며 우리 안에 성령이 감동을 주실 때 조금씩 이루어지는 것입니다. 우리는 말씀을 너무 많이 들었다는 식으로 이야기 하지 마십시오. 그 정도로는 너무나도 부족합니다.

매 주일마다 영혼의 충격을 받아야 합니다. 내 안에는 정말 선한 것이 아무것도 없구나 하는 탄식이 매일 매 순간 우리 입에서 튀어나와야 합니다. 그리고 성령이 주시는 감동을 사모해야 합니다. 우리 안에 성령이 주시는 기쁨이 늘 충만하며 이것을 빼앗기지 않도록 힘써 지켜야 합니다. 그러면 어느새 나도 모르게 내 입에서 천사의 소리가 나오며 나의 몸에서 천사의 봉사가 나오게 되는 것입니다. 그리고 육체를 바로 사용하는 것이 얼마나 복되고 큰 축복이며 그때 빨리 죽었으면 좋겠다는 말이 쏙 들어가게 될 것입니다.

우리에게 아름다운 삶을 주신 하나님을 온 세상 만물과 함께 찬양하게 될 것입니다.

갈라디아서 강해 29

성령과 동행하는 삶

갈 5:24-26

얼마 전에 우리 교우 중에 한 분이 이사를 했습니다. 그런데 너무나도 가까운 곳이기 때문에 이삿짐센터에 부탁을 하지 않고 회사 사람들과 함께 짐을 날랐다고 합니다. 그런데 결과는 엉망이었습니다. 돈은 돈대로 들고 수고는 수고대로 하고 또 큰 유리가 깨어지고 장롱은 흠집이 생겼습니다. 이삿짐을 나르면서 전문가들이 하는 것을 보면 거의 환상에 가깝습니다. 아무리 큰 물건이라고 해도 두 사람이 호흡을 맞추면 가뿐히 들어서 옮깁니다. 그러나 일할 줄 모르는 사람은 아무리 많이 덤벼들어도 일은 일대로 못하고 힘은 힘대로 들고 또 어떤 것은 깨기도 합니다. 사실 두 사람이 호흡을 맞추기만 하면 한 사람의 힘으로는 도저히 할 수 없는 엄청난 일을 해 냅니다. 아마 스포츠 중에서 가장 아름답고 환상적인 스포츠라면 두 사람이 하는 피겨 스케이팅이라고 할 수 있을 것입니다. 두 사람이 호흡을 맞추어서 하는 것을 보면 이것은 완전히 환상 그 자체입니다.

사도 바울은 바로 우리 그리스도인들에게 이런 일이 일어나고 있다고 말씀하고 있습니다. 그리스도인들은 더 이상 혼자가 아닙니다. 자기가 원하든 원하지 않든 그리스도인은 혼자가 아닙니다. 그 안에 자기 외의 또 다른 인격체가 들어 와 있습니다. 이 분은 성령 하나님이십니다. 우리는 이 분을 무시하고는 아무것도 할 수가 없습니다. 그리스도인들은 자기가 원하든 원하지 않던 상관이 없습니다. 무엇을 하든지 성령과 함께 하게 되어 있습니다. 이것이 믿지 않는 사람들과의 차이입니다. 비유를 들자면 마치 결혼하지 않은 독신과 결혼한 부부와 같습니다.

독신은 모든 것을 자기 혼자 결정할 수 있습니다. 자기가 하고 싶으면 하고 하기 싫으면 그만입니다. 그러나 결혼한 사람은 그렇지가 않습니다. 무엇을 하든지 상대방의 의사를 무시할 수가 없습니다. 어떤 부부는 부부 사이에 무엇이 맞지 않습니다. 그러면 아무것도 일이 되지 않습니다. 일이 좀 되려고 하면 부인이 가출을 해 버린다든지 남편이 행패를 부린다면 일이 될 리가 없습니다. 그럴 때는 없는 것이 차라리 있는 것보다 나을 수 있습니다. 그러나 부부는 서로를 없는 것으로 할 수가 없습니다. 부부는 좋든 싫든 부부며 함께 살아야 합니다.

바로 그리스도인들의 삶이 그렇습니다. 예수를 믿는 사람들은 자기 안에 다른 한 의자가 들어 와 있다는 것을 깨닫게 됩니다. 그분은 하나님의 성령이십니다. 내가 생각하는 것과 성령이 생각하는 것이 전혀 맞지 않으면 어떤 현상이 생기는가 하면 거의 정신분열증 같은 증세가 일어나게 됩니다.

안에서 두 의지가 싸웁니다. 한편으로는 이것을 하고 싶다가도 금방 또 다른 생각이 지배를 합니다. 그것은 정반대되는 것을 하겠다는 것입니다. 이런 두 생각이 티격태격 싸우다 보면 어떻게 합니까? 거의 그로기 상태가 되어버리고 맙니다. 아무것도 되지 않습니다. 마치 부부 싸움이 일어난 집과 같습니다.

아무것도 되는 일이 없습니다. 그러나 만일 성령님과 나의 마음이 일치가 되기만 하면 그때에는 환상적인 콤비 플레이가 이루어지게 됩니다. 도저히 감당할 수 없었던 것으로 생각했던 어려운 일들이 자신도 놀랄 정도로 해결되고 성취되는 것을 볼 수 있게 됩니다. 그래서 사도 바울은 우리에게 이렇게 권면하고 있습니다. 기왕 우리가 성령과 동행하면서 살게 되어 있다면 성령과 다투지 말고 적극적으로 성령의 뜻을 이루어 드림으로 참으로 환상적인 그런 삶을 살도록 해 보라는 것입니다.

그리스도인들에게 되어진 사실

우리 그리스도인들은 전혀 신앙을 갖지 않은 사람에 비하여 어떤 점에서 근본적인 차이가 있습니까?

그것에 대하여 사도 바울은 이렇게 말씀하고 있습니다.

24절 그리스도 예수의 사람들은 육체와 함께 그 정과 욕심을 십자가에 못 박았느니라

아마 이 말씀보다 더 이해하기 어려운 말씀도 없을 것입니다. 성경은 우리 그리스도인들이 어떤 사람들이라고 말씀하고 있습니까? 우리는 이미 그리스도와 함께 십자가에 못 박힌 사람이요 우리의 육체뿐만 아니라 우리 안에 있는 정욕과 더러운 욕망까지 모두 다 십자가에 못 박은 사람이라고 말씀하고 있습니다.

그러나 실제로 우리는 어떻습니까? 우리 안에 있는 정욕과 욕심은 전혀 십자가에 못 박히지 않았습니다. 여전히 살아 있고 여전히 우리 안에서 횡포를 부르고 있습니다. 성경 말씀이 사실이라면 우리는 지금 거의 천사의 수준에 도달해 있어야 합니다. 우리는 화를 낼 줄도 모르고 욕망도 모두 다 버린 그런 성자의 모습을 가지고 있어야 합니다. 그러나 우리는 결코 그런 모습이 아닙니다. 우리 안에는 분노가 그대로 살아 있습니다. 더러운 욕망도 그대로 살아 있습니다. 우리는 천사나 거룩한 성자의

삶 보다는 믿지 않는 사람과 별로 다를것이 없는 모습으로 살아가고 있습니다.

그런데도 오늘 말씀은 우리가 이미 육체와 함께 그 정과 욕심을 십자가에 못 박았다고 말씀하고 있습니다. 차라리 그랬으면 좋겠다고 생각할 때가 많습니다. 우리는 우리를 늘 넘어지게 하는 이 육체와 속에 있는 이 욕망을 십자가에 못 박았으면 좋겠다고 생각을 합니다.

그러나 우리 안에 있는 욕망은 절대로 십자가에 못 박히지 않았습니다. 욕망을 채워주지 않으면 엄청난 횡포를 부립니다. 밥을 제때 먹지 못하면 속에 있는 욕망은 분노를 나타냅니다. 성욕이 채워지지 않으면 다른 것으로라도 채워주어야 수그러들지 그냥 그대로 두면 얼마나 우리를 괴롭히고 자기 멋대로 행동하는지 모릅니다. 그런데도 성경은 우리 그리스도 예수의 사람들은 육체와 함께 그 정과 욕심을 십자가에 못 박았다고 말씀하고 있습니다. 그러면 분명히 우리 안에 있는 육체의 정욕이나 욕구는 죽지 않고 살아 있는데 성경이 이처럼 말씀하시는 이유는 무엇일까요? 이것은 우리가 모르는 가운데 우리 안에 어떤 중요한 한 가지 일이 이루어졌다는 것입니다.

그것을 몇 가지로 나누어서 생각해 봅시다.

첫째로 우리가 예수 믿을 때에 우리는 잘 알지 못하지만 우리에 대하여 아주 중요한 한 가지 사실이 이루어졌다는 것입니다. 그것은 육체의 정욕이 우리를 절대적으로 지배할 수 있는 근거는 없어졌다는 뜻입니다.

저는 오늘 본문에서 육체와 정과 욕심을 정확하게 어떻게 구분해야 할지 모르겠습니다. 단지 이것들은 우리 안에 있는 육체의 정욕을 총체적으로 나타내는 표현이라고 생각합니다. 우리 안에는 기본적인 욕구가 있습니다. 먹어야 하고 쉬어야 하고 자야 합니다. 그리고 성적인 욕구도 있고 분노와 또 다른 욕구들도 있습니다. 그 모든 것들을 육체와 정과 욕심으로 표현하고 있다고 생각합니다.

그런데 예수 믿기 전에는 이런 것들의 욕구가 절대적이었습니다. 예를 들어서 이 욕구들이 가만히 있으면 상관이 없습니다. 그러나 한 번 요구하기 시작하면 어쩔 도리가 없습니다. 무슨 수를 써서라도 이 욕구들을 채워주어야 합니다.

먹고 싶으면 무조건 먹어야 합니다. 물론 돈이 없어서 먹을 수 없으면 그것은 분노의 감정으로 자리를 잡습니다. 나중에 먹을 기회가 오면 그야말로 분노로 먹습니다. 그 이유는 우리 안에 있는 욕구가 절대적으로 우리를 지배하고 있었기 때문입니다. 그러나 그리스도인이 되고 나면 여전히 육체의 호령은 남아 있습니다. 그러나 절대적이지는 않습니다. 왜냐하면 우리 안에 또 다른 힘이 있기 때문입니다. 물론 우리를 배가 고프면 먹어야 합니다. 그러나 이 때 먹지 못했다고 해서 분노의 감정으로 자리를 잡지는 않습니다. 다만 먹지 못할 뿐이지요.

우리 안에 있는 욕구는 성적인 욕구를 채우지 않으면 무슨 일이 일어날지 모른다고 위협을 합니다. 그래서 무슨 수를 써서라도 성적인 욕구를 채워주어야 합니다. 그래서 사회에는 창녀촌이 있습니다. 그것이 나쁜 줄 알면서도 만약 그런 식으로 해서 성욕이 채워지지 않는다면 그때는 길 가는 여자들을 욕보일지 모르니까 창녀촌을 없애지 못하는 것입니다. 아직도 영화중에서 가장 인기가 높은 것은 폭력물이나 섹스물이라고 합니다. 물론 사람들은 그런 것이 고상하지 못하다는 것을 알고 있지만 마음속에 폭력과 성욕이 있기 때문에 없어지지 않는 것입니다. 물론 그리스도인들도 똑같이 성욕을 느끼고 있습니다. 그러나 이런 욕망이 그리스도인들을 지배하지는 못합니다.

우리 인간적인 생각으로는 이런 욕구를 절대적으로 채워주어야 할 것 같습니다. 그러나 우리가 믿음으로 한 번 거부해 보면 거부가 되는 것입니다. 이것이 중요합니다. 우리가 이런 욕망과 싸우면 싸움이 되는 것입니다. 이전까지는 우리에게 이런 싸움은 불가능했습니다. 우리에게는 이런 욕망이 일어나지 말아야지 일단 일어나면 대책이 없었습니다. 그러나 그리스도인들은 그렇지 않습니다. 물론 그리스도인들도 충동에 질 때도 많습니다. 그런데 우리가 용기를 가지고 한번 덤벼들어보면 이길 수 있습니다.

그것은 우리 안에 우리가 알지 못하는 아주 중요한 한 변화가 일어났기 때문입니다. 그것은 육체의 정욕이 더 이상 우리 안에서 왕노릇하지 못하는 것입니다. 단지 충동을 일으킬 뿐이고 우리를 위협하기는 하지만 얼마든지 불순종할 수 있고 불순종해도 정욕이 우리를 더 이상 파멸시키지 못한다는 것입니다. 마치 돌아다니던 사자가 사슬에 묶인 것과 같습니다. 사자가 돌아다니면 어떻게 됩니까? 닥치는 대로 사람을 잡아먹습니다. 사자는 만나지 말아야지 한 번 맞닥뜨린 이상 대책이 없습니다. 그러나 사자가 사슬에 묶였을 때에는 소리는 지르고 위협할 수는 있지만 더 이상 우리를 해치지지는 못합니다.

그래서 성경도 우리 안에 있는 정욕이 완전히 없어졌다고 말하지는 않습니다. 십자가에 못 박힌 채로 달려 있는 것입니다. 아직 살아 있습니다. 숨을 몰아쉬면서 우리를 노려보기도 하고 내려가기만 하면 죽여 버릴 거라고 위협을 합니다. 그러나 이제는 그렇게 쉽게 우리를 해치지 못합니다. 왜냐하면 그는 이미 한풀 꺾였기 때문입니다.

한 학생이 있었는데 그 아이는 그 학급에서 참으로 문제아였습니다. 아무도 그를 상대할 수가 없었습니다. 아이들은 모두 그 문제 학생을 두려워하면서 설설 기었습니다. 그런데 무슨 잘못을 해서 선생님에게 야단을 맞고 벌을 서게 되었습니다. 그는 앞에 나가서 손을 들고 서 있습니다. 그는 계속 눈으로 아이들을 위협했습니다. 벌이 끝나기만 하면 아이들에게 복수할 것이라는 표정을 지었습니다. 그러나 그 학생은 더 이상 아이들을 괴롭히지 못했습니다. 왜냐하면 학생들이 다 집으로 돌아 간 후에도 계속 혼자 손을 들고 있어야 했기 때문입니다. 오늘 우리의 문제는 옛날 정욕의 위협에 속아 넘어가고 있는 것입니다. 우리 안에 있는 육체의 욕구는 오늘도 눈알을 부라리면서 우리를 위협합니다. 시키는 대로 하지 않으면 엄청난 보복을 당하게 될 것이라고 합니다. 그러나 믿음으로 한 번 거부해 보면 어떻습니까? 별 것 아닙니다. 별 것도 아닌 녀석이 우리를 그토록 괴롭히고 지배했던 것입니다. 한번 싸움이 붙으면 싸움이 됩니다. 정욕이긴 정욕인데 이미 그 힘이 한풀 꺾인 상태입니다.

두 번째는 이미 우리가 한 번 그리스도와 함께 십자가에 못 박혀 죽었다는 말은 사실입니다. 그리스도인들은 어떤 사람들입니까? 그들은 예수를 믿을 때 이미 자기의 모든 과거와 자랑과 야망을 예수님과 함께 십자가에 못을 박은 사람입니다. 예수를 믿는다고 하는 것이 무엇입니까? 그것은 자기 옛 사람이 잘난 것이 아무것도 없고 오직 이제 자신의 남은 모든 삶을 예수님께 맡긴 사람입니다.

자기에게는 자랑할 것이 아무것도 없습니다. 그런데 일단 이것이 근본적으로는 인정되지만 세세한 욕망과 감정까지는 적용되지 않는 것이 문제입니다.

그런데 우리에게 아주 놀라운 순간이 있습니다. 그것은 아무리 육체의 욕망이 채워지지 않아서 화가 나고 자기 자신을 통제할 수 없다 하더라도 자기가 예수님과 함께 십자가에 못 박힌 사실만 생각하면 이상하게 욕망과 분노가 떠나고 새로운 마음이 생기는 것입니다.

어떤 사람은 마음속에 야망이 살아 있어서 늘 자기 자신에게 만족할 수가 없었습니다. 그래서 어느 날은 너무나도 침체가 되었습니다. 도저히 자신의 꼴이 마음에 들지 않았습니다. 너무나도 화가 나서 자신을 마음대로 방탕에 내던지고 싶은 생각이 불같이 솟아올랐습니다. 그런데 그 때 마음속에 갑자기 무슨 생각이 드는가 하면 "그래, 내가 그리스도와 함께 십자가게 못 박혀 죽었잖아? 나는 이미 죽어버렸어. 이제 내 안에 살아 계긴 분은 오직 주님이시라구!" 하는 생각이 들면서 마음속에 분노가 없어지고 새로운 마음이 들게 되는 것입니다.

우리는 한 번 죽었다고 생각했던 사람이 다시 살아서 돌아왔을 때 그 당혹감이라고 하는 것은 말로 표현할 수 없을 것입니다. 물론 사랑하는 사람이 다시 살아서 돌아오면 좋지만 나를 괴롭히고 위협하던 깡패가 살아서 돌아온다면 모든 것이 끝장입니다. 그러나 우리는 이런 경험을 자주하고 있습니다. 분명히 어떤 부분에 악한 정욕을 주님 앞에 고백을 하고 십자가에 못을 박았습니다. 그런데 얼마 지나고 나니까 누군가가 밤에 문을 두드리는데 바로 그 놈이 다시 살아서 돌아온 것입니다. 그래서 육체의 정욕은 한두 번 매로 때리거나 확인 사살을 한다고 해서 완전히 죽는 것이 아닙니다. 이 놈은 언제든지 다시 돌아올 수 있기 때문에 주의를 해야 합니다. 우리는 이 놈이 다시 살아나면 또 십자가에 못 박아야 합니다. 이것은 한 번으로 되지 않습니다. 아마도 죽을 때까지 이 육체의 정욕은 십자가에 못을 박아야 합니다.

세 번째로 우리는 이제 더 이상 육체의 쾌락을 즐기면서 살 수 없는 사람들이라는 점에서 우리는 육체와 정과 욕심을 십자가에 못 박았다고 말할 수 있습니다. 이 세상 사람들이 사는 의미는 어디에 있습니까? 그들은 더 많은 욕망을 채우는 것이 그들이 사는 목적입니다. 그러나 그리스도인들은 이미 그런 것으로 더 이상 기뻐할 수 없습니다. 물론 몸을 가지고 있기 때문에 육체의 정욕이 살아 있다는 것 뿐이지 이제 더 이상 그것들이 기쁨이 되지 않습니다.

우리가 예수를 믿지 않을 때에는 성욕을 채우면 만족감이 있었을지 모릅니다. 그러나 그리스도인들은 그것이 완전한 기쁨이 되지 못합니다. 만일 그가 죄를 지으면 쾌락은 아주 잠깐일지 모르지만 두고두고 마음에 죄책감과 두려움이 찾아옵니다. 죄가 주는 쾌락은 너무나도 짧은 한 순간입니다. 그러나 그 후에 찾아오는 죄의식과 두려움은 너무나도 오래 갑니다. 이제는 다른 기쁨이 그를 기다리고 있습니다. 그것은 자신의 몸을 주님의 뜻대로 사용하는데서 오는 기쁨입니다.

예수를 믿지 않는 사람들은 예수 믿는 사람들을 볼 때 도대체 무슨 재미로 사는지 모르겠다고 말을 합니다. 술도 마시지 않고, 담배도 피우지 않고, 영화도 보지 않으면 도대체 무슨 재미로 사느냐고 말을 합니다. 어떤 분은 먹는 재미로 산다고 말을 합니다. 사실 먹는 재미가 없으면 무슨 재미로 삽니까? 그러나 믿는 사람들은 전혀 먹지 않고서도 얼마든지 재미있게 살 수 있다는 것을 압니다.

사실 우리는 먹는데 너무 많은 시간을 소요하고 있습니다. 우리의 먹는 일도 중요하고 기쁨을 줍니다. 그러나 그것은 언제까지나 보충적인 수단에 불과합니다. 그것 자체가 목적이 될 수 없습니다. 우리의 진정한 기쁨은 다른데 있습니다. 그것은 다른 사람을 아는데 있고 내가 가진 것을 함께 나누는데 있습니다. 그래서 그리스도인들은 이제 과거와 같은 방식으로 재미를 추구하려 하는 생각을 영구적으로 포기해야 합니다. 지금까지 먹는 재미로 살아오신 분은 먹는 재미를 영구적으로 포기해야 할지도 모릅니다. 어떤 분은 새로운 영화를 보는 재미로 살아 왔다면 영구적으로 그 기쁨을 포기해야 할 것입니다. 왜냐하면 이제 더 이상 그런 것이 기쁨이 될 수 없기 때문입니다.

성령과 동행하는 삶

그리스도인은 자기가 원하든 원하지 않든지 간에 성령과 함께 동행을 해야 하는 사람들입니다. 마치 운동회에서 이인삼각과 같습니다. 서로 박자가 잘 맞으면 목표를 향하여 빨리 달릴 수 있습니다. 장애물도 쉽게 통과할 수 있습니다. 그러나 두 사람이 서로 마음이 맞지 않으면 아무것도 할 수 없습니다.

오늘 본문은 이렇게 말씀하고 있습니다.

여기서 성경은 우리가 반드시 성령과 함께 살아야 한다는 것을 기정사실화하고 있습니다. '만일 우리가 성령으로 살면'이라고 하는 말은 우리가 성령으로 살 수도 있고 혹은 성령 없이도 살 수 있다는 뜻이 아닙니다. 우리는 반드시 성령과 함께 살아야 합니다. 만일 우리가 성령과 도저히 떨어질 수 없고 반드시 성령과 함께 살아야만 한다면 우리는 굳이 성령을 거역하면서 성령과 싸워가면서 살 것이 아니라 성령과 함께 행하는 것이 옳다는 말입니다. 여기서 '성령으로 행할지니'라는 말은 어떤 영어 성경은 '성령과 걸음을 맞추어'라고 번역하고 있습니다. 운동회에서 이인삼각을 할 때 혼자서 열심히 뛴다고 해서 잘되는 것이 아닙니다. '하나 둘, 하나 둘'하면서 걸음을 맞추어서 뛰어가야 빨리 뛸 수가 있습니다.

이제 우리는 몇 가지를 생각해 보아야 합니다.

첫째로 우리가 알아야 할 것은 성령과 보조를 맞추어 걷는 것과 성령을 무시하고 걷는 것에는 어떤 차이가 있느냐 하는 것입니다. 우리가 성령을 무시하고 내 마음대로 살 때 아무것도 되는 것이 없습니다. 그때는 아무 일도 되지 않는 것이 하나님의 뜻입니다. 아무 일도 되지 않습니다. 왜냐하면 우리 안에서 나의 소욕과 성령의 소욕이 싸우기 때문입니다. 물론 성령은 겸손하시기 때문에 성령이 우리 안에 계신지 계시지 않은지 알지 못할 때가 대부분입니다. 그러나 우리는 성령을 무시할 수 없습니다. 성령을 무시하고 한 일 중에서 되는 것이 없습니다. 아무것도 되지 않습니다. 만사형통이 아니라 만사불통일 것입니다. 언제까지 그런 불통의 상태가 계속됩니까? 내가 성령님께 복종하고 그를 인정할 때까지 입니다. 반대로 내가 내 속에 계속 성령님을 인정하고 그와 뜻을 일치시키면 어떻게 될까요? 능력의 삶이 어떤 것인지 알게 될 것입니다.

모든 그리스도인들의 승리의 삶을 살지 못하는 이유는 속에 계신 성령 하나님을 인정치 않기 때문입니다. 성령의 의지를 무시하고 자기 기질대로 행하려고 하기 때문입니다. 믿는다고 하면서도 옛날 방식대로 행하려고 하기 때문에 아무것도 되지 않는 것입니다. 그래서 그리스도인으로서 세상 방식으로 살 때 그는 폐인이 될 가능성이 아주 많습니다. 아무것도 되지 않습니다. 아무리 학벌이 좋아도 그 학벌을 써 먹을 수가 없습니다. 아무리 학위가 있고 자격증이 있어도 전혀 써 먹을 수 없습니다. 이 세상에서 되는 일이 없습니다.

그래서 신앙생활을 하는데 있어서 그 사람이 가지고 있는 기질이라고 하는 것은 끔찍할 정도로 많은 훈련을 받게 합니다. 우리는 언제까지 성령님과 박자를 맞추어서 함께 걸어가게 됩니까? 자기가 가지고 있는 기질이 다 죽기까지입니다. 이 기질을 꺾기 위하여 성령께서는 그 사람이 가장 중요하게 생각하고 가장 자랑스럽게 생각하는 것을 치십니다. 자존심이 꺾이지 않는 이상 절대로 자기 방식을 포기하지 않습니다. 이스라엘 백성들이 왜 사십년 동안 광야를 방황을 했을까요? 우리 안에 악한 기질이 있는 이상 성령이 하실 수 있는 것이 아무것도 없습니다. 성령님은 우리 안에 있는 반항적인 기질이 다 죽을 때까지 아무것도 하시지 않고 기다리십니다. 그러나 우리가 자기 기질을 꺾고 하나님의 뜻에 온전히 복종하기만 하면 하나님의 능력이 그 사람의 삶을 통하여 나타납니다. 그는 사람의 삶을 사는 것이 아닙니다.

바로 하나님의 능력이 그 사람의 삶을 통하여 나타나게 됩니다. 믿는다고 해서 다 같은 것이 아닙니다. 어떤 사람은 믿는다고 하면서도 늘 광야를 도는 사람이 있습니다. 그러나 어떤 사람은 홍해가 갈라지고 하늘에서 불이 떨어집니다.

그 이유가 어디에 있습니까? 내 자신을 하나님께 온전히 복종시켰을 때 도대체 어떤 능력이 나타나는지 깨닫지 못하기 때문입니다.

하나님은 믿음으로 나아가는 자를 절대로 그냥 두시는 법이 없습니다. 그 믿음에 상응하는 축복과 능력을 주십니다. 우리가 자기 고집을 꺾고 성령께 복종시키기만 하면 폭발적인 하나님의 능력이 나타납니다.

이것이 성령과 함께 하는 삶과 성령을 거스리는 삶의 차이입니다. 성령을 거스리는 자는 거기서 한 걸음도 더 나아가지 못합니다. 아무리 뛰어도 제자리입니다. 그러나 성령께 온전히 복종하는 자의 삶은 바로 하나님의 능력이 구체적으로 나타나는 삶을 살게 됩니다. 기왕 그리스도인의 삶을 살면서 한 평생을 자기 기질을 꺾느라고 고생만 하다가 결국 광야에서 죽을 이유가 무엇이 있습니까?

그러나 사람 중에서 좋지 못한 기질이 없는 사람이 없습니다. 조금이라도 자기 생각과 틀리기만 하면 얼굴을 험상궂게 해 가지고 죽일 듯이 덤벼드는 것이 모든 사람들이 다 하는 짓들입니다. 아이들도 마찬가지입니다. 조금이라도 자기 기분대로 되지 않으면 핏대를 있는 대로 돋우어서 소리를 지릅니다. 그때 줄 수 있는 것은 매질을 하거나 아니면 내버려 두는 수밖에 없습니다.

그런데 자기의 생각과 좀 달라도 약간 생각을 하는 듯하더니 금방 생글생글 웃으면서 그렇게 하겠다는 사람을 볼 때 무슨 보지 못할 것을 본 것처럼 기이한 생각이 듭니다. 도대체 어떻게 이런 천연기념물이 아직도 남아 있는가 하는 생각이 듭니다. 저는 이 세상에서 가장 기이하게 생각되는 것이 겸손한 사람을 보는 것입니다. 온 세상에는 잘난 사람밖에 없습니다. 전부다 속에는 불을 담고 다니는 것 같습니다. 그런데 먼저 자기 자신을 낮추고 남을 귀하게 여기며 자기 생각과 좀 달라도 소중하게 듣고 결정하는 사람들을 볼 때 도대체 어떻게 해서 저런 사람들이 존재하게 되었을까 하는 생각이 듭니다.

특히 젊은 사람 중에는 겸손한 사람이 별로 없습니다. 만약 그래도 겸손한 자가 있다면 그는 하나님께서 지극히 낮추신 사람들입니다. 철저하게 자기 자신에게 실망하고 자기 안에는 조금도 선한 것이 없다는 것을 일찍부터 뼈저리게 체험한 사람이 아니면 젊은 사람 중에서 겸손한 사람이 있을 수가 없습니다.

하나님 앞에서 "하나님 저는 아무것도 아닙니다. 하나님의 생각이 옳습니다. 저는 하기 싫지만 하나님의 뜻이라면 하겠습니다." 이렇게 말하고 순종할 수 있는 사람에게는 하나님의 능력이 온전히 나타납니다.

예수님의 모친 마리아가 한 말이 무엇입니까? "오직 주의 계집종이오니 말씀대로 내게 이루어지이다" 바로 이것입니다. 하나님의 방식이 마리아가 생각했던 것과 얼마나 달랐습니까? 그러나 그는 하나님의 뜻을 인정했습니다.

성령과 함께 행하기만 하면 그의 삶은 바로 하나님의 삶이 될 수 있습니다.

끝없는 성령의 역사가 그에게서 나타납니다. 그에게는 끝이 없습니다. 마치 독수리가 날개 치며 올라가는 것 같습니다. 그의 머리에서는 끝없는 영감이 흘러나옵니다. 이 세상에 있는 모든 것들이 한철 장사입니다. 한 번 반짝 하다가 다 없어지고 맙니다. 그러나 성령의 사람은 그렇지 않습니다. 그 이유는 그 안에서 성령께서 무한한 힘을 주시기 때문입니다. 마치 독수리가 날개를 치며 올라가는 것 같습니다. 지치거나 피곤을 알지 못합니다. 가면 갈수록 더 깊어지고 더 풍성해 집니다. 그 이유가 무엇입니까? 성령께서 그와 함께 하시기 때문입니다.

그러면 두 번째로 어떻게 하면 성령과 동행할 수 있습니까?

성령은 우리를 인도하시되 아무렇게나 하시지 않습니다. 반드시 우리를 인도하시는 방향이 있습니다. 그것은 우리를 더 거룩하게 하시고 신앙적으로 더 자라게 하는 방향입니다. 세상의 쾌락을 향해서 나가려고 해 보십시오. 벌써 마음이 편치 않을 것입니다. 그리고 당장 길이 막혀 버립니다. 그것은 성령께서 그것을 기뻐하시지 않기 때문입니다. 말씀을 가까이하고 더 거룩해지는 방향으로 노력을 하면서 기도해 보십시오. 마치 불가능하게 생각되었던 일들이 이루어집니다. 왜냐하면 그것을 성령께서 기뻐하시기 때문입니다.

하나님의 말씀을 멀리하면 직장에서 아무리 잘되게 해 달라고 기도하고 사람에게 잘 보여도 아무것도 되지 않습니다. 왜냐하면 그것은 그에게 결코 유익하지 않기 때문입니다. 그래서 항상 생각하십시오. 어떻게 하면 말씀을 더 가까이 하며 어떻게 하면 더 거룩해질 수 있는가? 그리고 그것을 위하여 기도해 보십시오. 길이 열릴 것입니다. 왜냐하면 성령님은 우리가 그런 방향으로 나아가기를 원하시기 때문입니다.

어떤 중요한 결정을 해야 할 때 항상 먼저 생각해야 할 것이 무엇입니까? 과연 이것이 내 신앙에 도움을 줄 것인가 아니면 손해를 줄 것인가 하는 것입니다. 아무리 좋아 보여도 신앙에 도움을 주지 않는 일을 택하면 아무 열매가 없습니다. 마치 다윗이 블레셋으로 도망을 쳤던 때와 같습니다. 육신은 편했습니다. 돈도 벌었습니다. 그러나 신앙적으로는 조금도 앞으로 나아간 것이 없습니다.

자기보다 늦게 시작한 사람은 어떻습니까? 자기와 비교할 수 없을 정도로 영적으로 성숙해 있습니다. 그의 말에는 힘이 있고 그의 기도에는 능력이 흘러 넘칩니다. 그러나 그의 삶에는 변명과 원망밖에 아무것도 없습니다. 그는 그 소중한 기간을 완전히 허비한 것입니다.

몇 년이라고 하는 기간은 그리스도인들에게 있어서는 너무나도 많은 비밀과 너무나도 많은 체험이 있는 기간입니다. 그러나 전혀 변하지 않은 사람들이 있습니다. 그는 그 기간을 완전히 망친 것입니다.

이럴 때 주님께 기도하십시오. '하나님, 제가 하나님을 더 사랑할 수 있는 길로 인도해 주십시오. 하나님, 제가 더 영적으로 성숙할 수 있도록 저를 이끌어 주십시오. 하나님, 제가 더 거룩해질 수 있게 만들어 주십시오.' 이렇게 기도하시기 바랍니다. 그러면 이상하게 그렇게 될 수 있는 사람을 만나게 하시며 그런 교회를 만나게 하십니다. 만일 우리가 하나님만 너무 가까이하면 세상을 다 놓치게 되지 않을까요? 그렇지 않습니다. 하나님을 가까이 하는 것이 가장 어렵습니다. 하나님만 가까이 한다면 세상일은 아주 쉽습니다. 왜냐하면 하나님께서 우리에게 지혜를 주시기 때문입니다. 수많은 시행착오를 거쳐서 제자리로 돌아올 것을 바로 직행하게 하십니다.

이제 우리는 더 이상 시행착오를 할 필요가 무엇이 있습니까? 이제는 하나님의 은혜의 자리를 향하여 직행할 수 있습니다. 하나님께서 주시려고 하는 축복이 바로 눈앞에 있는데도 불구하고 이스라엘 백성들처럼 사십년을 제자리에서 맴돌 필요가 없습니다. 우리는 바로 그곳으로 달려가야 합니다.

세 번째로 우리가 성령과 동행하기 위하여 필요한 자세가 무엇입니까?

무엇보다 내가 틀릴 수도 있다는 것을 항상 전제로 하는 것입니다. 내가 옳다 내가 완벽하다고 생각하는 사람은 절대로 성령과 함께 걸을 수 없습니다.

그리고 성령과 동행하기 위해서는 육체를 십자가에 못 박아야 합니다. 그것은 육체의 욕구를 거부하고 싸우는 것입니다. 성령께서는 육체의 욕구를 죽여야만 충만하게 역사하십니다. 성령은 너무나도 민감하십니다. 우리가 조금이라도 교만하거나 거짓되거나 음란한 생각을 하면 금방 성령의 감동은 소멸되고 마음은 캄캄해집니다. 그래서 항상 성령의 감동에 민감해야 합니다. 세상의 이익보다 화를 내지 않으려고 해야 합니다. 돈을 좀 더 받기 위하여 화를 내면 다시 그 감동을 회복하는데 훨씬 더 많은 희생을 치러야 합니다. 내가 옳다고 해서 남을 마음껏 정죄하고 나면 기쁨이 없어집니다. 다시 기쁨을 회복하려면 신나게 남을 욕을 했던 것 몇

배를 토해내어야 합니다. 음란한 기쁨은 잠깐입니다. 다시 성령의 기쁨을 회복하려면 몇 날 며칠을 무릎 꿇고 빌어야 하는지 모릅니다.

우리는 가만히 있으면 안됩니다. 성령의 기쁨을 지속하기 위하여 자기 마음을 지키고 삶을 변화시키는 계획을 가져야 합니다. 남들이 하는 것을 다 하면서 남들이 보는 재미를 다 보면서 성령 충만하다는 것은 거짓말입니다. 육체를 죽여야 합니다. 그리고 성령을 기대해야 합니다. 성령을 왜 간구하지 않는지 모르겠습니다. 그것보다 더 중요한 기도가 없습니다. 매일 아침마다 성령을 간구하십시다.

예배 드릴 때마다 성령의 새로운 역사를 간구하십시오. 우리가 개인적으로 기도할 때 보다 함께 공동체로 모여 예배드릴 때 더 강한 성령의 역사를 체험할 수 있습니다. 우리는 우리 삶에서 성령을 소멸시키는 좋지 못한 습관들이 있으면 제거해야 합니다. 무엇인가 관이 막혀 있으면 수도가 공급되지 않을 것입니다.

나의 신앙생활 가운데 성령의 감동을 막는 좋지 못한 습관이나 의식이 있다면 버려야 합니다. 쓰레기를 치우지 않으면 생수를 발견하지 못할 것입니다.

자기중심적인 삶을 청산해야 함

사도 바울은 이제 갈라디아 교인들을 책망하고 있습니다. 그 이유가 무엇입니까? 그들의 삶이 너무나도 자기중심적이었기 때문입니다.

26절 헛된 영광을 구하여 서로 격동하고 서로 투기하지 말지니라

헛된 영광이라고 하는 것이 무엇입니까? 자기의 모습이 아닌데 자기 이상으로 인정받고 칭찬받으려고 하는 것입니다.

교회의 문제가 무엇입니까? 조금만 열심히 있거나 조금만 재능이 있으면 너무나도 쉽게 인정을 받고 칭찬을 받을 수 있다는 점입니다. 세상에는 너무나도 똑똑한 사람들이 많습니다. 그래서 세상에서 인정을 받으려면 공부도 아주 잘해야 하고 무엇을 해도 아주 뛰어나게 잘해야 합니다. 그러나 교회는 그렇지 않습니다.

아주 평범한 사람들의 모임입니다. 그러니까 조금만 특출나면 얼마든지 인정을 받고 칭찬을 받을 수 있습니다.

사도 바울은 갈라디아 교인들의 그런 어리석은 생각을 책망하고 있습니다. 교회 안에서 인정하고 칭찬하는 것은 너무나도 부족하기 때문에 격려하고 위로하기 위해서이지 정말 그가 그렇게 위대하고 뛰어나기 때문이 아닙니다. 교회 안에서 위대한 자는 가장 낮은 곳에 앉아 있는 사람입니다.

전혀 자기를 내세우려고 하지 않고 모든 사람을 자기보다 더 낫게 여기는 그 사람이 가장 위대한 사람입니다. 그 사람은 자기를 내세워야 할 필요를 느끼지 못합니다. 교회 안에서 잘난 체하고 인정받으려고 하는 것은 아직 사람이 영글지 않아서 그런 것입니다.

신앙의 위대한 거목들은 어떤 사람들입니까? 그들은 싸워야 할 필요를 느끼지 못합니다. 왜냐하면 그들이 사는 목적이 자기중심으로 세력을 모으고 사람을 모으는데 있는 것이 아니라 한 나무가 되어 많은 사람들에게 열매를 주고 자기는 다시 앙상한 가지로 돌아가는 것이 목적이기 때문입니다.

여기서 '격동한다'는 것은 다른 사람을 공격하는 것을 의미합니다. 자기보다 더 잘난 사람이 있으면 공격을 하는 것입니다. '투기한다'는 것은 자기 안에서 마음이 불편한 것을 말합니다. 자기가 최고가 되어야 하는데 최고가 되지 못하기 때문에 마음이 좋지 않은 것입니다.

성숙한 사람들은 다른 사람과 싸울 필요가 없습니다. 왜냐하면 그의 목적이 이기는데 있지 않기 때문입니다. 다른 사람의 주목을 받는데 있지 않기 때문입니다.

어떻게 해서든지 다른 사람을 세워서 자신의 바른 가치를 되찾게 하는 것이 목적이기 때문입니다. 다른 사람이 잘되면 더 좋은 것이지요.

자기중심적인 생각은 성령의 생각이 아닙니다. 다른 사람의 입장에서 생각해 보고 참으로 그가 잘되고 풍성한 삶을 살기를 바라는 것이 성령의 마음입니다.

주님은 얼마나 많은 것을 모았는지로 칭찬하시지 않습니다. 얼마나 다른 사람에게 주었는지로 판단하십니다. 앞으로 주님 앞에 섰을 때 더 많은 것을 다른 사람에게 주지 않은 것이 그렇게 후회될 때가 있을 것입니다. 왜 나는 받기만 했던가? 왜 나는 그토록 내 중심으로만 생각했던가? 왜 나는 남에게 그렇게 주는 것에 인색했던가? 그것이 처절하게 부끄러울 때가 올 것입니다.

갈 6:1-5

공직자의 부정과 부패에 대하여 많은 이야기들이 있습니다.

어떤 사람들은 신문에서 공직자들의 부정과 부패에 대한 기사를 볼 때 흥분을 감추지 못합니다. 그래서 노골적으로 분노의 감정을 드러내면서 주위에 있는 사람들에게 이런 사람들에 대하여 욕을 하거나 그것으로도 직성이 풀리지 않으면 신문사에 전화를 걸거나 아니면 신문의 독자 투고란에 투고하기도 합니다. 어떻게 보면 이런 사람들은 참으로 의로운 사람들인 것 같습니다.

거기에 비하여 다른 어떤 사람들은 이런 이야기를 들을 때마다 이 세상에 죄를 짓지 않는 사람이 어디 있느냐는 식으로 전혀 대수롭지 않은 태도를 나타냅니다. 전혀 새삼스러울 것이 없다는 식입니다.

사실 우리는 어떤 사람이 죄를 지었다는 사실을 알게 되었을 대 마음속에 적지 않은 충격을 받습니다. 그 이유는 첫째 우리는 그 사람이 그런 사람인 줄 몰랐기 때문입니다. 전혀 죄를 지을 것 같지 않은 사람이었는데 죄가 드러났을 때 실망과 분노를 느낍니다. 그런데 그 후에 어떻게 하느냐 하는 것이 문제입니다.

어떤 사람은 다른 사람의 죄에 대하여 엄청나게 분노하면서 도저히 있을 수 없는 일이 일어났다는 식으로 비난을 합니다. 그러면서 자기는 절대로 그런 사람이 아니며 그런 죄와는 아무 상관이 없는 사람이라는 것을 은연중에 나타내려고 하는 것입니다. 또 다른 사람은 할 수 있는 대로 그런 죄를 덮고 넘어가려고 합니다. 왜냐하면 죄라고 하는 것은 아름답지 못한 것이며 그런 것을 들추어내면 낼수록 좋을 것이 아무것도 없기 때문입니다. 그래서 누군가가 분명한 잘못을 저질렀음에도 불구하고 그것이 폭로되었을 때 나타날 후유증이 두려워서 쉬쉬하면서 넘어가려고 하는 사람들도 있습니다.

사실 어느 공동체든지 죄를 처리하는 방식이 그 공동체의 건강이나 미래가 달려 있습니다. 특히 요즘 우리 사회는 죄를 처리할 수 있는 방법이 없습니다. 우리 사회에 속한 모든 사람들이 우리 사회가 그냥 이대로 가서는 안 된다는 것을 모두 다 느끼고 있습니다. 그러나 이 엄청난 부패의 뿌리나 죄에 대한 불감증을 치료할 수 있는 방법이 없습니다. 그래서 어떤 사람이 죄를 지으면 어느 정도 떠들다가 시간이 지나면 기억에서 사라지고 또 비슷한 죄가 끊임없이 생겨나는 것입니다.

오늘 성경 말씀이 우리에게 증거하고 있는 것이 무엇입니까? 다른 사람의 죄를 처리하는 문제 보다 더 복음과 다른 것을 차별화하는 것이 없다는 것입니다.

우리는 지금까지 말씀을 통하여 복음과 율법이 얼마나 다른지 살펴보았습니다. 그런데 복음과 율법의 차이가 가장 극명하게 드러나는 부분은 바로 다른 사람의 죄에 대하여 반응하는 방식인 것입니다.

율법은 다른 사람의 죄에 대하여 어떤 방식으로 반응을 합니까? 그 죄를 비난합니다. 그리고 그 죄인을 할 수 있는 대로 격리시킵니다. 왜냐하면 그렇게 하지 않으면 다른 모든 사람들이 그런 방식으로 죄에 오염될 것이기 때문입니다. 그래서 죄인을 드러내고 비난합니다. 낙인을 찍어서 다른 사람들과 도저히 어울리지 못하게 합니다. 이것이 바로 율법이 죄를 지은 사람에 대하여 반응하는 방식입니다. 그러나 복음은 그렇게 하지 않습니다. 복음 보다 더 죄를 지은 사람에 대하여 사려 깊고 신중하게 접근하는 것이 없습니다. 마치 내과의사의 방식이라고 말할 수 있습니다. 복음은 무엇보다 먼저 죄를 진단합니다. 마치 의사가 환자의 증세를 살펴서 그 병이 어떤 병인지 진단하는 것처럼 죄에 대하여 진단을 합니다.

이 사람이 어떻게 해서 이런 죄에 빠지게 되었으며 또 그렇게 된 직접적인 원인이 무엇인지 살펴봅니다. 그러나 죄를 죄가 아닌 것으로 말하지는 않습니다. 죄는 분명히 죄로 규정을 합니다. 그리고 나서 어떻게 하면 이 사람이 이 죄에서 빠져 나와서 다시는 그 죄를 반복하지 않고 온전한 삶을 회복할 수 있는지 그 방법을 찾습니다. 이것이 바로 복음이 다른 사람의 죄에 대하는 방식입니다.

다른 사람의 죄에 대한 반응

우리는 어떤 사람이 죄를 지었다는 사실을 알게 되었을 때 나타나는 반응 두 가지를 생각해 보았습니다.

하나는 그 사람에 대하여 배신감과 분노를 노골적으로 나타냄으로 적극적으로 비난하는 태도입니다. 거기에 비하여 다른 하나는 다른 사람의 죄를 볼 때 나도 동일한 사정에 있었더라면 죄에 빠질 수도 있었겠다는 식으로 자기 자신을 돌아보는 태도입니다. 성경은 우리가 다른 사람의 죄를 볼 때 바로 이런 후자의 입장을 취하라고 말씀하고 있습니다.

1절 형제들아 사람이 만일 무슨 범죄한 일이 드러나거든 신령한 너희는 온유한 심령으로 그러한 자를 바로잡고 네 자신을 돌아보아 너도 시험을 받을까 두려워하라

여기서 '어떤 사람이 만일 무슨 범죄한 일'이라고 하는 것은 사회적인 죄라기보다는 교회 안에서 어떤 죄를 의미한다고 생각합니다. 교회 안에서 어떤 사람이 무서운 죄를 지었다고 합시다. 그러면 교회는 어떤 방식으로 이 문제를 대처해야 합니까? 만일 그 사실을 드러낸다면 얼마나 많은 사람들이 실망하며 마음에 상처를 받겠습니까? 그렇다고 해서 분명한 잘못이 있음에도 불구하고 아무 일이 없었던 것처럼 넘어갈 수도 없는 것 아닙니까?

거기에 대하여 성경은 '신령한 너희는'이라고 말하고 있습니다.

'신령한 너희'라고 하는 것은 무슨 특별한 사람을 대상으로 말씀하는 것이 아닙니다. 누구든지 성령으로 거듭난 사람을 두고 하는 말입니다. 율법적으로 신앙생활을 하지 않고 그 속에 성령이 계신 너희라는 뜻입니다.

다시 말해서 복음 안에 있는 우리들은 이 문제를 어떻게 대해야 하느냐 하는 것입니다. 세 가지를 말씀하고 있습니다. 하나는 그 사람의 범죄나 잘못을 통하여 자기는 그렇지않고 자기는 의롭다는 것을 드러낼 기회로 삼지 말라는 것입니다.

우리는 어떤 사람이 잘못을 저질렀을 때 그 사람을 비난하는 것을 통하여 간접적으로 나는 의롭고 정당하며 절대로 그런 죄를 저지를 가능성조차 없는 의인처럼 나타내고 싶어할 때가 많습니다.

어떤 사람의 잘못에 대하여 "도대체 어떻게 우리 믿는 사람 가운데 그런 일이 있을 수 있을까요? 그런 일을 생각만 해도 치가 떨려요"라는 식으로 말할 때 은연중에 자기는 그런 죄와는 얼마나 거리가 먼 거룩하고 순결한 사람인지 나타내려고 하는 것입니다. 우리는 다른 사람의 범죄나 실수를 통하여 나의 의를 자랑할 기회로 삼아서는 안 됩니다. 대개 다른 사람의 죄에 대하여 흥분하는 사람들은 참으로 의인이라서가 아니라 바로 그런 기회를 통하여 자기 속에 있는 숨은 죄성을 감추고 한 번 덕을 보려고 하는 의도로 생각됩니다.

우리는 사실 누군가가 죄를 범했다는 사실을 알게 되었을 때 마음에 충격을 받습니다. 우선 그 사람이 그렇지 않다고 생각한데서 생기는 배신감이 있고 또 다른 하나는 이제 어떤 식으로 그 사람을 대해야 하는지 몰라서 생기는 당혹감일 수도 있습니다. 그러나 성경이 말하는 것은 그 사람의 죄나 실수를 통해서 자기가 덕을 보려고 해서는 안 된다는 것입니다. 왜냐하면 그 사람이 그런 죄에 빠진 것은 그 사람에게도 절대로 유쾌한 일이 아닙니다. 대단한 불행입니다. 이웃의 불행을 통하여 덕을 보려고 하는 자세는 신사적인 자세가 아닙니다.

그리고 다른 하나는 어떻게 해서든지 그 사람을 바로 잡으려고 노력하라는 것입니다. '온유한 심령으로 그러한 자를 바로잡고' 다시 말해서 중요한 것은 그 사람을 그 죄에서 건져내는 것이지 다른 것이 아니라는 것입니다.

물에 빠져 있는 사람이 있으면 중요한 것은 먼저 그 사람을 건져내는 것입니다. 그래서 그 사람을 바로 잡을 수 있는 방법을 찾아보라는 것입니다.

그뿐만 아니라 가장 우리가 하기 싫은 말씀을 여기서 하고 있습니다.

그것은 '자기 자신을 돌아보아 너도 시험을 받을까 두려워하라'고 하십니다.

이것은 우리가 가장 하기 싫은 것입니다. 다른 사람이 죄를 지었으면 그 사람이 죄를 지은 것이지 나와 무슨 상관이 있습니까? 그러나 나와 아무 상관이 없다는 식으로 말하면 아무런 해결책이 없습니다. 우리 안에도 동일한 요소가 있다는 것이 인정이 되어야 그 죄인과 대화가 되고 결국 그 사람을 거기서 건져낼 수가 있는 것입니다.

죄를 고치는 과정

만약 예를 들어, 어떤 사람이 물에 빠져서 떠내려가는 것을 보았다고 합시다.

한편으로는 내 자신이 물에 빠지지 않은 것을 다행스럽게 생각하면서 그 사람이 그대로 떠내려가는 것을 구경만 할 수도 있습니다. 일단 내가 물에 빠지지 않았다는 점에서는 다행스럽다고 말할 수 있습니다. 그러나 그것 이상은 아무것도 아닙니다. 그러나 그런 식으로 한 번 물에 빠져 본 적이 있는 사람은 느낌이 다를 것입니다. 그는 그 사람이 떠내려 가는 것을 볼 때 마치 자기 자신이 떠내려가는 것처럼 느껴질 것입니다.

우리는 다른 한 사람이 범죄한 것을 보고 일단 내가 그런 죄에 빠지지 않은 것을 다행스럽게 생각하고 넘어갈 수도 있습니다. 그러나 그것은 사실 한 사람이 죄에 빠졌다는 사실 외에는 아무것도 말해주는 것이 없습니다. 그 다음에 얼마든지 다른 사람들도 그런 죄에 빠질 수 있고 어쩌면 내 자신도 다음에는 그런 죄에 빠질 수도 있는 것입니다.

하나님께서 이 세상에 그리스도인들의 공동체를 주신 이유는 무엇입니까? 죄에 빠진 사람들을 건져 새로운 삶을 살도록 하기 위한 것입니다.

그리스도인들의 모임인 교회가 가진 가장 중요한 특징이 무엇입니까? 그것은 죄를 고치고 죄인을 바로 잡아서 새로운 삶을 살게 하는 능력을 가지고 있다는 점입니다. 마치 영혼의 병원이라고 말할 수 있습니다. 만일 교회가 죄인을 고치지 못한다면 이 세상에서는 죄인을 고칠 수 있는 곳이 아무곳도 없게 됩니다. 그러나 다른 사람의 죄를 고친다고 하는 것에 대한 위험은 있습니다.

그 이유는 사실 모든 사람들이 그런 죄에 빠질 가능성이 있기 때문입니다.

모두 같은 죄성을 가진 자들이기 때문에 죄를 고친다고 하다가 모두 다 그런 죄에 감염될 수가 있습니다. 예를 들어, 아주 무서운 전염병에 걸린 사람을 고치려고 하다가 의사나 간호사 모두 병에 걸려 죽는 경우와 비슷합니다. 그래서 그리스도인들은 다른 사람들의 죄에 대하여 대단히 조심스러운 자세로 접근을 해야 합니다.

첫째, 죄에 빠진 다른 사람의 상태에 대하여 동정하는 마음을 가지는 것이 중요합니다.

1절과 3절의 말씀이 바로 그런 말씀입니다.

"네 자신을 돌아보아 너도 시험을 받을까 두려워하라" 혹은 "만일 누가 아무것도 되지 못하고 된줄로 생각하면 스스로 속임이니라"고 말씀하고 있습니다.

사람들 중에는 아무도 완전한 사람이 없습니다. 물론 다른 사람이 죄에 빠진 것을 보고 나는 그런 죄에 빠지지 않았다고 스스로 자위하고 만족해하면 그것으로 그만입니다. 그러나 그 죄에 빠진 사람은 우리 그리스도인들로 부터 아무런 도움을 받지 못하고 마는 것입니다. 우리 마음에 필요한 것은 저 사람은 죄에 빠졌지만 그럼에도 불구하고 하나님의 형상을 가진 존귀한 존재라는 것을 깨닫는 것입니다.

우리 안을 살피면 어떻습니까? 우리 안에도 동일한 욕심이 있습니다. 어쩌면 기회가 없어 죄를 짓지 못하고 있는지도 모릅니다. 그런데 저 사람은 저 무서운 죄에 빠지고 말았습니다. 그러면 어떻게 해야 합니까? 저 사람이 죄에 빠진 것은 사실이지만 그럼에도 불구하고 아직 살아 있습니다. 아직 존귀한 삶을 회복할 수 있는 기회가 있습니다.

만일 우리가 우리 속에 있는 약한 부분을 살피지 않으면 죄에 빠신 사람과 만날 수 있는 접촉점이 없어져 버립니다. 저 사람은 죄인이고 나는 죄인이 아닙니다. 그리고 그것으로 모든 것은 끝입니다. 그러나 아무리 좋지 않은 죄에 빠진 자라 하더라도 내 안에도 사실 그런 경향이 없었던 것이 아니었다고 하면 무엇인가 말을 할 수 있는 여지가 생기고 구원의 빛이 보이는 것입니다.

이것이 바로 성육신의 원리입니다. 하나님께서 그리스도를 육신을 입고 이 세상에 보내신 이유가 무엇입니까? 그리스도가 육신을 입고 오시지 않으셨더라면 하나님과 사람사이에는 전혀 대화 자체가 되지 않습니다. 우리 모든 인간들은 하나님이니까 그럴 수 있었지 인간은 절대로 그럴 수 없다는 식으로 항의할 것입니다.

그러나 그리스도는 우리와 똑같은 사람의 몸을 입으셨습니다. 그는 우리가 당하는 고통을 모두 다 당하셨습니다. 우리가 여러 말 하지 않아도 한 마디만 들으면 우리가 어떤 상태에 있는지 다 알고 계십니다. 그러니까 우리가 그리스도께 나아갈 수 있는 것입니다.

하나님께서 우리로 하여금 이 세상에서 여러 가지 고통에 접하게 하시는 이유가 무엇입니까? 그래야 여러 가지 고통에 빠져 있는 자들이 이해가 되고 그들과 대화가 되기 때문입니다. 먹을 것이 전혀 없는 사람들에게 한 번도 굶어 본 일 없는 사람은 밥이 없으면 과자를 먹으라는 대답밖에 할 것이 없습니다.

하나님께서는 이미 구원받은 우리들의 몸에도 무서운 죄성을 남겨 놓으셨습니다. 우리는 여전히 죄의 욕구를 느끼며 죄의 충동을 받습니다. 그렇게 하신 이유가 무엇입니까? 우리가 완전하지 못한 것을 통하여 죄에 빠진 다른 사람들을 정죄만 하지 말고 그들을 깊이 불쌍히 여기는 마음을 가지게 하기 위해서입니다.

율법의 영역에 있는 사람들은 죄에 빠진 사람들과 대화가 되지 않습니다.

왜냐하면 그들에게는 죄에 빠진 사람을 불쌍히 여기는 마음이 없기 때문입니다. 만일 죄인들을 불쌍히 여기면 무엇인가 대책이 있어야 하는데 아무 대책이 없습니다. 그러니까 할 수 있는 것이라고는 죄에 빠진 자들을 정죄하고 그들을 격리시키고 그들을 판단함으로 자기 스스로를 지키는 것입니다. 그러나 다음에는 또 다른 사람이 그런 죄에 빠집니다. 그리고 그 다음에는 또 다른 사람이 비슷한 죄에 빠집니다. 한 사람씩 한 사람씩 죄에 빠져 들어가서 결국 나중에는 남는 사람이 아무도 없게 되는 것입니다.

거기에 비하여 복음은 그렇지 않습니다. 복음은 그리스도인들의 모임 안에 죄를 치료할 수 있는 성령의 능력이 있다는 것을 믿습니다. 그래서 죄인들을 볼 때 무조건 정죄하지 않고 치료될 수 있는 대상으로 생각합니다. 그들의 죄에 대하여 그럴 수도 있다고 생각합니다. 도저히 회복이 불가능하게 생각하지 않습니다. 사실 목숨만 살아 있기만 하면 누구든지 죄 용서 받고 새로운 삶을 시작할 수 있습니다.

두 번째는 죄의 위험성을 공감하는 것입니다.

그리스도인들은 결코 죄를 가볍게 생각하지 않습니다. 왜냐하면 죄야말로 아주 빠른 파급효과가 있기 때문입니다. 죄인 한명을 치료하려고 하다가 그 공동체 전체가 병에 걸려 죽을 수도 있습니다. 그러면 어떻게 해야 합니까? 죄의 성격에 대하여 아주 분명하게 규명을 해야 합니다.

병원에 가보면 특히 병균에 대하여 신경을 많이 씁니다. 중환자들의 병실에는 일반 사람들은 출입할 수도 없습니다. 면회를 할 때에도 가운을 입어야 하며 어떤 때에는 유리를 통하여 가족들을 보아야 할 때도 있습니다. 그렇게 하는 이유가 무엇입니까? 눈에는 보이지 않지만 그곳에는 병균들이 득실거리기 때문입니다. 그래서 병원에 갔다 온 후 손을 씻지 않으면 안 됩니다.

마찬가지입니다. 교회는 의인들의 모임이 아닙니다. 교회는 죄인들의 모임입니다. 우리들이 하는 말이나 행동에는 모두 죄의 요소가 숨어들어 있습니다. 다른 사람이 듣기에는 아무 의미가 없는 농담인 것 같지만 그 안을 깊이 들여다 보면 무서운 교만과 판단의 요소가 들어 있는 것을 깨닫게 될 것입니다.

그러므로 교회에서 가장 무서운 일이 무엇인가 하면 말씀의 불을 환하게 밝히지 않는 것입니다. 성령께서 밝은 진리로 우리 속 깊은 곳을 지속적으로 밝히지 않으면 교회는 죄인을 치료하는 곳이 아니라 오히려 죄를 키우고 합리화시키는 곳이 될 수 있습니다. 지금 교도소가 그런 식으로 사용되고 있지 않습니까? 우리 사회에서는 죄를 지으면 교도소로 보냅니다. 일단 이 세상에서 격리시키는 효과는 있습니다. 그러나 그가 교도소 안에서 무엇을 배웁니까? 더 나쁜 죄를 배우는 것입니다. 그곳에 가면 죄에 있어서 더 전문가들이 있습니다. 그들이 다음에는 이런 식으로 해야 한다고 하면서 가르쳐줍니다.

죄는 어디서 시작됩니까? 모든 죄는 마음에서 시작됩니다. 그러므로 말씀이 아주 강렬하게 우리 안에 있는 죄의 본성을 드러내도록 비쳐 주지 않는 상태에서 교회는 다른 사람의 죄를 치료하는 곳이 되지 못합니다.

죄는 언제부터 치료되기 시작합니까? 죄가 죄라는 것이 인정될 때부터입니다. 아무리 다른 사람이 죄라고 한다 해도 자기가 죄가 아니라고 하면 아무 소용이 없습니다. 말씀이 그 사람 속 깊은 곳을 비추어 주어서 그 죄가 얼마나 파렴치한 것이며 뻔뻔스러운 것인지 충분히 깨닫게 해 주어야 합니다. 그래서 만일 죄에 대한 설교가 듣기 싫고 자신의 부끄러운 부분이 말씀에 의하여 지적되기 싫어하는 자는 치료받을 수 없는 것입니다. 이 부분에 있어서 성령의 도우심이 필요합니다. 성령의 도우심이 없는 상태에서 사람들은 죄를 죄로 인정하지 않습니다. 단지 재수가 없어서 들켰고 다른 사람들도 다 하는 짓이라고 변명합니다. 그러나 성령께서 그 마음속에 진리를 비추시면 자기가 바른 진리에서 얼마나 떠나 있으며 참으로 아름답고 진실하고 거룩한 삶으로 돌아가고자 하는 뜨거운 마음이 일어나게 됩니다. 바로 이런 마음이 생기지 않으면 그 사람의 죄를 치료할 길이 없습니다. 누구든지 자기 안에 거룩하고 아름다운 삶으로 돌아가려는 마음이 생길 때 그것은 바로 성령이 주시는 마음입니다.

우리는 탕자 이야기를 잘 알고 있습니다. 그에게 진정한 회복과 치료는 언제 이루어지게 되었습니까? 자신의 비참한 처지를 보고 아버지 집에 돌아가려고 하는 마음이 생겼을 때입니다. 아직 죄짓는 생활이 재미있고 남을 해치는 것이 즐거운 사람에게는 어느 누구도 도와줄 수가 없습니다.

우리는 죄인을 도와주기 전에 반드시 이것을 확인해 보아야 합니다. 자기 자신의 삶이 아주 부끄러운 죄인의 삶이었고 남은 삶이라도 하나님께 영광 돌리는 아름다운 삶으로 돌아가고자 하는 뜨거운 마음이 있어야 합니다. 뻔뻔스러운 죄를 범하고서도 인정하지 않으려고 하거나 오히려 다른 사람을 설득하려고 하는 자는 도와줄 수가 없습니다. 그런 사람을 위하여 교회는 아무것도 해줄 수가 없습니다. 오히려 그런 사람을 도우려고 하다가 다른 많은 사람들을 죄에 빠트릴 수가 있습니다.

만약 자신의 삶을 뉘우치고 새로운 삶을 살려고 하는 의지를 가지고 있으면 어떻게 해야 합니까? 그 사람을 공동체 안에서 받아 주어야 합니다.

2절 너희가 짐을 서로 지라 그리하여 그리스도의 법을 성취하라

여기서 짐을 서로 지라고 하는 것은 비록 이 사람이 범죄했고 아직 까지 부족한 점이 많고 사실 아직 이 사람에 대해 좋지 않은 감정이 남아있다 하더라도 본인이 자신의 죄를 시인하고 새로운 삶을 살기를 원한다면 그를 공동체 안에서 받아주는 것입니다. 모든 귀한 것이 어디에 있습니까? 왕의 공동체 안에 있습니다.

우리는 구약 성경에서 솔로몬의 식탁이 얼마나 풍성했는지 알고 있습니다. 하루에도 엄청난 양의 진미가 솔로몬의 식탁에는 공급되고 있었습니다.

바로 이것입니다. 교회는 그리스도의 공동체입니다. 이 안에는 우리가

이루 말로 표현할 수 없는 하늘의 신령한 은사와 능력들이 공급되고 있습니다.

이 세상의 어떤 병이나 죄라 하더라도 교회 안에서의 진실한 교제를 통하여 다 치료될 수 있습니다. 이 안에는 왕의 진미인 말씀이 있습니다. 놀라운 찬양이 있습니다. 기도가 있습니다. 위로가 있습니다. 구제가 있습니다. 서로 인정해주고 격려해주는 사랑이 있습니다. 그 어떤 죄나 어떤 질병이라 하더라도 교회 안에서의 진실되고 바른 교제를 통하여 다 치료될 수 있습니다. 오히려 이런 은사를 공급받고서도 치료되지 않는 것이 있다면 이상한 일이지요.

오늘 교회는 왕의 공동체가 아니라 자기의 필요한 것을 배우는 단과학원이 되고 말았습니다. 그것은 오히려 교회를 유치하게 만드는 것입니다. 우리에게 필요한 것은 단순한 지식인 가르침만이 아닙니다. 눈에 보이지 않는 엄청난 하나님의 은혜와 사랑입니다.

사실 한 번의 죄의 고백으로 새로운 삶을 살 수 있는 사람은 아무도 없습니다. 왜냐하면 죄의 뿌리는 어느 한 순간에 돌출된 것이 아니기 때문입니다. 오랜 기간을 통하여 속에서 자라다가 삐져나온 것이기 때문에 어느 한 순간의 고백이나 시인으로 고쳐지지 않습니다. 그 사람이 그 죄에서 완전히 해방되기 위해서는 그 사람의 체질이 완전히 바뀌어야 합니다. 그러기 위해서는 공동체가 그 사람을 받아 주고 그와 함께 교제를 해주어야 합니다.

이것이 바로 짐을 서로 나누어지는 것입니다. 아직 부족한 점도 많고 약간 의심이 되기도 하지만 그래도 믿어주고 받아 주는 것입니다. 이것이 바로 그리스도의 법을 성취하는 것입니다. 그리스도의 법은 다 된 사람들끼리 사랑하는 것이 아닙니다. 아직도 부족하지만 믿어주고 격려해줌으로 보다 완전한 인격이 되게 하는 것이 그리스도의 법이요 사랑의 법입니다.

오늘 죄를 지은 사람만이 아니라 성격적으로나 정신적인 상처 때문에 다른 사람들과 좋은 관계에서 지내지 못하는 사람들이 있습니다. 그런 사람들에게는 누군가가 찾아가야 합니다. 그런 사람들이 찾아오는 법이라고는 거의 없습니다.

누군가가 그런 사람을 보고 불쌍히 여겨서 교제를 하는 가운데 그의 아픔을 공감하고 특히 그를 그리스도의 공동체 안으로 인도하여서 모두가 그 사람을 사랑하고 용납할 때 그는 치료될 수 있습니다.

오늘 우리는 이런 일에 있어서 아주 중요한 한 가지를 본문에서 보게 됩니다. 그것은 우리가 다른 사람을 돕고 그들의 짐을 져주는 것은 사실이지만 결국 자신의 문제는 자기 스스로 책임지게 해야 한다는 사실입니다.

5절 각각 자기의 짐을 질 것임이니라

복음에 있어서 중요한 것은 결코 각자의 책임을 부정하지 않는다는 것입니다.

결국 각자는 자신의 행위에 대하여 각자가 책임을 져야 합니다.

그러나 아무리 스스로 책임을 지려고 해도 도저히 책임을 질 수 없는 부분에 대하여는 서로 힘을 합하여 도울 수 있습니다. 그러나 처음부터 너무나도 온정적으로 대한 나머지 자기가 마땅히 자기 스스로 책임을 져야함에도 불구하고 그것을 다른 사람이나 공동체의 책임으로 돌리는 것은 용납할 수 없다는 것입니다.

우리는 서로 도와야 합니다. 그러나 죄에서 빠져 나와서 새로운 삶을 시작하는 것에 있어서는 절대적으로 자기 자신이 책임을 져야 합니다. 자기 스스로 일어서려고 하지 않으면 아무도 도와줄 수가 없습니다.

예를 들어, 알코올 중독에 빠져 있는 사람의 경우에는 자기 자신이 문제의 심각성을 깨닫고 적어도 자기가 스스로 그런 상태에서 빠져 나오려고 결단을 해야 합니다. 말로만 술을 끊는다고 해놓고 몰래 술을 가져다가 마시는 사람이라면 아무도 그를 도울 수 없을 것입니다. 음탕한 생활에 빠진 자라면 자신의 삶이 하나님 앞에서나 사람들 앞에서 참으로 부끄럽고 수치스러운 줄 알아서 그런 생활을 청산하려고 노력을 해야 합니다. 그런 각오 없이 집이 없다 직장이 없다는 식으로 핑계를 될 때에는 아무도 그를 도와줄 수가 없는 것입니다.

그러므로 그리스도인의 사랑은 아주 단호한 사랑입니다. 병원에 가 보면 때때로 간호사들이 아주 단호하게 환자들에게 대할 때가 있습니다. 왜냐하면 그렇게 하지 않으면 도저히 병이 치료가 되지 않기 때문입니다. 자기 스스로 일어서려고 하지 않으면 아무도 도와주지 말아야 한다는 것이 신약 성경의 가르침입니다.

젊은 사람이 직장도 없이 놀면서 아무 일도 하지 않고 있을 때에는 단호하게 그를 도와주지 않음으로 스스로 일어서게 하는 것이 그리스도인의 사랑일 것입니다. 만일 그렇게 하지 않는다면 끝없는 책임을 져야 합니다. 그의 경제만이 아니라 그의 부부 관계도 책임져야 하고 그 다음에는 그의 자식 문제까지 책임져야 할 것입니다. 결국 그리스도인의 사랑은 무조건적인 사랑이 아닙니다. 무조건적이면서도 조건적인 사랑입니다. 누구든지 자기 죄를 깨닫고 새로운 삶을 살기를 원하는 자는 과감하게 받아들입니다. 그의 부족한 부분을 책임져주고 혹시 그의 지난 허물이나 실수도 불문에 붙입니다. 그러나 스스로의 죄도 시인하지도 않고 스스로 고치려고도 하지 않고 오히려 그것을 다른 사람의 책임으로 돌리려 할 때 그에게 단호한 입장을 보여 줌으로 그 뻔뻔스러움을 징계해야 하는 것입니다.

교회와 세상 죄와의 관계

우리는 우리가 속한 죄의 부패의 심각성과 죄에 대한 불감증에 대하여 우려를 하고 있습니다. 교회가 사회의 이러한 죄에 대하여 어떤 처방을 내리며 어떤 도움을 줄 수 있을까요?

근본적으로 교회와 세상은 그 지배하는 원리가 다릅니다.

세상은 사람들의 욕구가 모여 있는 곳입니다. 마치 썩은 물이 고여 있는 시궁창과 같습니다. 여기에서는 깨끗한 물을 기대할 수가 없습니다. 단지 얼마나 죄를 억제해서 죄를 짓지 못하게 하느냐 하는 것이 중요하지, 성자 같은 삶을 기대할 수 없습니다. 물론 아주 청렴결백한 관리들이나 남을 위하여 희생 봉사하는 사람들이 전혀 없는것은 아니지만 그것은 그 사람의 가치관이 훌륭해서 그런 것이지, 사회는 죄를 치료할 수 있는 기능이 없습니다. 단지 억제할 뿐입니다.

우리 사회의 부패가 이토록 뿌리 깊고 심각한 것은 급격한 사회변동과 전통적인 가치관의 단절에서 온 것 같습니다. 일제 식민지를 거치면서 우리는 너무나도 급격한 사회변동을 겪었습니다. 그러면서도 무엇인가 중심이 될 수 있는 철학이나 가치관을 잃었을 뿐 아니라 사회가 너무나도 다양해져서 그런 것을 하나로 묶을 수 있는 가치관이 있을 수도 없게 되어버리고 말았습니다. 그러니까 수단이 목적을 대신하게 되고 정의 보다는 일시적인 이익이 우선하게 되는 것입니다. 이런 변환 과정에서 교회가 사회에 준 것은 무엇일까요? 물질적인 풍요에 대한 기대인 것 같습니다. 가난에 찌들린 이 나라 백성들에게 하나님의 축복 개념을 가지고 와서 미래적인 축복을 이 현세의 축복으로 돌림으로 많은 사람들의 기대를 충족시킨 기능은 한 것 같습니다. 그러나 죄에 대하여는 전혀 싸우지 않은 모습입니다. 죄인들의 삶을 바꾸어서 새로운 삶을 살게 하는 데는 아무것도 기여한 바가 없습니다.

오늘 우리가 해야 할 것이 무엇입니까? 거룩한 공동체로서의 교회의 모습을 회복하는 것입니다. 교회라고 하는 것은 단순히 실망한 사람들에게 이 세상적인 행복의 비전을 심어주는 기능이 아니라 과감하게 윤리적인 새로운 방식으로 살 수 있는 결단을 하는 힘의 공동체가 될 필요가 있습니다. 그래서 어떤 교회는 새로운 교인 한 명이 올때마다 받아들일 것인지 아닌지 면담을 한다고 합니다. 저는 그것도 좋지만 복음의 설교가 그렇게 한다고 믿습니다. 교회 안에서 복음이 살아있으면 몇 차례 와서 듣고서 본인은 결단을 하게 됩니다. 내가 지금까지 죄에 빠져 있었구나 이제 부터 새로운 삶을 살면 이 공동체 안에 속하게 되겠구나 하는 결단을 내리게 되는 것입니다. 교회가 이렇게 죄에 대하여 분명한 태도를 취할 때 이것은 사회의 체질 개선에도 큰 기여를 하게 된다고 생각합니다. 사실 하나님께서 교회에 주신 약속이 무엇입니까? 성령의 부으심에 대한 약속입니다. 하나님의 성령의 역사가 교회 안에 흘러넘치게 될 때 죄인들이 하나님 앞에 나아와 무릎을 꿇고 회개 자복하며 새로운 삶을 시작하는 놀라운 역사가 나타나게 됩니다.

우리는 사회를 직접적으로 고치지 않습니다. 그러나 교회가 참으로 교회다울 때 그 한 가지 사실만으로도 교회는 이 세상에 대하여 많은 것을 말할 수 있을 것입니다. 교회는 그리스도의 신부입니다. 그러나 원래부터 거룩한 자들이 아니었습니다. 우리는 모두 무서운 죄인들이었습니다. 하나님을 싫어하던 자들입니다. 그러나 이제는 하나님 앞에서 가장 귀한 자들이 되었습니다. 이것보다 더 아름다운 것이 어디 있습니까? 우리가 예수 그리스도 외에 무엇을 자랑하겠습니까?

오늘 본문 말씀은 우리들에게 또 다른 중요한 교훈을 주고 있습니다.

성공은 결코 보편화될 수 없다는 것입니다. 우리는 자신의 성공을 자랑할 수 없습니다. 왜냐하면 그것은 자기에게만 해당되는 것이지 모든 사람들에게 적용될 수 있는 것이 아니기 때문입니다.

4절 각각 자기의 일을 살피라 그리하면 자랑할 것이 자기에게만 있고 남에게는 있지 아니하리니

그리스도인들에게 있어서 중요한 것은 자신의 말이나 행동이 아무쪼록 다른 사람에게 유익이 되고 덕이 되어야 한다는 것입니다. 예를 들어서 어떤 사람에게 아주 좋은 일이 있었습니다. 그래서 그것을 다른 사람에게 자랑하고 싶습니다. 그것을 다른 사람 앞에서 말을 함으로 하나님께 영광을 돌리고 싶다고 합니다.

그러나 자세히 살펴보면 그것이 자기의 경우에는 기쁨이 되고 축복이 되겠지만 다른 사람들에게는 적용될 수 없는 경우가 많습니다.

교회는 세상에서 똑똑한 사람들이 교회 안에서도 그대로 똑똑한 체 하지 못하게 해야 하며, 세상에서 돈이 많은 자들이 교회 안에서도 행세하지 못하게 주의를 주어야 합니다. 그렇게 하지 않으면 왕의 공동체가 되지 못할 것입니다. 자기의 얼마 되지도 않는 지식으로 함부로 날뛰지 못하게 해야 합니다.

결국 축복이라고 하는 것은 모든 사람에게 같은 방식으로 임할 수 없는 것입니다. 그러므로 축복을 보편화해서 모든 사람이 이런 방식으로 축복을 받을 것이라고 가르치면 교회는 바른 길에서 탈선하게 됩니다. 우리에게 공통된 분모는 죄성이요 고난입니다. 우리의 부족한 것들입니다. 우리가 우리의 부족한 것들을 자랑하고 그것을 치료하신 하나님을 높여 드릴 때 교회는 교회다울 수가 있을 것입니다.

오늘 본문이 궁극적으로 우리에게 말씀하시는 것이 무엇입니까? 교회는 그리스도의 공동체이며 이 안에는 인간의 죄를 치료해서 새로운 삶을 살게 하는 성령의 능력이 흐른다는 것입니다. 그러나 이 성령의 능력은 인간의 교만과 무지로 인하여 막힐 가능성이 많습니다. 그래서 우리는

온전한 성령의 역사가 나타나서 그 공동체를 살릴 뿐 아니라 세상까지 새롭게 할 수 있도록 교회가 어떤 곳이며 우리에게 주어진 축복과 특권이 무엇이며 또한 조심해야 할 것이 무엇인지 생각해야 할 것입니다. 성령의 능력이 흘러넘치는 교회가 되기 위해서는 언제나 그리스도의 이름만이 높임을 받아야 하며, 어느 죄인도 은혜 받는 자리에 나아가는 데 걸리는 것이 없어야 합니다.

갈라디아서 강해 31

성도가 힘쓸 일

갈 6:6-10

병원 중환자실에 가 보면 사람이 이렇게도 심하게 망가질 수 있구나 하는 생각이 들 정도로 처참한 모습을 하고 있는 것을 볼 수 있습니다. 그 중에는 의식이 없이 오직 인공호흡에 의존하여 생명을 유지하는 사람들도 있습니다.

이런 것을 보면 사람이 건강하다는 것 자체가 얼마나 감사한 일인지 모릅니다.

의식이 없거나 중환자는 그 안에 생명의 씨가 꺼져 가고 있는 사람들입니다. 그들은 아무것도 할 수가 없습니다. 만일 한 순간이라도 그들을 돌보지 않는다면 영원히 생명을 잃을 수밖에 없습니다. 병원 중환자실에는 환자가 숨을 쉬지 않으면 인공호흡을 하고 그래도 되지 않으면 전기 충격을 가합니다. 의사가 환자의 가슴에 전기 충격을 가하면 사람의 상체가 벌떡 일어섭니다. 그렇다고 해서 그 사람이 살아난 것이 아닙니다. 몇 번 시도해도 되지 않으면 결국 그 사람을 포기해야만 합니다. 그러나 건강한 사람은 그런 식으로 인공호흡을 하거나 전기 충격을 할 필요가 없습니다. 그 대신 그는 스스로 모든 것을 해낼 수 있습니다.

테니스나 수영을 배워 보신 분들은 알 것입니다. 코치는 배우는 사람에게 하는 법을 간단하게 설명을 한 후 본인이 스스로 하게 합니다. 더 이상 가르쳐 줄 것이 없습니다. 이후는 모든 것이 본인에게 달렸습니다. 건강한 사람은 모든 것을 스스로 할 수 있습니다. 기본적인 것만 배우면 모든 것을 스스로의 연습으로 얼마든지 훌륭하게 해낼 수 있습니다. 그러나 중병에 들었거나 몸이 불편한 사람들은 원리만 배운다고 스스로 해내지 못합니다. 모든 것을 다 해줘야 합니다.

또 다른 하나의 비유는 씨에 대한 것입니다.

씨는 그 속에 생명의 불씨가 들어 있습니다. 그러나 죽은 씨나 씨 비슷하게 생겼다고 하더라도 씨가 아닌 것은 그 안에 생명의 불씨가 없습니다. 살아 있는 씨나 죽은 씨나 겉으로 보기에는 별 차이가 없습니다. 그러나 죽은 씨는 아무리 물을 주고 온도를 맞추어도 그 속에서 나오는 것이 없습니다. 조금 지나면 그나마 썩어서 아무것도 없습니다. 그러나 생명이 있는 씨는 그렇지 않습니다. 온도가 맞고 습도가 맞으면 저절로 싹이 나오기 시작합니다. 누가 나오라고 말도 하지 않습니다. 또 언제 자라는지도 모릅니다. 그러나 자기 스스로 자라기 시작해서 나중에는 아주 큰 나무가 되고 열매를 맺습니다.

우리는 바로 이런 현상을 신앙생활을 하면서 볼 수 있습니다. 믿는 사람에게는 성령이 계십니다. 성령은 생명의 씨입니다. 사람 속에 성령이 있는 사람과 성령이 없는 사람의 차이는 마치 건강한 사람과 식물인간의 차이나 같고 생명이 있는 씨와 죽은 씨 정도의 차이가 있습니다.

성령이 없는 사람은 최선의 선택이 현상 유지입니다. 더 이상 나빠지면 않으면 최선을 다한 것입니다. 최고로 성공적으로 그 기간을 보낸 것입니다. 그러나 그것도 그렇게 하기 위해서는 잠시도 쉴 틈을 주지 말아야 합니다. 늘 감시의 눈초리로 감시를 해야 하며 잠시라도 생각할 틈을 주어서는 안 됩니다. 사회적인 체제로 끊임없이 감사하고 통제할 때 그나마 현상 유지가 가능합니다. 그 대신 잠시라도 풀어 놓으면 도저히 회복할 수 없는 죄에 빠지고 맙니다.

그래서 인간이 경험한 최고의 감시망은 율법이었습니다. 율법은 사람을 잠시라도 가만히 두지 않습니다. 율법은 인간의 죄성에 대하여 철저히 알고 있습니다.

그래서 인간이 죄를 지을 수 있는 틈을 최대한으로 막고 그나마 현상을 유지하게 만드는 최고의 법체계였습니다. 그래도 율법은 탈선을 막을 수가 없었습니다. 그러나 복음은 무엇입니까? 복음 안에는 생명의 씨가 있습니다. 겉으로 보기에는 너무나도 엉성하고 오히려 사람들의 탈선을 조장하는 것처럼 사람을 통제하지 않습니다. 그러나 그렇게 할 수 있는 것은 그 안에 생명의 씨가 들어 있기 때문입니다. 처음에는 모든 것이 너무나도 어설픕니다. 율법에 비하면 신앙생활하는 것 같지도 않습니다. 그러나 성령의 사람은 넘어져도 자꾸 일어섭니다. 마치 수영이나 테니스를 배우는 것과 같습니다. 처음에는 너무 못해서 차라리 하지 않는 것이 더 나을 것 같습니다. 그러나 훈련하기에 따라 어떤 사람은 어느 누구도 해낼 수 없는 놀라운 실력을 발휘하게 되는 것입니다.

그래서 복음 안에서는 율법처럼 겉으로 사람을 감시하고 잡아매는 것이 없습니다. 왜냐하면 그렇게 할 필요가 없기 때문입니다. 중요한 원리를 가르쳐 주면 자기 스스로 연습하는 가운데 모든 것을 해낼 수가 있습니다.

그러나 여기서 주의해야 할 것이 두 가지 있습니다. 하나는 진정으로 거듭나지 못한 자는 복음의 흉내를 내어서는 안 된다는 것입니다. 왜냐하면 그렇게 하면 바로 그들은 탈선하고 맙니다. 복음의 삶을 살 수 있는 사람은 그 안에 그를 붙들어 주는 성령의 능력이 있기 때문인데 성령의 능력도 없는 사람이 그런 자유를 누리려고 하다가는 바로 결정적인 위험에 빠지게 됩니다.

그뿐만 아니라 복음의 사람도 모든 것이 다된 것은 아닙니다. 씨는 아직 씨이지 나무가 아닙니다. 그리고 아직 초보자이지 숙련된 선수가 아닙니다. 끊임없이 가르침을 받고 스스로 연습을 해야만 합니다. 그렇지 않으면 아무것도 아닙니다.

오늘 본문은 우리 성도들이 성령의 사람으로서 더욱 힘써야 할 것이 무엇인지 권면하고 있는 말씀입니다.

말씀을 배우는 일에 힘쓸 것

사도 바울은 거듭난 자에게 더 이상 어떤 율법적인 계율을 강요하고 있지 않은 것을 주목해야 합니다. 바울은 성도들에게 하루 몇 시간 이상씩 성경을 읽어야 한다거나, 기도를 몇 시간 이상씩 해야 한다고 가르치지 않습니다.

그는 오직 6절 말씀처럼 "가르침을 받는 자는 말씀을 가르치는 자와 모든 좋은것을 함께하라"고 권면하고 있습니다.

이 말씀이 가지는 가장 분명한 의미는 교회 안에는 말씀을 가르치는 자들이 있습니다. 그들과 자신의 좋은 물질적인 것을 나누라는 뜻입니다.

원래 성경이 가르치고 있는 것은 교환입니다. 서로 자기가 가지고 있는 것은 나누어 가지는 것입니다. 말씀을 가르치는 자는 신령한 것을 가지고 있습니다. 그리고 말씀을 배우는 자들은 육의 것을 가지고 있습니다. 말씀을 가르치는 자가 신령한 말씀을 공급하면 말씀을 듣는 자들은 육의 것으로 채워주는 것이 옳습니다.

이것은 다음 몇 가지 의미가 있습니다.

성령으로 거듭난 자들은 이미 그 안에 생명의 씨를 가지고 있습니다. 이 세상의 최고의 지성인들은 알아듣지 못하는 것을 거듭난 자들은 다 알아 듣습니다.

예를 들어, 예수께서 나의 죄를 대신하여 대속의 죽음을 죽으셨다는 것을 그리스도인은 누구나 압니다. 그러나 이 세상의 최고의 지성인들이 가장 이해하기 어려운 것이 바로 이 대속의 죽음입니다. 어떻게 어떤 사람이 다른 사람의 죄를 대신하여 죽을 수 있느냐 하는 것입니다.

전에 어떤 분이 영어 성경에 나오는 '정당화'justification라는 말이 무슨 뜻이냐고 질문을 했습니다. 우리는 그것을 '칭의'라고 부릅니다. 하나님 앞에서 아무 공로가 없지만 예수를 믿으면 하나님께서 우리를 의롭다고 인정해 주시는 것입니다. 그러나 그분은 이 '정당화'라고 하는 것이 무엇인지 도무지 이해가 되지 않는다는 것입니다. 우리 안에는 이미 생명의 씨가 들어 있습니다. 그래서 말씀을 들으면 바로 이것이 하나님의 말씀인지 아니면 사람의 말인지 바로 구별을 합니다. 그래서 하나님의 말씀을 들으면 마음이 기쁘고 골치 아픈 이야기를 들으면 머리가 아프고 답답해집니다.

그래서 예수님께서는 양은 주인의 음성을 알기 때문에 따라오되 타인의 음성을 알지 못하는 고로 도망한다고 말씀하셨습니다.(요 10:4,5)

그래서 사도 요한은 이렇게 말씀했습니다.

요일 2:27 너희는 주께 받은바 기름 부음이 너희 안에 거하나니 아무도 너희를 가르칠 필요가 없고 오직 그의 기름 부음이 모든 것을 너희에게 가르치며 또 참되고 거짓이 없으니 너희를 가르치신 그대로 주 안에 거하라

이 말씀은 우리가 모든 진리를 다 안다는 뜻이 아닙니다. 단지 우리는 그 엄청난 진리를 받아들일 힘이 우리 안에 있는 것입니다. 하늘나라의 모든 비밀을 수용할 수 있는 능력이 우리 안에 있습니다. 그러나 우리는 아직 너무나도 조금 밖에 알지 못합니다. 우리가 아는 것은 정말 어린아이와 같습니다.

그러면 우리는 어떻게 해야 합니까? 교회 안에 진리가 풍성할 수 있도록 힘을 써야 합니다. 그것이 무엇입니까? 말씀을 가르치는 자를 돕는 것입니다.

일단 본문은 물질적인 필요를 함께 나눌 것으로 말씀하고 있습니다.

그 이유가 무엇일까요? 하나님의 진리는 다른 직업과 병행하여 연구할 수가 없습니다. 다른 직업을 가지면서 남는 시간에 빨리 집에 돌아와서 하나님의 말씀을 연구하기에는 말씀이 너무나도 엄청나기 때문입니다. 하나님의 말씀은 단순한 문법적인 연구가 아닙니다. 우선이 말씀은 처음에는 열리지 않습니다.

그러다가 말씀이 한 번 깨달아지기 시작하면 그를 삼켜 버립니다. 그가 설교를 하는 것이 아니라 말씀이 그를 설교하게 하는 것입니다. 그가 하나님의 말씀을 붙드는 것이 아니라 하나님의 말씀이 그를 붙들어서 사용하기 시작합니다.

그래서 그는 스스로의 직업을 포기하고 다른 사람의 도움에 의존해야 합니다.

이것이 하나님의 정하신 법칙입니다. 사람들이 말씀을 소중하게 생각하지 않는다면 그의 물질적인 필요를 채워주지 않을 것입니다. 그에게 '당신도 직업을 가지고 돈을 벌어서 생활하시오' 라고 말을 할 것입니다.

아무리 우리가 거듭났고 하나님의 비밀을 안다고 하더라도 그것은 어디까지나 말씀을 수용할 수 있는 능력이 있다는 것이지 실제로 말씀을 그렇게 많이 안다는 뜻은 아닙니다. 하나님의 말씀은 끝이 없습니다. 그러기 위해서는 말씀을 가르치는 자를 도와서 그가 하나님의 말씀 안에 깊이 들어 갈 수 있게 도와주어야 합니다. 그러나 말씀을 전하는 자를 돕는 것은 단지 물질적인 필요만이 아닙니다.

오늘 본문에서도 모든 좋은것을 함께 하라고 말씀하고 있습니다. 말씀을 전하는 자에게 가장 필요한 것이 무엇입니까? 말씀을 듣는 성도들이 모여 주는 것입니다. 그리고 그 말씀에 귀를 기울이고 말씀을 기쁨으로 받아들이는 것입니다. 설교는 일방적인 가르침이 아닙니다. 설교자는 설교를 통하여 청중들과 주고받는 것입니다. 청중들이 말씀을 듣는지 듣지 않는지 금방 알 수 있습니다. 어떤 청중이 어린 아이와 눈 맞추는 그것이 설교자로 하여금 굉장히 낙심하게 할 수 있습니다. 설교 중에 들락날락거리는 것이 그의 머리를 혼돈스럽게 할 수 있습니다. 사실 어느 누구도 자신 있게 설교할 수 있는 사람이 없습니다. 그래서 청중들이 기도로 도와주어야 합니다. 설교자의 가장 큰 기쁨은 설교를 들을 수 있는 귀를 가진 청중을 만나는 것입니다. 그리고 설교자의 가장 큰 상급은 그 말씀으로 인격이 변하고 삶이 변하는 사람들을 보는 것입니다.

설교자는 교인들의 도움이 필요합니다. 그래서 스펄전 목사님은 교인들을 향하여 '나를 위하여 기도하지 않으려거든 나에게 당장 나가서 죽으라는 것이다'는 말을 할 정도였습니다. 설교자가 영적으로 자라야 교인들이 자랄 수 있습니다. 참으로 거듭난 심령은 말씀을 듣기만 하면 자기가 어떻게 살아야 하며 자기에게 부닥친 위험을 어떻게 극복할 것인지 금방 깨닫습니다. 이미 생명이 없는 사람은 아무리 잡아 놓고 몇 시간씩 설교를 해도 알아듣지 못합니다. 그러나 거듭난 자는 말씀만 들으면 자기 스스로 어떻게 해야 할 지 분별을 합니다.

설교자들은 때때로 유혹을 느낄 때가 있습니다. 그것은 교인들의 어려움에 직접 뛰어 들어서 도와주는 것입니다. 돈이 없는 자에게 돈을 주고, 공부를 하지 못하는 자를 직접 공부를 기르쳐 주고, 병든 자에세 직접 치료를 하는 것입니다.

사실 교인들이 많이 아플 때에는 왜 내가 의사가 되지 않았을까 하는 생각이 들 때도 있을 것입니다. 물론 스스로 도저히 일어설 수 없을 정도로 병들었을 때에는 직접적으로 도와줄 때도 있을 것입니다. 그러나 그것은 어디까지나 예외이고 말씀으로 스스로 일어서게 해 주어야 합니다.

아예 일어서지 않으려고 하는 자에게는 코치의 말이 염불처럼 들릴지 모릅니다. 그러나 한 번 시도를 해 본 사람에게는 그 한마디가 얼마나 양약이 되는지 모릅니다. 그대로 해보면 반드시 되게 되어 있습니다.

오늘 교회들이 말씀으로 가르쳐 스스로 일어서게 하기 보다는 너무나도 병자 중심으로 목회가 되어지고 있는 것 같습니다. 말씀은 가르쳐 주지 않고 무조건 교회에 빠지면 달려가는 것입니다. 그것은 영원한 불구자 신세를 벗어나지 못할 것입니다. 말씀의 세계는 끝이 없습니다. 우리는 말씀 안에서 갈수록 놀라운 진리의 세계가 우리 앞에 펼쳐질 것입니다. 선수라고 해서 다 같은 선수가 아닙니다. 어떤 선수는 완전히 초보의 위치에서 헤매는가 하면 어떤 선수는 거의 최고의 경지까지 가 있는 것입니다.

여러분들의 삶의 목표를 어디에 두고 있습니까? 최고의 말씀을 듣고 그대로 실천하는데 두시지 않으시렵니까? 그러면 그 말씀의 가치를 인정해야 합니다.

사람은 두 가지를 잘할 수 없다

성경이 두 번째로 우리에게 말씀하는 것은 아무리 거듭난 자라 하더라도 모든 방면을 다 잘할 수는 없다는 것입니다. 그는 한 쪽을 선택해서 힘을 쏟아야 합니다.

7절 스스로 속이지 말라 하나님은 만홀히 여김을 받지 아니하시나니 사람이 무엇으로 심든지 그대로 거두리라

사람이 밭에다 콩을 심었으면 콩을 기대해야 합니다. 그런데 콩을 심

어 놓고는 수박이 열리지 않는다고 불평을 한다면 그는 자기 스스로를 속일 뿐 아니라 하나님을 만홀히 여기고 있는 것입니다. 여기서 하나님을 만홀히 여긴다고 하는 것은 하나님을 조롱하는 것을 의미합니다. 자기가 어느 한 쪽에 열심을 내었으면 그런 결과가 나오는 것이 당연한 것인데 다른 것까지 기대한다면 그는 하나님을 조롱하고 있는 것입니다.

물론 사람에게는 여러 가지 가능성이 있습니다. 그러나 그 모든 것을 다 잘할 수는 없습니다. 만일 그가 한쪽으로 시간이나 정력을 많이 기울인다면 당연히 다른 쪽에서는 기대할 것이 없는 것입니다.

이제 무엇을 말씀하고 있습니까?

8절 자기의 육체를 위하여 심는 자는 육체로부터 썩어진 것을 거두고 성령을 위하여 심는 자는 성령으로부터 영생을 거두리라

우리가 알아야 할 것은 이것은 성령이 없는 사람들을 두고 하는 말이 아닙니다.

성령의 사람이라고 해서 모두 다 같은 것이 아닙니다.

여기서 '육체를 위하여 심는다'고 하는 것은 이미 거듭난 사람이면서도 성령의 열매를 맺기 위하여 노력하지 않고 이 세상일에 매달리는 사람을 말합니다.

육체를 위하여 심는다고 하는 것은 이 세상의 정보에 관심을 가지고 또 자기의 육체적인 조건을 위하여 많은 시간을 보내는 사람을 의미합니다. 그리스도인이라고 하면서 증권에 뛰어 들면 거기에 대하여 많은 것을 터득할 수 있습니다. 또 어떤 사람은 자기 신체를 멋있게 하기 위하여 열심히 보디빌딩을 한다고 합시다. 그는 자기가 원하는 목표를 달성할 것입니다. 아마도 최고의 몸매를 가진 사람이 될 수 있을 것입니다. 그러나 그 이상 아무것도 아닙니다. 그의 증권 지식에서 능력이 나오지 않습

니다. 그 모든 증권 정보를 가지고 기도한다고 해서 기도가 응답되는 것도 아닙니다. 또 엄청나게 멋있게 생긴 몸매를 가지고 할 수 있는 것도 없습니다. 거울 앞에서 왔다 갔다 하는 것 외에는 아무것도 할 수 없을 것입니다. 사람은 동시에 여러 가지 일을 잘할 수가 없습니다.

그리스도인들은 어떤 사람들입니까? 이 세상일에 많은 열매를 맺는 것이 아닙니다. 그런 것은 이 세상 사람들에게 맡겨도 좋을 것입니다. 우리들이 해야 할 것은 하늘에 있는 많은 은사들을 가지고 와서 이 세상을 복주는 것입니다.

여러분, 겸손은 어느 한 순간에 되지 않습니다. 그는 끊임없이 자기 자신을 부인하는 훈련을 해야 합니다. 하나님의 뜻을 분별하는 것이 어느 한 순간에 되지 않습니다. 수없이 하나님의 말씀을 가지고 고민하고 몸부림을 쳐야 조금씩 깨달아지는 것입니다. 기도나 경건의 능력은 어느 한 순간에 되지 않습니다. 수없이 하나님 앞에 자기 자신을 굴복시키는 시간이 있어야 합니다.

성령의 열매 중 어느 것도 한 순간에 맺히는 것은 없습니다. 이 세상에 있는 모든 욕망을 포기하고 하나님의 말씀을 붙들고 바보가 되기 전에는 절대로 이런 열매들이 맺히지 않습니다.

이 세상의 것은 무엇인가 하나를 알면 바로 써먹을 수 있습니다. 그러나 성령의 열매는 표시가 나지 않습니다. 그래서 사람들은 이미 거듭났음에도 불구하고 이 세상의 일에 몰두를 합니다. 그 결과가 무엇입니까? 하나님 앞에서 아무 열매가 없습니다. 그러면서도 경건하게 보이려고 합니다. 어느 누구보다 신앙이 좋은 것처럼 나타내려고 합니다. 그러나 하나님의 말씀 앞에 가 보면 아무것도 생각나는 것이 없으며 하나님이 그렇게 생소하게 느껴질 수가 없습니다. 그것이 정상적인 것입니다.

열매를 맺으려면 포기하는 것이 있어야 합니다. 세상 것도 잘하면서 하나님 앞에서도 풍성할 수가 없습니다. 하나님 앞에서 풍성했던 사람들은 모두 이 세상에서 모자라는 사람들이었습니다. 그들은 모자라서 모자란 것이 아닙니다. 그들은 하나님께서 주신 것이 얼마나 귀한 것인 줄 알고 그것을 더 아름답게 꽃피우기 위하여 세상 것에 대하여 스스로 바보가 된 자들입니다.

그리스도인들 중에서 여러 가지 잔재주가 많은 사람은 좋은 것이 아닙니다. 특히 목회자에게 있어서 여러 가지 재주가 많은 것은 결코 좋은 일이 아닙니다.

오직 하나님께서 나에게 주신 작은 것들을 꽃피우기 위하여 사람들이 알아주는 것들을 절제하고 오직 그 일에 열중하는 자가 응답받는 것이 당연합니다. 하나님께서는 우리 믿는 자들에게 많은 가능성을 주셨습니다. 그러나 그것은 어디까지나 가능성이지 그 자체가 열매는 아닙니다.

우리는 영적인 열매를 맺어야 합니다. 처음부터 사랑이 나오는 것이 아닙니다. 사랑하는 연습을 많이 해야 합니다. 구제가 바로 되는 것이 아닙니다. 구제하는 훈련을 해야 합니다. 겸손이 바로 나오는 것이 아닙니다. 자기 자신을 끊임없이 부인하는 훈련을 해야 합니다. 말씀이 그냥 이해되는 것이 아닙니다. 체계적으로 계속 하나님의 말씀에 헌신을 해야 합니다. 꽁무니를 빼고 성경을 읽으면 성경도 그 사람을 거부합니다. 장시간 전적으로 말씀에 헌신해야 합니다.

하나님 앞에서 인정받는 것은 이 세상의 재능이나 재산이 아닙니다. 그것들은 하나님 앞에서 모두 썩을 것들입니다. 성령이 주신 그 능력을 키운 사람이 크게 응답받는 것은 하나님이 정하신 이치입니다.

선을 행하되 낙심하지 말라

우리는 이 세상에서 모두 속성을 원합니다. 모든 것이 빨리 빨리 되어져야 직성이 풀립니다. 그렇지 않으면 빨리 다른 것으로 바꾸어 버립니다. 사람들의 성질이 급한 이유는 이 세상에 사는 기간이 너무나도 짧기 때문인 것 같습니다.

이 세상 사람들이 그렇게 하는 것은 조금도 이상하지 않습니다. 문제가 있다고 생각되면 빨리 바꾸어야 합니다. 왜냐하면 시기를 놓쳐 버리면 죽도 밥도 되지 않기 때문입니다. 그러나 하나님 나라에서는 속성으로 되는 것은 아무것도 없습니다. 그 이유가 무엇인가 하면 하나님 나라에서 필요로 하는 것은 모두 예술의 경지에 속하는 것들이기 때문입니다.

여러분, 아마추어와 프로의 세계는 엄청난 차이가 있습니다. 남는 시간에 조금씩 운동을 하는 것과 그것이 자기 직업이고 생업이기 때문에 전적으로 거기에 매달리는 것 사이에는 엄청난 차이가 있습니다. 테니스 선수들을 보십시오. 바둑을 두는 사람들을 보십시오. 아마추어와 프로의 세계는 엄청납니다. 그러나 프로도 다 같은 것이 아닙니다. 프로도 최고의 경지에 오르면 이것은 예술입니다.

우리가 추구하는 것은 선입니다. 단순히 의로운 것만이 아닙니다.

그러나 우리는 너무나도 빨리 보상받으려는 욕심에서 조금하다가 별로 결과가 좋지 않으면 금방 중간에 포기하기 쉽습니다.

무슨 말인가 하면 성경적인 방법으로 살려고 하다가 결과 좋지 않으면 금방 인간적인 방법으로 돌아가 버리는 것입니다. 그러면 아무 소용이 없습니다.

이 세상 사람들도 우물은 한 우물을 파라는 말이 있습니다. 그러나 그 우물은 물이 나올지 안 나올지 모르는 우물입니다. 그러나 그리스도인들은 어느 것이 참된 것인지 다 압니다. 그리스도인들이 가치있게 생각하는 것은 다 물이 나오는 우물들입니다. 그러나 너무 빨리 결과를 보려고 하기 때문에 오래 기다리지 못하는 것입니다. 선을 행하되 낙심하지 않으려면 그것으로 무슨 칭찬을 듣거나, 그것으로 무슨 보상을 받으려고 해서는 안 됩니다. 그것 자체가 좋아야 합니다.

선을 행하는 것 자체가 기쁨이 될 때 그는 그 열매를 보게 될 것입니다. 무엇이든지 하나님이 기뻐하시는 일은 반드시 어려움이 있습니다. 그 고비를 넘기지 못하면 아무것도 안되는 것입니다.

사도 바울은 빌립보 교인들에게 이렇게 편지를 쓰고 있습니다.

빌 1:6 너희 속에 착한 일을 시작하신 이가 그리스도 예수의 날까지 이루실 줄을 우리가 확신하노라

지금 내가 하고 있는 이 일이 하나님이 기뻐하시는 일이라고 생각되면 주님 오실 때까지 할 생각을 해야 합니다. 성령의 사람과 육의 사람의 특징이 무엇인가 하면 오래가는 것과 오래가지 못하는 것의 차이입니다.

인간적인 사랑으로 시작하는 것은 오래가지 못합니다. 처음에는 무슨 대단한 일을 시작하는 것처럼 일을 벌이지만 얼마가지 않으면 마음이 갈라져서 일이 깨어지고 맙니다. 그러나 성령이 하시는 일은 그렇지 않습니다. 오래 오래 갑니다. 그래서 무슨 일을 시작하기 전에 무슨 동기로 이 일을 하는지 그 동기를 점검해 보아야 합니다. 동기 속에 조금이라도 욕심이 들어 있으면 그 일은 오래가지 못합니다. 다른 사람들이 인정해 주지 않거나 약간의 어려움이 오면 금방 포기해 버리고 맙니다.

오늘 하나님께서 우리에게 약속하고 계십니다. 그것은 선한 동기로 어떤 일을 하되 끝까지 할 때 거기에는 분명히 때가 있고 그때 많은 열매를 거두게 될 것이라는 것입니다. 열매를 거두는 일을 하기 원하십니까? 동기를 점검해 보십시오.

그리고 동기가 선하다면 끝까지 하십시오.

이 세상에는 구석진 부분들이 너무나도 많습니다. 사람들은 모두 환한 데서 일을 하려고 합니다. 남들 앞에서 인정받는 그런 일에 서로 경쟁적으로 뛰어듭니다.

그러나 아직도 우리의 손길을 필요로 하고 있는 어두운 부분들이 너무나도 많습니다. 그런 부분을 찾으십시오. 그리고 참으로 선한 일이라면 돈을 걱정하지 마십시오. 하나님께서 필요한 것을 공급해 주십니다. 이 세상에 돈은 많이 있습니다. 단지 그 어두운 곳에 헌신하는 사람이 없는 것이 문제입니다.

혹시 지금 어떤 선한 일을 하는 중에 낙심하여 있는 분이 있습니까? 절대로 낙심하지 마십시오. 지금의 어려움을 하나님이 나의 중심을 달아 보시는 기간이라고 생각하십시오. 하나님께서는 우리를 축복하시기 전에 반드시 우리의 중심을 달아 보십니다. 돈이 없어도 사람들이 알아주지 않아도 끝까지 헌신할 사람인지 아니면 조금 하다가 그만둘 사람인지 중심을 달아 보십니다. 그것이 확인되기만 하면 그는 주님이 말씀하시는 때를 만날 것입니다.

선한 일을 하면서 피곤해하지 마십시오. 여기서 피곤해한다고 하는 것은 주님이 주시는 힘이 아니라 자기의 열정으로 하는 것입니다. 자기 열정으로 하면 금방 피곤이 느껴질 것입니다. 일에 대한 싫증이 올 것입니다.

우리는 가족이 있고 또 동네 사람들이 있습니다. 할 수 있는 한 동네 사람들과 잘 지내야 합니다. 왜냐하면 모두 다 한 지역 공동체를 이루고 있기 때문입니다.

그러나 아무리 동네 사람들과 잘 지낸다고 해도 가족과 같을 수는 없습니다.

왜냐하면 가족은 바로 내가 존재하는 근거이기 때문입니다. 부모님이 없으면 내가 어떻게 태어날 수 있으며 동생이나 형이 없으면 나는 무엇이 되는 것입니까?

우리는 가족으로 부터 관계를 넓혀나갈 것입니다. 사실 사회에서 공부하는 것은 이 사회에 필요한 사람이 되기 위해서입니다. 그래서 좋은 학교를 졸업한 사람들을 사회가 우대하는 것입니다.

그리스도인들에게 있어서 믿음의 형제들과 이 세상 사람들은 바로 가족이나 동네 사람들의 관계와 같습니다.

10절 그러므로 우리는 기회 있는대로 모든 이에게 착한 일을 하되 더욱 믿음의 가정들에게 할지니라

우리는 이 세상을 어떻게 보고 있습니다. 너무나도 죄 많은 이 세상이라고 생각하지 않습니까? 그러나 하나님께서는 우리를 이 세상에 살게 하셨습니다.

우리를 이 세상에 살게 하신 것은 우리가 가진 믿음을 이 세상에 사용하게 하기 위해서입니다. 우리가 가진 믿음을 어디에 쓰겠습니까? 천국에 가서 쓰겠습니까? 아니면 지옥에 가서 쓰겠습니까? 이 세상은 우리의 믿음을 사용해볼 수 있는 장입니다.

우리는 먼저 우리에게 믿음의 식구들이 있다는 것을 깨달아야 합니다.

그리스도인들에게 있어서 중요한 것은 신앙의 공동체를 지키는 것입니다. 왜냐하면 모든 하나님의 은혜가 바로 이 신앙의 공동체를 통하여 흘러나오기 때문입니다. 사실 그 중에서 가장 중요한 것은 말씀입니다. 교회에서 말씀만 바로 증거되고 있으면 부족할 것이 아무것도 없습니다. 말씀을 바로 듣는데 이 세상에서 감당하지 못할 것이 무엇이 있습니까?

교회는 작은 우주입니다. 사실 사람의 본성을 보는 곳은 세상이 아닙니다. 오히려 교회입니다. 교회 안에서 서로 잘 지낼 수 있는 사람이라면 직장에서 못 지낼 이유가 없을 것입니다. 종교 개혁자들은 빵을 굽는 사

람이나 옷을 수선하는 사람들의 일이 교회에서 말씀을 전하는 자들의 일만큼이나 성스럽다고 가르쳤습니다. 사실 우리 사회에서 직장의 음주 문화나 뇌물 같은 것은 정상적인 것이 아닙니다. 이것은 우리 사회가 얼마나 부패했으며 정의롭지 못한가 하는 것을 보여주는 것이지 세상이 반드시 그래야 하는 것은 아닙니다.

우리는 먼저 이 세상을 동심원적으로 봅니다. 무엇보다 먼저 내 안에 평화가 이루어져야 합니다. 내가 내 자신을 용납하고 나의 모든 형편에 대한 하나님의 선한 손길을 인정할 수 있어야 합니다. 그리고 나서는 교회 공동체 안에서 다른 지체를 인정하는 것을 배워야 합니다. 다른 사람을 나의 방식으로 사랑하지 않고 그 사람의 방식으로 인정하는 훈련이 되어져야 합니다. 저는 교회 안에서 다른 사람을 비난하는 것은 사실은 그 사람을 잘 모르면서 자기 스타일과 맞지 않기 때문인 것을 많이 봅니다. 그것은 진정한 사랑이 아닙니다.

그리고 나서는 이 세상에 대하여 무엇인가 인류 공동체의 일원으로 무슨 책임을 져야 합니다. 우리가 살고 있는 이 세상은 인간 사회인데 인간이 인간을 돕지 않으면 누가 돕겠습니까? 천사들이 돕겠습니까? 산 짐승들이 돕겠습니까?

우리는 사실 믿지 않는 자들을 단지 믿지 않는다는 이유로 너무 정죄하거나 무시할 때가 많습니다. 너무나 영적인 나머지 마치 아무것도 먹지 않고 살 것처럼 직장을 무시하고 현실을 무시하기 쉽습니다.

그러나 이 세상은 우리로 하여금 현실에 눈을 뜨게 하며 이 세상에서 우리가 얼마나 보잘 것 없는 존재인지 깨닫게 합니다. 교회나 신앙의 공동체는 어떤 의미에서 이상적인 집단이라고 말할 수 있습니다. 그 안에서는 자기 자신을 과대평가해서 생각하기 쉽습니다. 그러나 이 세상에 나와 보면 나의 생각이 얼마나 비현실적이며 내가 다른 사람을 움직이기에는 얼마나 내가 보잘 것 없는 존재인지 깨닫게 될 것입니다. 어떤 때에는 이 세상 사람들이 우리에 대한 평가가 가장 정확할 수도 있습니다.

우리는 이 세상을 돕기 위하여 있습니다. 그러나 그것도 가장 중요한 부분에 돕기 위하여 있습니다. 그것이 무엇입니까? 그들의 잘못된 가치관을 수정하여 바른 길을 가게 하기 위하여 존재하는 것입니다. 우리는 이 세상이 원하는 모든 것을 다 들어줄 수는 없습니다. 그러나 그들이 가장 중요한 가치관에 대하여 물을 때에는 반드시 말해줄 것이 있어야 하며 또 그렇게 살아야 합니다.

결론적으로 그리스도인들은 어떤 사람들입니까? 그들은 이미 자기 안에 생명의 씨를 가진 자들입니다. 그래서 그들은 율법의 올무가 없어도 살 수 있는 자들일 뿐 아니라 오히려 그런 올무가 없어야 더 열매를 잘 맺을 수 있는 사람들입니다. 그러나 가만히 있으면 안 됩니다. 우리가 가만히 있으면 그냥 그대로일 뿐입니다. 하나님께서 주신 생명력을 키워야 합니다. 영을 위하여 심는 자는 영을 거둘 것입니다. 그러나 육으로 심는 자는 썩을 것 밖에 거둘 것이 없습니다. 열매가 빨리 없다고 해서 낙심하지 마십시오. 열매가 없는 기간은 하나님께서 나의 중심을 달아보시는 기간입니다. 나라는 사람이 정말 이 일에 전심으로 헌신했는지 확인하시는 것입니다. 우리는 이 세상을 무시해서는 안 됩니다.

이 세상은 우리가 믿음을 사용할 수 있는 공간이며 현실에 눈을 뜨게 합니다. 세상에 꼭 필요한 자들이 되며 그들이 느끼지 못하는 필요를 채워주는 사람이 됩시다. 모두가 다 느끼는 문제는 문제가 아닐 수 있습니다. 그들이 느끼지 못하는 근본적인 필요를 볼 수 있는 눈을 가지도록 노력합시다.

갈라디아서 강해 32

할례와 십자가

갈 6:11-18

어느 전시장에서 유명한 여배우의 모형을 밀랍으로 만들어서 전시해 놓은 것을 사진으로 본 적이 있습니다. 그 밀랍 인형은 여배우와 거의 똑같이 생겼고 크기도 실물과 같은 크기였습니다. 그러나 아무리 실물 크기이고 실물과 같이 만들었다 하더라도 실물을 대신할 수는 없습니다. 실물이 있으면 밀랍 인형은 더 이상 거기에 있을 필요가 없습니다.

또 다른 예를 들면 결혼하기 전에 먼저 사진으로 상대방의 모습을 볼 때가 있습니다. 물론 대개 사진 중에서 잘 나온 사진을 보여 줄 것입니다. 그런데 직접 그 본인을 보게 되었을 때에는 더 이상 사진을 볼 필요가 없습니다. 왜냐하면 분명한 본인이 나타났기 때문입니다.

가끔 보면 실존 인물의 삶을 주제로 해서 영화를 만들 때가 있습니다. 그럴 때 주인공과 아주 닮은 사람을 골라서 배역을 맡깁니다. 이 배우는 실제 주인공 보다 더 그럴듯하게 연기를 해냅니다. 그러나 파티에서 실제 주인공과 그 배우가 함께 있다고 합시다. 그러면 배우는 더 이상 그 주인공을 대신할 수 없습니다.

왜냐하면 실제 주인공이 그 배우 보다 말할 수 없이 더 중요하기 때문입니다.

물론 영화에서는 주인공이 연기를 하면 그 배우만큼 잘하지 못할 것입니다. 그러나 실제로 그 주인공이 나타나면 배우는 더 이상 거기에 있어서는 안 됩니다. 왜냐하면 그 배우는 그런 연기를 함으로 자신의 역할을 다 끝냈기 때문입니다.

오늘 우리는 이 갈라디아서의 결론 부분을 대하고 있습니다. 사도 바울은 이 갈라디아서의 마지막 부분에서 자기가 지금까지 진술한 모든 것의 결론을 내리고 있습니다. 그것은 율법과 십자가의 관계에 대한 것입니다.

율법은 무엇입니까? 실체의 그림자요 모형입니다. 아무리 그림자가 실체를 빼어 닮았고 아무리 모형이 실체와 비슷하다고 해도 실체와 같을 수가 없습니다. 아무리 모형이나 그림자가 그 동안 도움이 되고 유익하였다고 해도 실체가 나타나면 더 이상 그 자리에 있을 필요가 없습니다. 그러나 그렇지 않은 것이 하나 있습니다. 오히려 실체를 대신하려 하고 있고 실체를 내어 쫓으려고 하고 있습니다. 그것이 무엇입니까? 바로 율법이었습니다. 사도 바울은 실체가 나타난 지금 더 이상 율법은 받아 들여져서는 안 된다고 결론을 내리고 있습니다.

사도 바울은 갈라디아서의 끝 부분에서 큰 글씨로 결론을 내리고 있습니다.

11절 내 손으로 너희에게 이렇게 큰 글자로 쓴 것을 보라

사도 바울은 편지를 쓸 때 대개 옆에 누군가가 적게 하고 자신은 그 내용을 불러 주었습니다. 아마 그렇게 한 것은 바울의 시력 때문인 것으로 생각됩니다.

바울은 시력 때문에 작은 글자를 읽거나 기록할 수가 없었습니다. 그

래서 편지를 쓸 때에는 구술하여 받아 적게 한 후 마지막 부분은 자신이 자필로 크게 기록함으로 그 편지가 자신의 편지라는 사인을 대신했을 뿐 아니라 결론 부분을 다시 한 번 주의 깊게 읽어주기를 바랬습니다.

자랑하기 위한 할례

교회는 하나님의 백성들의 모임일 뿐 아니라 인간들의 모임이기도 합니다.

그래서 교회는 문제가 없을 때가 없었습니다. 교회가 문제가 없다고 하는 것은 마치 병원에 환자가 없는 것과 비슷한 원리일 것입니다. 물론 병원에 환자가 없거나 병원 자체가 없으면 더 좋겠지요. 그러나 병이 있는 한 병원은 없을 수 없습니다. 그리고 무서운 병에 걸린 환자가 찾아올 때 병원 전체는 긴장에 빠지는 것입니다. 마찬가지로 인간의 죄가 없어지지 않는 이상 교회는 조용할 수가 없습니다. 그러나 때때로 그 어려움이 교회가 감당할 수 있는 범위를 넘어 심각할 때 교회 전체는 어려움과 혼란에 빠지게 됩니다.

갈라디아 교회를 혼란에 빠지게 한 것은 할례 문제입니다. 물론 이 할례는 오늘 우리들에게는 전혀 문제가 되지 않는 것입니다. 오늘날은 어느 누구도 우리에게 할례 받을 것을 강요하는 사람은 없습니다. 그러나 이 당시에는 이 문제가 아주 심각한 문제였습니다. 그리스도인들마다 찾아다니면서 할례를 강요하는 자들이 있었습니다. 물론 이들이 전혀 기독교인이 아니거나 교인이라 하더라도 전혀 무시해도 되는 사람들이라면 문제가 될 것이 없었습니다. 그러나 그들은 교회에서 상당히 중요한 사람들이었습니다. 그들은 실제로 자신들이 할례를 받았고 또 다른 사람들에게도 할례 받을 것을 강요하고 있습니다. 그러면 단지 할례를 받기만 하면 모든 것이 끝이냐 그렇지가 않았습니다. 일단 할례를 한 번 받으면 계속 율법을 지켜야 하는 의무가 생기게 되는데 율법은 어디까지 지켜야 하며 그러면 복음은 무엇이며 율법은 무엇이냐 하는 문제가 생기게 됩니다.

그런데 이 문제가 어려운 것은 율법이나 할례는 실제로 하나님께서 명령하신 제도이며 분명히 성경적인 기초가 있는 것이라는 사실이었습니다. 성경적인 기초가 분명한 것도 거짓된 것으로 거부될 수 있느냐 하는 것입니다. 거기에 대하여 사도 바울은 분명한 결론을 내려야만 했습니다.

사실 많은 가르침들이 우리에게 혼란을 주는 근거를 성경에서 끌어 오고 있는 것입니다. 성경에 그것에 대한 말씀이 분명히 있는데도 나와 다르다고 해서 무시할 수 있습니까? 사실 우리가 분별해야 할 것들이 바로 이런 미묘한 것들입니다. 사도 바울은 무조건 성경에 있다고 해서 받아들여야 하는 것은 아니라고 말씀하고 있습니다.

우선 이 할례를 전하고 강요하는 사람들의 의도가 어디에 있습니까?

바울은 이렇게 말씀하고 있습니다.

12절 무릇 육체의 모양을 내려 하는 자들이 억지로 너희로 할례 받게 함은 저희가 그리스도의 십자가를 인하여 핍박을 면하려 함뿐이라

교회 지도자들 가운데 할례를 받은 사람들이 있었습니다. 그들에 대하여 사도 바울은 '육체의 모양을 내려고 하는 자들'이라고 표현을 하고 있습니다.

육체의 모양을 낸다는 것이 무슨 뜻입니까? 실제로는 그렇게 생각지 않았는데 다른 사람들에게 잘 보이기 위하여 화장을 하거나 꾸미는 것을 의미합니다.

연극배우들은 코가 낮을 경우 코를 높게 보이기 위하여 코 양쪽에 좀 짙은 색을 칠합니다. 그러면 먼데서 보면 코가 좀 높아 보입니다. 요즘

육체의 모양을 내는 것 중에서 대표적인 것이 성형 수술입니다. 코가 비뚤어진 사람은 코 안에 무엇을 좀 넣어서 높이면 콧날이 서게 될 것입니다. 눈이 좀 아래로 처지거나 보기가 싫은 경우 쌍꺼풀 수술을 하면 좀 예뻐 보일 수도 있습니다.

얼마 전 어느 의대 교수를 만났습니다. 그 교수는 요즘 의대생들이 너무 돈 버는 쪽으로 지원을 한다는 것입니다. 성형도 사실 구순구개열 수술은 필요합니다. 얼굴이 찌그러진 자들을 아름답게 고쳐주면 그들은 제2의 인생을 살 수 있을 것입니다. 그러나 그런 쪽 보다는 미용 쪽의 성형으로 많이 지원을 한다는 것입니다. 코를 높이거나, 얼굴을 더 예쁘게 보이게 하는 쪽이 인기가 있다는 뜻입니다.

사도 바울은 할례를 하는 의도를 이런 불필요한 성형 수술로 보고 있는 것입니다. 그들이 할례를 받는 것은 어쩔 수 없이 꼭 필요해서 받는 것이 아니었습니다.

마치 코를 더 높이고 눈에 쌍꺼풀 수술을 하는 것처럼 반드시 필요한 것은 아니지만 자신을 좀 더 다른 사람들 앞에서 멋지게 보이기 위한 목적으로 할례를 받는다는 것입니다.

이 당시 기독교인들끼리 만나면 가장 중요한 인사가 "할례를 받으셨습니까?" 하는 것이었습니다. 물론 할례를 받지 않고서 할례를 받았다고 거짓말 할 수는 없었습니다. 그러나 할례를 받지 않았다고 하면 그것으로 끝나는 것이 아니었습니다. 그 뒤에는 유대인들의 핍박이 뒤 따랐습니다.

유대인들이 가장 증오했던 것은 바울의 가르침이었습니다. 그 이유는 바울이 누구든지 할례를 받지 않고서도 예수만 믿으면 하나님의 백성이 될 수 있다고 가르쳤기 때문입니다. 유대인들은 너무나도 귀한 하나님의 백성의 자격을 바울이 아주 싸구려로 이방인들에게 팔아넘긴다고 생각했습니다. 그래서 그들은 상대가 바울파라는 생각이 들면 반드시 공격을 가했습니다.

그 공격의 방법은 여러 가지였을 것입니다. 우선 유대인들 중에는 전위 부대와 같은 역할을 하는 자들이 있었습니다. 그들은 실제로 유대인들을 해롭게 하는 자라는 판단이 들면 실제로 테러를 가했습니다. 그러나 그것만이 아니라 유대인들은 어느 곳에 가든지 경제권을 쥐고 있었습니다. 돈은 유대인들에게 빌려야만 했습니다. 그러나 바울파라고 해서 돈을 틀어쥐면 도저히 그곳에서는 장사를 해낼 수가 없었던 것입니다.

물론 갈라디아 지방에서 유대인들이 공식적으로 이방인 기독교인들을 핍박한 기록은 찾아볼 수가 없습니다. 그러나 이들의 박해는 음성적인 것이었습니다.

가끔 그들의 모임 장소를 습격하여 사람들을 구타하기도 하고 때로는 그들을 경제적으로 압박함으로 고통을 주었던 것입니다. 그러니까 어떤 경향이 생깁니까? 그들은 두 가지 다 하자고 생각을 했습니다. 즉 그들은 십자가를 믿으면서도 또 먹고 살기 위해서는 할례를 받는 것입니다. 그래서 유대인들 앞에서는 할례 받은 사람으로 행동하고 또 다른 곳에 가면 기독교인으로 행세를 하는 것입니다.

그러나 그들의 숫자가 많아지면서 그 정도로 그치지 않았습니다.

13절 할례 받은 저희라도 스스로 율법은 지키지 아니하고 너희로 할례 받게 하려 하는 것은 너희의 육체로 자랑하려 함이니라

그들은 자신들만 할례 받은 것으로 그치지 않고 다른 사람 몇 명을 할례 받게 했느냐 하는 것으로 자랑을 하고 인정을 받으려고 했습니다.

이 지역의 영향력 있는 사람들 중에는 다른 사람들로 하여금 할례를 받게 하고 그것으로 칭찬과 인정을 받는 자들이 있었습니다.

할례의 참된 의미가 무엇입니까? 그것은 우리 안에 있는 죄스러운 본성을 잘라버리는 것입니다. 그래서 하나님께서는 이것을 은밀한 곳에 하

게 하셨고 결코 다른 사람에게 자랑거리가 되지 못하게 하셨습니다. 할례는 자신과 하나님 사이의 은밀한 약속 같은 것입니다. 우리 안에는 너무나도 뿌리 깊은 육체의 본성이 있습니다. 다른 사람은 깨닫지 못하는 정욕이나 악한 생각들이 있습니다. 그것을 하나님 앞에서 고백하고 잘라내는 것이 할례의 참된 의미입니다. 그런 의미에서 본다면 할례는 매일 행해야 할 것입니다. 남자의 성기 껍질이 자란다면 그것을 매일 매 순간 잘라내어야 할례입니다. 그러나 그것은 어디까지나 하나의 의식이기 때문에 매일 자를 필요는 없습니다. 그래서 율법에서도 마음에 할례를 받아야 한다고 말씀하셨습니다.

자기 안에 있는 더러운 본성을 계속 부인하고 잘라내는 것이 할례의 참된 의미입니다. 그렇다면 이것은 다른 사람에게 강요할 성질의 것이 되지 못하고 오직 자기 자신이 하나님 앞에서 깊이 고민하는 가운데 결정해야 할 문제였습니다. 그러나 이 할례가 하나의 이데올로기가 되어버리니까 모든 사람들에게 할례를 강요하게 되었고, 결국 할례를 많이 받게 하는 사람들에게 특별한 상까지 주게 되는 일이 일어나게 된 것입니다.

그러나 할례는 세례의 그림자에 불과합니다. 예수 그리스도의 십자가가 의미하는 것이 무엇입니까? 우리 안에 있는 죄의 본성을 죽이고 잘라내기 위해서는 우리의 각오나 결심만으론 부족하고 엄청난 분이 십자가 위에서 죽어야 한다는 것입니다. 만일 우리의 각오나 결심으로 정결하게 될 수 있다면 십자가 같은 것은 필요가 없습니다. 그러나 아무리 각오를 하고 결심을 해도 우리 안에 있는 악하고 더러운 본성은 없어지지 않습니다. 그래서 하나님의 아들이 우리를 대신하여 십자가 위에서 죽으시고 우리는 그와 함께 죽은 것으로 간주하는 것입니다. 물론 우리는 죽지 않았습니다. 십자가 위에 달리지 않은 것은 물론이고 손에 못은커녕 송곳에도 찔린 적이 없습니다. 그러나 예수를 믿을 때 하나님께서 그렇게 인정하시고 우리에게 성령을 주시는데 바로 이 성령이 우리 안에 있는 더러운 본성을 죽이시는 것입니다. 그러므로 할례는 십자가나 성령의 역사에 대한 상징이요 그림자입니다. 원래 할례는 그리스도의 십자가가 나타나면 반드시 없어지게 되어 있습니다. 마치 예수께서 나타나셨을 때 세례 요한이 무대 위에서 내려갔던 것처럼 말입니다. 그러나 아직도 할례가 문제가 되고 있는 것은 하나님의 뜻에 무슨 착오가 있어서 그런 것이 아니고 사탄이 지나간 어음을 가지고 들고 와서 참 신자들에게 혼란을 주고 있는 것입니다. 그것은 사탄의 교활한 술책이었습니다.

그러므로 이 할례는 조금도 인정되어서는 안 됩니다. 왜냐하면 이것이 인정되면 실체가 무의미해지기 때문입니다. 주인공이 나타나면 더 이상 밀랍 인형이나 사진 같은 것이 불필요한 것과 마찬가지로, 십자가 사건이 있고 성령이 오셨으면 더 이상 할례는 사람들 앞에 나타나서는 안 되는 것입니다. 몸 깊이 감추어야 하고 더 이상 거론이 되지 않게 해야 합니다.

그리스도의 십자가만 자랑

사도 바울은 그리스도의 십자가에 대하여 무엇이라고 증거하고 있습니까?

14절 그러나 내게는 우리 주 예수 그리스도의 십자가 외에 결코 자랑할 것이 없으니 그리스도로 말미암아 세상이 나를 대하여 십자가에 못 박히고 내가 또한 세상을 대하여 그러하니라

여기서 사도 바울은 육체의 모양을 내려고 하는 자들에 대하여 이렇게 말하고 있습니다. 그들은 드디어 할례를 받고야 만 것을 가지고 자랑을 하고 있습니다.

지금까지 그들에게 부족한 것이 있었다면 할례를 받지 않은 것이었습니다. 그래서 사람들이 이야기를 할 때 마다 기가 죽었습니다. 마치 박사들이 모여 있는데 나만 학위가 없으면 기가 죽는 것과 마찬가지입니다.

그러나 이제 그들도 드디어 할례를 받고야 말았습니다. 이제는 어떤 사람들 앞에서도 당당하게 이야기에 끼어들 수 있게 되었습니다.

그러나 사도 바울은 자기 자신도 할례를 받았으며 적어도 할례를 가지고 말한다면 그들에 비하여 말할 수 없는 선배이지만 그는 오직 그리스도의 십자가만을 자랑하겠다고 말하고 있습니다.

그 이유가 무엇입니까? 바로 이 십자가가 그를 하나님 앞으로 나아가게 했고 이 십자가가 그로 하여금 하나님의 은혜 안에 있게 했기 때문입니다.

여기서 사도 바울은 십자가 안과 이 세상 안을 분명하게 구별하고 있습니다.

십자가 안과 세상은 분명히 구별되어 있습니다. 십자가 안에 있는 사람들은 십자가를 넘어서 세상으로 갈 수 없습니다. 그리고 세상에 있는 자들도 십자가를 넘어서 십자가 안으로 들어올 수 없습니다. 그 이유가 무엇입니까?

십자가는 그리스도 앞에서 내 자신이 철저히 죄인이라는 것을 인정하고 자기를 완전히 부인하는 것이기 때문입니다.

이것은 마치 여자가 어떤 남자와 결혼하는 것과 같습니다. 어떤 멋있는 남자와 한두 번 데이트하고 교제하는 것이 아닙니다. 결혼은 완전히 자신을 그 사람에게 맡기는 것입니다. 그리고 자기의 모든 생활을 포기하는 것입니다. 결혼하면 어떻게 됩니까? 일단 남편이 있는 곳으로 이사를 해야 하고 남편 안에서 모든 것을 해야 합니다. 사람을 만나도 남편 안에서 만나야 합니다. 남편 몰래 다른 사람을 만나면 안 됩니다. 돈을 벌어도 남편의 허락을 받아야 하며 모든 것을 남편과 함께 해야 합니다.

반드시 남편에게 말하지 않는다 하더라도 남편의 묵시적인 동의 아래서 그 일을 해야 합니다.

신앙은 예수 그리스도와 결혼하는 것입니다. 어떻게 십자가에 못 박혀 죽은 사람과 결혼할 수 있습니까? 그러니까 부끄러운 결혼이지요. 다른 사람들은 아주 부끄러워하는 결혼입니다.

전에 어떤 처녀가 전신마비 남자와 결혼을 했습니다. 다른 사람들은 멀쩡한 여자가 불구자와 결혼한다고 비웃었습니다. 그러나 그녀는 그 남자가 좋았습니다. 그래서 그 남자를 하버드대학에 입학을 시켰습니다. 우리나라 사람들이 학벌을 얼마나 중요하게 생각합니까? 하버드대학이라고 하면 끔뻑 넘어가는 사람들이 얼마나 많습니까? 그는 불구인 자기 남편을 사랑했습니다. 그리고 그를 자랑했습니다.

예수 믿는 것은 십자가 위에서 벌거벗고 죽은 사람과 결혼하는 것입니다. 십자가 위에 벌거벗고 달려서 고통 중에 몸부림치는 사람을 사랑하는 것입니다. 그 이유가 무엇입니까? 그분이 자기 때문에 그런 벌을 받은 것이 아니요 바로 나를 대신해서 그 위에서 그렇게 죽어 갔다는 것을 알기 때문입니다.

만일 어떤 사람이 나를 대신해서 처형을 당했다면 그 사람의 죽음이 얼마나 사랑스럽겠습니까? 아마 그가 매달린 사형 틀을 눈물로 닦아 줄 것입니다. 그리고 아무도 가지 않는 그의 무덤을 매일 찾아가서 꽃을 바치며 그의 비석을 자랑할 것입니다.

우리나라 사람 중에서 아무도 안중근 의사의 죽음을 부끄러워하는 사람이 없을 것입니다. 많은 사람들이 그의 손가락이 하나 잘린 지장이 찍힌 글씨들을 벽에 걸어 놓습니다. 우리는 아무도 그가 자기 개인 원한을 갚기 위하여 살인을 했다고 생각하지 않습니다.

마찬가지입니다. 그리스도인들은 주님의 십자가를 사랑합니다. 오직 그 십자가만을 붙듭니다. 그리고 그는 그 후 무슨 일을 하더라도 십자가 안에서 합니다.

그들은 십자가가 무엇을 하기 위한 것인지 잘 알고 있습니다. 십자가는 우리가 이제부터 정욕대로 살지 않고 하나님의 뜻대로 살도록 하기 위하여 세워진 것입니다. 어떤 일을 내 욕심으로 하려고 하면 그 위에 십자가의 그림자가 나타납니다. 그러면 그는 주님의 죽음을 헛되게 할 수 없어서 자기 욕심을 버립니다.

어떤 더러운 정욕에 빠지려고 하면 그 위에 십자가의 그림자가 드리워집니다.

그는 바로 주님이 자기로 하여금 그런 죄에 빠지지 않게 하기 위하여 십자가 위에서 죽으신 것을 기억합니다. 그래서 이 세상에 있는 일이라고 해서 모든 것을 다 할 수 있는 것이 아닙니다. 분명히 할 수 있는 것이 있고 할 수 없는 것이 있습니다.

참으로 그 마음에 주님을 믿는 사람들의 특징이 무엇입니까? 더 이상 과거의 죄짓는 생활로는 돌아갈 수 없다는 것입니다. 예수 믿고 나서 생활이 더 어려울 수가 있습니다. 장래가 더 보장되지 않을 수도 있습니다. 장사가 더 어려워 질 수도 있습니다. 그러나 분명한 사실 하나는 절대로 과거에 하나님 없던 삶으로는 돌아갈 수 없는 것입니다. 이것이 확고한 사람은 분명한 그리스도인입니다. 그러나 믿는다고 하면서도 자기 마음 안에 믿기 전과 믿은 후의 아무런 차이를 알지 못하는 사람은 아직 예수님을 모르는 사람입니다. 그는 세상과 그리스도 안을 구별할 줄 모르는 사람입니다. 예수를 알기는 알지만 아직 그와 결혼하지는 않은 사람입니다. 십자가를 보기는 하지만 믿지는 않는 사람입니다.

십자가는 새 창조

주님께서 십자가에 달리신 후부터는 이제 할례는 더 이상 의미가 없습니다.

그 이유는 할례는 주님의 십자가가 있기까지의 안내판이요 그림자였기 때문입니다. 몸의 작은 부분을 잘라내는 것은 앞으로 우리 안에 있는 옛 사람 자체가 완전히 부인되는 엄청난 사건의 예표였습니다.

그래서 사도 바울은 이렇게 말씀하고 있습니다.

15절 할례나 무할례가 아무것도 아니로되 오직 새로 지으심을 받은 자 뿐이니라

몸의 한 부분을 잘라낸다고 해서 새사람이 되지 않습니다. 어떤 사람은 정욕을 죽이기 위하여 성기를 자르기도 하지만 그렇게 한다고 해서 새사람이 되는 것이 아닙니다. 오히려 불구자가 될 뿐입니다. 어떤 사람은 노름을 끊기 위하여 자기 엄지손가락을 자른 사람도 있습니다. 그렇다고 해서 그가 노름을 끊은 것이 아닙니다. 사람이 죄의 욕구에서 해방되기 위해서는 마음 안에 전 인격적인 어떤 변화가 생겨야 합니다. 다시 말해서 죄를 싫어하고 선을 사랑하는 마음의 변화입니다. 이것은 생각만 달라진다고 해서 되는 것이 아닙니다. 무엇보다 지각이 달라져야 하고 그 다음에 감정도 변해야 하고 또 의지까지 새로워져야 합니다. 그 전에는 아무 소용이 없습니다.

어떤 사람은 죄가 무엇인지 몰라서 죄를 짓기도 하지만 어떤 사람은 알아도 죄를 짓는 사람이 있습니다. 어떤 사람은 죄를 너무나도 싫어하지만 힘이 없어서 자꾸 죄에 빠지는 사람도 있습니다. 그래서 할례로는 아무 소용이 없습니다.

지금까지 할례가 의미가 있었던 것은 이 할례를 통하여 나는 하나님의 백성이 되었고 하나님께서 나를 도와주신다는 믿음을 가졌기 때문입니다. 계속 실패하지만 하나님께 나아가기만 하면 하나님이 용서해 주신다는 믿음을 가지고 있었습니다. 그래서 할례는 용서의 확신 이상의 의미가 없었습니다. 무슨 일을 적극적으로 한다고 하는 것은 상상할 수도 없는 일이었습니다.

마치 완치되지는 않았지만 일단 퇴원한 환자와 같습니다. 그는 늘 조심해야합니다. 왜냐하면 언제든지 병이 재발할 수 있기 때문입니다. 그가 할 수 있는 것은 일단 생활하다가 악화되면 얼른 다시 병원으로 달려오는 것입니다. 그 이상의 것은 할 수가 없습니다. 그러나 성령은 어떻게 하십니까? 하나님께서 나를 용서해주실 것이라는 확신이 아니라 이미 용서되었으며 이제 하나님의 말씀대로 살 수 있는 힘을 공급받는 것입니다. 임시로 병원에서 퇴원한 것이 아니라 완전히 건강을 되찾은 것입니다. 그는 더 이상 병원의 신세를 질 필요가 없습니다.

건강을 되찾은 사람은 옛날 아플 때 가지고 있는 약이나 기구 같은 것들을 더 이상 가지고 있을 필요가 없습니다. 예수님께서 삼십 팔 년 된 병자에게 네 자리를 들고 걸어가라고 하신 것처럼 완전히 건강해졌기 때문에 오랫동안 사용하였던 자리가 이제는 더 이상 필요치 않게 된 것입니다.

할례는 늘 재발하기 때문에 필요했습니다. 한 번 죄를 지으면 하나님의 백성의 자리에서 쫓겨납니다. 그러면 그 할례의 표시를 보고 하나님의 용서를 믿고 돌아오는 것입니다. 그러나 십자가는 그런 용서의 표시가 아닙니다. 이미 용서하였고 더 믿음으로 살 수 있는 힘을 공급받는 것입니다. 그러면 십자가가 중요합니까? 아니면 할례가 더 중요합니까? 십자가가 있으면 할례는 더 이상 의미가 없는 것입니다. 이미 용서 받았는데 무슨 용서의 표시가 필요합니까? 이미 서울에 와버렸는데 서울 안내판이 왜 필요합니까? 이미 영화를 다 보았는데 극장 입장권이 무슨 소용이 있습니까?

사람들 중에는 아주 야비하게 바울이 할례 받은 사실을 들추어내면서 그가 자기들과 타협할 것을 요구하는 자들이 있었던 것 같습니다.

17절 이 후로는 누구든지 나를 괴롭게 말라. 내가 내 몸에 예수의 흔적을 가졌노라

어떤 사람들은 바울을 찾아 와서 "당신도 할례를 받지 않았는가? 굳이 할례를 반대함으로 다른 사람들의 미움을 받을 필요가 무엇이 있는가?" 하면서 집요하게 그를 설득하려고 하는 자들이 있었던 것 같습니다.

그들에 대하여 바울은 더 이상 나를 귀찮게 하지 말라는 것입니다. 무슨 말입니까? 더 이상 할례에 대하여는 타협의 여지가 없다는 것입니다.

바울은 자기 안에 이미 예수 그리스도의 흔적이 있다고 말하고 있습니다.

그것은 할례를 받은 것을 말하지 않습니다. 할례를 반대하다가 사람들에게 돌로 맞은 상처를 의미합니다. 복음을 지키기 위하여 다른 사람들로 부터 박해받은 표시가 예수 그리스도의 흔적이었습니다. 초대 교회 교인들은 주님의 복음을 인하여 고문을 받거나 돌에 맞은 흔적을 아주 자랑스럽게 생각했습니다.

예를 들어, 어떤 사람이 조국을 위하여 싸우다가 부상을 입었다면 그 사람은 자신의 상처를 자랑할 것입니다. 그리고 그런 사람에게 조국을 배신하는 일을 하게 하는 타협은 무의미한 시간 낭비에 불과할 것입니다. 만약 그 사람이 그런 돈이나 유혹에 넘어갈 사람이라면 아예 몸에 그런 상처가 생기지 않았을 것입니다. 오늘 교회를 위태롭게 하는 것이 무엇입니까?

저는 단순한 할례 문제 같이 지엽적인 것이 아닌 것 같습니다.

사람들은 교회 자체를 부정하고 있고 복음 자체를 무의미하게 생각하고 있습니다. 많은 사람들이 교회의 부정적인 모습을 보고 교회 자체를 도매금으로 부정하고 있습니다. 더 이상 교회는 중요하지 않으며 교회에는 불필요한 의식과 권위만 가득한 것으로 생각하고 있습니다. 그들이 그렇게 생각하는 이유는 바른 교회를 보지 못했기 때문입니다. 그리고 요즘 지식이 있는 사람들은 죄를 인정하지 않습니다. 죄 대신 마음의 상처라고 말하면서 싸매어주어야 하고 이해되어져야 한다고 주장합니다. 성경은 분명히 회개하고 예수를 믿으라고 말씀하고 있습니다.

회개라는 표현은 가장 듣기 싫은 무식한 용어가 되어버린 것 같습니다. 목사의 직분은 천시되고 있으며 정신과 의사들의 말 한마디 한마디가 절대적으로 받아들여지고 있습니다. 그러나 이런 일은 어제 오늘의 이야기가 아닙니다.

이미 사도 바울 때부터 있었던 일입니다.

오늘 우리들이 해야 할 일은 바른 복음을 붙드는 것입니다. 바른 복음을 위하여 무엇인가 희생한 것이 있어야 합니다. 사도 바울처럼 몸에 그리스도 예수의 흔적이 있어야 합니다. 싸우기를 싫어하는 그리스도인은 영광에도 들어갈 생각을 하지 말아야 합니다. 기질 때문에 싸우는 것은 의미가 없습니다. 그러나 바른 진리를 위해서라면 희생을 치러야 합니다.

그리고 바른 교회의 모습을 회복하는 것이 우리의 목적입니다. 오늘 교회라고 하면 몇 명 모이느냐 하는 것이 첫 번째 질문입니다. 교회 성장이 커다란 병적인 현상으로 나타나고 있습니다. 사람들만 많이 모이면 어떤 진리나 어떤 방법도 상관하지 않는 것 같습니다. 그러나 바른 교회는 죄인들을 회개시켜서 하나님의 뜻대로 사는 사람으로 새 창조가 이루어지는 곳입니다.

사도 바울은 우리를 축복하고 있습니다.

16절 무릇 이 규례를 행하는 자에게와 하나님의 이스라엘에게 평강과 긍휼이 있을지어다

복음을 이 '규례'라고 표현하고 있습니다. 그리고 이 진리를 붙드는 자들을 하나님의 이스라엘이라고 부르고 있습니다. 다시 말해서 이 복음이야말로 참된 하나님의 율법이며 이 복음을 붙드는 자만이 하나님의 이스라엘이라는 뜻입니다. 그리고 이렇게 축복을 하고 있습니다.

18절 형제들아 우리 주 예수 그리스도의 은혜가 너희 심령에 있을지어다

바울은 갈라디아 교인들의 심령에 축복을 하고 있습니다. 이것은 그가 육체는 무시하거나 육체나 영혼을 나누어서 생각하기 때문이 아닙니다. 그리스도인들에게 있어서 가장 먼저 변화가 일어나는 곳은 그들의 심령이며 바로 여기에 하나님의 축복이 가장 먼저 임하는 곳이기 때문입니다.

육체를 자랑하는 자들로 부터 그들의 심령이 많이 상해 있습니다. 그들에게 위로와 평화와 기쁨이 필요합니다. 그래서 심령을 축복하고 있는 것입니다.

하나님의 말씀을 들으면 우리 마음에 기쁨과 평안이 옵니다. 그러면 다른 것은 다 극복할 수가 있습니다.